LIBERDADE DE EXPRESSÃO EM TEMPOS DE CÓLERA

André Gustavo Corrêa de Andrade

LIBERDADE DE EXPRESSÃO EM TEMPOS DE CÓLERA

GZ
EDITORA
Rio de Janeiro
2020

1ª edição - 2020

Design de capa
Axel Sande
Carmen Guerrero

CIP - Brasil. Catalogação-na-fonte.
Sindicato Nacional dos Editores de Livros, RJ.

A565L

Andrade, André Gustavo Corrêa de

Liberdade de expressão em tempos de cólera / André Gustavo Corrêa de Andrade. - 1. ed. - Rio de Janeiro: GZ, 2020.

346 p.; 24 cm.

Inclui bibliografia e índice

ISBN 978-85-9524-074-2

1. Direitos fundamentais - Brasil. 2. Liberdade de expressão - Brasil. I. Título.

20-62471

CDU: 342.7(81)

contato@editoragz.com.br
www.editoragz.com.br

Av. Erasmo Braga, 299 - Sala 202 - 2º andar - Centro
CEP: 20020-000 - Rio de Janeiro - RJ
Tels.: (0XX21) 2240-1406 / 2240-1416 - Fax: (0XX21) 2240-1511

Impresso no Brasil
Printed in Brazil

Agradecimentos

Este livro não teria sido possível sem a colaboração de várias pessoas, às quais deixo registrada a minha gratidão.

Em primeiro lugar, meu agradecimento ao Professor Doutor Lenio Streck, orientador da minha tese de doutorado, que, com modificações e acréscimos, resultou neste livro. Sua orientação precisa e suas preciosas lições, extraídas de sua vasta e densa obra doutrinária iluminaram meu caminho e foram fundamentais para que eu chegasse às conclusões aqui apresentadas.

Agradeço aos demais integrantes da minha banca de doutorado, os Professores Doutores Ney de Barros Bello Filho, Vicente de Paullo Barreto, Nilton Cesar Flores e Victor Drummond, que fizeram observações e sugestões importantes em relação ao texto. Aos dois últimos deixo um agradecimento especial por terem me estimulado a fazer o doutorado.

Ao Professores Doutores Gustavo Binenbojm e Rafael Lorenzo-Fernandez Koatz deixo o meu agradecimento pela interlocução qualificada que me proporcionaram ao longo da elaboração da obra. Ao último agradeço, também, por ter, generosamente, me franqueado a sua inédita dissertação sobre o problema do discurso de ódio.

À Professora Lucia Frota Pestana de Aguiar agradeço pelo estímulo constante, pela prontidão para conversar e debater sobre os mais variados temas e pela amizade inquebrantável.

Um agradecimento especial à Ana Beatriz Paz pelas pesquisas fundamentais para o desenvolvimento da obra, pelas incontáveis revisões e releituras, pelas valiosas críticas e sugestões e pelo constante estímulo durante o trabalho de elaboração do texto. Seu dedicado auxílio foi essencial para o desenvolvimento e a organização das ideias aqui apresentadas.

Agradeço, também, a todos aqueles que me propiciaram as condições necessárias para que eu pudesse realizar minhas pesquisas ao longo do doutorado e durante o período subsequente de redação do texto, em especial às minhas queridas assessoras Isabella da Silveira Crato, Soraya Maria Marques, Erika de Souza Orle e Renata Palhares Ramos.

Aos meus queridos colegas Caetano Ernesto da Fonseca Costa, Ricardo Couto de Castro, Claudio Brandão e Luciano Rinaldi deixo o meu agradecimento pela amizade e pelo apoio constante.

Minha gratidão e meu amor aos meus filhos, Luis Tomás, André Luís, Felippe, Isabella, Alice e Sophia, que dão sentido a tudo.

Como sempre, um agradecimento àquele que foi e continua a ser o meu exemplo e a minha inspiração intelectual e moral, meu falecido pai, Luis Antônio de Andrade. É pensando nele e, de certa forma, para ele que eu escrevo.

Minha mãe, Maria Carmen Corrêa de Andrade, infelizmente, morreu antes que eu finalizasse este livro. Fica aqui minha homenagem a ela, com uma grande saudade.

Apresentação

Por que, afinal, a liberdade de expressão? Por que devemos tolerar - e mesmo proteger - a manifestação de ideias obviamente falsas, equivocadas, perigosas ou até ignóbeis? Como sustentar, tanto do ponto de vista político como jurídico, um caráter preferencial das liberdades de expressão e de imprensa diante de outros direitos fundamentais, como a honra, a imagem e a vida privada? Como lidar com a *liberdade de expressão em tempos de cólera*? Qual a resposta constitucionalmente adequada para o discurso de ódio?

Essas e outras questões são abordadas neste precioso livro, com o qual o Desembargador e Professor André Gustavo Corrêa de Andrade obteve o merecido título de Doutor em Direito, sob a competente orientação do renomado Professor Lênio Luiz Streck. À amizade fraternal que me une ao autor atribuo o honroso convite para elaborar esta apresentação, que seria de resto prescindível diante das inúmeras qualidades da obra. Desincumbo-me da tarefa da maneira mais espontânea que me ocorre: com genuíno alumbramento. O livro que ora apresento é certamente uma das mais importantes contribuições ao tema da liberdade de expressão em língua portuguesa.

Há diversas razões para a defesa da liberdade de expressão como um direito fundamental, tal qual reconhecida no art. 19° da Declaração Universal dos Direitos do Homem e em todas as Constituições do mundo civilizado. Da perspectiva individual, a livre manifestação da consciência e do pensamento deve ser justificada como expressão e corolário da especial dignidade da pessoa humana, centro espiritual e moral da produção de sentido e cultura. Assim entendida, a liberdade de expressão é condição *sine qua non* da humanidade do próprio homem, a mais contundente expressão da sua liberdade. Afinal, como lindamente sintetizado por Martin Heidegger: "A linguagem é a morada do ser. É nessa morada que habita o homem."

Do ponto de vista coletivo, as liberdades comunicacionais e informativas assumem um papel funcional e estruturante - dir-se-ia mais até, um papel verdadeiramente constitutivo - das sociedades liberais e democráticas. Não me refiro apenas à dimensão institucional da imprensa livre, importantíssima, sem dúvida, para a própria existência da democracia. À maneira de Stuart Mill (*On Liberty*, 1859), refiro-me a um argumento de defesa da liberdade de expressão que se poderia considerar *epistêmico*[1]. Com efeito, as sociedades liberais ocidentais foram erigidas a partir da premissa da falibilidade humana e, portanto, da ausência de monopólio da verdade. Porque nossas crenças e opiniões

1 MURCHO, Desidério. *O argumento epistêmico de John Stuart Mill a favor da liberdade de expressão*. Comunicação apresentada na II Jornada de Filosofia e Direitos Humanos (Universidade de Londrina, Brasil, 17 e 18 de Agosto de 2006), http://criticanarede.com/html/millexpressao.ht.

são falíveis devemos avaliá-las criticamente, com abertura de espírito, em um ambiente de livre expressão pública. Mas como garantir que a crença na liberdade de expressão não seria, ela própria, falsa? Ao excluir a aplicação do princípio da falibilidade à própria liberdade de expressão, não se estaria a incorrer numa contradição performativa? A resposta é negativa.

O fato de as crenças humanas poderem ser falsas não significa que todas o sejam. Como não existe um processo infalível de determinação do que é falso e do que é verdadeiro (certo ou errado, justo ou injusto), a discussão pública parece ser a forma mais legítima de deliberação em assuntos de interesse coletivo. Ainda que não tenhamos plena certeza quanto ao seu acesso privilegiado à verdade (ao certo ou ao justo), a garantia da liberdade de expressão tem o mérito de não excluir aprioristicamente quaisquer ideias e opiniões do debate público, desde que ela própria seja preservada. Em outras palavras, ela é condição de possibilidade para todas as demais discussões relevantes numa sociedade livre e democrática.

Daí decorre o fundamento, no âmbito da filosofia política e do direito, para situar-se a liberdade de expressão numa posição preferencial em face de outros princípios constitucionais e outros direitos fundamentais. Segundo a doutrina da posição preferencial (inicialmente desenvolvida nos EUA[2], mas atualmente aceita e aplicada por diversos tribunais de nações democráticas pelo mundo[3], inclusive no Brasil[4], embora ainda de forma tímida) a solução das colisões envolvendo liberdade de expressão e outros bens, direitos e valores constitucionais se resolve, em princípio, em favor daquela.

O reconhecimento da posição preferencial decorre da centralidade da liberdade de expressão enquanto garantia institucional constitutiva da democracia. Com efeito, não existe democracia, quer sob um viés estritamente procedimental, quer sob uma perspec-

---

2 A doutrina da posição preferencial da liberdade de expressão começou a desenvolver-se a partir da nota de rodapé nº 4, inserida no voto proferido pelo Justice Harlan Stone, no caso United States v. Carolene Products Co., 304 U.S. 144 (1938). O caso, no entanto, não se referia à liberdade de expressão. No entanto, pouco anos depois, em 1943, no julgamento do caso Murdock v. Commonwealth Of Pennsylvania (319 U.S. 105 (1943)), a Suprema Corte norte-americana decidiu, textualmente, que "Freedom of press, freedom of speech, freedom of religion are in a preferred position". A doutrina da posição preferencial foi reafirmada novamente em 1945, no julgamento do caso Thomas v. Collins (323 U.S. 516 (1945)). Na ocasião, a corte decidiu que "The task of drawing the line between the freedom of the individual and the power of the State is more delicate than usual where the presumption supporting legislation is balanced by the preferred position of the freedoms secured by the First Amendment. Restriction of the liberties guaranteed by the First Amendment can be justified only by clear and present danger to the public welfare".

3 Adotam a teoria da posição preferencial o Tribunal Europeu de Direitos Humanos e os Tribunais Constitucionais da Alemanha e da Espanha, dentre outros.

4 No Brasil, o STF já se manifestou no sentido de que "(...) o direito de crítica em nenhuma circunstância é ilimitável, porém adquire um caráter preferencial, desde que a crítica veiculada se refira a assunto de interesse geral, ou que tenha relevância pública, e guarde pertinência com o objeto da notícia, pois tais aspectos é que fazem a importância da crítica na formação da opinião pública." (Pet. 3486/DF, Min. Rel. Celso de Mello.22.08.2005).

tiva substantiva, sem um sistema amplo de liberdade de expressão. A adoção da teoria amplia, no entanto, o ônus argumentativo do intérprete, que deverá apresentar razões bastante robustas – tanto substantivas, quanto procedimentais – para justificar a restrição às liberdades de expressão e de imprensa, e ao direito à informação.

No que se refere aos discursos de ódio, André Gustavo defende, com coragem e desassombro, posição libertária consentânea com a robustez com que o constituinte brasileiro de 1988 deu guarida à liberdade de expressão. Diz o autor com maestria:

> "Mesmo a mensagem de conteúdo racista passou a não mais ser indicada como exceção à liberdade de manifestação do pensamento. Essa opção do constituinte está a indicar que a só manifestação ou expressão de um pensamento preconceituoso ou intolerante, *desde que não dirigida a um indivíduo,* não constitui crime racial, diferentemente da *prática* de racismo, que o texto constitucional, acertadamente, proíbe e criminaliza. A partir do novo texto constitucional, as manifestações de pensamento racistas ou de outro modo discriminatórias somente são passíveis de sanção quando direcionadas contra uma pessoa individualmente considerada ou quando, dirigidas contra um grupo, tenham finalidade de violar ou incitar à violação de direitos de seus membros. A ideia de que o discurso de ódio deva ser punido ou restringido independentemente das consequências que possa produzir significa afastar uma liberdade fundamental para o indivíduo e que constitui condição de possibilidade para a democracia: a liberdade de expressão."

Como já tive a oportunidade de afirmar, a cultura da liberdade de expressão ainda não foi completamente absorvida no Brasil. A despeito de alguns significativos avanços promovidos pelo Supremo Tribunal Federal, nossa tradição oficialista ainda insiste em confiar mais no Estado do que nas pessoas, quanto ao julgamento de fatos, ideias e opiniões. Aqui e acolá, sorrateiramente, formas redivivas de censura ressurgem no bojo de projetos de lei, decisões judiciais ou atos administrativos, fundados quase sempre em bem alegadas intenções. Seu efeito prático, contudo, é perverso: controlar o que os cidadãos devem saber, como forma de protegê-los de si mesmos.

A superação desse estágio de desenvolvimento civilizatório pressupõe a compreensão da sistemática constitucional da liberdade de expressão como uma garantia institucional constitutiva da democracia brasileira, em bases verdadeiramente pluralistas. Nenhuma ideia, assim, por mais absurda, desprezível e abjeta que pareça pode ser excluída pelo Estado do debate público. Consoante defende o autor, o rigor da lei deve ficar reservado ao *discurso de ódio extremo,* que é aquele que tem por propósito lesar direito dos integrantes do grupo discriminado ou que busque incitar à violência ou à lesão desses direitos.

Encerro com uma nota pessoal. Conheci André Gustavo Corrêa de Andrade há muitos anos, quando ainda promotor de justiça e posteriormente magistrado de carreira. Ao longo desse tempo, aprendi a admirá-lo e a respeitá-lo como juiz e figura humana, conhecido por inúmeras virtudes, dentre as quais destaco a inteligência generosa, o humor refinado e a irresistível gentileza. A presente obra é reflexo não apenas das convicções intelectuais, mas da prática diuturna do autor. Cumprimento a Editora GZ pela publicação deste livro fundamental e convido a todos ao prazer intelectual da sua leitura.

Rio de Janeiro, Verão de 2020.

Gustavo Binenbojm

Prefácio

A discussão sobre a possibilidade e a necessidade de respostas corretas no Direito, como procuro, por todos, assentar em meu *Dicionário de Hermenêutica*, deita raízes na História da Filosofia e na própria discussão fundamental sobre a verdade. Não por acaso, o debate jurídico contemporâneo retoma a luta contra os diversos tipos de ceticismo – tentando não reincidir no seu oposto ingênuo que defenderia fundamentos últimos e absolutos para o conhecimento –, e é nesse espaço discursivo que situo minha Crítica Hermenêutica do Direito, pressuposto teórico para enfrentar as questões envolvendo a relação entre discursos de ódio e liberdade de expressão na presente obra.

Localizada entre os paradigmas objetivista e subjetivista, a resposta adequada que proponho não implica, claro, a elaboração sistêmica de respostas definitivas, porque isso provocaria um congelamento, uma espécie de engessamento de sentidos. Respostas definitivas pressupõem o sequestro da temporalidade. E a hermenêutica praticada pela Crítica Hermenêutica do Direito é fundamentalmente dependente da temporalidade. Ou seja, a pretensão a respostas definitivas sequer teria condições de ser garantida. A decisão (resposta) estará adequada na medida em que for respeitada, em maior grau, a autonomia do Direito (que se pressupõe produzido democraticamente), evitada a discricionariedade (além da abolição de qualquer atitude arbitrária) e respeitada a coerência e a integridade do Direito, a partir de uma detalhada fundamentação.

Em síntese, o que quero dizer é que a resposta correta ou adequada à Constituição é uma imposição da democracia. De outro modo, decidir é agir com responsabilidade política. Responsabilidade de meio (não de resultado), de construir a resposta correta a partir da melhor interpretação possível do material jurídico básico (leis, códigos, precedentes etc.) e dos princípios que conformam esse empreendimento coletivo (que remetem, por sua vez, a dimensões da dignidade humana). É uma questão de postura, pois, de atitude, diante de um problema jurídico (e não só moral e não só político e não só econômico). Responsabilidade de aplicar o Direito corretamente. Uma questão de princípio: garantir os direitos de quem efetivamente os possui.

Não por outro motivo, como de há muito já falo, "decidir não é escolher". Escolhas são da ordem de nossa razão prática, enquanto a decisão judicial ocorre necessariamente a partir do Direito. Evidente que a decisão não é um ato subsuntivo (a subsunção sequer se sustenta filosoficamente; subsunção é tão fictícia quanto a sustentação da verdade real, como, também, de longo tempo já refiro).

Mas a decisão tampouco é um ato arbitrário, e é por isso que não podemos jamais esquecer: se o juiz não é o "escravo da lei", também não é o "dono dela", razão pela qual também não pode ser, por óbvio, aquele que detém, a si, a Constituição ou um conceito ou discurso a instrumentalizar conforme suas preferências e suas crenças ou suas inclinações morais, pessoais etc.

Pois o sentido da Constituição não pertence ao intérprete. Mas também não descansa no berço esplêndido do seu texto. O sentido é uma construção. Daí o cuidado – no sentido hermenêutico da palavra – que devemos ter com as garantias de liberdade. Cultivá-las é nossa tarefa.

É nesse sentido que o autor desta bela obra, LIBERDADE DE EXPRESSÃO EM TEMPOS DE CÓLERA, André Gustavo de Andrade, mostra-se um bom cultivador. Um excelente cuidador de sentidos. Observe-se – e é por isso que iniciei este prefácio com uma pequena explanação acerca da Crítica Hermenêutica do Direito – que no capítulo sétimo da obra André Gustavo propõe, exatamente, uma resposta constitucionalmente adequada à temática da liberdade de expressão. Para além de objetivismos e subjetivismos, perfeitamente inserido no giro linguístico, o autor vai revolvendo o chão da linguagem em que está assentada a tradição e procura reconstruir essa história institucional do fenômeno "liberdade de expressão". E vai apontar uma resposta. Uma resposta libertária.

Não há linguagem privada. Quando nos expressamos, fazemo-lo a partir de nossas vivências, enfim, de nossa linguagem pública. Eis o fenômeno da intersubjetividade. Pois é nesse sentido que o autor não nos deixa esquecer que essa mesma intersubjetividade, que caracteriza essa forma de organização social e política – e aqui exsurge perfeitamente um dos teóricos que subsidia André Gustavo, Jeremy Waldron – essa ideia de que o discurso de ódio insulta ou ofende os membros do grupo discriminado não constitui fundamento legítimo para restringir e muito menos para criminalizar esse tipo de discurso, quando dirigido genericamente contra um grupo, sem individualização de algum de seus membros. Como bem sublinha André Gustavo, não existe um "direito de não ser ofendido".

Para André Gustavo, portanto, o discurso de ódio não pode ser restringido por razões ou considerações gerais, fundadas na ideia de que isso seria mais benéfico ou útil para a sociedade ou de que atenderia os interesses da maioria. Na verdade, trata-se de discutir a liberdade de expressão como uma questão de princípios e não como uma questão teleológica ou política.

Ou seja, para o autor, a liberdade de expressão constitui um direito fundamental, um "direito no sentido forte", no sentido atribuído a essa locução por Ronald Dworkin, de modo que somente pode ser restringida por argumentos de princípio, não de política. Este parece ser o ponto fulcral!

Daí que, bem diz o autor, para que o discurso de ódio dirigido contra grupos, sem individualização de algum de seus integrantes, seja passível de restrição, de natureza civil ou penal, não basta o seu conteúdo racista ou discriminatório. É necessário que o autor ou emissor do discurso tenha a finalidade de lesar direitos dos integrantes do grupo discriminado, ou, então, tenha por objetivo incitar ou instigar terceiros à lesão desses direitos. Sem esse propósito, a manifestação, a despeito de sua reprovabilidade moral ou social, estará protegida pelo princípio garantidor da liberdade de expressão, de modo que o autor da mensagem não poderá ser submetido a sanção de natureza civil ou penal.

Como se pode depreender, todas essas observações são, como penso, oportunas para pensar as questões de fundo envolvendo o discurso de ódio no Brasil, vez que os argumentos que dele se seguem não podem ser projetados objetiva ou subjetivamente. Eis aí, sempre, o lugar da fala do autor. Para manter esse direito, isto é, para manter, efetivamente, a liberdade de se expressar, é necessário um constrangimento epistemológico. Esse é o papel da academia. Esse é o papel da doutrina. Esse é o papel de uma sociedade aberta de intérpretes das liberdades constitucionais.

Do contrário, mais que um problema jurídico, estaríamos abrindo campo, também, a um problema político. Afinal, ao percorrer esses paradigmas, facultando espaço a toda sorte de decisionismos e discricionariedades, estaríamos igualmente desprezando a emancipação produzida a partir das chamadas revoluções liberais, em que finalmente a intersubjetividade dos cidadãos, anteriormente mencionada, passa a moldar os caminhos de *coerência* e *integridade* – para usar palavras caras à obra de Dworkin. Liberdade de expressão tem de resistir aos próprios discursos de ódio à própria liberdade de expressão, risco que sempre corremos na democracia.

Trata-se de um livro que faz uma ode à liberdade. Uma ode à liberdade – como bem frisa André Gustavo – "que todos têm de expressar suas opiniões, sejam quais forem, certas ou erradas, boas ou más, agradáveis ou desagradáveis, sobre qualquer assunto (e que) constitui um dos pilares em que se sustenta a democracia. O enfraquecimento dessa liberdade normalmente não vem sem o pagamento de um alto preço, que frequentemente coloca em risco a própria essência do estado democrático de direito".

Democracia, repito, é isso, e não por outra razão é que devemos não apenas bem marcar o caminho dessa mesma integridade e coerência. É por isso que entendo que a conjugação desses pressupostos (resposta correta ou constitucionalmente adequada e liberdade de expressão por princípio e não por política ou moral) faz da presente obra, *Liberdade de expressão em tempos de cólera*, de André Gustavo Corrêa de Andrade, leitura indispensável àqueles interessados neste tema que, à evidência, não nos cansa de expor não apenas sua atualidade como, de resto, sua pluralidade em diferentes e inéditos formatos.

O título do livro, especialmente bem escolhido, é quase um enunciado performativo: Liberdade de Expressão em Tempos de Cólera. Pois é no limite, no entremeio de falas raivosas, que testa(re)mos os nossos direitos. Fiquemos, pois, atentos.

Boa leitura!

Escrito na Dacha de São José do Herval, na primavera de 2019, quando a brisa da montanha coloca barreiras ao entrante verão – que se avizinha escaldante na planície.

Lenio Luiz Streck

Sumário

Introdução

O *hate speech*, ou discurso de ódio, como foi batizado esse fenômeno social aqui no Brasil, constitui um desafio para o Estado Democrático de Direito porque testa os limites da liberdade de expressão, colocando-a em confronto direto com interesses ou direitos de grupos vulneráveis a esse tipo de discurso.

Com o advento da internet e a popularização das mídias sociais, as manifestações de ódio se potencializaram e disseminaram de tal maneira que hoje se fala que vivemos em uma "cultura do ódio" ou uma "era do ódio". Mensagens ofensivas e discriminatórias, antes restritas no tempo e no espaço, passaram a ser disseminadas em altíssima velocidade e a ter alcance global, superdimensionando a gravidade dessas manifestações. Não significa que estejamos odiando mais, mas sim que se tornou muito mais fácil disseminar o ódio.

Paralelamente, as últimas décadas se notabilizaram pelo crescimento exponencial de reivindicações de direitos por parte de diferentes e numerosos grupos sociais, que antes não tinham voz no discurso público. Essas diferentes reivindicações constituem fontes de tensões, acirramento de ânimos e colisões entre grupos vistos como opostos ou adversários, criando um caldo de cultura permeado por falas agressivas e manifestações discriminatórias de vários tipos.

A alusão ao discurso de ódio faz referência a um fenômeno que interessa a diversas áreas de investigação, como a Sociologia, a Antropologia, a Psicologia e a Filosofia.

Além disso, remete a uma multiplicidade de manifestações e condutas discursivas, que se revestem das mais variadas formas e se desenvolvem em uma infinidade de contextos diferentes, o que torna impossível dar um tratamento uniforme ao problema.

Por isso, não pretendo indicar possíveis soluções gerais para o problema do discurso de ódio, amplamente considerado, em todas as suas variadas manifestações sociais, em qualquer espaço de tempo e lugar. Tal empreitada, a par de seu gigantismo, levaria a presente obra para um plano diferente do que aqui proponho, que é o de analisar o problema do ponto de vista jurídico.

Pretendo encontrar respostas para um fenômeno que, conquanto seja de interesse para outras áreas do conhecimento humano, deve ser examinado à luz do direito. Mas é certo que o mundo jurídico não é, nem pode ser, fechado ao mundo prático e a outros saberes, principalmente quando se trata de analisar fenômenos sociais importantes como o do discurso de ódio. Por isso, busquei também examinar o tema sob uma ótica multidisciplinar.

Um recorte fundamental feito neste livro, e que decorre do caráter multifacetado do fenômeno aqui examinado, leva em consideração o fato de que o discurso de ódio pode ter como alvo um indivíduo específico, discriminado por elementos que o identificam como pertencente a um grupo, ou pode ser dirigido contra *todo um grupo social*, identificado por características identitárias, tais como etnia, raça, religião, gênero, orientação sexual, deficiência física ou mental, aspecto físico, entre outras. O presente trabalho volta a sua atenção especificamente para esse segundo tipo de discurso de ódio, ou seja, para as manifestações discriminatórias que miram não uma pessoa específica ou concreta, mas um grupo social considerado como um todo.

Essa divisão parte da premissa de que as manifestações de ódio dirigidas contra um indivíduo, tradicionalmente, já são consideradas não protegidas pelo princípio que garante a liberdade de expressão e, por isso, são objeto de sanções e respostas jurídicas menos controversas, fundadas em categorias jurídicas correntemente trabalhadas pelo direito.

O mesmo consenso não se verifica em relação ao discurso de ódio que tem como alvo um grupo social abstratamente considerado. Sobre esse tipo de discurso, em suas variadas formas de manifestação, recaem várias e profundas divergências doutrinárias e jurisprudenciais, envolvendo o alcance do princípio garantidor da liberdade de expressão e de outros princípios, como o da dignidade humana e o da igualdade.

Questiono, pois, especificamente, se, em que circunstâncias, as manifestações de ódio contra grupos estão ao abrigo do princípio da liberdade de expressão ou se, ao contrário, podem ser objeto de limitação jurídica.

Integrantes e defensores de grupos historicamente oprimidos defendem hoje que a liberdade de expressão deve ceder diante de valores que julgam mais importantes e mais urgentes, como o ideal de igualdade e o desejo de viver em uma sociedade livre de preconceitos e discriminações. Muitos consideram que o discurso de ódio é não apenas ofensivo e danoso para os membros dos grupos atingidos, como também nocivo para a sociedade em geral. Acreditam que, para alcançar o ideal de um mundo mais justo e menos desigual, deve ser diminuída ou restringida a liberdade de falar e se expressar, quando o discurso for identificado como ofensivo, preconceituoso e discriminatório em relação a grupos sociais.

É interessante observar que, na era da informação digital, as ameaças à liberdade de expressão vêm, principalmente, de antigos aliados, que, no passado, se apoiavam nessa liberdade para lutar contra a tirania, a discriminação e a opressão. A liberdade que antes era fundamental para a defesa dos direitos das minorias e dos grupos vulneráveis hoje é vista como uma ameaça aos direitos desses mesmos grupos.

Essa mudança faz com que o debate sobre o tema ganhe contornos emocionais e torne difícil manter uma postura estritamente objetiva e racional. Uma coisa é defender a liberdade de expressão contra governos autoritários e ditatoriais, inimigos claros da democracia. Outra coisa, bem diferente, é defender essa mesma liberdade contra grupos que querem restringi-la em nome da democracia e de princípios como a dignidade e a igualdade. É compreensível pensar que o discurso discriminatório contra grupos deva ser restringido. Afinal, por que assegurar a liberdade de exprimir uma mensagem desprezível e odiosa?

O que não se percebe, ou muitas vezes não se quer perceber, é que defender a liberdade de expressão, principalmente no caso do *hate speech*, não significa defender a mensagem, mas defender a liberdade que a assegura, *a despeito da mensagem*.

Além disso, a carga emocional que recai sobre o tema turva a compreensão de que não pode haver tratamento uniforme para todas as manifestações identificadas como discurso de ódio. Não é razoável que se dê a mesma resposta à ofensa mais trivial e ao dano mais gravoso, configurador de um *discurso de ódio extremo*. A diferença de gravidade das condutas impõe uma distinção na reação a ser dada a cada uma delas.

A liberdade que todos têm de expressar suas opiniões, sejam quais forem, certas ou erradas, boas ou más, agradáveis ou desagradáveis, sobre qualquer assunto constitui um dos pilares em que se sustenta a democracia. O enfraquecimento dessa liberdade normalmente não vem sem o pagamento de um alto preço, que frequentemente coloca em risco a própria essência do estado democrático de direito.

Com esta obra, espero contribuir para o debate sobre um tema de grande importância social e jurídica. Mais do que isso, espero contribuir para a necessária e urgente formação de uma cultura jurídica em torno de um dos princípios mais caros para a democracia e para o indivíduo: o princípio da liberdade de expressão.

1

O Direito à Liberdade

1.1. Introdução

Dentre todos os valores éticos ou direitos políticos[1] prevalentes na sociedade moderna, a liberdade aparece como o valor de caráter mais fundante, sem o qual todos os demais perdem a sua base ou sustentação. Mesmo a igualdade, outro valor fundamental para a sociedade e para o estado democrático de direito, necessariamente se remete à liberdade, uma vez que a própria ideia de igualdade, como qualquer outra ideia, para ser defendida, pressupõe sempre a liberdade de espírito ou de pensamento.

O reconhecimento dessa primazia teórica não implica uma necessária prevalência ou preponderância nos planos filosófico, político, ou jurídico, da liberdade sobre a igualdade, ou sobre outros valores ético-jurídicos, quando esses valores se mostrem circunstancialmente antagônicos ou adversários.

Não há dúvida de que, em muitas circunstâncias, a liberdade de alguns ou de muitos deve ceder para que se busque diminuir uma situação de flagrante desigualdade. Ronald Dworkin, filósofo do direito que se notabilizou, dentre muitas outras coisas, pela defesa veemente do direito de liberdade, observou que seria por demais superficial e insensível

---

1 A expressão "direito político" é empregada aqui no sentido a ela atribuído por Dworkin, de direitos dos cidadãos perante o Estado. Veja-se: DWORKIN, Ronald. *Uma questão de princípio*. São Paulo: Martins Fontes, 2000, p. 7. No mesmo sentido: *Levando os direitos a sério*. Coleção Justiça e Direito. Tradução de Nelson Boeira. 2ª ed. São Paulo: Martins Fontes, 2007, p. 409. Em um sentido diferente do aqui proposto, os "direitos políticos" podem ser definidos como: "direito de participação dos cidadãos no governo, na administração e na justiça. Ou, simplesmente, como direitos que facultam a participação dos cidadãos no poder do Estado." SILVA, Daniela Romanelli da. *Os direitos políticos no Estado Democrático de Direito*. Disponível em: <https://www.anpocs.com/index.php/papers-28-encontro/st-5/st24-2/4083-dsilva-os-direitos/file>.

sustentar a ideia de que a liberdade constituísse um valor fundamental que nunca deveria se sacrificar em prol da igualdade.[2] À exceção das opiniões dos extremistas, é consensual o entendimento de que é necessário buscar um acordo entre ambos os valores.[3]

A liberdade é um bem valioso por aquilo de bom que pensamos que ela proporciona para as pessoas, ou seja, por considerarmos que uma vida levada com liberdade é melhor por esse motivo. Por isso, não se afigura razoável nem sensível acreditar que seja mais importante proteger a todo preço a liberdade de algumas pessoas, em detrimento de outras, que se encontram na pior situação possível, porque não dispõem dos recursos e das oportunidades de que precisam para levar uma vida minimamente decente.

Como em quase tudo na vida, a virtude, neste tema, se encontra no meio.[4] A liberdade é um valor ético essencial que deve conviver não apenas com a igualdade, mas com outros valores éticos fundamentais, devendo ser limitada para atender a esses valores adversários em determinadas circunstâncias. Saber que circunstâncias são essas ou quais são os critérios que devem ser seguidos para decidir pela limitação ou não do direito à liberdade é, todavia, tarefa delicada, tanto do ponto de vista filosófico e político quanto do ponto de vista jurídico.

1.2. A liberdade

A Liberdade, em sentido geral, extraído dos léxicos, pode ser definida como a "Faculdade de cada um de decidir ou agir segundo a própria determinação".[5] Essa é uma definição comum, até certo ponto coincidente com os conceitos elaborados ao longo da história por vários filósofos e pensadores.

Thomas Hobbes, no Leviatã, definiu a liberdade como "a ausência de impedimentos externos, impedimentos que muitas vezes tiram parte

2 DWORKIN, Ronald. *A virtude soberana:* a teoria e a prática da igualdade. São Paulo: Martins Fontes, 2005, p. 159.

3 Idem. *Levando os direitos a sério*. Coleção Justiça e Direito. Tradução de Nelson Boeira. 2ª ed. São Paulo: Martins Fontes, 2007, p. 410.

4 "*Virtus in medium est*". A parêmia latina remete a Aristóteles, que, em sua "Ética a Nicômacos", indicou que a excelência moral é encontrada quando se evita a deficiência e o excesso (ARISTÓTELES. *Ética a Nicômacos*. Brasília: Universidade de Brasília. 4ª ed., 2001, p. 37). A mesma ideia foi expressa por Ovidio: "*medio tutissimus ibis*" (NASON, Publio Ovidio. *Metamorfosis*. Tradução de Ana Péres Vega. Barcelona: Bruguera, 1983, p. 39, n. 137).

5 FERREIRA, Aurélio Buarque de Holanda. *Novo Aurélio século XXXI:* o dicionário da língua portuguesa. 1999, verbete "liberdade", p. 1.209.

do poder que cada um tem de fazer o que quer".[6] Esse é um conceito que vê a liberdade em sua dimensão individual, do ser humano em si considerado, que é visto como livre pelo fato de não sofrer constrangimentos externos à sua vontade.

John Locke, por sua vez, tratou da liberdade do homem no plano político, indicando que ela consiste em não estar o indivíduo submetido a nenhuma regra que não aquelas estabelecidas por um corpo legislativo escolhido pelo consenso dos cidadãos.[7] A liberdade, então, por este prisma, constitui a possibilidade de seguir a própria vontade em tudo aquilo que não contraria a regra a que consensualmente se submeteu, enquanto integrante da sociedade.[8] Aqui, o homem é visto não mais em sua dimensão individual ou pessoal, mas em sua relação com os demais e com o Estado.

Rousseau também tratou da liberdade do homem na perspectiva política. É célebre sua frase: "O homem nasce livre, e por toda parte se encontra a ferros."[9] Sustentou que o homem, como único meio de se proteger contra as forças que no estado de natureza encontraria, teve de buscar uma forma de associação que defendesse e protegesse a pessoa e os bens de cada um dos integrantes do corpo coletivo. Através desse pacto social, baseado no interesse comum, cada integrante substitui a sua vontade individual pela vontade geral e convencional.[10] É paradoxal e objeto de críticas sua afirmação de que: "aquele que recusar obedecer à vontade geral a tanto será constrangido por todo um corpo, o que não significa senão que o forçarão a ser livre".[11] Diferentemente de outros pensadores contratualistas, como Hobbes, que reconhecem que o indi-

---

6 HOBBES, Thomas. *Leviatã*. São Paulo: Martins Fontes, 2003, p. 112.

7 LOCKE, John. *Dois Tratados sobre o Governo*. São Paulo: Martins Fontes, 1998, p. 401: "A liberdade do homem em sociedade consiste em não estar sujeito a outro poder legislativo além do estabelecido por consenso no Estado, nem ao domínio de outra vontade ou à limitação de outra lei além da que esse poder legislativo tiver estabelecido de acordo com a confiança nesse depositada."

8 Ibidem, p. 403: "Mas a liberdade de um homem sob um governo consiste em viver segundo uma regra permanente, comum a todos nessa sociedade e elaborada pelo poder legislativo nela erigido: liberdade de seguir minha própria vontade em tudo quanto escapa à prescrição da regra e de não estar sujeito à vontade inconstante, incerta, desconhecida e arbitrária de outro homem".

9 ROUSSEAU, Jean-Jacques. *Do Contrato Social*. Coleção Os Pensadores. Rousseau. v. 1. São Paulo: Nova Cultural, 4ª ed., 1987, p. 22.

10 Ibidem, p. 32: "Encontrar uma forma de associação que defenda e proteja a pessoa e os bens de cada associado com toda a força comum, e pela qual cada um, unindo-se a todos, só obedece contudo a si mesmo, permanecendo assim tão livre quanto antes. Esse, o problema fundamental cuja solução o contrato social oferece."

11 Ibidem, p. 36.

víduo em sociedade necessariamente deve ter sua liberdade restringida para a consecução de certos objetivos e interesses sociais, Rousseau sugere que a coação legal imposta a qualquer dos indivíduos que discorde de alguma lei não constitui uma restrição à sua liberdade, uma vez que essa coação estaria de acordo com o pacto inicial que substituiu a vontade individual pela vontade geral. O que há de criticável nessa ideia é o apelo à própria ideia de liberdade como justificativa para limitar o que o indivíduo pode fazer.

Kant relacionou a liberdade à *autonomia da vontade*: livre é aquele cuja vontade é autônoma. Para o filósofo de Könisberg, a vontade em que se funda a liberdade não é qualquer vontade, que pode ser determinada ou influenciada por vários fatores, mas a vontade independente de todo e qualquer estímulo ou influência externos ou internos. Para que seja considerada livre, essa vontade: "deve conceber-se como totalmente independente da lei natural dos fenômenos nas suas relações recíprocas, a saber, da lei da causalidade." [12] É, em síntese, a vontade isenta de toda e qualquer causalidade empírica. Essa vontade independente "é a liberdade em sentido negativo".[13]

A autonomia da vontade, na visão kantiana, se completa e se revela com a consciência da *lei fundamental da razão* ou *lei moral*, representada pelo *imperativo categórico*,[14] assim expresso: "Age de modo tal que a máxima da tua vontade possa valer sempre ao mesmo tempo como princípio de uma legislação universal."[15] Essa lei fundamental, produto exclusivo da razão, é sustentáculo ou pilar da moralidade, estabelecendo um dever que a pessoa, por sua vontade legisladora, cria livremente para si mesma. Ao mesmo tempo, revela um conceito positivo de liberdade.[16] Com efeito, ao impor a si mesmo, com base na razão pura, um princípio de dever, de agir de determinada maneira, a pessoa exercita plenamente a sua liberdade, através do *princípio da autonomia da vontade*.[17] Essa autonomia, segundo Kant, "é o fundamento da dignidade da natureza humana e de toda a natureza racional."[18]

---

12 KANT, Immanuel. *Crítica da Razão Prática*. Lisboa: Edições 70, 9ª ed., 2014, p. 47.

13 Ibidem, p. 54.

14 Idem. *Fundamentação da Metafísica dos Costumes*. Lisboa: Edições 70, 2014, p. 62.

15 Idem. *Crítica da Razão Prática*, p. 50.

16 Ibidem, p. 49: "(...) a moralidade é a primeira a revelar-nos o conceito da liberdade." Mais adiante (ibidem, p. 54): "(...) esta legislação própria da razão pura e, como tal, prática é a liberdade em sentido positivo."

17 Idem. *Fundamentação da Metafísica dos Costumes*, p. 80.

18 Ibidem, p. 84.

Célebre é a distinção feita por Benjamin Constant entre a *liberdade dos antigos* e a *liberdade dos modernos*. A denominada liberdade dos antigos consistia no controle coletivo dos cidadãos sobre as questões políticas, com a deliberação de todos sobre os assuntos de interesse comum, votação de leis e decisão direta sobre tudo o que fosse de interesse da sociedade, ainda que a partir daí o indivíduo tivesse que se submeter completamente à autoridade do todo, tendo as suas ações sujeitas a severa vigilância, com grande restrição sobre assuntos relacionados à esfera pessoal ou individual. Era, pois, uma liberdade de natureza política. A questão central trazida pela liberdade dos antigos consiste, assim, em *quem deve me governar*.[19]

Já a liberdade dos modernos consiste na faculdade do indivíduo de não se curvar se não à lei, não podendo ser submetido à vontade arbitrária de um ou vários indivíduos. Seria, para cada um, o direito de manifestar sua opinião, escolher e exercer o seu trabalho; o direito de dispor de sua propriedade e até de abusar dela; o direito de ir e vir sem necessidade de permissão; o direito de reunir-se com outros indivíduos, professar seu culto. No plano do interesse público, consistiria no direito de influir na administração do governo de várias maneiras, seja através de escolha de alguns funcionários, seja por representações, petições e reivindicações, que a autoridade seria mais ou menos obrigada a levar em consideração.[20] Fundamentalmente, englobava o conjunto de liberdades relacionadas com a esfera privada do indivíduo, cuja participação política seria apenas indireta. A questão posta pela liberdade dos modernos consiste, assim, em *quanto governo deveria haver*.[21]

Embora enfatizasse a importância da liberdade dos antigos, de natureza política, Constant não desconsiderava a liberdade dos modernos, mais voltada para os interesses pessoais ou individuais, defendendo, pois, uma combinação de ambas.[22]

Stuart Mill tratou da liberdade sob a perspectiva do seu conflito com a autoridade do governante, buscando estabelecer limites ao poder do Estado sobre o indivíduo. Para Mill, a liberdade é essencial para a pessoa alcançar a plenitude de vida na sua existência. Quanto mais a pessoa desenvolve a sua individualidade, mais se torna valiosa para si própria

19 BERLIN, Isaiah. *A Força das Ideias*. Organização: Henry Hardy. Tradução de Rosaura Eichenberg. São Paulo: Companhia das Letras, 2005, p. 160.

20 CONSTANT, Benjamin. *De La Liberté des Anciens Comparée à Celle des Modernes*. Paris: Mille et Une Nuits. 2010, p. 60.

21 BERLIN, Isaiah. Op. cit., p. 161.

22 Ibidem, p. 395.

e, consequentemente, mais valiosa se torna para os outros.[23] A individualidade, na visão de Mill, "é a mesma coisa que o desenvolvimento". E a sua ausência constitui a pior forma de opressão: "Até o despotismo não chega a produzir os seus piores efeitos, desde que a individualidade exista sob ele; e tudo o que esmague a individualidade é despotismo".[24] Por isso, toda interferência na esfera do indivíduo, em assuntos que só digam respeito a este, são ilegítimas.

Partindo dessas premissas, Mill assevera o princípio que deve servir de norte na relação da sociedade com o indivíduo, no que diz respeito ao emprego dos meios de controle e coação sobre os atos daquele: o *princípio do dano*. Por esse princípio, a única justificativa para a interferência na liberdade de ação de alguém é o de prevenir o dano a outros. Somente o risco de causar o mal a outrem constitui fundamento racional para forçar ou compelir alguém a fazer ou não fazer algo contra a sua vontade. O bem próprio da pessoa, seja físico ou moral, não constituiria justificativa suficiente para limitar a liberdade individual, pois a pessoa não pode, legitimamente, ser forçada a fazer ou deixar de fazer alguma coisa a pretexto de que isso seja melhor para ela ou de que possa fazê-la feliz. Excluídos os menores de idade, que ainda não alcançaram a maturidade, a pessoa deve ter o poder de planejar o modo como irá conduzir a sua vida, não por ser o melhor, mas por ser o seu próprio modo, até porque os seres humanos são diferentes uns dos outros, e "diferentes pessoas também requerem diferentes condições para o seu desenvolvimento espiritual".[25] O indivíduo é soberano no que diz respeito a si, seu próprio corpo e sua própria mente.[26]

Essa ideia de que o dano constitui limite à liberdade já se encontrava consagrada no artigo 4º da Declaração de Direitos do Homem e do Cidadão, de 1789, segundo o qual o homem deve ser livre para agir, na medida em que não prejudique o próximo.[27]

Fazendo referência à dicotomia feita por Constant entre a liberdade dos antigos e a dos modernos, John Rawls argumenta que não se deve supor que todas as liberdades fundamentais tenham o mesmo

---

23 MILL John Stuart. *Sobre a liberdade*. Tradução de Pedro Madeira. Lisboa: Edições 70, 2016, p. 115.

24 Ibidem, p. 116.

25 Ibidem, p. 122.

26 Ibidem, p. 40.

27 Art. 4º A liberdade consiste em poder fazer tudo que não prejudique o próximo. Assim, o exercício dos direitos naturais de cada homem não tem por limites senão aqueles que asseguram aos outros membros da sociedade o gozo dos mesmos direitos. Estes limites apenas podem ser determinados pela lei.

valor. Observa que, pelo prisma de uma tradição liberal, as liberdades políticas teriam menos valor intrínseco do que as liberdades civis em geral. Isso porque, em uma sociedade moderna, "as liberdades políticas têm um lugar menos importante nas concepções do bem da maioria das pessoas", uma vez que, em grande medida, o papel das primeiras é instrumental à preservação das últimas.[28] Obtempera que isso não significa que não se deva atribuir prioridade às liberdades políticas, na medida em que sejam "importantes o suficiente, como meios institucionais essenciais, para garantir as demais liberdades fundamentais em um Estado moderno."[29]

De grande influência na doutrina política e filosófica, é a concepção, formulada por Isaiah Berlin, de que a liberdade tem duas dimensões ou sentidos bem acentuados, os quais devem ser considerados nos planos filosófico, político e jurídico: a *liberdade negativa* e a *liberdade positiva*.[30]

Na primeira acepção, de *liberdade negativa*, uma pessoa deve ser considerada livre na medida em que não sofre interferência deliberada em sua atividade por nenhuma outra pessoa ou por um grupo de pessoas. É a ausência de coerções ou impedimentos ao exercício da vontade. Por esse ângulo, a liberdade política é "a área na qual um homem pode agir sem ser obstruído."[31] É um *estar livre de*, em relação a constrangimentos exteriores de qualquer natureza. Corresponde, em certa medida, à liberdade dos modernos de Benjamin Constant.

Na segunda acepção, de *liberdade positiva*, o indivíduo é livre quando tem autodomínio, ou seja, é seu próprio senhor e tem o poder de conduzir a própria vida, não dependendo de forças externas de qualquer tipo. Livre é aquele que é guiado por si próprio, pela própria vontade, pela própria razão e seus objetivos conscientes, capaz de conceber suas metas políticas e de realizá-las. É um *estar livre para*, em relação ao atingimento dos próprios objetivos.

Berlin observa que os conceitos de liberdade negativa e positiva entraram em rota de colisão muitas vezes ao longo da história, principalmente a partir de uma concepção que divide o homem em dois "eus", um "real", outro "empírico". O primeiro, o "eu real", autônomo, dominante, racional, correspondente à natureza mais elevada do homem, se con-

28 RAWLS, John. *O Liberalismo Político*. São Paulo: Martins Fontes. 2011, p. 354.

29 Idem.

30 As quais não se confundem com os sentidos negativo e positivo da liberdade teorizadas por Kant.

31 BERLIN, Isaiah. *Estudos sobre a humanidade*: uma antologia de ensaios. Tradução de Rosaura Eichenberg. São Paulo. Companhia das Letras, 2002, p. 229.

trapõe ao segundo, o "eu empírico", heterônomo, levado por impulsos irracionais, desejos não controlados e em busca de prazeres imediatos. Essa metáfora estaria na raiz de regimes políticos que coagem e restringem liberdades em busca de uma determinada meta, ao argumento de que esse seria o desejo do "eu real" daqueles indivíduos atingidos pela restrição, desejo esse que se encontra adormecido no espírito do "eu empírico", que não sabe o que verdadeiramente quer.[32]

Embora reconheça que a noção de liberdade positiva se encontra no âmago de muitos movimentos políticos moralmente justos, que buscam possibilitar ao conjunto de indivíduos as condições de satisfazer suas necessidades e aspirações, Berlin adverte que os objetivos, valores e ideais humanos são muitos, e nem sempre conciliáveis ou simultaneamente realizáveis, o que faz surgir conflitos inevitáveis. Por isso, considera que o pluralismo, com a dose certa de liberdade negativa dele decorrente, constitui um ideal mais verdadeiro e mais humano do que o monismo teórico e a crença em um único critério de escolha entre valores, necessidades e ideais de vida, a que a ideia de liberdade positiva conduz.[33]

Em um sentido amplo, ser livre significa fazer o que se quer. Partindo desse conceito, André Comte-Sponville atribui três sentidos gerais à ideia de liberdade: *liberdade de ação* (ou de agir), *liberdade de vontade* (ou de querer) e *liberdade do espírito ou da razão* (ou de pensar).[34] A primeira, a liberdade de agir, é a liberdade no sentido político, por ser o Estado a principal (embora não única) força a limitá-la e a garanti-la. Essa liberdade não é, nem poderia ser, absoluta, pois, em um estado de direito, ela se submete a impedimentos de diversas ordens, em especial as decorrentes da lei e das regras de convivência. Mas será certamente maior em uma democracia liberal do que em um Estado totalitário ou não democrático.[35]

A segunda, a liberdade da vontade ou de querer, em linha de princípio, não sofre limitações ou constrangimentos. Daí porque a alusão a uma "vontade livre" constituiria uma espécie de pleonasmo, uma vez que ninguém pode ser impedido de querer o que se quer ou não querer o que se não quer. No dizer de Sponville, "toda vontade é livre, e somente ela (o resto é paixão ou passividade)."[36] Adverte, porém, com propriedade, que

32 Ibidem, p. 237.

33 Ibidem, p. 271.

34 COMTE-SPONVILLE, André. *Dicionário Filosófico*. São Paulo: Martins Fontes, 2003. Verbete *Liberdade*, p. 344.

35 Idem.

36 Ibidem, p. 345.

isso não significa que o querer seja indeterminado ou incondicionado. O ser humano, em suas vontades e escolhas, é sempre determinado ou condicionado pelo mundo, pela realidade em que se encontra, por suas circunstâncias e sua história. Nesse sentido, a vontade não pode ser considerada absoluta ou inteiramente livre. Como observado por Espinoza: "a mente é determinada a querer isto ou aquilo por uma causa que é, também ela, determinada por outra, e esta última, por sua vez, por outra, e assim até o infinito."[37]

A terceira, a liberdade da razão ou de pensar, é, no dizer de Sponville, "a livre necessidade do verdadeiro". Diferentemente da anterior, não é uma liberdade que dependa de uma escolha, porque a razão se impõe a quem a conhece, ainda que em parte. Mas é livre porque não obedece a outrem, mas apenas a si mesma. E por isso é temida pelos tiranos, que tentam censurar a informação e o conhecimento, mas não podem impedir o pensar.[38]

1.3. Os direitos de liberdade e as gerações de direitos

Sob a epígrafe de Direitos e Garantias Fundamentais, diversas espécies de direitos (individuais, coletivos, sociais, políticos e referentes à nacionalidade) são previstos pela Constituição Federal. Dentre esses direitos, encontram-se várias liberdades específicas, também denominadas pela doutrina de liberdades públicas ou fundamentais,[39] assim consideradas aquelas espécies ou parcelas de liberdade para as quais a Constituição confere especial proteção.

37 ESPINOZA, Benedictus de. *Ética*. Belo Horizonte: Autêntica, 2008, p. 145.

38 COMTE-SPONVILLE, André. Op. cit., p. 346.

39 Sobre a divergência doutrinária acerca do emprego das expressões "direitos fundamentais", "liberdades públicas" e "liberdades fundamentais", além de outras, como, "direitos humanos", "direitos do homem", "direitos públicos subjetivos", ver SARLET, Ingo Wolfgang. *A Eficácia dos Direitos Fundamentais*. Porto Alegre: Livraria do Advogado. 200, p. 33; e ANDRADE, André Gustavo Corrêa de. *Dano Moral e Indenização Punitiva*. Os *punitive damages* na experiência do *common law* e na perspectiva do direito brasileiro. 2ª ed. Rio de Janeiro: Lumen Juris. 2009, p. 18. Essa pluralidade terminológica é encontrada na própria Constituição Federal, que se refere a "direitos humanos" (artigos 4º, II, e 5º, § 3º), "direitos e garantias fundamentais" (Título II e art. 5º, § 1º), "direitos e liberdades constitucionais" (art. 5º, LXXI), "direitos e garantias individuais" (art. 60, § 4º, IV), "direitos e liberdades fundamentais" (art. 5º, XLI) e "direitos fundamentais da pessoa humana" (art. 17).

Sob uma perspectiva histórica, que busca agrupar os direitos fundamentais em diferentes gerações de direitos,[40] com inspiração nos princípios incorporados no lema da Revolução Francesa "liberdade, igualdade e fraternidade", os direitos de liberdade integrariam o que uma parte da doutrina chama de "direitos de primeira geração", por terem sido os primeiros a receber proteção constitucional, triunfando politicamente com as revoluções liberais do final do século XVIII.[41] Tais liberdades aparecem como direitos de resistência ou oposição frente ao Estado,[42] verdadeiras esferas de autonomia dos indivíduos em face do poder estatal, de quem se exige que não interfira na vida pessoal, social e econômica do indivíduo.[43] Por isso, são vistos como direitos de defesa ou de cunho negativo, por constituírem reivindicações de abstenção do poder público.[44]

Por sua vez, os denominados "direitos de segunda geração", ou direitos de igualdade, aparecem como produto de reivindicações sociais ante os diversos problemas decorrentes da industrialização e do êxodo rural, com a migração dos homens do campo para a cidade. O absenteísmo do Estado liberal, com suas ideias de liberdade individual e igualdade formal, mostrou-se insuficiente para lidar com os problemas de uma sociedade massificada, em que as injustiças sociais passaram a ser flagrantes. Nesse contexto, foram introduzidos nas Constituições do segundo pós-guerra direitos sociais, culturais e econômicos, fundados na ideia de liberdade positiva e de igualdade material. Surgiu, assim, toda uma nova categoria de direitos, de cunho positivo ou prestacional em relação ao Estado,[45] a exigir uma participação mais ativa dos poderes públicos, de modo a garantir o exercício desses direitos. Os direitos então invocados já não constituiriam direitos *contra* o Estado, mas direitos *através* do Estado.[46]

---

40 Essa perspectiva não é aceita de forma tranquila pela doutrina. Alguns autores consideram que ela não reflete de forma acurada o aparecimento dos respectivos direitos fundamentais. Ver, por todos, JENSEN, Steven L. B. *Putting to rest the Three Generations Theory of human rights*. Disponível em: <https://www.openglobalrights.org/putting-to-rest-the-three-generations-theory-of-human-rights/>.

41 BONAVIDES, Paulo. *Curso de Direito Constitucional*. São Paulo: Malheiros. 4ª ed. 1993, p. 475.

42 Idem.

43 ANDRADE, José Carlos Vieira de. *Os Direitos Fundamentais na Constituição Portuguesa de 1976*. Coimbra: Almedina, 2016, p. 51.

44 BONAVIDES, Paulo. Op. cit., p. 475.

45 SARLET, Ingo Wolfgang. *A Eficácia dos Direitos Fundamentais*. Porto Alegre: Livraria do Advogado. 2001, p. 56.

46 ANDRADE, José Carlos Vieira de. Op. cit., p. 58. O autor inclui os direitos econômicos, sociais e culturais como direitos de terceira geração, porque considera que os

Por fim, os "direitos de terceira geração", também chamados de direitos de fraternidade ou solidariedade, seriam aqueles destinados não à proteção do indivíduo como tal considerado, mas dos grupos humanos. Seriam direitos transindividuais, de titularidade difusa ou coletiva,[47] como o direito a um meio ambiente equilibrado e livre de poluição, assim como o conjunto de direitos ligados ao desenvolvimento econômico e social.

Observe-se que a alusão a gerações de direito não é, de modo nenhum, representativa de substituição ou superação de uma geração de direitos por outra. Como indicado por Ingo Sarlet, "o reconhecimento progressivo de novos direitos fundamentais tem o caráter de um processo cumulativo, de complementaridade, e não de alternância".[48] O reconhecimento dos direitos fundamentais sociais, ditos de segunda geração, não diminuiu a importância dos direitos de liberdade, integrantes da primeira geração de direitos. Ao contrário, essas liberdades fundamentais acabaram se redimensionando e expandindo, dando ensejo a novas reivindicações perante o Estado, de quem, a partir de então, se espera não apenas que se abstenha ou não interfira com as liberdades, mas, também, intervenha para garantir sua efetivação ou realização.

---

direitos políticos ou "direitos de participação" não pertencem à mesma geração dos direitos e liberdades civis, sendo subsequentes a estes (op. cit., p. 54 e nota 9). No mesmo sentido, Peces Barba, para quem os direitos econômicos, sociais e culturais pertencem a uma terceira geração de direitos, que se seguiu aos direitos políticos, estes sim integrantes da segunda geração: "Não é historicamente certo, nem seus objetivos ou estrutura o permitem, que se integrem os direitos individuais, civis e políticos em uma única geração." (MARTINEZ, Gregorio Peces Barba. Los Derechos Económicos, Sociales y Culturales: su génesis y su concepto. *Derechos y Libertades: Revista del Instituto Bartolomé las Casas*, Ano III, nº 6, 1998, p. 28. Este é, também, o entendimento de Norberto Bobbio, que situa os direitos do homem em três fases distintas, a primeira, referente aos direitos de liberdade; a segunda, concernente aos direitos políticos; e a terceira, atinente aos direitos sociais. (BOBBIO, Norberto. *A Era dos Direitos*. Rio de Janeiro: Campus, 1992, p. 32).

---

47 SARLET, Ingo Wolfgang. Op. cit., p. 56.

48 SARLET, Ingo Wolfgang. Op. cit., p. 53. Por essa razão, Ingo Sarlet prefere usar a expressão "dimensões de direitos", em lugar de "gerações de direitos" (Idem). Paulo Bonavides já manifestara preferência pelo uso do vocábulo "dimensão", porque, a seu ver: "substitui, com vantagem lógica e qualitativa, o termo 'geração', caso este último venha a induzir apenas sucessão cronológica e, portanto, suposta caducidade dos direitos das gerações antecedentes." (BONAVIDES, Paulo. *Curso de Direito Constitucional*. São Paulo: Malheiros. 6ª ed. 1996, p. 525). Lenio Streck também faz uso da expressão "dimensões" e, lugar de "gerações" (STRECK, Lenio Luiz. *Dicionário de Hermenêutica:* quarenta temas fundamentais da teoria do direito à luz da crítica hermenêutica do Direito. Belo Horizonte: Letramento, 2017, p. 37).

Como observado por Vieira de Andrade, com a nova dialética de reivindicação e de prestação surgida com o advento dos direitos sociais, "são as próprias liberdades que se alargam no seu âmbito ou se concretizam mais em função das novas necessidades",[49] nelas se descobrindo "uma dimensão prestacional, na medida em que a defesa perante o Estado implica, em caso de intervenção ofensiva, a anulação dessa intromissão e porventura a reposição da situação anterior ou a indenização."[50]

1.4. As liberdades fundamentais

A Constituição Federal brasileira consagra várias liberdades específicas, que podem ser agrupadas em categorias distintas. José Afonso da Silva apresenta uma valiosa categorização. Divide essas liberdades em cinco grupos: 1) liberdade da pessoa física; 2) liberdade de pensamento, englobando todas as liberdades a ela correlatas; 3) liberdade de expressão coletiva; 4) liberdade de ação profissional; 5) liberdade de conteúdo econômico.[51]

Para os objetivos do presente trabalho, serão destacadas aqui as liberdades constitucionais que, nessa divisão, poderiam ser inseridas na categoria da *liberdade de pensamento*: liberdades de expressão, de consciência, de religião e de imprensa. A liberdade de expressão, por estar vinculada de forma mais direta à presente obra, será objeto de exame específico em capítulo separado. Será destacada, também, a liberdade de reunião, que, conquanto se insira, de acordo com a classificação acima, na liberdade da pessoa física, se relaciona de forma muito próxima com a liberdade de pensamento.

1.4.1. Liberdade de consciência

A Constituição Federal tratou, de forma conjunta, no art. 5º, VI a VIII, de dois direitos fundamentais distintos, mas que são umbilicalmente interligados: a liberdade de consciência e a liberdade de crença ou religião.

A *liberdade de consciência* consiste na faculdade de o indivíduo, como ser autônomo e racional, proceder a valorações ou julgamentos morais, existenciais e políticos, formar suas próprias convicções e auto-

49 ANDRADE, José Carlos Vieira de. Op. cit., p. 59.

50 Ibidem, p. 60.

51 SILVA, José Afonso da. *Curso de Direito Constitucional Positivo*. 28ª ed. rev. e atual. São Paulo: Malheiros, 2007, p. 235.

determinar-se de acordo com elas. A distinção entre a consciência, enquanto mero processo intelectivo, confinado à esfera do pensamento, e a exteriorização dessa consciência pode sugerir que apenas em relação às manifestações externas do intelecto haveria proteção constitucional, ficando o pensamento como uma exclusiva questão de foro íntimo, estranha ao mundo jurídico. Mas não há como negar, como já observara Kant, que o oferecimento de embaraços ou impedimentos à expressão do pensamento acaba por criar um obstáculo ou uma inibição da própria faculdade de pensar da pessoa.[52]

Além disso, mesmo a esfera interna ou íntima do indivíduo pode se ver ameaçada por ataques externos, de natureza física ou psicológica, que busquem empregar técnicas espúrias de controle da mente ou de lavagem cerebral (*brainwashing*), frequentes em países de regime totalitário. A proteção constitucional a esse direito de autodeterminação ético-existencial abrange, pois, tanto o *forum internum* do indivíduo, referente à sua convicção íntima, quanto o *forum externum*, espaço de exteriorização dessas convicções, por qualquer meio ou forma.[53]

Quando ultrapassa o plano pessoal interior e atinge a dimensão exterior, a liberdade de consciência se conecta à liberdade de expressão, prevista no art. 5º, IV, da Constituição Federal, embora dispense a invocação deste princípio para a sua proteção. A liberdade de expressão guarda uma relação de generalidade em relação aos princípios específicos neste tópico analisados.

Em um sentido filosófico, pode-se dizer que a liberdade de consciência antecede a liberdade de expressão, que seria a exteriorização da consciência. Na verdade, a consciência precede o próprio pensamento, na medida em que este é uma derivação ou produto daquela. Na célebre definição de Sartre: "a consciência é um ser para o qual, em seu próprio

52 KANT, Immanuel. *A paz perpétua e outros opúsculos*. Lisboa: Edições 70, 2018, p. 54: "Sem dúvida, há quem diga: a liberdade de *falar* ou *escrever* pode-nos ser tirada por um poder superior, mas não a liberdade de pensar. Mas quanto e com que correção *pensaríamos* nós se, por assim dizer, não pensássemos em comunhão com os outros, a quem comunicamos os nossos pensamentos e eles nos *comunicam* os seus! Por conseguinte, pode muito bem dizer-se que o poder exterior que arrebata aos homens a liberdade de *comunicar* publicamente os seus pensamentos, lhes rouba também a liberdade de *pensar*".

53 WEINGARTNER NETO, Jayme. Comentário ao art. 5º, VI a VIII, da Constituição Federal. In: CANOTILHO, J. J. Gomes; SARLET, Ingo Wolfgang; MENDES, Gilmar Ferreira; STRECK, Lenio Luiz (coordenadores). *Comentários à Constituição do Brasil*. 2ª ed. São Paulo: Saraiva Educação, 2018, p. 268.

ser, está em questão o seu ser enquanto este ser implica outro ser que não si mesmo."[54]

O pensamento é definido a partir da consciência do sujeito pensante, como um atributo desse sujeito. É a dimensão intelectual ou racional da consciência. Na síntese de André Comte-Sponville: "Pensar é unificar representações numa consciência, sob a norma da ideia verdadeira dada ou possível."[55]

Na linguagem jurídica, a locução "liberdade de pensamento" aparece como referente a uma liberdade matriz, unificadora das liberdades de consciência e religião, as quais, como se viu, transbordam do psiquismo do indivíduo, passando para o mundo exterior, através de manifestações variadas. Assim é empregada essa locução no artigo XVIII da Declaração Universal dos Direitos Humanos, proclamada pela Organização das Nações Unidas, em 1948.[56]

As liberdades de consciência e de crença são reforçadas pelo art. 5º, VIII, da Constituição Federal, cláusula constitucional que prevê a chamada objeção ou escusa de consciência, que proíbe a privação de direitos de alguém por motivação religiosa, filosófica ou política, ressalvadas as hipóteses de invocação de algum desses motivos para se eximir de obrigação legal a todos imposta. Mesmo nessas hipóteses, a perda ou a suspensão dos direitos somente se dará se o respectivo titular se recusar ao cumprimento de prestação legal alternativa de caráter neutro, que não conflite com as suas convicções.

1.4.2. Liberdade de crença ou religião

A *liberdade de crença ou religião*, dada a importância histórica, política e cultural do fenômeno religioso, constitui direito especialmente importante. Como observado por Jorge Miranda, essa liberdade se encontra no cerne da problemática dos direitos fundamentais.[57]

---

54 SARTRE, Jean-Paul. *O ser e o nada*. 12ª ed. Petrópolis: Editora Vozes, 1997, p. 35.

55 COMTE-SPONVILLE, André. *Dicionário filosófico*. São Paulo: Martins Fontes, 2003, p. 448.

56 Declaração Universal dos Direitos do Homem, de 1948. "Art. 18. Toda a pessoa tem direito à liberdade de pensamento, de consciência e de religião; este direito implica a liberdade de mudar de religião ou de convicção, assim como a liberdade de manifestar a religião ou convicção, sozinho ou em comum, tanto em público como em privado, pelo ensino, pela prática, pelo culto e pelos ritos."

57 MIRANDA, Jorge. *Manual de Direito Constitucional*. Coimbra: Coimbra Editora, Tomo IV, 2000, p. 407.

A liberdade religiosa é essencial para a plena liberdade cultural e política de um país. Embora figure entre os direitos individuais, como uma derivação da dignidade da pessoa humana e de sua faculdade de realizar escolhas existenciais básicas,[58] tem uma dimensão social e constitucional,[59] constituindo um direito complexo, que se desdobra em variadas formas de concretização.

Consiste, em primeiro lugar, na liberdade de crença, ou seja, nas faculdades de ter, não ter ou deixar de ter religião (qualquer religião), incluídas aí as faculdades de escolher, mudar ou abandonar uma crença religiosa específica. Nesse aspecto, liga-se à liberdade de consciência, sem com esta se confundir, uma vez que a liberdade de consciência é mais ampla, pois compreende a própria liberdade de seguir ou não uma religião e, também, a liberdade de convicções não religiosas.[60]

Na esfera externa à consciência, a liberdade de religião se concretiza como liberdade de manifestação da fé religiosa e liberdade de culto (inciso VI, segunda parte), faculdade que se conecta diretamente com a liberdade de expressão. Nesse âmbito se encontram as faculdades de atuar segundo a fé religiosa, englobando as atuações positiva e negativa, ou seja, o agir e o não agir.

O princípio garantidor da liberdade religiosa impõe, ao mesmo tempo, a garantia de proteção aos locais de culto e suas liturgias (inciso VI, parte final).

Por fim, essa liberdade engloba, também, o direito à assistência religiosa em entidades civis e militares de internação coletiva (inciso VII).

Em sua dimensão externa, a liberdade de religião abrangeria, por exemplo, a faculdade de utilizar vestimenta ou adereço próprio da religião, ou de não utilizar vestimenta contrária à convicção religiosa, o que pode gerar e tem gerado tensões em determinadas situações, nas quais se estabelece um determinado código de vestimenta (*dress code*), seja no trabalho, seja em determinados locais públicos.

O tema é objeto de controvérsias em vários países europeus, que debatem sobre o uso do véu islâmico e outras peças de vestuário ou símbolos religiosos em escolas e outros espaços públicos. O que é fundamental nessas situações é que a imposição ou a proibição de deter-

58 BARROSO, Luis Roberto. "Legitimidade da Recusa de Transfusão de Sangue por Testemunhas de Jeová. Dignidade Humana, Liberdade Religiosa e Escolhas Existenciais". *Revista de Direito da Procuradoria Geral do Estado*, v. 65, 2011, p. 347.

59 MIRANDA, Jorge. Op. cit., p. 416.

60 Idem. No mesmo sentido, WEINGARTNER NETO, Jayme. Op. cit., p. 267.

minada vestimenta ou de determinado adereço não constitua, no caso concreto, um ato arbitrário, desprovido de qualquer racionalidade, nem caracterize uma discriminação contra uma religião ou contra a fé religiosa em si.[61]

O uso de símbolos religiosos estáticos em repartições públicas também tem gerado debates. Pela proibição do uso de tais símbolos, invoca-se o princípio da laicidade do Estado brasileiro, consagrado no art. 19, I, da Constituição Federal. Tal princípio impõe a separação entre religião e Estado, com a finalidade de proteger as diversas confissões religiosas contra indevidas intervenções estatais, e garantir que as decisões estatais sejam baseadas em razões públicas, não em dogmas ou convicções religiosas. Por isso, não pode o Estado discriminar ou privilegiar nenhuma religião, mesmo que adotada pela maioria da população, uma vez que a Constituição Federal constitui garantia de proteção de "direitos, procedimentos e instituições, que atuam para proteger as minorias e assegurar a possibilidade de continuidade da empreitada democrática ao longo do tempo."[62]

Pela permissão do uso de determinados símbolos religiosos em repartições públicas, argumenta-se que esse uso, com muita frequência, tem uma dimensão cultural e está inserido na tradição de uma determinada sociedade, de modo que a laicidade e a consequente neutralidade do Estado em matéria religiosa não seriam incompatíveis com essa prática, não colidente com o pluralismo social.[63]

Contra esse argumento, Daniel Sarmento objeta que, apesar de o Direito, como fenômeno social, ter conexões com as tradições e valores dominantes em cada sociedade: "não é certo conceber prescritivamente a ordem jurídica como uma mera instância de afirmação das práticas sociais hegemônicas, já que muitas vezes o papel do Direito é exatamente o de combater e transformar hábitos e tradições enraizados, desempenhando um papel emancipador." [64]

A razão, a meu ver, está com Sarmento. Em linha de princípio, seria incompatível com o artigo 19, I, da Constituição Federal, a colocação ou manutenção de símbolos próprios de uma religião específica em re-

61 Sobre o tema, ver CNEF, *La Laïcité Française*. Marpent: CNEF, 2013, p. 93.

62 SARMENTO, Daniel. O Crucifixo nos Tribunais e a Laicidade do Estado. *Revista Eletrônica PRPE.* Maio de 2007. Disponível em: <www.prpe.mpf.mp.br/internet/.../RE_%20DanielSarmento2.pdf>.

63 Neste sentido, ÁLVAREZ, Tomás Prieto. *Libertad religiosa y espacios públicos:* laicidad, pluralismo, símbolos. Cizur Menor (España): Civitas, 2010, p. 239.

64 SARMENTO, Daniel. Op. et loc. cit.

partição pública, ainda que referente a uma religião predominante na sociedade, que, desse modo, estaria sendo privilegiada em detrimentos das demais. Analisando o caso do uso do crucifixo nos tribunais, Daniel Sarmento sustenta, com base no princípio da laicidade do Estado, que a Justiça, para desempenhar seu papel constitucional, deve se abster de utilizar símbolos religiosos em seus espaços mais amplamente acessíveis ao público, com ressalva dos espaços mais reservados, como, por exemplo, os gabinetes dos magistrados, para "evitar ao máximo as confusões simbólicas com confissões religiosas, ainda que majoritárias."[65] Essa interpretação, que pode ser estendida às repartições públicas em geral, é a que se afigura adequada ao que dispõe o texto constitucional.

Caso limite relacionado à liberdade religiosa é o que envolve a recusa de certos pacientes, integrantes da comunidade religiosa testemunhas de Jeová, ao recebimento de transfusão de sangue e hemoderivados por motivos religiosos. Em situações nas quais a transfusão de sangue se mostra imprescindível para salvar a vida do paciente, devem os médicos respeitar a opção religiosa do paciente de se recusar a receber a transfusão? O entendimento predominante é o de que, em se tratando de paciente maior e capaz, é legítima a recusa livre e consciente do tratamento que envolva transfusão de sangue por parte das testemunhas de Jeová, prevalecendo, em tal situação, a "dignidade como expressão da autonomia privada", não podendo o médico impor ao paciente, em nome do direito à saúde ou à vida, um procedimento por ele recusado.[66] Em se tratando de paciente menor de idade, caberia verificar se se trata de menor maduro o suficiente para decidir a respeito.[67]

Outra questão não isenta de controvérsias é a que se refere ao uso de animais em cultos religiosos. Trata-se de prática em geral tolerada, em nome da liberdade religiosa, quando não envolva tratamento cruel

---

65 Idem.

66 BARROSO, Luiz Roberto. "Legitimidade da Recusa de Transfusão de Sangue por Testemunhas de Jeová. Dignidade Humana, Liberdade Religiosa e Escolhas Existenciais". *Revista de Direito da Procuradoria Geral do Estado*, v. 65, 2011, p. 357. Entendimento contrário foi esposado por Flávio Willerman, que parte da perspectiva da preponderância da proteção da vida, vista como pressuposto da dignidade humana, sobre o direito à liberdade religiosa. Citando vários acórdãos neste sentido, conclui o autor que: "se não houver alternativa para salvar a vida humana, deve a transfusão de sangue ser realizada, ainda que contra o consentimento do doente, expressado de forma verbal e/ou por escrito." WILLERMAN, Flávio de Araújo. *Temas de Direito Público* (Estudos de Direito Constitucional e Administrativo). Rio de Janeiro: Lumen Juris, 2017, p. 173.

67 BINENBOJM, Gustavo. Parecer 9/2009. *Revista de Direito da Procuradoria Geral do Estado*, v. 65, 2011, p. 303.

ou degradante.[68] Todavia, vem ganhando cada vez mais adeptos a ideia de *direito dos animais*, fundada na premissa de que os animais têm valor intrínseco e interesses básicos, como o de preservação da própria vida e o de não serem submetidos a sofrimento, os quais são merecedores de consideração e proteção jurídica.[69]

Inserida na liberdade religiosa está a liberdade de professar, exprimir e divulgar a própria crença. Engloba, também, a liberdade de exercer o proselitismo religioso.[70] Assim decidiu o Supremo Tribunal Federal ao julgar inconstitucional a proibição de proselitismo de qualquer natureza na programação das emissoras de radiodifusão comunitária. Prevaleceu o voto do Ministro Edson Fachin, para quem a vedação constituiria uma violação à liberdade de expressão.[71] Acompanhando a maioria, o Ministro Celso de Mello, argumentou que vedar o proselitismo "é bloquear a livre difusão de ideias, ainda que se cuide de ideia que possamos abominar, pois a liberdade de expressão não existe apenas para amparar as ideias com as quais concordamos, mas também para viabilizar e possibilitar o livre exercício, a livre circulação de pensamento que possa até mesmo contrariar essa corrente *mainstream* (majoritária) que se estabelece numa dada formação social".[72]

A liberdade de proselitismo deve, contudo, observar alguns limites, tais como a forma e o local em que essa liberdade é exercida. Não seria aceitável, por exemplo, o exercício do proselitismo ou da doutrinação religiosa nas escolas, por constituir invasão do direito dos pais de decidir que orientação religiosa (se é que alguma) devem os filhos seguir. Nessa perspectiva e com observância do princípio da laicidade do Estado deve ser interpretado o art. 210, § 1º, da Constituição Federal, que prevê o ensino religioso facultativo nas escolas públicas de ensino fundamental.[73]

---

68 Sobre o tema, ver: SILVA, Lucia Frota Pestana de Aguiar; HOGEMANN, Edna Raquel. "Sacrifício de Animais e Liberdade Religiosa: o Equívoco do Exercício Livre Diante da Laicidade do Estado Brasileiro". *Escritos sobre Direito, Cidadania e Processo:* Discursos e Práticas. Niterói: PPGSD, v. 1, 2018, p. 127; e LEITE, Fábio Carvalho. "A Liberdade de Crença e o Sacrifício de Animais em Cultos Religiosos". *Veredas do Direito*, Belo Horizonte, v. 10, nº 20, Julho/Dezembro de 2013, p. 163. Disponível em: <liberdade_de_crenca_e_o_sacrificio_de_animais_em_cultos_religiosos.pdf>.

69 Veja-se, por todos: SINGER, Peter. *Libertação Animal*. São Paulo: Lugano, 2004.

70 WEINGARTNER NETO, Jayme. Op. cit., p. 267.

71 STF, ADI 2566. Disponível em: <http://www.stf.jus.br/portal/cms/verNoticiaDetalhe.asp?idConteudo=378600>.

72 Idem.

73 Assim o fez a Lei nº 9.475, de 22.7.1997, que, alterou o art. 33 da Lei nº 9.394, de 20.12.1996, que estabelece as diretrizes e bases da educação nacional, para

O pleno exercício das liberdades de culto e organização religiosa é reforçado pela norma contida no artigo 150, VI, b, da Constituição, que assegura imunidade tributária aos templos de qualquer deles.

1.4.3. Liberdade de reunião

Outra garantia constitucional essencial ao regime democrático é a liberdade de reunião, em cujo conceito se inserem manifestações, passeatas, desfiles e comícios. Não por outra razão, ela frequentemente integra o rol das liberdades-alvo de ditaduras e regimes autoritários.

José Afonso da Silva define reunião, no sentido da liberdade aqui mencionada, como "qualquer agrupamento formado em certo momento com o objetivo comum de trocar ideias ou de receber manifestação de pensamento, político, filosófico, religioso, científico ou artístico".[74] Tal agrupamento pressupõe alguma coordenação, ou seja, não pode resultar de mero acaso, seus integrantes devem agir de forma consciente, mas deve ser, necessariamente, transitório.[75] Essa última característica é fundamental para a sua distinção do direito à liberdade de associação.

A Constituição Federal de 1988 contém limitações expressas ao exercício da liberdade de reunião: o seu art. 5º, XVI, estabelece que a reunião deve ser realizada pacificamente, sem armas e não poderá frustrar outra reunião anteriormente convocada para o mesmo local; o seu art. 136, § 1º, I, a, prevê a sua restrição, por decreto, durante o Estado de Defesa; e o seu art. 139, IV, autoriza a sua suspensão durante o Estado de Sítio.

No entanto, não há dúvida quanto ao fato de que essa garantia instrumental, que concretiza condições importantes para a efetiva participação das pessoas na vida pública e expressão de ideias e reivindicações, foi ampliada pela Constituição vigente.

Isso porque, apesar da exigência constitucional de prévia comunicação à autoridade competente – também presente na Constituição de

estabelecer: "O ensino religioso, de matrícula facultativa, é parte integrante da formação básica do cidadão e constitui disciplina dos horários normais das escolas públicas de ensino fundamental, assegurado o respeito à diversidade cultural religiosa do Brasil, vedadas quaisquer formas de proselitismo."

74 *Curso de Direito Constitucional Positivo*. 28ª ed. São Paulo: Malheiros, 2007, p. 264.

75 BRANCO, Paulo Gustavo Gonet. In: CANOTILHO, J. J. Gomes; SARLET, Ingo Wolfgang; MENDES, Gilmar Ferreira; STRECK, Lenio Luiz (coordenadores). *Comentários à Constituição do Brasil*. 2ª ed. São Paulo: Saraiva Educação, 2018, p. 329.

1967 e na Emenda Constitucional nº 1 de 1969 –, esse requisito deve ser entendido simplesmente como uma forma de assegurar a livre e segura ocorrência do evento e jamais confundido com a necessidade de autorização para a sua realização, já que o texto constitucional é expresso em sentido contrário. Essa comunicação, portanto, não poderá gerar impedimento ou limitação antecipada ou injustificada do objeto e do alcance da reunião.

Como salienta Ingo Sarlet: "a CF não faz alusão ao fato de que reuniões que interferem ou mesmo obstaculizam o exercício de outros direitos fundamentais sejam proibidas". Por isso, diante do atendimento dos requisitos expressos na Constituição, "toda e qualquer outra proibição (ou então a exigência de prévia autorização) seria, à partida, materialmente inconstitucional".[76]

Orientado nesse mesmo sentido, o Supremo Tribunal Federal julgou procedente a ADI nº 1969, na qual se discutia a constitucionalidade de decreto do Distrito Federal que vedava a realização de manifestações públicas com a utilização de carros e aparelhos sonoros em pontos específicos da Capital Federal. Destacou-se, nessa ocasião, que a liberdade de reunião e associação para fins lícitos constitui uma das mais importantes conquistas da civilização, e que a norma impugnada, além de viciada sob o aspecto formal, padecia de inconstitucionalidade material, por impor limitação inadequada, desnecessária ou desproporcional ao direito fundamental à liberdade de reunião.

Em outro julgamento recente,[77] no qual se discutiu a possibilidade de criminalização de manifestações relativas à defesa da legalização das drogas – manifestações que ficaram conhecidas como "Marcha da Maconha" –, o Supremo Tribunal Federal decidiu que uma sociedade estruturada sob um regime democrático deve respeitar a liberdade de reunião, ainda que exercida sob a forma de protesto e de crítica, a qual possui caráter instrumental e tem íntima conexão com o direito fundamental à livre manifestação do pensamento. Esse julgado será melhor examinado em tópico próprio.

---

76 SARLET, Ingo. *O entendimento do Supremo sobre a liberdade de reunião e manifestação*. Disponível em: <https://www.conjur.com.br/2019-jan-11/direitos-fundamentais-entendimento-stf-liberdade-reuniao-manifestacao>.

77 STF, ADPF nº 187, de 2011.

1.4.4. Liberdade de Imprensa

A importância da imprensa para a sociedade moderna foi sintetizada por Thomas Jefferson em frase que se tornou famosa e é frequentemente citada quando se trata do tema: "Se me fosse dada a decisão sobre se deveríamos ter um governo sem jornais ou jornais sem um governo eu não hesitaria um momento em preferir a última".[78] A frase dá a dimensão da fundamentalidade da imprensa para a democracia. Não de qualquer imprensa, mas de uma imprensa livre, não submetida às pautas e aos interesses do governo.

Uma imprensa livre, juntamente com o princípio geral da liberdade de expressão, é condição necessária à existência e à manutenção de um Estado democrático, porque é, principalmente, através de notícias e matérias veiculadas nos meios de comunicação de massa que os cidadãos obtêm informações e opiniões sobre fatos de interesse político e as práticas do governo. Tais informações são essenciais para que os cidadãos possam realizar escolhas mais conscientes de seus representantes políticos e influir nas decisões governamentais.

A maior parte dos países democráticos consagra expressamente em suas constituições a liberdade de imprensa e a liberdade de expressão.[79] Ambas sempre estiveram presentes nas diversas constituições brasileiras, embora muito esvaziadas durante os períodos ditatoriais. Na Constituição Federal atual, a garantia da liberdade de imprensa vem prevista no art. 220 e seu § 1º, dentro do Capítulo que trata do tema mais amplo da Comunicação Social. Nesse dispositivo é assegurado que a expressão e a informação devem estar livres de restrição, em especial por parte da lei, que não poderá criar embaraço à plena liberdade de informação jornalística.

A liberdade de imprensa, pelo prisma amplo da liberdade de comunicação social, tem no direito à informação o seu conteúdo ou núcleo principal, compreendendo os direitos fundamentais de *informar*, de *se informar* e de *ser informado*.[80]

78 A frase constitui trecho de carta enviada por Jefferson a Edward Carrington, em 16 de janeiro de 1787.

79 Dentre eles, é possível citar: África do Sul (art. 16, 1), Alemanha (art. 5º), Argentina (art. 14), Canadá (art. 2º, *b*, do *Constitution Act*, 1982), Espanha (art. 20), Estados Unidos (Primeira Emenda), França (art. 11 da Declaração dos Direitos do Homem e do Cidadão), Itália (art. 21), Japão (art. 21), México (art. 7), Portugal (art. 38º), Romênia (art. 30).

80 MIRANDA, Jorge. *Manual de Direito Constitucional*, p. 454.

O primeiro direito fundamental, de *informar*, é de natureza tanto individual quanto institucional,[81] e assegura ao seu titular a posição jurídica de poder difundir fatos ou notícias que sejam de interesse coletivo. Ele se revela, ao mesmo tempo, como uma *liberdade negativa*, consistente, basicamente, no dever de abstenção do Poder Público de impedir o ato de comunicar, e como uma *liberdade positiva*, na qual o Estado deve atuar no sentido de impedir que terceiros criem obstáculos ao exercício da informação por parte de um cidadão ou de um grupo social.

O segundo direito fundamental, de *se informar*, é de natureza individual, ainda quando exercido de forma coletiva ou institucional,[82] abarca, essencialmente, o amplo e irrestrito acesso a todas as fontes de informações disponíveis. Sem o livre acesso às fontes originárias das notícias, por exemplo, o fluxo de circulação das informações poderia ser comprometido, com grave prejuízo para toda a sociedade. Esse direito tem como titulares os cidadãos em geral, mas se torna particularmente importante em relação ao profissional de jornalismo, para quem a informação constitui a matéria prima de seu ofício.

De vital importância, nesse caso, a proteção ao *sigilo de fonte*, assegurada pelo art. 5º, XIV, da Constituição Federal, sem a qual fatos de grande relevância para a comunidade não teriam como ser levados ao conhecimento público, em razão do temor de represália por parte do governo ou de outras pessoas.

Observe-se que não há conflito entre as normas constitucionais contidas nos incisos IV e XIV do artigo 5º, já que o que importa, para atender à imposição constitucional de *vedação ao anonimato* prevista no inciso IV, é viabilizar a responsabilização daquele que *veicula a informação*, que deve ser sempre identificado, embora não possa ser compelido a revelar a *fonte da informação*.

O terceiro direito fundamental, de *ser informado*, consiste na exigibilidade de receber informação correta, verdadeira e de qualidade, notadamente sobre os acontecimentos que sejam de interesse público e geral, o que, além de contribuir para a formação do próprio desenvolvimento da sua personalidade, o qualifica para participar ativamente da vida coletiva e política.[83] No que se refere à comunicação de massa, o direito ao recebimento de uma informação verdadeira pode ser exercitado, no plano individual, através do direito de resposta (art. 5º, V,

81 Ibidem, p. 456.

82 Idem.

83 FARIAS, Edilsom. *Liberdade de expressão e comunicação:* teoria e proteção constitucional. São Paulo: Revista dos Tribunais, 2004, p. 85.

da CF), e, no plano coletivo ou difuso, através de ações próprias para a tutela de interesses coletivos *lato sensu*.[84] A liberdade de comunicação abrange, portanto, a faculdade de procurar, acessar, receber e difundir informações.[85]

A imprensa desempenha uma importante função, de formação da opinião pública, com influência na política, na economia e em outras esferas sociais. Não por outra razão se costuma dizer que a imprensa constitui o "quarto poder". Por isso, o direito de informar vem acompanhado do dever de prestar informação clara e verdadeira, do contrário não haverá informação, mas *deformação*.[86] Ao profissional de jornalismo impõe-se o dever de cautela e prudência na checagem da veracidade da notícia e da idoneidade das fontes antes da divulgação da informação.

Esse ideal de prudência muitas vezes esbarra na pressa e na rapidez da informação jornalística. Já se disse que o jornal de hoje é o papel para embrulhar peixe de amanhã, para fazer alusão à velocidade da informação, que se tornou ainda mais vertiginosa na chamada era da informação sem papel ou era digital, na qual um fato muitas vezes é divulgado em tempo real pela internet. Contudo, isso não isenta a imprensa e os profissionais de jornalismo de responder por notícias e informações incorretas ou inverídicas, em especial quando estas atingem direitos de terceiro, tais como a honra, a intimidade ou a privacidade.

Um dos papeis mais importantes desempenhados pela imprensa é o de "*watchdog*" (cão de guarda), expressão inglesa empregada para fazer referência a alguém que está atento a falhas, abusos ou ilegalidades no funcionamento de instituições, de natureza pública ou privada. No desempenho dessa função, a imprensa tem sido protagonista da história no descobrimento de ilícitos ou irregularidades de agentes do governo e até de presidentes.

Nos Estados Unidos da América, a investigação realizada pela imprensa levou à publicação em jornal dos chamados "*Pentagon Papers*", que levaram ao descobrimento de contradições entre o discurso oficial e a prática do governo em relação à guerra do Vietnã. Também naquele País, investigações jornalísticas levaram ao escândalo do *Watergate*, que resultou na renúncia do então Presidente Richard Nixon. No Brasil,

84 Ibidem, p. 90.

85 Ibidem, p. 86 e 161.

86 SILVA, José Afonso da. *Curso de Direito Constitucional Positivo*. 28ª ed. São Paulo: Malheiros, 2007, p. 247.

a imprensa teve papel decisivo no processo de *impeachment* do então Presidente Fernando Collor de Mello.[87]

1.4.4.1. A liberdade de imprensa e os direitos da personalidade

A liberdade de imprensa, como não poderia deixar de ser, encontra limites na própria Constituição, que protege a honra, o nome, a privacidade e a intimidade de terceiros, contra publicações que violem esses direitos.

Nem sempre é fácil traçar a linha divisória entre o que é verdadeiro e o que é falso. Essa dificuldade se acentua em razão da expectativa social e da própria imprensa de que a informação seja prestada rapidamente. Os diversos órgãos de imprensa competem pela notícia, buscando, sempre que possível, o "furo jornalístico" ou a originalidade na divulgação de um fato ou acontecimento. Como em quase tudo, a pressa é inimiga da perfeição, e a maior velocidade da informação acaba, fatalmente, levando à divulgação de notícias que, quando não inteiramente falsas, contém imprecisões ou não conseguem ser comprovadas. Quando isso ocorre, a empresa jornalística e o jornalista correm o risco de responsabilização civil e criminal por danos causados a terceiros que alegam ter sido atingidos em sua honra, imagem, privacidade e intimidade.

É inquestionável que a publicação de notícias dolosamente falsas deve gerar responsabilidade daqueles que a publicaram, quando causar danos a terceiros. Debate-se, no entanto, na doutrina e na jurisprudência, acerca da responsabilidade da imprensa nos casos em que não há dolo ou má-fé na publicação. Argumenta-se que a exigência de comprovação cabal de todos os fatos noticiados acabaria por impor um ônus pesadíssimo aos veículos jornalísticos, enfraquecendo o princípio constitucional da liberdade de imprensa.

No que se refere especificamente à tensão existente entre a liberdade de imprensa e o direito à honra, a jurisprudência norte-americana, reconhecendo a importância para a democracia de uma imprensa livre, fixou padrões rígidos a serem observados em casos de demandas ajuizadas por agentes do Governo ou figuras públicas contra jornalistas e empresas de comunicação. Assim o fez para impedir que a imprensa pudesse vir a ter a sua liberdade cerceada ou indiretamente restringida

---

87 Sobre o papel da mídia no *impeachment* do Presidente Fernando Collor de Mello, LUZ, Thaíze Ferreira da. "A Influência da Mídia na Queda de um Presidente". *Biblos. Revista do Instituto de Ciências Humanas e da Informação – ICHI*, nº 16, 2004, p. 45-53.

pelo receio de pagamento de indenizações milionárias em ações de responsabilidade civil, causando aquilo que se denominou de efeito resfriador ou silenciador (*chilling effect*).

A Suprema Corte dos Estados Unidos da América estabeleceu, no julgamento do caso *New York Times v. Sullivan*, os *standards* a serem seguidos em casos de notícias falsas e lesivas à honra (*defamation*)[88] de agentes públicos. No referido caso, o Chefe de Polícia da cidade de Montgomery, no Alabama, L. B. Sullivan, ajuizou demanda por "*defamation*" em face do New York Times. O jornal havia publicado, em 29 de março de 1960, um texto do *Comitê para Defesa de Martin Luther King*, assinado por dezenas de personalidades, dentre as quais Harry Belafonte, Marlon Brando, Nat King Cole e Eleanor Roosevelt. O texto publicado fazia referência ao que considerou uma reação violenta ou intimidatória da polícia de Montgomery contra a manifestação de protesto de estudantes do Alabama State College em defesa dos direitos civis dos negros. L. B. Sullivan, apontando várias incorreções na narrativa sobre a ação policial, observou que, embora não tenha sido citado nominalmente, estava claro que o texto se referia a ele, já que era o Chefe de Polícia na época dos acontecimentos.

O júri condenou o New York Times a pagar ao autor uma indenização de U$500,000. A decisão foi confirmada pela Suprema Corte do Alabama, que considerou que as críticas dirigidas à ação policial se dirigiram a Sullivan, já que este se encontrava no comando da polícia por ocasião dos fatos. De acordo com a legislação então vigente no Estado do Alabama, a única defesa possível para o réu teria sido provar que os fatos narrados, em todos os seus detalhes, eram verdadeiros.

O New York Times recorreu da decisão do Tribunal do Alabama para a Suprema Corte dos Estados Unidos. A decisão da Corte, redigida pelo *Justice* William J. Brennan Jr., estabeleceu critérios de julgamento até hoje observados em casos de *defamation*. Observou que a necessidade de comprovar a veracidade de todas as afirmações ou declarações acerca da conduta oficial de agentes públicos e contrárias à reputação destes, somada ao receio de fixação de altas indenizações, levaria à autocensura. A crítica às ações governamentais ou a seus agentes acabaria ficando extremamente limitada. Considerou-se que a garantia constitucional da liberdade de expressão e de imprensa impõe o estabelecimento de uma regra limitadora do direito de indenização aos agentes públicos

88 Considera-se *defamation* a declaração falsa, escrita (*libel*) ou oral (*slander*), que provoca dano à reputação de outrem. Ver, a respeito, GARNER, Bryan A. *Black's Law Dictionary*. 7ª ed. St. Paul, Minnesota: West Group, 1999, p. 1.260.

por declarações falsas contra sua conduta oficial. Apenas as declarações ou afirmações feitas com *"actual malice"*, ou seja, com conhecimento de que eram falsas (*knowledge of the falsity*) ou feitas com descaso ou indiferença acerca da veracidade (*reckless disregard for the truth*), podem levar a uma condenação por *defamation*.

Em decisões posteriores, a Suprema Corte dos Estados Unidos explicitou o conceito de *agente público*[89] e de *conduta oficial*,[90] estendendo a aplicação da regra da *actual malice* para agentes privados considerados *figuras públicas*, distinguindo-os das pessoas comuns, em relação às quais prevalece a regra geral de que, para o reconhecimento da responsabilidade civil, basta a culpa simples do réu que publica a informação falsa e ofensiva à honra.

Diversos precedentes foram aos poucos criando os *standards* para definir, para o fim de aplicação da regra da *actual malice*, quem deve ser considerado *figura pública*. Dentro dessa categoria ampla estariam incluídas as seguintes subcategorias: *All-Purpose Public Figures*: são aqueles que adquiriram fama em geral na comunidade ou são envolvidos em eventos sociais. Exemplos incluem Michelle Obama, Paris Hilton, Bill Gates; *Limited-Purpose Public Figures*: aqueles que são figuras conhecidas por envolvimento com alguma controvérsia pública específica; *Limited-Context Public Figures*: são as pessoas renomadas em um particular campo ou área, mas não famosas na sociedade em geral; *Involuntary Public Figures*: são aqueles que se tornaram figuras públicas não por terem buscado isso, mas por terem adotado condutas que despertaram a atenção pública.[91]

A jurisprudência brasileira, em geral, não tem estabelecido diferenças entre os agentes públicos e os particulares para o fim de responsabilização civil em casos de danos à honra pela imprensa, havendo já precedentes do Superior Tribunal de Justiça que entenderam pela não aplicação no direito brasileiro da tese da *actual malice*.[92]

A questão, contudo, ainda está em aberto. Embora a liberdade de imprensa seja uma garantia constitucional, ainda não houve decisão do Supremo Tribunal Federal sobre o tema, embora a Corte Suprema, no

---

89 No caso *Rosenblatt v. Baer*. Ver, a respeito, FRALEIGH, Douglas M.; TUMAN, Joseph S. *Freedom of expression in the marketplace of ideas*. E-book. Los Angeles: Sage, 2011, p. 177.

90 Como nos casos *Garrison v. Louisiana* e *Monitor Patriot Co. v. Roy*. Ver FRALEIGH, Douglas M.; TUMAN, Joseph S. Op. et loc. cit.

91 Ibidem, p. 180.

92 STJ, REsp 1.408.120/DF e 680.794/PR.

julgamento da ADPF 130, que será abordado mais adiante, já tenha sinalizado no sentido de reconhecer um certo alargamento da liberdade de imprensa.

1.4.4.2. Fatos e opiniões

O dever de informar, correlato a essa liberdade, constitui um dever de prestar informações verdadeiras. As afirmações falsas, sob essa perspectiva, não são merecedoras de proteção, não apenas porque sejam despidas de valor social, mas por serem potencialmente danosas, em especial quando se refiram a fatos que atinjam a reputação de alguém.

Seja como for, embora a verdade constitua um limite interno da liberdade de imprensa, é importante não perder de vista que o dever de veracidade que recai sobre os jornalistas não demanda a imposição de uma verdade "objetiva" ou "absoluta", como uma versão oficial e imutável dos fatos, sob pena de se impedir o debate público. Toda narrativa, mesmo que factual, sempre vem impregnada de subjetivismo, não sendo possível excluir de um relato acerca de um fato a influência das précompreensões do autor do texto.

Por isso, como bem adverte Daniel Sarmento, não é possível circunscrever a liberdade de informação jornalística à esfera dos fatos, deixando de fora as opiniões.[93] O relato de um fato sempre constituirá apenas uma versão desse fato, influenciada pelo subjetivismo e pela visão de mundo do seu autor. Nesse sentido, sem querer recair em um autocontraditório relativismo cognitivo radical - até porque, como dito por Lenio Streck, "não se pode dizer qualquer coisa sobre qualquer coisa",[94] seja essa coisa um texto ou um acontecimento - é válido afirmar que toda verdade acerca de um acontecimento ou evento é subjetiva.[95]

Além disso, a exigência da observância do dever de veracidade por parte da imprensa não significa esperar ou exigir que ela seja neutra ou imparcial. As decisões acerca do que constitui matéria de interesse

---

93 SARMENTO, Daniel. Comentários ao art. 220 e seus parágrafo da Constituição Federal. In: CANOTILHO, J. J. Gomes; SARLET, Ingo Wolfgang; MENDES, Gilmar Ferreira; STRECK, Lenio Luiz (coordenadores). *Comentários à Constituição do Brasil*. 2ª ed. São Paulo: Saraiva Educação, 2018, p. 2.038.

94 STRECK, Lenio Luiz. *Hermenêutica jurídica e(m) crise:* uma exploração hermenêutica da construção do Direito. 11ª ed. Porto Alegre: Livraria do Advogado, 2014, p. 138.

95 FARIAS, Edilsom. Op. cit., p. 91.

jornalístico, merecedora de publicação ou divulgação, assim como o destaque dado a um assunto ou o modo como um determinado acontecimento deve ser abordado, tudo isso decorre de escolhas feitas pelos jornalistas, as quais refletem uma certa "agenda de prioridades informativas", em que o profissional de imprensa, não raro, atende mais aos seus interesses e valores do que, propriamente, ao interesse público.[96] Isso não constitui em si um problema ou um mal. Significa apenas que o jornalismo é feito por pessoas, que, embora exerçam um papel de grande importância, pela influência que têm na formação da opinião pública, estão, inescapavelmente, inseridas em uma dada cultura e tradição. Além disso, é reflexo da própria pluralidade da sociedade, que é composta de pessoas com inclinações políticas e ideológicas diversas. É natural que os veículos de comunicação de massa se identifiquem com algumas dessas inclinações.

Não obstante, é de grande importância distinguir o que é fato e o que é opinião. Isso porque, embora em relação aos fatos haja o dever de veracidade, o mesmo não ocorre em relação às opiniões. Não há que falar em opiniões verdadeiras ou falsas. As opiniões podem ser boas ou más, mas não se submetem à prova da verdade, de modo que não poderiam, em linha de princípio, gerar responsabilidade civil do órgão de imprensa ou do jornalista.

Essa é a doutrina que prepondera na jurisprudência norte-americana, que admite ação por *defamation* apenas nos casos de declarações falsas a respeito de alguém, aptas a causar dano à honra subjetiva ou à reputação.[97] As opiniões, pela sua inerente subjetividade, ainda que desairosas ou derrogatórias a terceiros, estão resguardadas pelas garantias das liberdades de expressão e de imprensa, não dando ensejo a ação de responsabilidade civil.

1.4.4.3. Fake News e pós-verdade

A disseminação de informações deliberadamente falsas ou distorcidas, ou *fake news*, para utilizar a expressão que ficou popularizada após as eleições para a Presidência dos Estados Unidos de 2016, é represen-

96 Nesse sentido, FERNANDES, José Manuel. *Liberdade e informação*. Lisboa: Fundação Francisco Manuel dos Santos, 2011, p. 11.

97 Neste sentido decidiu a Suprema Corte dos Estados Unidos no caso *Gertz v. Robert Welch, Inc.*, (1974) 418 U.S. 323, 339. A opinião, a não ser no caso em que se refira, explícita ou implicitamente, a um fato que não tenha sido objeto de publicação prévia, está salvaguardada pela Primeira Emenda à Constituição.

tativa de um dos mais sérios abusos da liberdade de imprensa e da liberdade de expressão em geral, constituindo uma séria ameaça para a própria democracia.

Trata-se de fenômeno que não é novo, mas que adquiriu uma dimensão muito maior e mais preocupante nos tempos atuais, em que uma publicação falsa em uma mídia ou rede social digital leva poucos minutos para se tornar viral, podendo provocar danos incomensuráveis a reputações, carreiras políticas e, em certos casos, até à vida das pessoas.

Particularmente grave e danoso para a democracia é a utilização de *fake news* com o objetivo de propagação de notícias falsas com o intuito de influir no processo de decisão política, como ocorreu na campanha para as eleições presidenciais norte-americanas de 2016, em que, contra todas as previsões, acabou sendo eleito o candidato republicano Donald Trump, que teria sido beneficiado por notícias falsas contra a sua concorrente, a candidata democrata Hilary Clinton. Essas falsas notícias foram disseminadas em larga escala nas mídias sociais com o uso de programas ou softwares (os *internet bots* ou *social media bots*), que, de forma automática e em larga escala, enviam mensagens como se fossem usuários reais, de carne e osso.

A distorção, a dissimulação e o falseamento da verdade ganharam proporções endêmicas. Fatos são relativizados e refutados, como se fossem meras opiniões. Opiniões são afirmadas como se fossem fatos comprovados ou como asserções que estão acima de questionamentos ou debates.

O fenômeno das *fake news* está intimamente relacionado com o conceito de "pós-verdade" (*post-truth*), segundo o qual a verdade é uma noção relativa, que tem menos relevância do que convicções ou crenças pessoais. Essa relativização da verdade, que tem sido levada ao paroxismo, não vem fundada em uma corrente de pensamento teórico consistente como o que formou o *relativismo*, em suas diversas vertentes. É tão somente o apego radical a crenças (sejam elas ideológicas, políticas ou religiosas), sentimentos e emoções, com total e absoluto desprezo e repúdio a argumentos, evidências ou provas factuais que demonstrem a falsidade ou o desacerto de certas ideias ou afirmações.

Em tempos de pós-verdade, não há fatos incontestáveis ou inquestionáveis, mas apenas versões ou narrativas. Quem diz algo ou aquele sobre quem se diz algo passa a ser mais importante do que aquilo que é dito. A crença se sobrepõe à evidência. Quando uma evidência é contraposta a uma afirmação, ela é, ironicamente, repelida sob a acusação de... "fake news!".

Nesse contexto, chega-se ao ponto de ter uma figura pública, como a Conselheira do Presidente dos Estados Unidos da América Kellyanne

Conway, em uma entrevista a um programa de televisão, que defende uma declaração falsa ao argumento de que se tratava de um "fato alternativo".[98]

A expressão "fato alternativo" traz à lembrança o livro de George Orwell, 1984, que retrata uma sociedade distópica e totalitária, na qual a linguagem é utilizada como instrumento de dominação política. Nessa sociedade fictícia imaginada por Orwell, o governo criou uma língua própria, a "novilíngua" ("newspeak"), na qual são atribuídos sentidos contraditórios às expressões, com vistas a manipular e controlar os membros da sociedade.[99] A ação essencial do "Partido", detentor do poder nessa sociedade totalitária, é o "duplipensar", que consiste em "usar a fraude consciente ao mesmo tempo que conserva a firmeza de propósito que acompanha a completa honestidade"; "Dizer mentiras deliberadas e nelas acreditar piamente"; "negar a existência da realidade objetiva e ao mesmo tempo perceber a realidade que se nega". É como soa a expressão "fato alternativo", que sugere que fatos objetivos, empíricos, sujeitos à demonstração e comprovação, se confundem com opiniões pessoais, de natureza subjetiva, passíveis de debate.

Mas não há como confundir fatos com opiniões. Fatos são acontecimentos que podem ser comprovados, corroborados, verificados e demonstrados por evidência, ou, por outro ângulo, que são passíveis de refutação pela experiência. Opiniões constituem crenças ou julgamentos subjetivos, não passíveis de comprovação ou refutação. Platão considerava a opinião como algo intermediário entre a ciência e a ignorância.[100] Kant a definia como "uma crença, que tem consciência de ser insuficiente, tanto subjetiva como objetivamente".[101] Por isso que já se disse que todos têm direito às próprias opiniões, mas não aos próprios fatos.[102]

---

98 Em 22 de janeiro de 2017, Kellyanne Conway, Conselheira do Presidente dos Estados Unidos Donald Trump, durante uma entrevista a um programa de televisão, defendeu a declaração falsa do então Porta-voz do Presidente americano de que o público presente à cerimônia de posse fora o maior da história das posses presidenciais, dizendo que o referido Porta-voz havia fornecido "fatos alternativos" (*alternative facts*).

99 ORWELL, George. *1984*. Tradução de Wilson Velloso. 29ª ed. São Paulo: Companhia Editora Nacional, 2004.

100 PLATÃO. *A República*. São Paulo: Edipro, 2001, p. 218.

101 KANT, Immanuel. *Crítica da Razão Pura*. 5ª ed. Lisboa: Calouste Gulbenkian, 2001, p. 662.

102 A frase é atribuída ao político e diplomata americano Daniel Patrick Moynihan: "Everyone is entitled to his own opinion, but not to his own facts." *Daniel Patrick Moynihan:* a Portrait in Letters of an American Visionary. New York: PublicAffairs, 2010. Introdução, p. 2.

O problema das *fake news* tende a se agravar com o aprimoramento da chamada *deep fake*, técnica baseada na inteligência artificial que permite criar vídeos falsos, com a superposição de imagens e sons, com grau de acuidade cada vez maior.

Igualmente preocupante é a percepção de que muitas pessoas não se mostram interessadas na verdade ou nos fatos, preferindo buscar narrativas e manifestações que validem suas convicções e seus preconceitos, em um fenômeno psicológico que foi batizado de *viés de confirmação* (*confirmation bias*). Essa tendência psicológica é potencializada pelos mecanismos de busca da internet, que, com os seus algoritmos, constroem o perfil do usuário, para filtrar e mostrar as informações que estejam mais de acordo com esse perfil.[103]

Nesse cenário, os órgãos de imprensa e os provedores e disseminadores de conteúdo em meio digital devem ter cuidado redobrado com a checagem das informações e do material divulgados.

Mas é igualmente importante que se tenha o cuidado com o uso indevido da expressão *fake news*, como forma de desacreditar a imprensa e o trabalho jornalístico. Governantes populistas, especializados em manipular a verdade, estão sempre prontos a usar essa expressão para acusar jornais e matérias jornalísticas que contrariam os seus interesses políticos e pessoais. Em tempos de polarização ideológica, percebeu-se que é mais fácil desacreditar uma pessoa ou um veículo de imprensa do que refutar, com argumentos e evidências, uma notícia acerca de um fato ou um acontecimento.

1.4.4.4. A declaração de inconstitucionalidade da Lei de Imprensa

A despeito dos excessos ou abusos, a liberdade de imprensa constitui, como já se assinalou, princípio fundamental para o estado democrático de direito, o que foi reconhecido pelo Supremo Tribunal Federal em dois casos paradigmáticos julgados no mesmo ano. O primeiro declarou a inconstitucionalidade, em bloco, da Lei de Imprensa; o segundo reconheceu a desnecessidade de diploma para o exercício da função de jornalista.

Em abril de 2009, no julgamento da ADPF nº 130, o Supremo Tribunal Federal, por maioria de votos, declarou a não recepção da in-

103 Veja-se, a respeito, PARISIER, Eli. *O Filtro Invisível:* o que a internet está escondendo de você. Rio de Janeiro: Zahar, 2011.

tegralidade da Lei de Imprensa (Lei nº 5.250/67), sob a relatoria do Ministro Carlos Ayres Britto.[104]

Na fundamentação do acórdão, afirmou-se que as liberdades de pensamento, criação, informação e expressão, que dão conteúdo às relações de imprensa, são bens da personalidade classificados como *sobredireitos* e estão a salvo de qualquer restrição em seu exercício que não seja de índole igualmente constitucional, como a que se verifica no tocante à proibição do anonimato.

Na sequência, estabeleceu-se a premissa de que as liberdades de pensamento, criação, expressão e informação não podem ser exercidas pela metade ou sob censura prévia, e que a incidência dos dispositivos que tutelam outros direitos da personalidade deve se dar *a posteriori*, com eventual responsabilização do titular pelo desfrute da "plena liberdade de informação jornalística". Assim é que, a partir da análise do conflito entre o bloco de direitos que dão conteúdo a essa liberdade e o bloco dos demais direitos da personalidade, definiu-se, a partir da aplicação da ponderação de valores, que o primeiro bloco tem preferência, do ponto de vista temporal ou cronológico, para, em um primeiro momento, assegurar o gozo dos sobredireitos de personalidade (a manifestação de pensamento, a criação, a informação, etc.), a que se acrescentam o direito de preservar o sigilo da fonte, mais a liberdade do exercício de ofício de jornalista. Apenas *a posteriori* incidiria o outro bloco de direitos, com o objetivo de assegurar o direito de resposta, inibir abusos e assentar responsabilidades, com atenção ao princípio da proporcionalidade na aplicação de indenizações, que devem ser fixadas de modo a não constituir fator de inibição da liberdade de imprensa.

Ressaltou-se, durante o julgamento, a relação de mútua causalidade entre liberdade de imprensa e democracia, especialmente diante do fato de que a imprensa é fundamental na formação da opinião pública e como alternativa à versão oficial dos fatos, não estando sujeita a monopólio ou oligopólio, a fim de concretizar o pluralismo inerente às sociedades verdadeiramente democráticas.

Afirmou-se também que as relações de imprensa são bens jurídicos superiores, dada a sua natureza coletiva, desfrutando uma liberdade de atuação ainda maior do que aquelas relativas às liberdades de pensamento, de informação e de expressão individuais. Acrescentou-se que o Poder Público somente pode dispor sobre matéria atinente à imprensa de forma reflexa, por "respeito à ideia-força de que quem quer que seja tem o direito de dizer o que quer que seja", e de que "não é pelo temor

104 STF. ADPF 130. Relator: Ministro Carlos Britto. *DJ* 06.11.2009.

do abuso que se vai coibir o uso". Aduziu-se, ainda, que a lógica constitucional vigente desde 1988 encontra na autorregulação o mecanismo de permanente ajuste dos limites da liberdade de imprensa.

Ao final, concluiu-se pela não recepção em bloco da Lei de Imprensa, ao fundamento de que: "a Lei nº 5.250/67 é um todo *pro-indiviso* que encerra modelo autoritário de imprensa em nada ajustado ao art. 220 da CF, mais os §§ 1º, 2º e 6º desse mesmo artigo, consagradores do clima de democracia plena que a nação passou a respirar com a promulgação da Magna Carta de 1988."

1.4.4.5. Desnecessidade de diploma para a profissão de jornalista

No julgamento do Recurso Extraordinário nº 511.961/SP, o Supremo Tribunal Federal, sob a relatoria do Ministro Gilmar Mendes, na mesma linha da jurisprudência da Corte Interamericana de Direitos Humanos e do posicionamento da Organização dos Estados Americanos (OEA), rechaçou a obrigatoriedade do diploma universitário, para o exercício da profissão de jornalista.[105]

Decidiu-se, naquela oportunidade, que o art. 4º, V, do Decreto-Lei nº 972/69 não fora recepcionado pela Constituição Federal em vigor, porque tal condição, imposta por ele ao exercício da profissão de jornalista – a qual, por essência, seria o desenvolvimento profissional das liberdades de expressão e informação –, não está autorizada pela ordem constitucional, instituindo uma restrição caracterizadora de censura prévia, a qual é expressamente vedada pelo art. 5º, IX, da Constituição Federal. Definiu-se que o exercício do poder de polícia do Estado, através de conselho profissional, é vedado no campo em que imperam essas espécies de liberdade.

O acórdão dá destaque ao caráter especial da profissão de jornalista em razão de sua vinculação estreita com o princípio da liberdade de expressão, consagrado nos art. 5º, IV e IX, da Constituição Federal, o qual deve ser interpretado em conjunto com o princípio garantidor da liberdade de imprensa, assegurado pelos artigos 5º, IX, e 220 da Constituição. Por essa razão, a exigência de diploma constituiria uma forma indireta de restrição prévia – que o acórdão compara à censura prévia – ao exercício da liberdade de imprensa, que deve ser plena.

105 STF, RE 511.961/SP.

1.5. O direito geral de liberdade

Cabe indagar se, para além das liberdades específicas que o texto constitucional consagra, haveria direito geral de liberdade, ao qual se pudesse fazer remissão naquelas situações que não recaíssem no âmbito de aplicação daquelas liberdades especiais.

A Constituição Federal, em seu art. 5º, *caput*, ao introduzir o catálogo dos direitos individuais e coletivos, estabelece, de forma genérica, o direito à liberdade, ao lado dos direitos à vida, igualdade, segurança e propriedade, formando aquilo que Ingo Sarlet denomina de um "quinteto dourado" de direitos fundamentais consagrados no texto constitucional.[106] O referido dispositivo constitucional estaria, assim, estabelecendo um direito geral de liberdade, para além das chamadas liberdades específicas encontradas nos diversos incisos do referido art. 5º. Seguiu-se, assim, uma tradição constitucional, inaugurada desde a Constituição brasileira de 1824, de reconhecer a liberdade, genericamente considerada, como um direito fundamental.

Mas a ideia de um direito geral de liberdade não é compartilhada de forma unânime pela doutrina. Robert Alexy observa que, na doutrina alemã, várias objeções foram e continuam a ser dirigidas à jurisprudência do Tribunal Constitucional Federal, que, em várias decisões, reconheceu a existência de um direito geral de liberdade a partir do art. 2º, § 1º, da Constituição daquele País.[107] Dentre as principais objeções à existência de um direito geral de liberdade está a de que um tal direito seria despido de conteúdo e substância, acabando por se tornar um "direito fundamental à constitucionalidade da totalidade da ação estatal", o que, ao fim e ao cabo, identificaria esse direito geral com o "princípio fundamental do Estado de Direito".[108]

Buscando superar essa objeção, Alexy recorre à ideia de que o art. 2º, § 1º, da Constituição alemã tem por objeto a *liberdade negativa* em sentido estrito (ou "liberdade liberal"), que busca "a maior medida possível de liberdade jurídica", e que exige que "as alternativas de ação se-

106 SARLET, Ingo Wolfgang. Direito Geral de Liberdade. In: CANOTILHO, J. J. Gomes; SARLET, Ingo Wolfgang; MENDES, Gilmar Ferreira; STRECK, Lenio Luiz (coordenadores). *Comentários à Constituição do Brasil*. 2ª ed. São Paulo: Saraiva Educação, 2018, p. 218.

107 Constituição alemã. Art. 2º (Direitos e liberdades pessoais gerais): (1) Todos têm direito ao livre desenvolvimento da personalidade, desde que não violem os direitos de outrem e não atentem contra a ordem constitucional ou a lei moral.

108 ALEXY, Robert. *Teoria dos direitos fundamentais*. São Paulo: Malheiros, 2008, p. 346.

jam afetadas o mínimo possível por deveres e proibições".[109] Pressupõe, assim, um (enunciado de) direito fundamental com "suporte fático" amplíssimo, que englobaria, *prima facie*, tudo que constituísse uma ação.[110] O direito geral de liberdade, enquanto princípio de liberdade negativa, "não outorga uma permissão definitiva para fazer ou deixar de fazer tudo o que se quer; ele tão-somente sustenta que todos podem fazer ou deixar de fazer o que quiserem, desde que não existam razões suficientes (direitos de terceiros, interesses coletivos) que fundamentam uma restrição na liberdade negativa."[111]

Na perspectiva da filosofia do direito, Ronald Dworkin considera equivocada a ideia de um direito geral à liberdade enquanto tal, argumentando que ela não se compatibiliza com o "sentido forte" do termo "direito", reservado a situações em que uma faculdade ou reivindicação individual contra o Estado não pode ser por este restringida por simples razões utilitaristas, de interesse geral ou que atendam ao bem-estar geral.[112] À guisa de exemplo, observa que não faz sentido dizer que temos o direito (no sentido forte da expressão) de dirigir veículo por uma avenida seguindo uma dada direção. Se o governo decidir mudar a mão de direção, sua decisão estará suficientemente justificada se isso for de interesse geral da comunidade. Nenhuma justificativa especial adicional precisará ser invocada.[113]

Diferentemente ocorre com as liberdades específicas, como a liberdade de expressão, de religião ou de associação, as quais não podem ser restringidas por razões de interesse coletivo ou simplesmente porque o governo acredita que isso contribuirá para o aumento do bem-estar geral. Ao exercermos essas liberdades dizemos estar exercendo um direito (no sentido forte), subentendendo que seria errado o governo ou alguém interferir com a realização dessas ações, ou, pelo menos, que haveria necessidade de alguma razão especial para justificar uma interferência.[114] Conforme observa Dworkin, "quando afirmamos que alguém tem um direito de expressar livremente suas opiniões, queremos dizer

---

109 Ibidem, p. 351.

110 Ibidem, p. 347. Sobre o conceito de "suporte fático" e de "direito fundamental *prima facie*", veja-se o Capítulo 3.

111 Ibidem, p. 357.

112 DWORKIN, Ronald. Levando os direitos a sério. *Coleção Justiça e Direito*. Tradução de Nelson Boeira. 2ª ed. São Paulo: Martins Fontes, 2007, p. 414.

113 Idem.

114 Ibidem, p. 289.

que ele tem o direito de fazê-lo, mesmo quando isso não for de interesse geral."[115]

Ingo Sarlet observa que, a despeito das controvérsias em torno do direito geral de liberdade, sua positivação nas diversas Constituições brasileiras não tem sido objeto de contestação, e o seu reconhecimento traz a vantagem de reforçar as liberdades individuais, além de funcionar "como parâmetro de dedução de liberdades específicas que não foram objeto de direta e expressa previsão pelo constituinte". Interpretado em conjunto com o § 2º do art. 5º da Constituição,[116] o direito geral de liberdade "funciona como um princípio geral de interpretação e integração das liberdades em espécie e de identificação de liberdades implícitas na ordem constitucional", inclusive daquelas consagradas em tratados internacionais.[117]

115 Ibidem, p. 417.

116 Constituição Federal. Art. 5º, § 2º "Os direitos e garantias expressos nesta Constituição não excluem outros decorrentes do regime e dos princípios por ela adotados, ou dos tratados internacionais em que a República Federativa do Brasil seja parte."

117 SARLET, Ingo Wolfgang. Direito Geral de Liberdade. In: CANOTILHO, J. J. Gomes; SARLET, Ingo Wolfgang; MENDES, Gilmar Ferreira; STRECK, Lenio Luiz (coordenadores). *Comentários à Constituição do Brasil*. 2ª ed. São Paulo: Saraiva Educação, 2018, p. 220.

2

Liberdade de Expressão

2.1. A importância da liberdade de expressão para o estado democrático de direito

Conquista histórica e jurídica das revoluções americana e francesa do século XVIII, a liberdade de expressão, ao longo dos anos, veio a ser consagrada como direito fundamental em diversas Constituições nacionais. O art. 11 da Declaração dos Direitos do Homem e do Cidadão a ela se referia como "um dos mais preciosos direitos do homem". Sem ela, as pessoas não teriam como exprimir e comunicar suas opiniões, suas ideias, sua arte; também não teriam a possibilidade de conhecer adequadamente o mundo em que vivem, já que o intercâmbio e o confronto de ideias e pontos de vista não existiriam, comprometendo, com isso, o progresso pessoal e coletivo.

A liberdade de expressão é reconhecida como direito essencial para a democracia,[1] porque é condição para que os cidadãos se façam ouvir pelos governantes, levando seus pleitos, reivindicações e inconformismos, de modo a poder convencer, contestar e, se for o caso, substituir os detentores do poder. Daí porque se considera a liberdade de expressão como direito indissociável da república e da democracia.[2]

Vários textos, tratados e convenções internacionais vieram assegurar esse direito. Assim, a Declaração Universal de Direitos Humanos (art. 19); o Pacto Internacional sobre Direitos Civis e Políticos (art. 19); a Carta Africana dos Direitos Humanos (art. 9); a Convenção Interamericana de Direitos Humanos (art. 13); a Convenção Europeia de Direitos Humanos

---

1 Nesse sentido, OBERDORFF, Henri, para quem: "A liberdades de opinião e de expressão são liberdades constitucionais fundamentais em uma democracia." (*Droits de L'Homme et Libertés Fondamentales*. Paris: L.G.D.J/Lextenso Éditions, 2011, p. 523).

2 Neste sentido, SCHNEIDERMANN, Daniel; LÉCROART, Étienne. *Liberté d'Expression: a-t-on le droit de tout dire?* Montreuil: La Ville Brûle, 2015, p. 12.

(art. 10); a Convenção sobre a Proteção e Promoção da Diversidade das Expressões Culturais (art. 2.1).

É certo que o só reconhecimento nos textos constitucionais e em tratados internacionais não é, na prática, garantia de respeito à liberdade de expressão. Não são poucos os exemplos de governos de países que, a despeito de terem a liberdade de expressão inscrita em sua Constituição, a restringem de forma severa. Exemplo mais radical disso é a Coreia do Norte, que notoriamente exerce rigoroso controle de expressão política de seus cidadãos, a despeito do que dispõe o art. 67 da sua Constituição: "Aos cidadãos são garantidas liberdade de expressão, de imprensa, de assembleia, manifestação e associação."[3]

A liberdade de expressão, para ser efetiva, deve vir acompanhada da formação de uma tradição jurídica firme e de uma jurisprudência comprometida com a proteção desse direito fundamental, além de uma *consciência coletiva ou comum*[4] que a reconheça como valor essencial para a democracia.

2.2. A liberdade de expressão como princípio independente

De um ponto de vista jusfilosófico, a liberdade de expressão constitui um princípio independente, no sentido de que é justificado por argumentos próprios, para além daqueles utilizados para a justificação do princípio mais amplo de proteção da liberdade em geral.[5]

O estabelecimento dessa premissa é de grande importância, porque tem reflexos no tratamento que o Estado deve dar às condutas expressivas em comparação com a regulação das condutas não expressivas.

O reconhecimento da liberdade de expressão como princípio autônomo, destacado do princípio geral da liberdade, traz, como consequência lógica, a imposição ao Estado de um ônus mais pesado do que aquele que sobre ele recai quando busca regular ou restringir alguma conduta não expressiva. Cabe-lhe demonstrar a necessidade de restrição da

---

3 Na tradução em língua inglesa: "Citizens are guaranteed freedom of speech, of the press, of assembly, demonstration and association."

4 A expressão "consciência coletiva ou comum", cunhada por Émile Durkheim em sua obra *A Função da Divisão do Trabalho*, alude àquilo que o sociólogo francês define como: "O conjunto das crenças e dos sentimentos comuns à média dos membros de uma mesma sociedade". DURKHEIM, Émile. *Da Divisão do Trabalho Social*. Tradução: Eduardo Brandão. São Paulo: Martins Fontes, 1999, p. 50.

5 V. SCHAUER, Frederick. *Free speech:* a philosophical enquiry. New York: Cambridge University Press, 1982, p. 5.

liberdade de expressão com argumentos mais fortes do que aqueles empregados para restringir a liberdade individual em geral. Não fosse assim, a liberdade de expressão, do ponto de vista dos efeitos jurídicos, em nada se distinguiria do direito geral de liberdade, constituindo, assim, um princípio vazio, mera instância do princípio mais amplo do qual é derivado, nada acrescentando em termos de proteção às condutas expressivas, que tende a assegurar ou proteger. Na verdade, não haveria mesmo muito sentido em falar em liberdade de expressão como princípio, bastando recorrer à ideia geral de liberdade.

A própria previsão constitucional da liberdade de expressão como um princípio jurídico destacado do princípio geral de liberdade é indicativa de uma opção do constituinte no sentido de que o Estado não pode regular a manifestação de pensamento como regula, por exemplo, a liberdade de dirigir, ou a liberdade de exercer determinadas profissões, a de construir, a de praticar certas atividades, a de estabelecer um negócio comercial, etc. Nesses e em muitos outros casos, a limitação da liberdade dos cidadãos é decorrência do próprio Estado de Direito, no qual os cidadãos se submetem a normas coercitivas que lhes outorgam direitos e lhes impõem deveres, obrigações e responsabilidades.

O estabelecimento em separado do princípio da liberdade de expressão é não apenas sinal de que se cuida de uma liberdade especial, mas também de que se trata de um princípio que deve receber uma proteção mais rigorosa do que a que se confere às liberdades em geral.

2.3. A liberdade de expressão nas Constituições Brasileiras: de direito individual a direito fundamental

Todas as Constituições Brasileiras, desde o império, consagraram a liberdade de expressão como direito individual, diferenciando-se entre si apenas quanto à amplitude a ela conferida.

Na Constituição Política do Império do Brasil, outorgada em 1824, a garantia de inviolabilidade dos direitos civis e políticos foi conferida de forma restrita aos cidadãos brasileiros, e a liberdade de expressão era tratada, textualmente, como direito à comunicação, como se infere da redação conferida ao seu artigo 179:

> Art. 179. A inviolabilidade dos Direitos Civis, e Politicos dos Cidadãos Brazileiros, que tem por base a liberdade, a segurança individual, e a propriedade, é garantida pela Constituição do Imperio, pela maneira seguinte.
>
> (...)

> IV. Todos podem communicar os seus pensamentos, por palavras, escriptos, e publica-los pela Imprensa, sem dependencia de censura; com tanto que hajam de responder pelos abusos, que commetterem no exercicio deste Direito, nos casos, e pela fórma, que a Lei determinar.

Pouco tempo depois do fim da escravidão e do Império foi promulgada a Constituição da República dos Estados Unidos do Brasil de 1891, através da qual conferiu-se maior amplitude subjetiva à liberdade de expressão, já que sua proteção foi estendida aos estrangeiros residentes no país:

> Art. 72. A Constituição assegura a brasileiros e a estrangeiros residentes no País a inviolabilidade dos direitos concernentes à liberdade, à segurança individual e à propriedade, nos termos seguintes:
>
> (...)
>
> § 12. Em qualquer assunto é livre a manifestação de pensamento pela imprensa ou pela tribuna, sem dependência de censura, respondendo cada um pelos abusos que cometer nos casos e pela forma que a lei determinar. Não é permitido o anonimato.

A liberdade de expressão passou a ser tratada como "manifestação de pensamento" e implantou-se, com a sua entrada em vigor, a vedação ao anonimato – a mais duradoura entre todas as vedações ao exercício dessa espécie de liberdade individual.

Essas duas Constituições previam a vedação da censura e a responsabilização por eventuais abusos no exercício da manifestação de pensamento, o que significa dizer que era admitida a sua limitação na forma da lei. No entanto, nenhuma norma ordinária foi editada com o objetivo de definir os limites aplicáveis no período.[6]

Após a Primeira Guerra Mundial e diversos conflitos internos de relevância histórica,[7] foi promulgada a Constituição da República dos

---

6 Rafael Lorenzo-Fernandez Koatz (*Discursos Ofensivos e de Incitação ao Ódio:* Limites à Liberdade de Expressão? Dissertação de Mestrado inédita, p. 148) menciona que nenhuma lei foi editada para regular a liberdade de imprensa no período de vigência da Constituição de 1824.

7 Rafael Koatz (op. cit., p. 151) lembra que nesse período ocorreram os seguintes conflitos: a Guerra de Canudos (1893-1897), a Revolta da Chibata (1910), as Greves Operárias de 1917-1919, a Revolução de 1930 e a Revolução Constitucionalista de 1932.

Estados Unidos do Brasil de 1934. Em seu preâmbulo, afirmava-se que o objetivo da Assembleia Constituinte, naquele momento, era "organizar um regime democrático" que assegurasse à Nação "a unidade, a liberdade, a justiça e o bem-estar social e econômico", mas as notáveis alterações no trato da Liberdade de "manifestação do pensamento", que sofreu restrições mais ríspidas que nas Constituições anteriores, evidenciaram a fragilidade do compromisso recém-assumido:

> Art. 113. A Constituição assegura a brasileiros e a estrangeiros residentes no País a inviolabilidade dos direitos concernentes à liberdade, à subsistência, à segurança individual e à propriedade, nos termos seguintes:
>
> (...)
>
> 9) Em qualquer assunto é livre a manifestação do pensamento, sem dependência de censura, salvo quanto a espetáculos e diversões públicas, respondendo cada um pelos abusos que cometer, nos casos e pela forma que a lei determinar. Não é permitido anonimato. É segurado o direito de resposta. A publicação de livros e periódicos independe de licença do Poder Público. Não será, porém, tolerada propaganda, de guerra ou de processos violentos, para subverter a ordem política ou social.

Houve expressa vedação constitucional à propaganda "de guerra ou de processos violentos, para subverter a ordem política e social" – possivelmente decorrente dos eventos ocorridos na vigência da Carta anterior. Os espetáculos e as diversões públicas estavam sujeitos à censura.

O referido texto constitucional não vigorou por muito tempo, em razão do golpe de Estado de 1937. Nessa ocasião, foi outorgada nova Constituição, cujo regramento, próprio de ditaduras, era ainda mais severo contra as liberdades civis, sob a justificativa, lançada em seu preâmbulo, de que a infiltração comunista exigia "remédios, de caráter radical e permanente".

Especialmente no que tange à liberdade de expressão, o novo texto foi caracterizado pela institucionalização da censura e pela regulação do exercício do direito à manifestação do pensamento e da imprensa, segundo condições e limites prescritos em lei, com observância dos parâmetros estabelecidos no próprio texto constitucional:

> Art. 122. A Constituição assegura aos brasileiros e estrangeiros residentes no País o direito à liberdade, à segurança individual e à propriedade, nos termos seguintes:

> (...)
>
> 15) todo cidadão tem o direito de manifestar o seu pensamento, oralmente, ou por escrito, impresso ou por imagens, mediante as condições e nos limites prescritos em lei.
>
> A lei pode prescrever:
>
> a) com o fim de garantir a paz, a ordem e a segurança pública, a censura prévia da imprensa, do teatro, do cinematógrafo, da radiodifusão, facultando à autoridade competente proibir a circulação, a difusão ou a representação;
>
> b) medidas para impedir as manifestações contrárias à moralidade pública e aos bons costumes, assim como as especialmente destinadas à proteção da infância e da juventude;
>
> c) providências destinadas à proteção do interesse público, bem-estar do povo e segurança do Estado.
>
> A imprensa reger-se-á por lei especial, de acordo com os seguintes princípios:
>
> a) a imprensa exerce uma função de caráter público;
>
> b) nenhum jornal pode recusar a inserção de comunicados do Governo, nas dimensões taxadas em lei;
>
> c) é assegurado a todo cidadão o direito de fazer inserir gratuitamente nos jornais que o informarem ou injuriarem, resposta, defesa ou retificação;
>
> d) é proibido o anonimato;
>
> e) a responsabilidade se tornará efetiva por pena de prisão contra o diretor responsável e pena pecuniária aplicada à empresa;
>
> f) as máquinas, caracteres e outros objetos tipográficos utilizados na impressão do jornal constituem garantia do pagamento da multa, reparação ou indenização, e das despesas com o processo nas condenações pronunciadas por delito de imprensa, excluídos os privilégios eventuais derivados do contrato de trabalho da empresa jornalística com os seus empregados. A garantia poderá ser substituída por uma caução depositada no princípio de cada ano e arbitrada pela autoridade competente, de acordo com a natureza, a importância e a circulação do jornal;
>
> g) não podem ser proprietários de empresas jornalísticas as sociedades por ações ao portador e os estrangeiros, vedado tanto a estes como às pessoas jurídicas participar de tais empresas como acionistas. A direção dos jornais, bem como a sua orientação intelectual, política e administrativa, só poderá ser exercida por brasileiros natos;

Tamanho era o Poder conferido ao Presidente da República, que ele, por meio de decretos, criou o Departamento de Imprensa e Propaganda

(DIP), órgão responsável pelo controle dos meios de comunicação e pelo controle ideológico da população, e suspendeu a vigência de diversos dispositivos constitucionais, dentre os quais aquele que previa a liberdade de manifestação do pensamento.[8]

Após o fim da Segunda Guerra Mundial, em 1945, período em que diversos direitos humanos fundamentais foram severamente violados por regimes de governos autoritários, aumentou a pressão mundial – e interna – pela redemocratização e pelo restabelecimento desses direitos. O movimento interno exigia um rompimento com o sistema instituído pela mais recente Constituição, que fora outorgada e sustentava um regime ditatorial, e, por isso, foi instaurada nova Assembleia Constituinte, "para organizar um regime democrático". O Texto Constitucional de 1946 restabeleceu diversos valores democráticos, como a liberdade de manifestação de pensamento e, nesse aspecto, ele muito se aproximava das disposições contidas na Constituição de 1934. Continha, entretanto, novas restrições à liberdade de expressão, que não poderia propagar preconceitos de raça e de classe:

> Art. 141. A Constituição assegura aos brasileiros e aos estrangeiros residentes no País a inviolabilidade dos direitos concernentes à vida, à liberdade, a segurança individual e à propriedade, nos termos seguintes:
>
> (...)
>
> § 5º É livre a manifestação do pensamento, sem que dependa de censura, salvo quanto a espetáculos e diversões públicas, respondendo cada um, nos casos e na forma que a lei preceituar pelos abusos que cometer. Não é permitido o anonimato. É assegurado o direito de resposta. A publicação de livros e periódicos não dependerá de licença do Poder Público. Não será, porém, tolerada propaganda de guerra, de processos violentos para subverter a ordem política e social, ou de preconceitos de raça ou de classe.

Outras formas de liberdade associadas à liberdade de expressão vieram previstas nos §§ 7º e 8º do artigo 141 e, no artigo 173:

8 A criação do Departamento de Imprensa e Propaganda (DIP) se deu por meio do Decreto nº 1.949/39 e, a suspensão de vigência de direitos fundamentais, através do Decreto nº 10.358/1942, instrumento através do qual foi declarado estado de guerra em todo o território nacional a partir de 31 de agosto do ano de sua edição.

> Art. 141.
>
> (...)
>
> § 7º É inviolável a liberdade de consciência e de crença e assegurado o livre exercício dos cultos religiosos, salvo o dos que contrariem a ordem pública ou os bons costumes. As associações religiosas adquirirão personalidade jurídica na forma da lei civil.
>
> § 8º Por motivo de convicção religiosa, filosófica ou política, ninguém será privado de nenhum dos seus direitos, salvo se a invocar para se eximir de obrigação, encargo ou serviço impostos pela lei aos brasileiros em geral, ou recusar os que ela estabelecer em substituição daqueles deveres, a fim de atender escusa de consciência.
>
> (...)
>
> Art. 173. As ciências, as letras e as artes são livres.

Apesar de ainda estar em pleno vigor, a Constituição democrática de 1946 ruiu, virando letra morta diante do Golpe Militar de 1964, período de grande instabilidade econômica e forte tensão política. O exercício do poder de fato se deu por meio da edição dos chamados Atos Institucionais, que se sobrepunham à Constituição em vigor e buscavam legitimar a atuação política do Governo Militar, que se conduzia com total desprezo pelo texto constitucional.

Apenas com o Ato Institucional nº 4, editado em 1966, o Congresso Nacional foi convocado para a revogação da Constituição ainda formalmente em vigor e a aprovação de uma nova.

Em seu texto, a nova Constituição aprovada consagrava direitos e garantias individuais, dentre os quais a liberdade de expressão, agora descrita como "manifestação de pensamento, de convicção política ou filosófica" e "prestação de informação", como se extrai dos seguintes dispositivos:

> Art. 150. A Constituição assegura aos brasileiros e aos estrangeiros residentes no País a inviolabilidade dos direitos concernentes à vida, à liberdade, à segurança e à propriedade, nos termos seguintes:
>
> (...)
>
> § 5º É plena a liberdade de consciência e fica assegurado aos crentes o exercício dos cultos religiosos, que não contrariem a ordem pública e os bons costumes.
>
> § 6º Por motivo de crença religiosa, ou de convicção filosófica ou política, ninguém será privado de qualquer dos seus direitos, salvo se a invocar para eximir-se de obrigação legal imposta a todos, caso

> em que a lei poderá determinar a perda dos direitos incompatíveis com a escusa de consciência.
>
> (...)
>
> § 8º É livre a manifestação de pensamento, de convicção política ou filosófica e a prestação de informação sem sujeição à censura, salvo quanto a espetáculos de diversões públicas, respondendo cada um, nos termos da lei, pelos abusos que cometer. É assegurado o direito de resposta. A publicação de livros, jornais e periódicos independe de licença da autoridade. Não será, porém, tolerada a propaganda de guerra, de subversão da ordem ou de preconceitos de raça ou de classe.
>
> (...)
>
> Art. 166. São vedadas a propriedade e a administração de empresas jornalísticas, de qualquer espécie, inclusive de televisão e de radio difusão:
>
> (...)
>
> § 2º Sem prejuízo da liberdade de pensamento e de informação, a lei poderá estabelecer outras condições para a organização e o funcionamento das empresas jornalísticas ou de televisão e de radiodifusão, no interesse do regime democrático e do combate à subversão e à corrupção.
>
> (...)
>
> Art. 171. As ciências, as letras e as artes são livres.

Mesmo assim, frequentemente, essas liberdades eram suprimidas ou restringidas pelo próprio Governo. Essa contínua violação às normas constitucionais vigentes ficou ainda mais evidente a partir do Ato Institucional nº 5/68, o famigerado AI-5. Por meio dele, foi autorizada a suspensão de direitos políticos de quaisquer cidadãos, por até 10 anos, e isso incluía a "proibição de atividades ou manifestação sobre assunto de natureza política", podendo provocar também restrições ou proibições relativamente ao exercício de quaisquer outros direitos públicos ou privados previstos na Constituição.

Nesse período ditatorial, foi editada, ainda, a Emenda Constitucional nº 1/69, cuja forma serviu como mecanismo de outorga[9] de um novo texto constitucional profundamente reformador da Constituição então vigente.

9 SILVA, José Afonso da. *Curso de Direito Constitucional Positivo*. 22ª ed. rev. e atual. São Paulo: Malheiros, 2003, p. 87.

A Emenda de 1969 criou novas restrições à liberdade de expressão, no que concerne às manifestações que veiculassem preconceito religioso e às "publicações e exteriorizações contrárias à moral e aos bons costumes".

> Art. 153. A Constituição assegura aos brasileiros e aos estrangeiros residentes no País a inviolabilidade dos direitos concernentes à vida, à liberdade, à segurança e à propriedade, nos têrmos seguintes:
>
> (...)
>
> § 5º É plena a liberdade de consciência e fica assegurado aos crentes o exercício dos cultos religiosos, que não contrariem a ordem pública e os bons costumes.
>
> § 6º Por motivo de crença religiosa ou de convicção filosófica ou política, ninguém será privado de qualquer dos seus direitos, salvo se o invocar para eximir-se de obrigação legal a todos imposta, caso em a lei poderá determinar a perda dos direitos incompatíveis com escusa de consciência.
>
> (...)
>
> § 8º É livre a manifestação de pensamento, de convicção política ou filosófica, bem como a prestação de informação independentemente de censura, salvo quanto a diversões e espetáculos públicos, respondendo cada um, nos têrmos da lei, pelos abusos que cometer. É assegurado o direito de resposta. A publicação de livros, jornais e periódicos não depende de licença da autoridade. Não serão, porém, toleradas a propaganda de guerra, de subversão da ordem ou de preconceitos de religião, de raça ou de classe, e as publicações e exteriorizações contrárias à moral e aos bons costumes.
>
> (...)
>
> Art. 174. A propriedade e a administração de emprêsas jornalísticas, de qualquer espécie, inclusive de televisão e de radiodifusão, são vedadas:
>
> (...)
>
> § 2º Sem prejuízo da liberdade de pensamento e de informação, a lei poderá estabelecer outras condições para a organização e o funcionamento das emprêsas jornalísticas ou de televisão e de radiodifusão, no interêsse do regime democrático e do combate à subversão e à corrupção.
>
> (...)
>
> Art. 179. As ciências, as letras e as artes são livres, ressalvado o disposto no parágrafo 8º do artigo 153.

A forte repressão de direitos fundamentais acirrou movimentos sociais em todo o País. Depois da revogação dos Atos Institucionais pela

Emenda Constitucional nº 11/78, o Governo Militar foi perdendo força. A insustentabilidade do regime se tornou evidente durante o movimento civil conhecido como "Diretas Já", após o qual, mesmo diante da rejeição da Emenda Constitucional que pretendia restaurar as eleições diretas, o Presidente da República não conseguiu impor sucessor militar para as eleições de 1985.

Durante os mais de vinte anos de ditadura militar e de instabilidade política, as liberdades civis no Brasil foram sufocadas ou suprimidas. Os meios de comunicação, as artes e a literatura foram objeto de rigorosa e, muitas vezes, violenta censura. A propagação de certas ideias não era possível sem risco pessoal. Artistas, jornalistas e escritores, além de coragem, tinham que usar de uma grande dose de criatividade para driblar a censura e propagar suas mensagens.

A redemocratização, portanto, demandava um novo (e forte) compromisso com a democracia e com os direitos e garantias sociais e individuais.

Nesse contexto, foi proclamada a Constituição da República Federativa do Brasil de 1988, com o objetivo, expresso em seu preâmbulo, de:

> [...] instituir um Estado Democrático, destinado a assegurar o exercício dos direitos sociais e individuais, a liberdade, a segurança, o bem-estar, o desenvolvimento, a igualdade e a justiça como valores supremos de uma sociedade fraterna, pluralista e sem preconceitos, fundada na harmonia social e comprometida, na ordem interna e internacional, com a solução pacífica das controvérsias [...].

A nova Carta constitucional, pródiga no reconhecimento de direitos individuais e sociais, consagrou diversos direitos e liberdades individuais em seu texto, conferindo-lhes, pela primeira vez na história constitucional do Brasil, o *status*[10] de *direitos fundamentais*, juntamente com os direitos coletivos, sociais, de nacionalidade e políticos.

Em seu artigo 5º, IV e IX, a Constituição Federal de 1988 contemplou o direito à liberdade de expressão de forma ampla e sem as restrições de outrora:

---

10 SARLET, Ingo Wolfgang. *A eficácia dos Direitos Fundamentais*. 2ª ed. rev. e atual. Porto Alegre: Livraria do Advogado, 2001, p. 67.

> Art. 5º Todos são iguais perante a lei, sem distinção de qualquer natureza, garantindo-se aos brasileiros e aos estrangeiros residentes no País a inviolabilidade do direito à vida, à liberdade, à igualdade, à segurança e à propriedade, nos termos seguintes:
>
> [...]
>
> IV – é livre a manifestação do pensamento, sendo vedado o anonimato;
>
> [...]
>
> IX – é livre a expressão da atividade intelectual, artística, científica e de comunicação, independentemente de censura ou licença;

Mais à frente, no artigo 220, no Capítulo pertinente à "Comunicação Social", a Constituição proibiu expressamente a censura:

> Art. 220. A manifestação do pensamento, a criação, a expressão e a informação, sob qualquer forma, processo ou veículo não sofrerão qualquer restrição, observado o disposto nesta Constituição.
>
> § 1º Nenhuma lei conterá dispositivo que possa constituir embaraço à plena liberdade de informação jornalística em qualquer veículo de comunicação social, observado o disposto no art. 5º, IV, V, X, XIII e XIV.
>
> § 2º É vedada toda e qualquer censura de natureza política, ideológica e artística.

O compromisso assumido pelo Constituinte com a democracia demandava essa posição, de completa e radical proibição à censura. O sentimento predominante na população e entre os constituintes era o de que, sem a exclusão de todo e qualquer tipo de censura, não haveria que falar, verdadeiramente, em liberdade de expressão.

A partir de então, começou-se a escrever um novo capítulo na história da liberdade de expressão no Brasil. Doutrina e jurisprudência começaram a se debruçar sobre diversas questões referentes ao alcance e aos limites jurídicos dessa liberdade.

2.4. A fundamentalidade da liberdade de expressão

No plano da dogmática jurídico-constitucional, a liberdade de expressão se insere na categoria dos chamados direitos fundamentais.

Não raramente a doutrina, para fazer referência a essa categoria de direitos, emprega expressões distintas, tais como "direitos humanos", "direitos do homem", "direitos públicos subjetivos", "liberdades públicas", "direitos individuais", "liberdades fundamentais", "direitos humanos fundamentais", "direitos fundamentais do homem" e "direitos naturais". A Constituição Federal brasileira incide nessa pluralidade terminológica, aludindo a "direitos humanos" (artigos 4º, II, e 5º, § 3º), "direitos e garantias fundamentais" (Título II e art. 5º, § 1º), "direitos e liberdades constitucionais" (art. 5º, LXXI), "direitos e garantias individuais" (art. 60, § 4º, IV), "direitos e liberdades fundamentais" (art. 5º, XLI) e "direitos fundamentais da pessoa humana" (art. 17). Jorge Miranda observa que, além de a expressão direitos fundamentais tender a se generalizar nas diversas Constituições nacionais, ela é preferível dentre as demais porque, se a Constituição é o fundamento da ordem jurídica e de validade de todos os atos do Estado, "direitos fundamentais são os direitos que, por isso mesmo, se impõem a todas as entidades públicas e privadas" e que "incorporam os valores básicos da sociedade." [11]

É importante separar os sentidos de duas dessas expressões: *direitos fundamentais* e *direitos humanos*. A expressão *direitos fundamentais* deve ser reservada "para aqueles direitos do ser humano reconhecidos e positivados na esfera do direito constitucional positivo de determinado Estado", enquanto a expressão *direitos humanos* deve ser empregada para fazer referência "àquelas posições jurídicas que se reconhecem ao ser humano como tal, independentemente de sua vinculação com determinada ordem constitucional, e que, portanto, aspiram à validade universal, para todos os povos e tempos, de tal sorte que revelam um inequívoco caráter supranacional (internacional)."[12]

Canotilho também assinala a distinção:

> "(...) direitos do homem são direitos válidos para todos os povos e em todos os tempos (dimensão jusnaturalista-universalista); direitos fundamentais são os direitos do homem jurídico-institucionalmente garantidos e limitados espacio-temporalmente."[13]

Jorge Miranda refere-se aos direitos fundamentais como "direitos das pessoas perante o Estado e assentes na Constituição ou Lei Fundamental – direitos fundamentais, por traduzirem essa relação fundamental e por beneficiarem das garantias inerentes à força específica

11 MIRANDA, Jorge. *Manual de Direito Constitucional*. Coimbra: Coimbra Editora. Tomo IV. 2000, p. 52.

12 SARLET, Ingo Wolfgang. *A eficácia dos direitos fundamentais*. Porto Alegre: Livraria do Advogado. 2001, p. 33.

13 CANOTILHO, José Joaquim Gomes. *Direito Constitucional e teoria da Constituição*. Coimbra: Almedina, 1999, p. 369.

das suas normas." [14] Esclarece que quando uma Constituição, seja ela qual for, prevê um direito como fundamental "é porque adere a uma certa conceção de jusfundamentalidade" ou, por outra perspectiva, porque adere a uma determinada ordem de valores que vai além das disposições dependentes da capacidade do legislador constituinte. [15]

De um ponto de vista formal ou estritamente jurídico, direitos fundamentais são aqueles que a Constituição indica como tais. Já de um ponto de vista material, tem-se por fundamentais aqueles direitos de maior importância para o indivíduo.[16]

Importante observar que a expressão direito fundamental é aqui tomada no sentido de categoria jurídica abstrata ou *enunciado normativo de direito fundamental*,[17] em consideração à necessária distinção entre texto (jurídico) e norma. O texto normativo ou o teor literal da prescrição juspositiva constituiria, na expressão de Friedrich Müller, a "ponta do iceberg", indicando o "programa da norma", dados linguísticos que encerram uma "ordem jurídica" ou um comando jurídico, que é co-constitutivo do "âmbito da norma", entendido este como o recorte da realidade social que o programa da norma escolheu para si ou criou, como seu "âmbito de regulamentação", e que pode ser composto tanto por elementos jurídicos quanto extrajurídicos.[18]

Já a norma, mais do que "um enunciado de linguagem que está no papel",[19] é o produto da aplicação do texto normativo a um caso concreto. A normatividade jurídica se mostra, sempre, na concretude, como

---

14 MIRANDA, Jorge. *Direitos Fundamentais*. 2ª ed. Coimbra: Almedina, 2017, p. 11.

15 Ibidem, p. 15.

16 PEREIRA, Jane Reis Gonçalves. *Interpretação e Direitos Fundamentais*. 2ª ed. São Paulo: Saraiva. 2018, p. 115.

17 A respeito, ver NOVAIS, Jorge Reis. *As restrições aos Direitos Fundamentais não expressamente autorizadas pela Constituição*. Coimbra: Coimbra Editora, 2003, p. 52, nota 36.

18 MÜLLER, Friedrich. *Métodos de Trabalho do Direito Constitucional*. 2ª ed. São Paulo: Max Limonad, 2000, p. 58. De acordo com Müller: "O teor literal expressa o 'programa da norma' a 'ordem jurídica' tradicionalmente assim compreendida. Pertence adicionalmente à norma, em nível hierárquico igual, o âmbito da norma, i.e, o recorte da realidade social na sua estrutura básica, que o programa da norma 'escolheu' para si ou em parte criou para si como seu âmbito de regulamentação (como amplamente no caso de prescrições referentes à forma e questões similares). O âmbito da norma pode ter sido gerado (prescrições referentes a prazos, datas, prescrições de forma, regras institucionais e processuais etc.) ou não-gerado pelo direito."

19 Ibidem, p. 42.

resultado da interpretação de um texto à luz de um caso, seja ele concreto ou hipotético. Como observado por Friedrich Müller, a norma se concretiza a partir do "conjunto de fatos do caso – não importando se ele deve ser decidido concretamente ou se ele é apenas imaginado".[20] No mesmo sentido, Lenio Streck repele a ideia de um conceito de norma *a priori*, argumentando que: "a norma, como já foi afirmado reiteradamente, não existe sem a interpretação e a interpretação, por sua vez, não se faz sem um caso – hipotético ou real."[21] Como sintetizado por Lenio: "A norma é o produto da interpretação do texto e, por isso, ela só se realiza na concretude."[22]

Perde sentido, assim, a distinção, feita por Kelsen, entre norma geral e norma individual: a primeira como criação do legislador, de caráter abstrato, preceito jurídico, texto legal ou normativo; a segunda, produto da aplicação ou individualização da primeira por parte do juiz.[23] Norma, em sentido próprio, seria apenas esta última.

Pela mesma razão, a distinção aqui reconhecida entre norma e enunciado normativo se aparta da diferenciação concebida por Robert Alexy, que, embora separe texto de norma, vê esta última (norma) como resultado de uma interpretação puramente semântica do texto ou enunciado normativo, *sem consideração a nenhum caso, concreto ou hipotético*.[24] A concepção semântica de Alexy dispensa a ideia de concretude como pressuposto para a identificação da norma jurídica, que seria extraída exclusivamente do conjunto linguístico contido no enunciado. A norma constituiria, assim, um conceito apriorístico em relação ao caso a ser decidido.[25]

---

20 Idem.

21 STRECK, Lenio. *Verdade e Consenso:* Constituição, hermenêutica e teorias discursivas. 5ª ed., rev., mod. e ampliada. São Paulo: Saraiva, 2014, p. 556.

22 Ibidem, p. 557.

23 KELSEN, Hans. *Teria Pura do Direito.* 4ª ed. Coimbra: Armênio Amado. 1976, p. 111.

24 ALEXY, Robert. *Teoria dos Direitos fundamentais.* São Paulo: Malheiros, 2008, p. 54. Na concepção de Alexy: "Uma norma é, portanto, o significado de um enunciado normativo." Para demonstrar que norma se diferencia de enunciado, o autor observa que a mesma norma pode ser expressa por diferentes enunciados normativos, e, além disso, a norma pode ser expressa sem a utilização de enunciados, como seria o caso por exemplo, das luzes de um semáforo (Idem).

25 Embora assinale a diferença na forma através da qual Kant emprega a expressão "norma", Alexy enxerga relações entre sua concepção e a Kantiana, como reconhece em sua "Teoria dos Direitos Fundamentais": "Se se desconsiderarem os elementos mentalísticos (vontade, ato de vontade), parece haver relações estreitas entre o modelo aqui utilizado e a concepção de Kelsen." ALEXY, Robert. Op. cit., p. 53.

Müller, a seu turno, critica a ideia de interpretação puramente textual, sem referência ao caso, observando que uma "norma" (aqui empregado o vocábulo no sentido da metódica tradicional) pode parecer "clara" ou "unívoca" abstratamente considerada, "no papel", e, quando defrontada com um caso prático, já se afigurar destituída de clareza,[26] a demonstrar a fragilidade de um conceito meramente semântico de norma. Daí porque, conforme Lenio Streck: "a norma é um conceito interpretativo e não um conceito semântico."[27]

Essa distinção ou diferença entre texto (ou enunciado normativo) e norma não constitui uma teorização vazia ou desinfluente. Ao contrário, é de grande importância para a hermenêutica jurídica.

2.5. A liberdade de expressão como direito preferencial *prima facie*

Os direitos fundamentais, como as normas constitucionais em geral, não se submetem a uma ordem hierárquica. Por força do princípio da unidade da Constituição,[28] os respectivos enunciados devem ser considerados como "preceitos integrados num sistema interno unitário de normas e princípios", o que impõe ao intérprete enxergar o texto constitucional na sua globalidade e "harmonizar os espaços de tensão existentes entre as normas constitucionais a concretizar".[29]

Reconhecer a inexistência de *hierarquia normativa* entre os direitos fundamentais não significa considerar que todos tenham a mesma *hierarquia axiológica*. Como observado por Diogo de Figueiredo, a Constituição não é um simples diploma legal, ela é, sobretudo: "um documento político, impregnado de valores metajurídicos, de distintos níveis e diversas abrangências, de modo que os princípios normativos, que os exprimem positivamente, carregam suas características políticas e têm, por isso, diferentes cargas de eficácia".[30]

---

26 MÜLLER, Friedrich. Op. cit., p. 62.

27 STRECK, Lenio. Op. cit., p. 557.

28 Sobre o *princípio da unidade da Constituição*, veja-se HESSE, Konrad. *Elementos de Direito Constitucional da República Federal da Alemanha*. Porto Alegre: Sergio Fabris, 1998, p. 65.

29 CANOTILHO, José Joaquim Gomes. *Direito Constitucional e teoria da Constituição*. Coimbra: Almedina. 1999, p. 1.149.

30 MOREIRA NETO, Diogo de Figueiredo. A ordem econômica na Constituição de 1988. *Revista de Direito da Procuradoria Geral do Estado do Rio de Janeiro*. Rio de Janeiro, nº 42, 1990, p. 59.

Não há impedimento a que o sistema constitucional atribua uma proteção privilegiada a certos bens, interesses ou valores, conferindo-lhes uma posição de preferência (relativa) em relação aos demais bens, interesses ou valores constitucionais. É o que ocorre em relação à liberdade de expressão, que, pela sua importância para a ordem jurídico-social, é reconhecido por grande parte da doutrina e da jurisprudência como um direito preferencial *prima facie*.[31]

Essa posição preferencial da liberdade de expressão, como já ressalvado, significa não uma superioridade hierárquica desse princípio, inexistente no sistema constitucional, mas a imposição de um ônus argumentativo mais pesado para quem busque restringir ou suprimir essa liberdade. Assim, aquele que considere aplicável uma limitação deve, à luz de um caso concreto, com todas as circunstâncias, ser capaz de sustentar as suas razões com fortes argumentos, porque, *prima facie*, a liberdade de expressão (e suas congêneres, a liberdade de informação e de imprensa), pela sua importância para o indivíduo e para o Estado Democrático de Direito, deve prevalecer.

Mas de onde se extrairia ou deduziria essa posição preferencial *prima facie* da liberdade de expressão? Como justificar esse ônus argumentativo mais pesado para a restrição ao referido princípio?

A ideia de que a alguns direitos se deve reconhecer uma posição de preferência (*preferred position*) encontra suas raízes na jurisprudência da Suprema Corte Americana, que, a partir do caso *United States v. Carolene Products Co.* (1938),[32] passou a submeter a um escrutínio mais estrito (*strict scrutiny*) a legislação que trouxesse alguma restrição a certos direitos fundamentais, dentre os quais a liberdade de expressão,[33] que foi reconhecida pelo *Justice* Benjamin Cardozo como a matriz e a condição indispensável de praticamente todas as outras liberdades e de outros direitos fundamentais.[34]

---

31 A respeito do tema, veja-se CHEQUER, Claudio. *Liberdade de Expressão como Direito Fundamental Preferencial* Prima Facie. Rio de Janeiro: Lumen Juris, 2011.

32 No caso *United States v. Carolene Products Co, 304 U.S. 144 (1938)*, o Justice Harlan Fiske Stones, na célebre nota de rodapé nº 4, expressou o entendimento de que a legislação que atinge algum dos princípios expressos nas dez primeiras Emendas à Constituição Americana ou que decorra da Décima Quarta Emenda.

33 O primeiro precedente no qual se reconheceu expressamente a posição preferencial ocupada pela liberdade de expressão foi *Jones v. Opelika, 306 U.S. 584 (1942)*.

34 *Palko V. Connecticut, 302 U.S. 319 (1937)*. Nesse precedente, o *Justice* Benjamin Cardozo, ao tratar da Liberdade de pensamento e expressão, escreveu: "Of that freedom one may say that it is the matrix, the indispensable condition, of nearly every other form of freedom".

Do ponto de vista do direito constitucional positivo brasileiro, essa posição de destaque atribuída à liberdade de expressão pode ser percebida, em primeiro lugar, pela forma enfática e até redundante pela qual o nosso texto fundamental tratou desse princípio. A Constituição de 1988, como se viu, consagrou a liberdade de manifestação de pensamento em termos amplos, em mais de um dispositivo. Assim é que no art. 5º, IV, estabelece que "é livre a manifestação de pensamento, sendo vedado o anonimato", enquanto no inciso IX do mesmo artigo dispõe que "é livre a expressão da atividade intelectual, artística, científica e de comunicação, independentemente de censura ou licença".

No art. 220, que trata da Comunicação Social, o texto constitucional também confere uma amplitude à manifestação de pensamento sem precedentes na história constitucional brasileira: "A manifestação do pensamento, a criação, a expressão e a informação, sob qualquer forma, processo ou veículo não sofrerão qualquer restrição, observado o disposto nesta Constituição".

O parágrafo primeiro do referido artigo reforça essa liberdade, estabelecendo que: "Nenhuma lei conterá dispositivo que possa constituir embaraço à plena liberdade de informação jornalística em qualquer veículo de comunicação social", enquanto o parágrafo segundo veda "toda e qualquer censura de natureza política, ideológica e artística".

A leitura dos mencionados dispositivos aponta de forma clara para o compromisso constitucional com uma robusta liberdade de manifestação de pensamento, que não se compadece com nenhum tipo de censura prévia e não deve encontrar restrições, além das contidas no texto constitucional.

A doutrina da posição preferencial da liberdade de expressão foi invocada em vários julgados do Supremo Tribunal Federal. No julgamento da ADPF nº 130/2009, que declarou a Lei de Imprensa não recepcionada pela Constituição Federal, O Ministro Ayres Britto sustentou que: "a Constituição brasileira se posiciona diante de bens jurídicos de personalidade para, de imediato, cravar uma primazia ou precedência: a das liberdades de pensamento e de expressão *lato sensu*".

No mesmo sentido, o voto do Ministro Luiz Fux, no julgamento da ADPF 187/2011: "É certo que a liberdade de expressão, como direito fundamental, merece proteção qualificada, de modo que, quando da ponderação com outros princípios constitucionais, possua uma dimensão de peso, *prima facie*, maior."

No julgamento da ADI 4815/2015, essa doutrina também foi sustentada pelo Ministro Luiz Roberto Barroso: "A Carta de 88 incorporou um sistema de proteção reforçado às liberdades de expressão, informação e imprensa, reconhecendo uma prioridade *prima facie* destas liberdades públicas na colisão com outros interesses juridicamente tutelados, inclusive com os direitos da personalidade." Esse entendimento foi confirmado pelo Ministro no julgamento da Reclamação 18.638/2018: "A liberdade de expressão desfruta de uma posição preferencial no Estado democrático brasileiro, por ser uma pré-condição para o exercício esclarecido dos demais direitos e liberdades."

A atribuição de especial proteção à liberdade de expressão no texto constitucional encontra sua justificativa na história recente do Brasil.[35]

Com o fim da ditadura, o Constituinte entendeu que a democracia demandava uma posição de completa e radical proibição da censura. O sentimento predominante era o de que, sem a exclusão de todo e qualquer tipo de controle da informação, não haveria que falar, verdadeiramente, em liberdade. Esse sentimento se reflete no texto constitucional, que enfatizou a necessidade de uma liberdade de expressão ampla e robusta.

Para além das razões próprias do direito constitucional brasileiro, o lugar privilegiado ocupado pela liberdade de expressão encontra sua razão de ser em vários fundamentos jusfilosóficos, que demonstram a importância dessa liberdade e justificam sua primazia teórica dentre os princípios fundamentais. Esses fundamentos serão examinados adiante.

2.6. Fundamentos jusfilosóficos da liberdade de expressão

Muitos são os fundamentos, argumentos e justificativas apresentados pela doutrina em defesa da liberdade de expressão. Alguns consideram-na como um direito essencial do ponto de vista coletivo, para a sociedade como um todo, enquanto outros a veem como fundamental para o indivíduo em si considerado.

No primeiro grupo, estão as justificativas a que Dworkin chamou de *instrumentais*,[36] e que poderiam ser denominadas, também, de *consequencialistas*[37] ou *utilitárias*,[38] porque sua importância residiria nos benefícios que produz para a coletividade como um todo. Por esse prisma, a liberdade de expressão, ao propiciar o debate e o tráfego de informações

---

35 Tratada neste Capítulo, no item 2.3.

36 DWORKIN, Ronald. *O direito da liberdade:* a leitura moral da Constituição Norte-americana. São Paulo: Martins Fontes, 2006, p. 318.

37 Cf. HEINZE, Eric. *Hate Speech and Democratic Citizenship*. New York and Oxford: Oxford University Press, 2016, p. 32.

38 Cf. SCHAUER, Frederick. *Free speech:* a philosophical enquiry. New York: Cambridge University Press, 1982, p. 73.

e opiniões, facilita a busca da verdade e o descobrimento da falsidade. Essa função desempenhada pela liberdade de expressão ganha especial relevo em relação aos problemas de interesse público e das questões inerentes à política. Assim sendo, cria condição de possibilidade para um melhor exercício da cidadania, favorecendo a participação popular nas políticas públicas e sociais. Por outro lado, possibilita o escrutínio das ações do governo e de seus agentes, que, por poderem ser livremente criticados pelos seus cidadãos, tenderiam a abusar menos do poder.[39]

No segundo grupo, estão as justificativas que enxergam a liberdade de expressão como um valor importante em si, do ponto de vista individual. São as justificativas a que Dworkin chama de *constitutivas*,[40] também denominadas *deontológicas*.[41] Os cidadãos adultos devem ser tratados pelo Estado como agentes morais responsáveis, capazes de formar suas convicções próprias e tomar suas decisões acerca do que é bom ou mau, verdadeiro ou falso na política, na religião e na vida em geral.

Longe de serem excludentes, essas justificativas são complementares e indicativas da importância e do caráter multifacetado da liberdade de expressão. Passem-se em revista essas justificativas e os argumentos desenvolvidos.

2.6.1. Possibilita a descoberta da verdade

Um dos principais e mais tradicionais argumentos em prol da liberdade de expressão é o de que ela é fundamental para o descobrimento da verdade. A verdade aqui referida pode ser traduzida ou compreendida como *conhecimento*. Os defensores desse argumento sustentam que liberdade de expressão é essencial para o avanço do conhecimento humano. A livre manifestação do pensamento propicia o debate e a identificação das ideias verdadeiras ou socialmente úteis e o afastamento das ideias equivocadas ou nocivas para a sociedade.

Esse argumento foi apresentado séculos atrás por John Milton, em sua obra *Aeropagítica* (1644), na qual, em uma defesa fervorosa da liberdade de imprensa e da ampla circulação de ideias contra todo tipo de censura, considerou que, no confronto livre de ideias, a verdade sempre triunfaria: "Que a verdade e a impostura se digladiem. Quem jamais

39 DWORKIN, Ronald. Op. cit., p. 319.

40 Idem.

41 Neste sentido, HEINZE, Eric. Op. et loc. cit.; e SCHAUER, Frederick. Op. cit., p. 73.

ouviu dizer que a verdade perdesse num confronto em campo livre e aberto?" [42]

Posteriormente, esse argumento foi desenvolvido de forma ampla por John Stuart Mill, em sua obra *Sobre a Liberdade* (1859).[43] Parte o autor do pressuposto de que o ser humano é falível e, por conseguinte, nunca pode ter certeza da veracidade da própria opinião e da falsidade de uma opinião contrária, não importando quão forte seja a sua convicção pessoal a esse respeito. Mesmo que pudéssemos ter certeza da falsidade de uma opinião contrária, ainda assim, reprimi-la ou censurá-la seria um mal, porque estaríamos impedindo que os demais pudessem julgar por si mesmos acerca dessa opinião: "Nunca podemos ter certeza de que a opinião que procuramos amordaçar seja falsa; e, mesmo que tivéssemos, amordaçá-la seria, ainda assim, um mal."[44]

Sem o livre tráfego de ideias e opiniões não seria possível alcançar a verdade sobre várias questões de grande importância para o progresso e o desenvolvimento da sociedade. Oliver Wendell Holmes, juiz da Suprema Corte norte-americana, cunhou a metáfora do livre "mercado de ideias" (*marketplace of ideas*), ao qual toda e qualquer manifestação deveria ser submetida, para demonstrar sua força, credibilidade e aceitação.[45]

A maior segurança que se tem de se aproximar de um conhecimento o mais completo possível sobre um assunto é submetê-lo ao debate público e ao livre mercado das ideias, ouvindo o que pode ser dito por outras pessoas, com as mais diferentes opiniões a respeito. Isso inclui não apenas as ideias consideradas em si controvertidas ou duvidosas, mas também as crenças mais firmes e arraigadas, que não têm garantia mais segura acerca de sua verdade ou conveniência social que o teste das opiniões contrárias. No dizer de Stuart Mill: "As crenças que mais sancionamos não se firmam em outra salvaguarda senão no permanente convite ao mundo inteiro para provar que não possuem fundamento."[46]

Reconhecer a falibilidade humana apenas sobre determinados assuntos ou certas ideias, tidos como duvidosos, negando-a em relação a outros assuntos ou determinadas doutrinas ou princípios, por conside-

42 MILTON, John. *Aeropagítica*. Discurso pela Liberdade de Imprensa ao Parlamento da Inglaterra. Rio de Janeiro: Topbooks, 1999, p. 173.

43 MILL, John Stuart. *Sobre a Liberdade*. Lisboa: Edições 70, 2016.

44 Ibidem, p. 51.

45 HOLMES J. Oliver Wendell. *Abrams v. United States*, 250 U.S. 616, 630 (Supreme Court 1919).

46 Op. cit., p. 35.

rálos certos ou inquestionáveis, é, em última análise, negar essa falibilidade. Como saber o que é duvidoso e o que é certo, senão submetendo todas as ideias e todos os assuntos ao livre debate?

Mesmo a firme convicção a respeito de uma ideia, fortemente enraizada no meio social, não pode constituir razão ou fundamento para impedir a livre manifestação de uma ideia que lhe seja contrária. Quantas convicções ou ideias tidas como inquestionáveis no passado não foram e continuam sendo superadas? Muito do que ontem era considerado como uma verdade inquestionável hoje é reconhecido como falso ou absurdo. As ideias verdadeiras ou boas são aquelas que resistem ao livre debate e ao teste do tempo.

A história da humanidade é composta pela superação de ideias e teorias tidas como verdades indiscutíveis por novas ideias e teorias, muitas vezes à custa da liberdade, da integridade física ou da própria vida daqueles que ousaram opor-se ao pensamento dominante. Galileu Galilei viu-se forçado pela Igreja Católica a abjurar sua defesa da teoria heliocentrista, de que o sol está no centro do que se considerava o universo, em favor da teoria geocentrista, que colocava a terra no centro do universo. Com base na convicção da superioridade de uma raça sobre outra, a escravidão e a desigualdade entre os seres humanos já foram no passado, em várias sociedades, consideradas como moralmente aceitáveis, até que foi desafiada pelas ideias abolicionistas e igualitárias. O pensamento de que a mulher é intelectualmente inferior ao homem ou incapaz de realizar determinadas atividades, tidas como inerentemente masculinas, foi e ainda é cotidianamente desmentida. Todo o progresso do conhecimento nasce da discórdia.

Pode-se objetar que a verdade de uma ideia não depende de sua aceitação no "livre mercado de ideias", porque uma proposição ou afirmação sobre um fato é verdadeira independentemente do que dele se diz ou pensa. Assim, por exemplo, independem da sua aceitação social as leis da física, assim como a afirmação de que a terra é redonda. Aliás, quanto a esse último fato científico, ainda há quem, a despeito de todas as robustas evidências em contrário, acredite e defenda que a terra é plana,[47] o que lhes é permitido fazer, porque a liberdade de expressão assegura até a liberdade de dizer tolices.

47 Veja-se, a respeito, matéria publicada no The Guardian, de 20 de janeiro de 2016: Flat-Earthers are back: 'It's almost like the beginning of a new religion'. Veja-se a respeito, também, o documentário "A Terra é Plana" (*Behind the Curve*), dirigido por Daniel J. Clark.

Mas, embora a verdade em si sobre um fato científico independa de seu reconhecimento ou do que pense a maioria da sociedade a seu respeito, é a liberdade para que as ideias e opiniões circulem livremente nesse metafórico mercado que propicia que a verdade de um fato seja "localizada" ou "identificada", propiciando, assim, o avanço do conhecimento.[48]

Essa liberdade é ainda mais importante em relação a questões de natureza política ou moral, que devem poder ser apresentadas e ouvidas livremente para que se possa expungir aquelas inaceitáveis, indesejáveis ou socialmente nocivas, e encontrar as aceitáveis, desejáveis ou úteis para o desenvolvimento social.

Por outro lado, se há razões para ceticismo em relação à eficiência do mercado de ideias como *locus* apropriado para o descobrimento da verdade, razões há para ser ainda mais cético em relação à conveniência de restringir o domínio do conhecimento sobre qualquer assunto a um grupo de pessoas. Que legitimidade ou autoridade teria esse grupo de pessoas para excluir do restante da sociedade o acesso ao conhecimento? E com que propósito? O que garante que a restrição do conhecimento a um grupo de pessoas torna mais provável o descobrimento da verdade, ou que isso seja mais benéfico para a sociedade?

A discussão pública muitas vezes vem coberta de preconceitos, manipulação, sofismas e outros tipos de adulteração comunicativa que dificultam ou prejudicam o diálogo, como reconhece Mill.[49] Mas não há alternativa melhor para a aquisição do conhecimento. A discussão pública ainda é, a despeito de suas vicissitudes, o processo mais confiável para esse fim.

Mill antecipa uma possível objeção ao seu argumento, em prol da liberdade de expressão, de que nunca se pode ter absoluta certeza da verdade de uma ideia. A objeção seria a seguinte: mesmo sendo impossível alcançar uma certeza absoluta sobre a verdade ou conveniência de uma ideia, seria justificável que os homens e os governos agissem para impedir a difusão de certas doutrinas e manifestações, uma vez que o fizessem com a convicção de que são falsas ou prejudiciais. A essa objeção Mill responde que há uma grande diferença entre, de um lado, presumir a verdade de uma opinião porque ela não foi convincentemente refutada em nenhuma das oportunidades havidas para sua contestação, e, de outro, simplesmente, *pressupor a sua verdade para impedir a sua*

48 SCHAUER, Frederick. Free Speech, the Search for Truth, and the Problem of Collective Knowledge. 70 SMU L. Rev. 231 (2017).

49 MILL, John Stuart. Op. cit., p. 101.

refutação.[50] A condição que justifica presumir a verdade de uma opinião é exatamente a ampla liberdade de se poder contradizê-la e de provar a sua falsidade.[51] Daí porque impedir a refutação de uma opinião ou a difusão de uma opinião contrária elimina toda a condição de possibilidade de se alcançar a verdade. No dizer de Mill: "As nossas crenças mais justificadas não têm qualquer outra garantia sobre a qual assentar, senão um convite permanente ao mundo inteiro para provar que carecem de fundamento."[52]

O entendimento de Mill de que a liberdade de expressão é necessária para o bem-estar da humanidade é resumido em quatro fundamentos ou razões: *primeiro*, o de que uma opinião, mesmo que silenciada, pode ser verdadeira; *segundo*, que, mesmo errada, a opinião silenciada pode conter uma porção de verdade, como frequentemente ocorre, de modo que apenas através do confronto de ideias o resto de verdade pode vir à tona; *terceiro*, mesmo que a opinião dominante constitua toda a verdade, é importante que possa ser contestada para que não seja mantida como um preconceito, sem compreensão de seus fundamentos racionais; *quarto*, ainda no caso de a opinião dominante ser toda a verdade, a falta de contestação pode transformá-la em um dogma ou uma mera crença formal, que acabaria por fazer desaparecer uma convicção racional, pessoal e sentida.[53]

A despeito da defesa intransigente que faz da liberdade de expressão, Mill reconhece que o livre confronto de ideias está longe de constituir um processo perfeito para o descobrimento da verdade. Em mais de uma passagem de sua obra, ele reconhece as dificuldades inerentes à discussão pública como meio para se chegar ao entendimento. Chega a dizer que, nas questões não autoevidentes, há noventa e nove pessoas totalmente incapazes de julgar para apenas uma que o é.[54] Além disso, reconhece que, muitas vezes, a defesa de uma opinião vem sob a forma de ofensas pessoais, invectivas, vituperações desmedidas, sarcasmo, sofismas, supressão de fatos ou argumentos, deturpação de elementos do caso, descrição enganosa da opinião oposta, dentre outras formas censuráveis de expressão empregadas frequentemente nos embates de ideias.[55] Não obstante tudo isso, a ampla liberdade de pensamento e discussão deve, em razão da falibilidade humana, ser defendida como

50 Ibidem, p. 55.

51 Idem.

52 Ibidem, p. 57.

53 Ibidem, p. 100.

54 Ibidem, p. 55.

55 Cf. MILL, John Stuart. Op. cit., p. 101-103.

o melhor meio de o homem retificar seus erros e tentar se aproximar, o máximo possível, de um conhecimento completo acerca de um assunto.[56]

É comum que se apele a um princípio de utilidade ou conveniência para justificar a interdição ao debate de determinadas crenças ou opiniões consideradas particularmente úteis ou importantes para a sociedade. Ainda nessa hipótese não se conseguiria escapar ao princípio da falibilidade. Isso porque *a própria conveniência ou utilidade de uma crença ou opinião constitui uma simples questão de opinião*, e, por conseguinte, deve ser tão passível de discussão e debate quanto à própria opinião reputada útil ou conveniente. O reconhecimento da impossibilidade de alcançar a verdade absoluta acerca de uma opinião também subsiste em relação ao juízo acerca da utilidade dessa opinião. Como observa Mill: "A verdade de uma opinião faz parte de sua utilidade."[57]

Podemos ter crenças e opiniões falsas, por maiores que sejam nossas certezas. É necessário, pois, que, intelectualmente, mantenhamos uma posição de distanciamento em relação às nossas ideias e convicções, por mais seguros que estejamos delas. Esse distanciamento não exige nem significa que sejamos neutros. É tão somente a condição que os seres humanos têm, como seres dotados de reflexão, de pôr em causa as próprias crenças como forma de alcançar a verdade.

Desidério Murcho, analisando, por um prisma lógico-filosófico, a ideia da falibilidade humana da qual parte Mill em sua argumentação pela livre circulação de ideias, extrai um princípio, ao qual denomina de "distanciamento epistêmico", que poderia ser assim formulado: "Algumas crenças humanas podem ser falsas." Esse princípio viria acompanhado de um corolário, assim formulado: "Nem sempre sabemos distinguir quais das nossas crenças são verdadeiras e quais são falsas." O princípio, assim formulado, não está, por razões lógicas, a afirmar que qualquer crença humana pode ser falsa – por certo, algumas crenças logicamente serão verdadeiras. O que se afirma é que algumas delas *podem ser falsas*. O que o princípio e seu corolário propõem é que não há um meio infalível para descobrir quais das nossas crenças são verdadeiras e quais são falsas. Por essa razão, todas elas, sem exceção, devem ser consideradas de forma crítica e tidas como passíveis de expressão, debate e discussão pública, com abertura de espírito.[58]

56 Ibidem, p. 55-57.

57 Ibidem, p. 37.

58 MURCHO, Desidério. Comunicação apresentada na II Jornada de Filosofia e Direitos Humanos (Universidade de Londrina, Brasil, 17 e 18 de Agosto de 2006). Disponível em: https://criticanarede.com/millexpressao.html#footer>.

Observa o autor, no entanto, que, embora estejamos prontos para exercer o distanciamento epistêmico em relação às coisas práticas da vida cotidiana, há uma grande resistência a exercitar esse distanciamento no que se refere às nossas crenças fundamentais, em especial àquelas que se referem à nossa identidade cultural, política, social ou religiosa, que, de tão arraigadas em nosso imaginário, acabam por se transformar em dogmas, ideias inquestionáveis e indiscutíveis. Essa resistência, por vezes, leva à censura ou restrição das expressões de opiniões e ideias contrárias. O impedimento ao exercício da liberdade de expressão constituiria, portanto, o resultado da falta de distanciamento epistêmico, o que é de todo lamentável, porque ficamos, desse modo, privados da oportunidade de analisar criticamente nossas crenças mais fundamentais, seja para confirmá-las, seja para reconhecer seu desacerto, total ou parcial.[59]

Uma outra objeção que se poderia levantar à justificativa de que a liberdade de expressão é essencial para o descobrimento da verdade seria a ideia de que não há verdades objetivas ou absolutas, de modo que o conhecimento não é algo a ser descoberto, mas construído socialmente e dependente do contexto e do sujeito. Aceita que seja essa premissa, de que não é possível alcançar a verdade absoluta de um fenômeno, acontecimento ou evento, ainda assim a liberdade de expressar, debater e argumentar é o processo que cria as condições para que se chegue o mais próximo possível da verdade, ou da verdade provável. Se a verdade ou o conhecimento são construções sociais, a liberdade de expressão possibilita que mais pessoas participem, com seus diferentes pontos de vista, do processo de formação ou construção do conhecimento e das crenças em que uma sociedade se funda.[60]

Essa ideia é reforçada pela crítica formulada por Karl Popper ao indutivismo como método científico, e sua substituição da noção clássica de *verificabilidade* pela de *falseabilidade*. Reformulando uma noção clássica da Epistemologia, Popper parte da ideia de que não é possível comprovar a verdade de uma teoria ou a validade de um sistema científico empírico de forma definitiva, pois um enunciado universal nunca pode ser derivado de um enunciado particular; é possível, no entanto, demonstrar a falsidade de um enunciado universal a partir de um enunciado particular. Assim, segundo a teoria da falseabilidade, um sistema científico empírico ou um enunciado universal somente é suscetível de

59 Idem.

60 FRALEIGH, Douglas M.; TUMAN, Joseph S. *Freedom of Expression in the Marketplace of Ideas*. Los Angeles: SAGE, 2011, p. 11.

ser considerado válido (mas não necessariamente verdadeiro) se puder ser refutado pela experiência.[61]

A impossibilidade de chegar a uma certeza inquestionável nas ciências empíricas sinaliza para o fato de que o conhecimento não decorre de um processo cumulativo, em que as teorias vão sendo estocadas e nunca mais questionadas. Ao contrário, decorre de um processo progressivo, porque a validade de uma teoria sempre poderá ser refutada por um fato que demonstre sua falsidade. Há, implicitamente, um permanente convite ao debate e à refutação das ideias e teorias, cuja validade dependerá sempre de sua sobrevivência aos testes que lhes são impostos. Aquilo que caracteriza o método empírico é a sua maneira de expor à falsificação uma teoria, de todos os modos possíveis. Nas palavras de Popper: "Seu objetivo não é o de salvar a vida de sistemas insustentáveis, mas, pelo contrário, o de selecionar o que se revele, comparativamente, o melhor, expondo-os todos à mais violenta luta pela sobrevivência."[62]

Se não é possível se chegar a certezas inquestionáveis no campo das ciências empíricas, deveríamos, em linha de princípio, estar abertos a todas as opiniões, ideias e pontos de vista, por mais firmes que possam ser nossas convicções a respeito de determinado assunto ou questão.

2.6.2. É essencial para o autogoverno

Em uma sociedade verdadeiramente democrática, os cidadãos devem ter o poder de decidir, direta ou indiretamente, sobre a condução das questões de interesse coletivo. Para isso, devem ter acesso à informação e a liberdade de debater amplamente todos os assuntos, expondo livremente suas ideias e opiniões. Somente assim poderão exercer conscientemente o direito de escolha de seus representantes no governo, e influenciar, de diversas formas, a condução das políticas públicas.

A liberdade de expressão, vista por este ângulo, constitui condição para a existência e o aperfeiçoamento da democracia e do autogoverno (*self-government*). Corresponde à liberdade no sentido *positivo*, que, na concepção de Isaiah Berlin, "provém do desejo que o indivíduo nutre de ser seu próprio senhor". [63] É não apenas a liberdade de poder se expres-

61 POPPER, Karl. *A Lógica da pesquisa científica*. São Paulo: Cultrix. 1972, p. 42.

62 Ibidem, p. 44.

63 BERLIN, Isaiah. Dois Conceitos de Liberdade. *Estudos sobre a Humanidade:* uma Antologia de Ensaios. São Paulo: Companhia das Letras, 2002, p. 236.

sar sem ser censurado – que corresponde à liberdade *negativa*[64] –, mas a liberdade que o homem aspira de ter as rédeas do próprio destino, colaborando nas decisões sobre questões de interesse coletivo.

Com vistas a esse objetivo, os cidadãos devem ser expostos a todos os lados de um assunto e a todos os tipos de pontos de vista, expressos por uma ampla variedade de interlocutores, sem que o governo possa censurar ou restringir ideias sob o pretexto de que sejam inaceitáveis ou perigosas.[65] Ao cidadão, e apenas a ele, cabe avaliar quais opiniões ou pontos de vista são aceitáveis ou válidos para os seus objetivos e decisões.

O precursor da ideia de que a liberdade de expressão tem como finalidade assegurar o autogoverno dos cidadãos foi Alexander Meiklejohn. Para ele, liberdade de expressão é sinônimo de liberdade política, e seu propósito último é o de fomentar um robusto, aberto e livre debate público, que prepare os cidadãos para deliberar sobre assuntos de interesse geral. Nenhuma expressão deve ser proibida sob o pretexto de que é insensata, injusta ou perigosa.[66] Toda e qualquer questão de natureza política ou de interesse político deve poder ser debatida para que os cidadãos possam, com os seus olhos bem abertos, decidir que ideias seguir ou repudiar. Ter receio de uma ideia, seja ela qual for, significa ser incapaz ou inapto para o autogoverno.[67]

Ronald Dworkin observa que a liberdade de expressão, na acepção de liberdade positiva, constitui pressuposto de toda e qualquer concepção de autogoverno. E isso se dá por duas razões: a primeira, de que não há autogoverno sem acesso à informação; a segunda, de que um governo somente pode considerar-se legítimo e exercer o seu poder de coerção sobre os cidadãos se estes tiveram a oportunidade de influenciar as decisões coletivas.[68] Em outras palavras, o autogoverno depende fundamentalmente da liberdade de ouvir e ser ouvido.

64 A liberdade negativa, na concepção de Berlin, é: "simplesmente a área na qual um homem pode agir sem ser obstruído por outros." BERLIN, Isaiah. Op. cit., p. 229.

65 FRALEIGH, Douglas M.; TUMAN, Joseph S. *Freedom of Expression in the Marketplace of Ideas*. Los Angeles: SAGE, 2011, p. 8.

66 MEIKLEJOHN, Alexander. *Free Speech and its Relation to Self-government*. New Jersey: The Law Book Exchange, 2012, p. 26.

67 Ibidem, p. 27.

68 DWORKIN, Ronald. *A Raposa e o Porco-Espinho*. Justiça e Valor. São Paulo: Martins Fontes, 2014, p. 569-570.

2.6.3. Contribui para a promoção da democracia

Uma maior diversidade de opiniões estimula o debate e tende à criação de um sentimento de cidadania, promovendo a própria democracia. Democracia e liberdade de expressão são ideias interligadas. Não se concebe uma sem a outra.

A ideia de que todos os cidadãos devem ter voz está no cerne do primeiro exemplo histórico de democracia, a democracia ateniense, na qual os cidadãos se reuniam na Acrópole e tinham oportunidade de manifestar o que pensavam acerca dos problemas da cidade-Estado, apresentando seus argumentos e suas sugestões. Acreditava-se que as melhores soluções adviriam do debate amplo e da votação das melhores propostas. É a ideia de democracia direta, de difícil realização prática nos Estados modernos, que, em razão do grande número de cidadãos, acabam adotando um modelo de democracia representativa, na qual o povo acaba sendo representado por pessoas escolhidas em eleições periódicas, e que devem atuar como a "voz" dos seus eleitores no parlamento.

Independentemente do modelo democrático implementado, a ideia de que todas as pessoas, à exceção dos incapazes, devem ser ouvidas está na origem e no núcleo da democracia, que só se concebe como autêntica ou digna desse nome se os cidadãos podem debater todos os assuntos e expressar o mais amplamente possível seu pensamento, suas opiniões, seus desejos, suas necessidades, suas preferências, seus gostos, sua visão de mundo e, até, seus preconceitos. O incentivo ao debate não apenas é inerente à democracia, como contribui para o melhor funcionamento desta, na medida em que aponta para a participação popular e para o diálogo público como meios adequados para a formação de valores.[69]

Formar e desenvolver uma cultura democrática é um trabalho complexo, que requer tempo e depende de muitos fatores. Dentre eles, inegavelmente e principalmente, está a liberdade na circulação de ideias. Por isso, a liberdade deve ser considerada pressuposto de uma sociedade democrática.

2.6.4. Propicia o controle dos atos do Governo

A liberdade de expressão é necessária para o escrutínio dos atos do governo e de seus agentes. É amplamente conhecida e citada a frase de Lord Acton: "O poder tende a corromper, e o poder absoluto cor-

69 SEN, Amartya. *Desenvolvimento como Liberdade*. São Paulo: Cia. das Letras, 2010, p. 208.

rompe absolutamente."[70] Os cidadãos não podem contar com a virtude dos políticos, administradores e agentes públicos em geral. A história e o noticiário têm demonstrado que a corrupção é uma prática perturbadoramente frequente, e tende a ser maior quanto menores e menos eficazes forem os mecanismos de controle dos atos dos agentes públicos. A falta de fiscalização dos atos governamentais cria oportunidade para desmandos e atos praticados em proveito próprio ou de terceiros, porque traz a sensação de impunidade.

A corrupção ocasionada pela falta de controle e pela sensação de impunidade é retratada no mito do *anel de Giges*, descrito por Platão no livro "A República".[71] Segundo a lenda, após um violento temporal seguido de numerosos abalos, um pastor descobre, em uma fenda que se abrira na terra, um cavalo de bronze oco, no interior do qual se encontrava um corpo de proporções sobre-humanas, que trazia em seu dedo um anel de ouro. O pastor descobre, por acaso, que o anel, ao ser girado em seu dedo, lhe confere o poder da invisibilidade. A partir dessa descoberta, o até então bom e virtuoso pastor, embriagado pelo poder que o anel lhe trouxera, deixa-se levar pelo poder adquirido, com o qual seduz a rainha e, com a ajuda desta, mata o Rei, assumindo seu lugar.

Glauco, personagem que na obra de Platão dialoga com Sócrates e faz a narrativa da lenda, pondera que a justiça, embora tenha sua beleza e sabedoria celebrada e decantada em prosa e verso, é custosa e, com frequência, penosa, vindo a ser praticada não por prazer ou por constituir um bem em si, mas por necessidade, "desde que todos se fazem injustos assim que perdem o temor das consequências de sua injustiça".[72] Supõe que, se houvesse dois anéis como este, um entregue a um homem de bem, outro a um homem de má índole ou maus hábitos, ambos sucumbiriam à tentação de abusar do poder recebido, e não se encontraria ninguém de caráter suficientemente firme para perseverar no caminho da retidão moral e da justiça.[73]

Embora Sócrates, ao final, sustente que a verdadeira e última felicidade seja alcançada apenas pelo homem que busca o caminho da justiça e da virtude,[74] a lenda bem ilustra a ideia de que o poder não submetido ao escrutínio público é perigoso, porque se torna sem controle, permi-

70 DALBERG-ACTON, John. A frase é extraída de carta enviada ao Bispo Anglicano Creighton.

71 PLATÃO. *A República*. São Paulo: Edipro. 2001, p. 56.

72 Ibidem, p. 57.

73 Ibidem, p. 56.

74 Ibidem, p. 416.

tindo, assim, que o homem satisfaça todos os seus apetites, desconsiderando os interesses ou direitos de outrem.

Os atos do governo devem ser realizados de forma clara e transparente, recebendo a devida publicidade, para que se possa aferir de sua legalidade e justeza. Dentre as diversas definições de democracia, Norberto Bobbio diz preferir aquela que a apresenta como o "poder *em* público", para fazer referência a "todos aqueles expedientes institucionais que obrigam os governantes a tomarem as suas decisões às claras e permitem que os governados 'vejam' como e onde as tomam."[75] Bobbio observa que o poder "tem uma irresistível tendência a esconder-se", ocultar-se, o que é até certo ponto compreensível, porque "quem exerce o poder sente-se mais seguro de obter os efeitos desejados quando mais se torna invisível àqueles aos quais pretende dominar."[76] Mais do que isso, o poder autocrático, com frequência, usa como estratégia não apenas a ocultação, equivalente ao "não dizer", mas, também, a mentira e o uso da palavra para ocultar suas reais intenções, o que mais tende a ocorrer quanto menos os cidadãos têm à sua disposição meios para controlar a veracidade do que lhes é dito.[77] Daí a importância da "visibilidade" do poder, que se deve dar não apenas através da publicidade dos atos do governo, mas também da "formação de uma opinião pública através do exercício da liberdade de imprensa".[78] Em uma sociedade democrática, o cidadão deve estar em condição de saber dos atos praticados em seu nome.[79]

Para Amartya Sen, as sociedades se desenvolvem por meio de uma presunção básica de confiança, que permite aos indivíduos saber o que esperar uns dos outros nas relações sociais. Daí a importância do que denomina de "garantias de transparência", que correspondem à necessidade de sinceridade e à liberdade de lidar uns com os outros e com o Governo, sob garantias de dessegredo. Essas garantias "têm um claro papel instrumental como inibidores da corrupção, da irresponsabilidade financeira e de transações ilícitas."[80]

---

75 BOBBIO, Norberto. *Teoria Geral da Política.* A Filosofia Política e as Lições dos Clássicos. Rio de Janeiro: Campus, 2000, p. 386.

76 Ibidem, p. 387.

77 Ibidem, p. 389.

78 Idem.

79 Ibidem, p. 392.

80 SEN, Amartya. *Desenvolvimento como liberdade.* Rio de Janeiro: Cia. das Letras, 2010, p. 60.

Não se nega que, em circunstâncias excepcionais, é admissível ao governo guardar segredo sobre certos assuntos. Isso ocorre quando se busca proteger algum interesse garantido pela Constituição que poderia ser lesado em caso de publicidade ou revelação de determinada informação.[81] Mas essa situação, em um estado democrático de direito, há de ser exceção, empregada com parcimônia, em casos estritamente necessários. A regra sempre haverá de ser a transparência e a publicidade dos atos governamentais. Parafraseando Louis Brandeis, "a luz do sol é o melhor dos desinfetantes".[82] É através do escrutínio das ações do governo e de seus agentes, com a sua exposição à luz do dia, que se podem identificar aqueles atos que devem ser corrigidos ou expurgados.

O escrutínio dos atos governamentais ou administrativos não pode ser substituído por simples mecanismos de controle interno, estabelecidos e assegurados pelo próprio governo, ainda que por órgãos supostamente independentes. Isso porque nunca será possível garantir integralmente a eficiência e a idoneidade desses órgãos. O controle externo, realizado pela sociedade civil, através de cada um dos seus cidadãos, com a garantia da liberdade expressão e de imprensa, é que torna possível, se não impedir, ao menos reduzir a prática de atos ilegais, imorais e, de qualquer modo, contrários ao interesse público.

Essa ideia traz à reflexão a ideia correlata do direito à informação, também chamado de "direito de saber" (*right to know*),[83] exercido precipuamente[84] contra os poderes públicos, que se tem reconhecido como um direito derivado da liberdade de expressão. Os cidadãos bem informados se tornam mais aptos para decidir acerca daquilo que constitui o seu melhor interesse. Como observado por Francis Pergeritch: "Esse direito assume que a sociedade será beneficiada por tomadas de decisão confiáveis e bem informadas e as pessoas distinguirão o que cons-

81 Ibidem, p. 414.

82 BRANDEIS, Louis D. *Other People's Money, and How de Bankers Use it*. Amazon Digital Services LLC. 2017, p. 79.

83 Ver, por todos, EMERSON, Thomas. I. The First Amendment and the Right to Know. *Washington University Law Review*, v. 1976, Issue 1 Symposium: The First Amendment and the Right to Know. A expressão é referida por Timothy Garton Ash. *Liberdade de Expressão.* Dez Princípios para um Mundo Connectado. Lisboa: Temas e Debates, 2017, p. 97.

84 Mas não exclusivamente. Como observado por Timothy Garton Ash, o poder crescente das grandes companhias privadas impõe a invocação do "direito de saber" também contra os chamados poderes privados. Citando, como exemplo, o Google: "Se temos o direito de saber o que o governo sabe de nós, não temos o direito de saber o que a Google sabe de nós?" (ASH, Timothy Garton. Op. cit., p. 98).

titui o seu próprio interesse apenas se forem bem e suficientemente informadas."[85]

Ambos os direitos seriam como que os lados de uma mesma moeda, na imagem de Thomas Emerson.[86] O direito de saber engloba o direito de ler, ouvir, ver e qualquer outro meio de receber uma comunicação de terceiro, assim como o direito de obter informação como base para a transmissão de ideias ou fatos a outrem.[87]

A liberdade de informação é, em grande medida, garantida por uma imprensa verdadeiramente livre, que tenha o poder de criticar, investigar e denunciar abusos do governo e seus agentes. Mas não apenas à imprensa e seus profissionais cabe esse direito, que é inerente à cidadania. Cada cidadão é, potencialmente, fiscal dos atos de interesse público. Em um mundo cada vez mais conectado, em que um indivíduo, de posse de um telefone celular, pode transmitir informações em tempo quase real para uma rede social, acessada por milhões de pessoas, isso se torna cada vez mais verdadeiro.

2.6.5. Ensina a conviver com a diversidade e a pluralidade

Aos argumentos clássicos, o acadêmico americano Lee Bollinger acrescenta outro benefício trazido pela liberdade de expressão: ela nos ensina a lidar com as diferenças, a conviver com a diversidade e testa "nossa habilidade para vivermos em uma sociedade que é necessariamente definida por conflitos e controvérsias; ela nos treina na arte da tolerância e nos prepara para suas vicissitudes."[88]

Bollinger observa que é comum o sentimento de reagir contra ideias que acreditamos serem erradas ou más. Nossa tendência é a de nos apegarmos às nossas crenças, sustentando-as como verdadeiras, e de nos alinharmos com aqueles que delas compartilhem.[89]

Mais do que isso, é até certo ponto natural que queiramos combater e eliminar as crenças, ideias ou opiniões que consideramos erradas, pois

85 PERGERITCH, Frances L. Attorneys' Rights Under the Code of Professional Responsibility: Free Speech, Right to Know, and Freedom of Association. *Washington University Law Review*, v. 1977, Issue 4. Disponível em: <http://opensholarship.wustl.edu/cgi/viewcontent.cgi?article=2618&context=law_lawreview>.

86 EMERSON, Thomas I. Op. cit., p. 2.

87 Idem.

88 BOLLINGER, Lee. *Uninhibited, Robust, and Wide-Open:* a Free Press for a New Century. New York: Oxford University Press, 2010, p. 48.

89 Idem.

tememos que, se não o fizermos, possa parecer que duvidamos de nossas próprias crenças ou não temos coragem de defendê-las. São sentimentos e reações comuns a todas as pessoas, e não apenas às pessoas "más".[90]

Sucede que as reações de intolerância para com as ideias contrárias às nossas podem levar a um comportamento destrutivo de uma sociedade pluralista, em que as diferenças e os dissensos são inevitáveis ou incontornáveis. A insistência na uniformidade de uma ideia ou pensamento, ainda que francamente majoritário na sociedade, pode levar a um regime autoritário.[91]

Stuart Mill observou que a "tirania da maioria" pode ser tão ou mais nociva às liberdades humanas quanto o mais despótico dos regimes políticos, na medida em que exerce uma tirania social que deixa menos meios de escapar, "penetrando muito mais profundamente nos pormenores da vida, e escravizando a própria alma."[92] Por isso, a proteção contra a opressão de um governo ditatorial não basta; é imprescindível também a proteção contra a "tirania da opinião e do sentimento dominantes",[93] e contra a tendência da sociedade de reprimir o desenvolvimento de individualidades que não se harmonizem com os seus costumes e as suas convicções, forçando as diversas personalidades a se conformarem com um determinado modelo social.[94]

A ideia de que a maioria pode constituir uma força opressiva e tirânica, trazendo o risco de se transformar na própria antítese ou no algoz da democracia, fora sustentada anteriormente por Alexys de Tocqueville, que já alertava que a força irresistível da maioria, na busca de uma uniformização de pensamento, pode colocar em risco a liberdade de indivíduos e grupos minoritários: "não há monarca tão absoluto que possa reunir em sua mão todas as forças da sociedade e vencer as resistências, como pode fazê-lo uma maioria investida do direito de fazer as leis e executá-las."[95]

A maioria, com frequência, dita regras que buscam satisfazer seus interesses pessoais, desprezando os interesses da minoria ou as opiniões discordantes. Segundo Tocqueville, a força que a maioria exerce sobre a

90 Idem.

91 Ibidem, p. 49.

92 MILL, John Stuart. *Sobre a Liberdade*. Tradução de Pedro Madeira. Lisboa: Edições 70, 2016, p. 32.

93 Idem.

94 Idem.

95 TOCQUEVILLE, Alexys. *A Democracia na América*. São Paulo: Martins Fontes, 1998, v. 1, p. 298.

sociedade não é apenas material, mas principalmente moral, uma vez que "age tanto sobre a vontade quanto sobre as ações", de modo que, "ao mesmo tempo, impede o fato e o desejo de fazer."[96] Diferentemente do que ocorre com o governo absoluto de um só, no qual o despotismo, "para chegar à alma, atingia grosseiramente o corpo", nas repúblicas democráticas, a tirania das massas "deixa o corpo e vai direto à alma".[97]

A crítica eloquente de Tocqueville constitui um alerta importante e de grande atualidade para as democracias de massa contemporâneas, que, reverentes a uma falsa noção de infalibilidade da maioria, tendem a sufocar as ideias que se distanciem do pensamento coletivo.

A noção de que a maioria tem sempre razão não responde as indagações do autor francês: "Afinal, o que é uma maioria tomada coletivamente, senão um indivíduo que tem opiniões e, na maioria dos casos, interesses contrários a outro indivíduo, denominado minoria? Ora, se você admitir que um homem investido da onipotência pode abusar dela contra seus adversários, por que não admite a mesma coisa para uma maioria?". [98]

Debruçando-se sobre a obra de Tocqueville, Marcelo Gantus Jasmin observa que "a opinião pública nas sociedades igualitárias tende a ser tão homogênea que juízos divergentes não encontram eco e desaparecem."[99] A despeito de não haver uma censura formal ou institucionalizada, há uma espécie de censura invisível, impulsionada pela força de um "senso comum democrático", que "esmaga as individualidades e impede a independência intelectual, consolidando a mediocridade cultural da democracia e a impotência do indivíduo frente às massas."[100]

Conviver com a diferença muitas vezes é uma tarefa árdua. Especialmente quando essa diferença se traduz em divergência a respeito de crenças e princípios que consideramos caros ou fundamentais.

Seja como for, viver em uma sociedade plural, com interesses, crenças e visões de mundo distintos e até opostos é uma tarefa desafiadora e complexa, que desafia as capacidades individuais. Mas esse é um desafio que não parece que possa ser superado com a imposição do silêncio às

---

96 Idem.

97 Idem.

98 Ibidem, p. 294.

99 JASMIN, Marcelo Gantus. *Alexis de Tocqueville:* a historiografia como ciência da política. Belo Horizonte: UFMG. 2005, p. 62.

100 Idem.

vozes minoritárias discordantes, por mais firmes que sejam as convicções da maioria.

2.6.6. Contribui para o desenvolvimento social

Amartya Sen defende a tese segundo a qual o desenvolvimento deve ser visto como um processo de "expansão das liberdades reais que as pessoas desfrutam." [101] Por essa perspectiva, as liberdades, dentre as quais se insere a liberdade de expressão, constituem não apenas os fins, mas também os meios principais do desenvolvimento.[102]

Abandona-se, assim, a visão de que o desenvolvimento, do ponto de vista econômico, seja um processo que, pelo menos em seus estágios iniciais, requeira sejam negligenciadas várias preocupações sociais e sacrificadas várias liberdades políticas. Ao contrário, o desenvolvimento é um processo que pressupõe a remoção das principais causas de privação da liberdade substantiva,[103] quais sejam, a pobreza, a tirania, a carência de oportunidades econômicas, a interferência excessiva dos Estados repressivos. Assim, por esse ângulo, o desenvolvimento tem uma perspectiva de *expansão das liberdades humanas*.[104]

As liberdades políticas exercem um duplo papel em relação ao desenvolvimento social: de natureza "instrumental" e "construtiva".[105] Na perspectiva *instrumental*, liberdades como a de expressão e escolha democrática criam e aumentam as condições para que as pessoas possam chamar a atenção para as suas necessidades e defender suas reivindicações, protestar e criticar os atos do governo, atuando como importante mecanismo de pressão.

Amartya Sen observa que fomes coletivas foram e continuam sendo um fato frequente em reinos antigos, sociedades autoritárias e regimes ditatoriais contemporâneos, mas "nenhuma fome coletiva substancial jamais ocorreu em nenhum país independente com uma forma demo-

---

101 SEN, Amartya. *Desenvolvimento como liberdade*. São Paulo: Cia. das Letras, 2010, p. 16.

102 Ibidem, p. 25.

103 Segundo Amartya Sen (op. cit., p. 55), as liberdades substantivas incluem: "capacidades elementares como por exemplo ter condições de evitar privações como a fome, a subnutrição, a morbidez evitável e a morte prematura, bem como as liberdades associadas a saber ler e fazer cálculos aritméticos, ter participação política e liberdade de expressão etc."

104 Idem.

105 Ibidem, p. 195.

crática de governo e uma imprensa relativamente livre."[106] Isso porque os direitos políticos e civis possibilitam aos cidadãos apontar para as necessidades mais prementes e pressionar o governo para que adote uma linha de ação para enfrentá-las.[107]

Já em seu papel *construtivo*, uma maior liberdade política e de expressão contribui para a identificação e compreensão dos problemas e das necessidades econômicas. A liberdade de discussão, diálogo, debate, crítica e dissensão se mostra essencial para o processo de escolha fundamentada das prioridades sociais.[108]

2.6.7. Tende a produzir mais estabilidade e menos violência

Não se nega o poder que as palavras têm de ferir e de influir no comportamento de terceiros. As palavras podem, em situações extremas, disseminar o ódio e contribuir para que pessoas ou multidões inteiras pratiquem atos de violência. A história fornece muitos exemplos disso.

Em 1994, em Ruanda, aproximadamente 800 mil pessoas integrantes da minoria ética Tutsi foram assassinadas por integrantes da etnia majoritária Hutu. Ficou demonstrado que estações de rádio tiveram um papel significativo na promoção desse genocídio, por disseminarem o ódio e palavras de ordem que incitavam a eliminação dos integrantes da etnia minoritária.[109] A propaganda nazista de vilificação dos judeus também contribuiu grandemente para o Holocausto, que levou à morte de cerca de seis milhões de pessoas da religião judaica.

Esses e outros são casos extremos, nos quais se ultrapassa, em muito, a fronteira da liberdade de expressão, que não constitui um escudo protetor de manifestações de ódio que promovam a violência contra integrantes de grupos ou a prática de qualquer ato de violação de direitos.

Mas não é razoável que se tomem como exemplo discursos de ódio extremos, em que manifestações discriminatórias são frontalmente dirigidas à supressão de direitos fundamentais, como justificativa para restringir, em caráter geral, expressões, falas e discursos que entram

106 Ibidem, p. 201.

107 Ibidem, p. 199.

108 Ibidem, p. 201.

109 V. BAISLEY, Elizabeth. *Genocide and Constructions of Hutu and Tutsi in Radio Propaganda*. Disponível em: <http://citeseerx.ist.psu.edu/viewdoc/download?doi=10.1.1.852.9035&rep=rep1&type=pdf.>.

no amplíssimo espectro do conceito de discurso de ódio. Nem todas as manifestações discriminatórias ou preconceituosas pregam, nem indiretamente, a violência contra integrantes de um grupo. E não é razoável supor que o discurso preconceituoso, pelo fato de ser preconceituoso, tenda a gerar instabilidade social e violência.

Frederick Schauer argumenta que a liberdade de expressão produz mais estabilidade e menos violência, uma vez que o cidadão tende a depositar mais confiança em um governo quando este permite uma maior liberdade de manifestação de pensamento ou expressão, e se mostra mais disposto a ouvir e considerar vários tipos de ideias e opiniões.[110]

Os indivíduos que sentem que puderam, de alguma maneira, ser ouvidos durante e após o processo de elaboração de uma lei ou de um programa político são mais inclinados a obedecer a esta lei ou a este programa governamental do que aqueles que não puderam ser ouvidos ou se sentiram alijados do processo.[111]

Além disso, a liberdade de expressão constituiria uma espécie de "válvula de escape"[112] ou forma de liberar sentimentos de insatisfação ou inconformismo contra políticas governamentais ou o estado de coisas na sociedade. Tendo a possibilidade de manifestar em palavras esses sentimentos – ainda que com *palavras raivosas ou ofensivas* –, os indivíduos seriam menos propensos à prática de *atos agressivos*, expressando seu inconformismo e sua raiva com ações violentas, algumas vezes com agressões a terceiros.[113]

Essa ideia encontra justificação teórica na teoria psicanalítica, em especial nos trabalhos de Freud, que ressaltou que o uso da linguagem traz a possibilidade de o indivíduo liberar sua hostilidade em relação a outrem de uma forma menos agressiva e relativamente menos danosa. Como observado pelo pai da Psicanálise, "o primeiro homem a desfechar contra seu inimigo um insulto, em vez de uma lança, foi o fundador da civilização. Portanto, as palavras são substitutas das ações".[114]

Tratando da liberdade de expressão pela ótica da teoria psicanalítica freudiana, Joel Schwartz defende esse entendimento, observando que Freud indicou que as relações sociais são inerentemente conflituo-

110 SCHAUER, Frederick. *Free speech:* a philosophical enquiry. New York: Cambridge University Press, 1982, p. 79.

111 Idem.

112 Idem.

113 Idem.

114 FREUD, Sigmund. *Obras Psicológicas Completas de Sigmund Freud.* v. III. Rio de Janeiro: Imago, 1996, p. 45.

sas. Partindo dessa premissa, uma importante função da liberdade de expressão seria a de propiciar uma saída mais segura para liberar nossa agressividade latente do que a violência física. Mais segura para nós e para os outros.[115]

Em resumo, o argumento aqui exposto é o de que mais liberdade de falar e debater tende a criar um ambiente de menos violência, embora o senso comum possa apontar justamente para o contrário, ou seja, de que muita liberdade de falar e debater possa evidenciar o desacordo entre os indivíduos, levando, com isso, a uma sociedade mais violenta. Conquanto não haja evidências empíricas para sustentar nenhuma dessas duas posições, parece razoável crer, principalmente com apoio no pensamento psicanalítico, que a possibilidade de livre manifestação tende a diminuir a frustração entre os indivíduos e, em consequência, diminuir a violência.

2.6.8. É condição para a autonomia individual

Para além de sua importância instrumental, a liberdade de expressão, independentemente de toda e qualquer consideração sobre os benefícios que traz para a sociedade, constitui ela própria um bem ou atributo essencial para o indivíduo.

Ela é importante não apenas como meio para alcançar a preservação de outros bens, interesses ou valores – como a verdade e a democracia – mas como um atributo valioso em si mesmo para cada indivíduo. Ela é essencial para que cada um desenvolva o mais plenamente possível a sua personalidade, explorando suas capacidades e suas potencialidades, nos diversos aspectos da sua vida. Sem ela, a pessoa não tem como buscar a realização do ideal de vida boa. Vista por este ângulo, a liberdade de expressão é uma derivação ou decorrência da *dignidade da pessoa humana*.

Essa era a visão de Dworkin: "Se a liberdade de expressão é um direito básico, isso se deve não apenas em virtude de razões instrumentais, como as defendidas por Mill, que supõe que a liberdade é importante pelas suas consequências; Isso se deve por razões de princípio básico. Nós podemos encontrar esse direito como condição da dignidade da pessoa humana."[116]

---

115 SCHWARTZ, Joel. Freud and Freedom of Speech. *The American Political Science Review*. v. 80, nº 4 (Dezembro de 1986), p. 1229.

116 DWORKIN, Ronald. In: HARE, Ivan; WEINSTEIN, James. *Extreme Speech and Democracy*. New York: Oxford University Press, 2012. Prefácio.

Thomas Emerson enfatizou esse aspecto essencial da liberdade de expressão, de meio ou condição para autorrealização do indivíduo. Observa que a pessoa busca a realização do seu caráter e de suas potencialidades como ser humano. Para concretizar esse desiderato, deve ser livre para pensar e exprimir seu pensamento. Em consequência, a supressão dessa liberdade constitui uma afronta à sua dignidade humana e uma negação da sua própria natureza.[117]

Essa mesma ideia é destacada por Jónatas Machado, para quem a liberdade de expressão constitui instrumento de autodefinição e autodeterminação individual e encontra seu fundamento na dignidade da pessoa humana, "enquanto referida a sujeitos livres e responsáveis, dotados de competências racionais e moral-práticas insusceptíveis de instrumentalização, objectificação ou comodificação."[118]

É através dessa liberdade que o indivíduo molda, desenvolve e afirma a sua personalidade, interagindo e se comunicando com os outros. Somente através do ato de comunicar nosso pensamento, por qualquer meio – seja através da fala ou da escrita, seja através da música ou das artes em geral –, podemos nos revelar a nós mesmos e aos outros como realmente somos. Por sermos seres eminentemente sociais, é através da expressão de nossas ideias que nos descobrimos e desenvolvemos nossas potencialidades, que naturalmente desejamos expor ou compartilhar com outros. Nesse sentido, como observa Jónatas Machado, a liberdade de expressão é "inerentemente comunitária e contextual, assentando na procura de um justo equilíbrio entre as prerrogativas individuais e as necessidades da vida coletiva."[119]

Ronald Dworkin observa que a liberdade de expressão deve ser defendida não apenas por sua importância instrumental ou pelas consequências positivas que traz, mas também porque ela tem uma dimensão *constitutiva*.[120] Ela é decorrência de nossa dignidade individual, de pessoas detentoras de autonomia e moralmente responsáveis pelas próprias decisões a respeito do que é adequado ou inadequado, bom ou mal, verdadeiro ou falso, em todas as instâncias da vida, da moral, da fé e da política. Essa dimensão da liberdade de expressão justifica sua defesa

---

117 EMERSON, Thomas I. *The system of freedom of expression*. New York: Vintage Books, 1971, p. 6.

118 MACHADO, Jonatas E. M. *Liberdade de expressão:* dimensões constitucionais da esfera pública no sistema social. Coimbra: Coimbra Editora, 2002, p. 359.

119 Idem.

120 DWORKIN, Ronald. *O direito da liberdade*: a leitura moral da Constituição Norte-Americana. São Paulo: Martins Fontes, 2006, p. 319.

de uma forma mais ampla, para além de qualquer consideração sobre as consequências benéficas que traga. Ela é merecedora de proteção pelo reconhecimento de que o indivíduo é o único responsável pela constituição das convicções próprias.

O reconhecimento da dimensão constitutiva da liberdade de expressão não é incompatível com a proibição ou restrição das formas de expressão imediatamente perigosas – como seria gritar "Fogo!" em um teatro lotado, ou incitar uma multidão a cometer um crime ou uma violência – ou das que são desnecessariamente inconvenientes – como as manifestações em carros com alto-falantes em alto volume em bairros residenciais à noite.

Mas não constitui um motivo válido de censura, sob pena de esvaziamento da liberdade de expressão em sua dimensão constitutiva, a circunstância de uma expressão ser considerada politicamente incorreta, ofensiva, insultuosa, imoral ou, mesmo, odiosa. Toda ideia controversa tem a potencialidade de ferir a autoestima de alguém, o que, por si só, não seria razão suficiente para proibi-la.[121] Segundo Dworkin: "A essência da liberdade negativa é a liberdade de ofender, e isso não se aplica somente às formas de expressão heroicas, mas também às de mau gosto."[122]

2.7. Meios, modos e formas de expressão

A liberdade de expressão abrange uma grande variedade de meios, modos ou formas de expressão. Compreende a linguagem verbal (falada e escrita) e não verbal. Engloba as diversas formas de comunicação, tais como a linguagem de sinais, e os diversos meios através dos quais se busca transmitir uma mensagem, ideia ou, mesmo, uma emoção ou sentimento, como filmes, vídeos, peças teatrais, fotografias, esculturas e pinturas (abstratas ou figurativas), desenhos, caricaturas, músicas (cantadas ou instrumentais), danças. A liberdade de expressão ou manifestação, em última análise, abrange todo e qualquer meio, modo ou forma de comunicação.[123]

---

121 Ibidem, p. 331.

122 Ibidem, p. 351.

123 Cf. ALEXANDER, Larry. *Is There a Right of Freedom of Expression?* New York: Cambridge University Press, 2005, p. 7.

Por isso, a liberdade de expressão deve ser enxergada como *liberdade de comunicação*, não havendo, *a priori*, limites concernentes à *forma* ou ao *meio* utilizado com esse propósito.[124]

2.7.1. Atos de expressão simbólica

É lugar comum destacar, no exame da abrangência do princípio, os atos de *expressão simbólica*, como constituintes de uma categoria à parte de atos comunicativos.[125] Mas a distinção é mais aparente do que real, porque toda manifestação de pensamento requer o emprego de símbolos, que podem ser mais ou menos convencionais. Não existe nenhum tipo de expressão não simbólica. Isso constituiria uma contradição nos próprios termos, pois toda comunicação é intermediada por signos, sejam de que natureza forem.[126] A alusão à categoria de expressão simbólica busca destacar que há atos que devem contar como expressão ou manifestação no contexto do princípio constitucional a despeito de não serem assim considerados no contexto da linguagem ordinária, do dia a dia.

Exemplo de expressão desse tipo ocorreu no julgamento do caso *Stromberg v. California* (1931), no qual a Suprema Corte dos Estados Unidos reconheceu que o ato de portar uma bandeira ou um símbolo de qualquer natureza constitui uma forma de expressão protegida pelo princípio garantidor da liberdade de manifestação de pensamento. O processo teve início com a acusação de uma jovem, Yetta Stromberg, membro de um grupo comunista, pela prática de crime previsto em Lei do Estado da Califórnia (*California Red Flag Law*, 1919), consistente na exibição pública de bandeira vermelha como (1) sinal, símbolo ou emblema de oposição ao governo, como (2) convite ou estímulo a uma ação anarquista ou como (3) forma de propaganda revolucionária. A condenação da ré, pelo Tribunal local, fora determinada sem definição do enquadramento específico em qualquer das três hipóteses legais. Por essa razão, a Suprema Corte Norte-Americana entendeu que o reconhecimento da inconstitucionalidade de qualquer dessas hipóteses impediria a confirmação da condenação. Considerou que, embora não houvesse

---

124 Idem.

125 Por todos, MENDES, Gilmar; BRANCO, Paulo Gustavo Gonet. *Curso de Direito Constitucional*. 6ª ed. São Paulo: Saraiva, 2011, p. 302.

126 Segundo Larry Alexander: "All speech employs symbols, whether they be sounds, shapes, gestures, pictures or any other medium. There is thus no such thing as nonsymbolic speech; there is only speech that employs symbols that are less or more conventional." ALEXANDER, Larry. *Is there a right of freedom of expression?* New York: Cambridge University Press, 2005, p. 8.

dúvida sobre a validade da segunda e da terceira condutas descritas na Lei – que estão relacionadas à apologia à violência – a punição da primeira conduta restringiria a oportunidade de se promover uma livre e pacífica discussão política.[127]

Do mesmo modo, reconheceu-se como protegido pela Primeira Emenda o ato de queimar a bandeira nacional,[128] que pode buscar comunicar uma mensagem política de repúdio a um governo ou a algum ato governamental. Nos Estados Unidos da América, os atos de queima da bandeira nacional foram objeto de exame em casos que se tornaram paradigmáticos no que se refere à proteção das expressões simbólicas.[129]

Em 1984, durante uma Convenção Nacional Republicana na cidade de Dallas, Texas, Gregory Lee Johnson, membro de um grupo jovem revolucionário comunista, ateou fogo numa bandeira dos Estados Unidos em protesto contra as políticas do Presidente Ronald Reagan. Ele foi condenado por profanação à bandeira, pelo Tribunal Estadual, com base na lei local, mas a maioria dos membros da Suprema Corte o absolveu, por entender que a queima da bandeira constitui uma forma de expressão simbólica e está protegida pela Primeira Emenda, salientando que a liberdade de expressão protege ações que a sociedade considera ofensivas, e a indignação popular, por si só, não é justificativa para suprimi-la.[130]

Em 1989, logo após o julgamento do caso Texas v. Johnson pela Suprema Corte Norte-Americana, o Congresso aprovou uma lei federal conhecida como "Flag Protection Act". No dia de sua entrada em vigor, ocorreram diversos protestos pelo país. Oito pessoas – dentre as quais

127 *Stromberg v. California* (1931).

128 Observe-se que vários países consideram ilegal e passível de punição a profanação de bandeira nacional. Na Itália, por exemplo, a conduta é tipificada como crime no Código Penal, em seu art. 292.

129 No Brasil, o tema foi tratado, em âmbito infraconstitucional, pelos artigos 31 e 35 da Lei nº 5.700/71. A referida Lei, que sofreu várias alterações ao longo do tempo, trata da forma, da apresentação e das regras de uso dos símbolos nacionais e foi editada no período de ditadura militar. Ela proíbe condutas consideradas desrespeitosas à Bandeira Nacional, tipificando-as como contravenções. Há uma ressalva expressa para o crime previsto na Lei de Segurança Nacional de 1969 (Decreto-Lei nº 898/69), que definia como crime a conduta de "destruir ou ultrajar a bandeira, emblemas ou símbolos nacionais, quando expostos em lugar público" (art. 44). O Decreto-Lei nº 898/69, que definia os crimes contra a segurança nacional, a ordem política e social, foi revogado em 1978, pela Lei nº 6.620, e esse último diploma foi revogado em 1983, pela Lei nº 7.170, que vigora até hoje e não contém dispositivo semelhante.

130 *Texas v. Johnson*, 491 U.S. 397 (1989).

Gregory Lee Johnson, réu do caso *Texas v. Johnson* – foram processadas, em Seattle e Washington D.C., por queimarem bandeiras dos Estados Unidos, já com base na nova Lei. Absolvidos todos os acusados pelos juízes distritais, o órgão de acusação interpôs recursos de apelação, os quais foram reunidos na Suprema Corte Norte-Americana, que os desproveu, ao fundamento de que, como decidido no caso supracitado, a queima da bandeira constitui conduta expressiva e, por isso, goza da proteção da Primeira Emenda. Entendeu a Corte que a proteção conferida à integridade física da bandeira com o objetivo de preservar o seu *status* de símbolo nacional constitui supressão à liberdade de expressão. Acrescentou que a simples destruição de uma representação física do símbolo não diminui ou afeta o símbolo em si, e que o impacto comunicativo do ato não é justificativa para a infringência aos direitos previstos na Primeira Emenda.[131]

Estes julgados constituíram uma guinada na orientação da Suprema Corte Americana, que, em caso anterior, entendera não ser protegida a queima de um cartão de alistamento para as forças armadas, por considerar que a Lei que proibia esse tipo de ato não procurava vedar ou restringir uma conduta discursiva. No referido caso, David Paul O'Brien fora processado e condenado pelo Tribunal de Massachussetts por ter queimado seu Certificado de Alistamento perante uma multidão, em 1966, objetivando expressar sua posição contrária à guerra. A conduta era tipificada como crime por lei federal, não considerada ofensiva à liberdade de expressão, ao argumento de que o especial interesse do Governo na manutenção do sistema de alistamento militar, mediante a regulação de condutas não discursivas – como é o caso da destruição irrestrita do certificado – justificaria a proibição legal, que apenas incidentalmente afetaria a manifestação de pensamento.[132]

Posteriormente, a Suprema Corte dos Estados Unidos reconheceu como violadora do princípio da liberdade de expressão a regra escolar com base na qual foram punidos estudantes que protestaram contra a guerra do Vietnã usando braçadeiras pretas.[133]

Frederick Schauer observa que dois equívocos comuns que se cometem quando se analisa o alcance do princípio que protege a liberdade de expressão são, de um lado, considerar que o princípio alcança tudo aquilo que em uma linguagem corrente pode ser definido como forma de expressão ou manifestação, e, de outro, deixar de fora tudo aquilo que

131 *U.S. v. Eichman*, 496 U.S. 310 (1990).

132 *U.S. v. O'Brien*, 391 U.S. 367 (1968).

133 *Tinker v. Des Moines Independent Community School District*, 393 U.S. 503 (1969).

ordinariamente não se considera como tal. Como observado pelo autor, há várias formas de conduta que usualmente não consideramos como formas de manifestação, mas que buscam expressar uma mensagem e, por isso, são protegidas pelo princípio – como ocorre com os casos, já mencionados, de agitar uma bandeira e usar uma braçadeira preta, assim como usar um broche com um símbolo político, ou, ainda, exibir uma obra de arte.[134]

A forma de alguém se vestir ou o uso de certas peças de vestuário também pode constituir uma forma de alguém se expressar ou comunicar simbolicamente uma mensagem. O tema tem sido objeto de controvérsias em várias sociedades. Nos Estados Unidos da América a questão do *dress code* nas escolas tem suscitado estudos e debates.

No Rio de Janeiro, uma aluna transexual, que usava o nome de batismo masculino, decidiu, no intervalo entre as aulas, vestir saia. A direção do Colégio, então, chamou a estudante e recomendou que ela trocasse a saia pela calça tradicional, o que foi feito. Dias depois, diversos alunos, insatisfeitos com a atitude da Escola, foram à aula usando saias como forma de protesto. Em sua manifestação oficial sobre o caso, a escola informou que, apesar de o Código de Ética Discente não permitir que alunos do sexo masculino usem uniformes femininos, a instituição não rejeitava a possibilidade de reformular a regra e que repudiava toda forma de discriminação e intolerância.[135] O episódio é um bom exemplo da força persuasiva de manifestações pacíficas inteligentes em defesa da liberdade de expressão.

2.7.2. A arte como meio de expressão

No plano individual, a arte desempenha um importante papel para o desenvolvimento do ser humano, como forma de expressão de seu potencial criativo. Mas a arte é pensada ou concebida, principalmente, em um plano intersubjetivo ou relacional, como meio de comunicação de emoções, sentimentos ou ideias do artista, com o objetivo de provocar reações no espectador.

A arte, como meio de expressão, presta-se à transmissão de todos os tipos de mensagem, incluídas as de natureza política ou social. Pode atuar como forma de resistência ou instrumento de mudança; pode ser

134 SCHAUER, Frederick. Op. cit., p. 13.

135 Sobre a polêmica, ver: <https://oglobo.globo.com/sociedade/educacao/meninos-do-colegio-pedro-ii-vao-escola-de-saia-em-apoio-colega-transexual-13893794>.

utilizada para a defesa ou o combate de ideias ou de uma ideologia. Fala-se, nesses casos, em arte engajada.

A liberdade artística se expressa dos mais variados modos: através da música, das artes plásticas (pintura, desenho, escultura, fotografia, escrita), da dança, das artes cênicas em geral (no cinema, no teatro, no rádio, na televisão ou na internet). Essas e outras modalidades de manifestação são protegidas pelo princípio da liberdade de expressão. Isso se aplica tanto às formas populares ou não convencionais de arte quanto às mais tradicionais ou clássicas.

Em um sentido mais amplo, a arte engloba também a literatura, vista como a arte da palavra e da escrita. Isso é mais evidente em relação à literatura poética, mas se aplica também à prosa. Aliás, com frequência, a palavra escrita se entrelaça com diferentes formas de expressão artística, como a pintura, a música e as artes cênicas.

A concepção da arte como veículo de transmissão de ideias adentrou um novo capítulo quando houve o abandono ou superação das diversas teorias que buscavam resumir essa forma de expressão humana à estética. Em um primeiro momento, a arte era vista como imitação, representação ou reflexo do mundo exterior ou da natureza. Considerava-se verdadeiramente bela a obra de arte que reproduzia o mais fielmente possível o mundo. Mesmo quando as obras tinham como motivo temas religiosos ou espirituais, os artistas buscavam no mundo natural a sua inspiração estética.

Essa noção foi substituída pelo Romantismo, que passou a ver a arte como meio de expressão das experiências interiores e da emoção do artista. [136] A tentativa de descrever ou retratar a natureza passou a ser tarefa da ciência, não da arte. Esta última teria por objetivo demonstrar não o que reside no exterior, mas no interior do sujeito, o seu universo emocional.[137]

O início do século XX viu surgir a pintura moderna, com uma concepção formalista da arte. Para os formalistas, as verdadeiras obras de arte teriam uma "essência", capaz de despertar a atenção e o interesse do público, causando-lhe a "emoção estética".[138]

Essas diferentes concepções foram objeto de críticas, por serem excludentes ou restritivas, não se mostrando receptivas às diferentes e

136 ALMEIDA, Aires; MURCHO, Desidério. *Janelas para a filosofia*. Lisboa: Gradiva, 2014, p. 124.

137 Idem.

138 Ibidem, p. 132.

inovadoras formas de arte que foram surgindo. As dificuldades de conceituação levaram o filósofo Morris Weitz a concluir pela indefinibilidade da arte.[139]

Refutando a ideia de uma essência na arte, o filósofo George Dickie sustenta que o que faz com que algo seja considerado uma obra de arte depende do *contexto social* e do conjunto de opiniões daqueles que integram o chamado "mundo da arte".[140] Mas o que venha a ser precisamente esse "mundo da arte" ou quem o integra é algo um tanto quanto indefinido ou, no mínimo, passível de debate. Talvez ele seja encontrado não em uma comunidade de pessoas ou instituições, mas na própria história. Como observado por Arthur Danto, ver algo como arte "requer algo que o olho não pode repudiar – uma atmosfera de teoria artística, um conhecimento da história da arte: um mundo da arte."[141]

Seja como for, a natureza criativa da atividade artística faz com que ela se reinvente constantemente, para incluir formas de manifestação antes não imaginadas. A ideia contemporânea de arte vai muito além da concepção do belo ou da beleza, e engloba uma multiplicidade de manifestações derivadas da imaginação e da criatividade humana. Na verdade, a arte não tem de ser bela ou de atender a padrões estéticos rígidos ou definidos aprioristicamente. É possível, mesmo, que o "feio" ou "repugnante" seja a reação que se busca despertar com a manifestação artística. Muitas vezes a mensagem é mais importante do que o aspecto estético, o que fica mais evidente na denominada arte conceitual.

A arte seria, assim, um conceito aberto, não traduzível em palavras, o que não significa que não se possa reconhecer uma obra de arte como tal.

2.7.2.1. A liberdade de expressão nas artes plásticas

As artes plásticas, para além da finalidade estética e de satisfação do impulso criador, têm sido historicamente utilizadas como veículos de ideias ou mensagens variadas, cujo impacto com frequência supera o causado pela comunicação verbal.

---

139 WEITZ, Morris. The Role of Theory in Aesthetics. Disponível em: <http://www2.hawaii.edu/~freeman/courses/phil330/24.%20The%20Role%20of%20Theory%20in%20Aesthetics.pdf>.

140 DICKIE, George. *Art Circle:* A Theory of Art. Chicago: Chicago Spectrum Press, 1997.

141 DANTO, Arthur. O mundo da arte. *Artefilosofia:* antologia de textos estéticos. Rio de Janeiro: Civilização Brasileira, 2015, p. 35.

Exemplo disso, é a pintura *La Liberté Guidant le Peuple* (1830), de Eugène Delacroix, de forte feição alegórica e política. Serviu de inspiração para várias outras obras artísticas e literárias e é considerada por muitos franceses como símbolo da República e da democracia. O famoso quadro *Guernica* (1937), de Pablo Picasso, expôs os horrores da guerra e do sofrimento da população inocente. A obra *The Problem We All Live With* (1964), de Norman Rockwell, retrata, de forma ao mesmo tempo simples e impactante, o problema do racismo e do movimento pelos direitos civis nos Estados Unidos da América, nos idos de 1960.

Na denominada *arte conceitual*, a transmissão das ideias tem mesmo precedência sobre o aspecto estético. Precursor remoto desse gênero artístico, Marcel Duchamps, apresentou um urinol de porcelana como obra de arte, batizada de *Fountain*, em uma exibição de 1917. Também de sua autoria é a obra denominada *Bycicle Wheel*, que consiste em uma roda da frente de uma bicicleta voltada para cima e montada sobre um banquinho de madeira. A composição originária, de 1913, se perdeu, mas uma nova foi preparada pelo artista em 1951 e se encontra exibida atualmente no MoMA, Museu de Arte Moderna de Nova Iorque.

A ideia de alçar objetos de uso cotidiano (batizados por Duchamp de *readymades*) à dignidade de obra de arte constituiu uma ruptura com o conceito tradicional de arte, antes mais intrinsecamente associado à estética e a um certo labor artístico. Pode-se dizer que a arte conceitual está menos preocupada em estimular os olhos e mais a mente do espectador.

A arte conceitual rompeu as barreiras do que tradicionalmente se considerava arte, ao desafiar o público a não apenas observar, mas refletir e, muitas vezes, participar de forma ativa, interagindo com as obras.

O sentido da arte conceitual com frequência é obscuro ou de difícil compreensão. Críticos desse gênero de arte apontam para o seu caráter arbitrário, na medida em que a obra de arte passou a ser qualquer coisa que o artista batize como tal, a depender de sua vontade ou intenção. Espaços vazios, telas monocromáticas, objetos isolados ou combinados, grandes ou pequenos, exibidos em uma galeria desconcertam o espectador, desafiando a sua percepção e capacidade de interpretação.

Particularmente controvertida é a chamada *arte performática*, em que o próprio corpo do artista se torna veículo ou instrumento de expressão de ideias. Famosa foi a performance denominada *The Artist is Present*, da artista plástica Marina Abramovic, realizada no MoMA, Museu de Arte Moderna de Nova Iorque, em 2010, na qual a artista, durante as sete horas e meia em que o Museu ficava aberto, permanecia sentada em uma cadeira sem se mover, enquanto os visitantes podiam se sentar em frente a ela, com o compromisso de que permanecessem em silêncio. A performance foi um estrondoso sucesso, atraindo milhares de visitantes, alguns dos quais declararam ter sido profundamente tocados pela experiência. [142]

A arte conceitual e a arte performática são vistas por muitos como um embuste ou um modismo, não como verdadeira arte. Seja como for, goste-se ou não da arte conceitual, trata-se de uma das formas de expressão e criatividade humana, e, como tal, é tão digna de proteção pelo princípio constitucional da liberdade de expressão como o são as manifestações artísticas clássicas ou tradicionais.

2.7.2.2. O grafite como forma de expressão artística

As artes plásticas são encontradas também fora das galerias. O grafite, por exemplo, considerado no passado tão somente uma forma de vandalismo do patrimônio público ou privado, identificado com a pichação, passou, ao longo dos anos, a ser reconhecido como uma legítima forma de expressão artística, característica da chamada arte de rua ou arte urbana.

Artistas como Jean-Michel Basquiat, Lee Quiñones, Richard Mirando, David Choe, os brasileiros Eduardo Kobra e os irmãos Otávio e Gustavo Pandolfo (conhecidos artisticamente como os gêmeos) e muitos outros obtiveram reconhecimento da crítica e do público. Muitos grafites são hoje expostos em galerias e museus, e têm alto valor de mercado.

Bem representativo dessa tendência de valorização do grafite como autêntica forma de arte é a obra de Banksy, pseudônimo pelo qual é conhecido o artista, de identidade desconhecida, que se tornou verdadeiro ícone da arte de rua. Seus grafites, espalhados em várias cidades do mundo, alcançam cifras que atingem a casa dos milhões de dólares. A identificação de um grafite de Banksy em um muro é considerado um evento, além de uma sorte, do ponto de vista financeiro, para o respectivo proprietário do espaço em que ele é realizado.

O reconhecimento do valor artístico e cultural do grafite gerou iniciativas no sentido da criação de espaços públicos específicos para essa forma de arte urbana, o que muitos consideram louvável, mas não suficiente, na medida em que confina e restringe esse tipo de manifestação artística, concebida para ser expressa livremente, com a finalidade de alterar a paisagem urbana.

---

142 GOMPERTZ, Will. *Isso é Arte?* – 150 Anos de Arte Moderna do Impressionismo Até Hoje. Rio de Janeiro: Zahar. 2013, p. 333.

No Rio de Janeiro, a Prefeitura considerou patrimônio cultural protegido os grafites feitos pelo artista José Daltrino, conhecido pelo pseudônimo de Profeta Gentileza, que gravou diversas frases, com uma grafia própria, evocativas do amor e de sua visão tolerante do mundo, em 56 pilastras do Viaduto do Gasômetro, em uma extensão de cerca de um quilômetro e meio. Reconheceu-se que esses murais faziam parte da cultura popular da cidade e, como tal, devem ser protegidos.

Mas a polêmica em torno do grafite permanece. Artistas desconhecidos continuam a usar espaços públicos e privados sem autorização prévia como forma de expor suas criações, o que tem gerado conflitos, como o que ocorreu na cidade de São Paulo, onde o então Prefeito, no ano de 2017, determinou que vários muros grafitados pela cidade fossem pintados, sem fazer distinção sobre o tipo ou a natureza do grafite, equiparando tudo a pichação ou vandalismo. A atitude gerou muitas críticas de vários setores da sociedade, que consideraram a ação governamental como uma lesão ao patrimônio cultural.[143]

2.7.2.3. A liberdade de expressão através da música

A música, para além do prazer sensorial que proporciona para quem a ouve, e das emoções que desperta, constitui uma forma poderosa de comunicação ou transmissão de ideias.

Alguns gêneros musicais foram associados a certos movimentos culturais, por buscar transmitir ideias e modos particulares de vida. Assim, por exemplo, o *punk*, que constitui ao mesmo tempo um estilo musical e cultural, ligado a certas ideias anarquistas. A música *gospel*, que expressa a crença cristã. O *hip hop*, gênero musical e movimento cultural ligado, em sua origem, às comunidades negra e latina dos Estados Unidos da América. O *samba*, gênero musical brasileiro de raízes africanas, que comumente retrata a vida nas comunidades pobres dos morros cariocas e de outras regiões.

Muitos são os artistas que se valeram e se valem da música como forma de protesto político ou de defesa de ideias de cunho social. Jamais seria completa qualquer tentativa de relacionar as bandas musicais e

143 Por considerar ilegais e inconstitucionais o apagamento indiscriminado dos grafites, a Justiça de São Paulo condenou o Município de São Paulo e o Prefeito, em primeiro grau de jurisdição, ao pagamento de indenização pelos danos causados ao "patrimônio cultural imaterial de São Paulo, sobretudo pela remoção do mural da Avenida 23 de maio". Sentença disponível em: <https://www.conjur.com.br/dl/doria-prefeitura-condenados-remocao.pdf>.

os artistas, estrangeiros e nacionais, que se notabilizaram pelo uso, frequente ou ocasional, da música como meio de transmissão de mensagens políticas ou de natureza social.[144]

Podem ser citados, dentre muitos outros: Billie Holiday, com sua interpretação de "Strange Fruit" (1939),[145] que denunciava o linchamento de pessoas negras no Sul dos Estados Unidos; Nina Simone, com suas canções em defesa dos direitos civis, como "Mississipi Goddamn" (1964) e "Ain't Got No, I Got Life" (1968); Bob Dylan,[146] com canções como "Master of War" (1963), "Blowin' in the Wind" (1963) e "Hurricane" (1975), de forte impacto político e social; Joan Baez, uma das mais conhecidas cantoras de música de protesto latino-americana; Miriam Makeba, com sua canção de denúncia contra o Apartheid "Ndodemnyama we Verwoerd" (Beware, Verwoerd - 1965); John Lenon, autor de diversas canções de conteúdo político com mensagem pacifista, como "Give Peace a Chance" (1969), e "Imagine" (1971), esta última por muitos considerada uma das mais importantes canções do gênero jamais escritas; Bob Marley, com inúmeras composições musicais políticas, como "Get Up Stand Up" (1975), "War" (1976) e "Redemption Song" (1980); a banda U2, com canções como "Sunday Bloody Sunday" (1983), sobre os conflitos armados na Irlanda do Norte, e "Pride (In the Name of Love)" (1984), canção inspirada no movimento pelos direitos civis nos Estados Unidos da América, que faz uma ode à paz; Marvin Gaye, que gravou o álbum intitulado "What's Going On" (1971), com várias canções de cunho social, como a homônima "What's Going On", que retrata a brutalidade policial, "Inner City Blues", que evoca as duras condições de habitantes dos bairros pobres das grandes cidades, e "Mercy Me (The Ecology)", canção à frente de seu tempo, que alerta para a necessidade de proteger a natureza, quando esse tema ainda não tinha destaque na mídia.

No Brasil, o uso da música como forma de transmissão de mensagens políticas ganhou importância especial durante o período de ditadura militar, em particular nos chamados "anos de chumbo", em que as liberdades em geral e a liberdade de expressão de forma mais específica foram severamente restringidos pelo Governo militar. Os músicos, para poderem protestar contra o regime sem serem censurados, tinham que

144 Para um olhar mais aprofundado sobre o tema, veja-se LYNSKEY, Dorian. *33 Revolutions per minute*. New York-Harper Collins, 2011.

145 A canção foi composta em 1937 pelo poeta e compositor americano Abel Meeropol.

146 Bob Dylan recebeu o prêmio Nobel de Literatura no ano de 2016 pela expressão poética das letras de suas músicas, o que demonstra o impacto e o alcance da música como instrumento comunicativo.

fazer uso de metáforas, alegorias e narrativas simbólicas. A despeito de toda a censura e repressão, várias músicas de grande qualidade e com mensagens de natureza política foram compostas naquele período.

Dentre os músicos que compuseram canções críticas ao regime militar, podem ser citados: Chico Buarque, com suas canções repletas de mensagens metafóricas contra a ditadura, como "Roda Viva" (1968), "Deus lhe Pague" (1971) e "Apesar de Você" (1978); Gonzaguinha, que, dentre tantas músicas de forte conteúdo social, compôs as emblemáticas "Comportamento Geral" (1973) e "Vamos à Luta" (1980); Gilberto Gil, que, com Chico Buarque, compôs a icônica "Cálice" (1978); Aldir Blanco e João Bosco, compositores de "O Bêbado e o Equilibrista" (1975), eternizada pela interpretação marcante de Elis Regina; Caetano Veloso, que, de forma também velada, tratou da repressão dos tempos da ditadura em "Alegria, Alegria" (1967) e em "É proibido proibir" (1968); Geraldo Vandré, celebrizado com a canção, que se tornou uma espécie de hino contra a ditadura no Brasil, "Pra Não Dizer que Não Falei das Flores" (1980).

Após a ditadura militar, a música brasileira continuou produzindo canções de conteúdo político ou social. Bezerra da Silva fez críticas sociais com os sambas "Povo da Colina" (1988) e "Se Não Fosse o Samba" (1989); Caetano Veloso e Gilberto Gil compuseram "Haiti" (1993), abordando o tema do racismo; Gabriel o Pensador compôs "Cachimbo de Paz", "Até Quando" (2001) e "Chega!" (2016), todas com críticas à sociedade; a banda Planet Hemp, com canções pela descriminalização da maconha, como "Legalize Já" (1995), e com denúncia dos problemas da sociedade carioca, como "Zerovinteum" (1997). Os exemplos de músicos brasileiros que cantaram e gravaram músicas de conteúdo político ou social poderiam se multiplicar.

2.8. O humor como forma de expressão

O termo humor é evocativo de um estado de espírito, que pode ser positivo ou negativo. Estar de bom humor significa que se está feliz ou alegre. O seu contrário, o mau humor, alude a um sentimento negativo, taciturno, sombrio ou depressivo. Mas não é nesse sentido que o termo é aqui tratado. Refiro-me aqui ao humor intencional, como manifestação humana voluntária, com intenção de comicidade, de provocar o riso ou fazer graça.

No passado, o humor e o riso não desfrutavam boa reputação. Pode-se dizer que o humor não era "levado a sério" por filósofos e intelectuais. O termo humor, no sentido atual de manifestação voltada a fazer rir, não era utilizada até o século XVIII. Até o final do século XIX pouco se escrevera a respeito. Somente a partir do século XX o humor ganhou novo *status* e passou a ter a sua importância social reconhecida.

Inúmeras teorias foram elaboradas com a finalidade de explicar ou racionalizar o mecanismo do humor e do riso. Elas podem ser agrupadas em três grupos ou três teorias gerais: Teoria da Superioridade, Teoria do Alívio e Teoria da Incongruência.

A *Teoria da Superioridade*, primeira elaborada sobre o tema, parte do pressuposto de que a sensação de alegria ou de contentamento provocados pelo humor decorrem de um sentimento de superioridade de uma pessoa sobre outra. Rimos do ridículo ou do grotesco porque tais situações nos trazem uma sensação de superioridade e nos fazem sentir melhores, mais inteligentes e mais espertos do que aquele que é alvo da piada. Essa teoria, que de certa forma via o humor por um ângulo negativo, foi perdendo prestígio ao longo do tempo, vindo a ser substituída por outras, consideradas mais consistentes como explicação do funcionamento do humor.

A *Teoria do Alívio* tem como principais teorizadores Herbert Spencer e Sigmund Freud. A linha básica dessa teoria é a de que o humor funciona como uma forma de liberação da tensão. Para Spencer, o riso seria uma espécie de válvula de escape ou um alívio para energia que temos acumulada.[147] Freud refina essa ideia, desnudando os mecanismos inconscientes do riso. Observa, dentre outras coisas, que rimos como forma de liberação de nossos impulsos hostis ou sexuais. Daí a popularidade dos "chistes tendenciosos", que buscam, indiretamente, satisfazer esses impulsos. O "chiste hostil", subespécie dos chistes tendenciosos, tem a função de contornar limitações em relação ao nosso impulso de agressividade, "abrindo fontes de prazer que se tornaram inacessíveis" na sociedade civilizada.[148] Já o "chiste obsceno", a outra subespécie, tem a função de possibilitar a satisfação de um instinto lascivo socialmente reprimido.[149]

A *Teoria da Incongruência*, que desfruta grande prestígio entre os estudiosos do tema, sugere que o elemento central do humor é a surpresa, a percepção de algo que se apresenta como incongruente com nossa representação mental e ordenada do mundo. Rimos do inesperado, do absurdo, do *nonsense*, do exagero. Rimos daquilo que viola nossas expec-

147 SPENCER, Herbert. The Physiology of Laughter. *Macmillan's Magazine*, março de 1860, p. 395-402.

148 FREUD, Sigmund. *Obras completas, volume 7:* o chiste e sua relação com o Inconsciente. São Paulo: Companhia das Letras, 2017, p. 148.

149 Ibidem, p. 145.

tativas acerca de padrões comportamentais, e que nos parece subversivo da lógica ou da racionalidade.

Além dessas, outras teorias foram elaboradas, como a que vê o humor como *experiência estética* ou forma de *recreação*. Quando nos engajamos no humor estamos jogando e brincando com a linguagem e com as ideias, como o fazem as crianças e adultos quando participam de jogos, explorando objetos e instrumentos de diferentes modos e maneiras. Há algo de inerentemente prazeroso no exercício de atividades desse tipo, que nos colocam em um estado de espírito positivo e relaxado.

Nenhuma das teorias acima dá conta de explicar de forma completa o mecanismo do humor, mas cada uma traz aportes importantes para compreender essa forma de manifestação humana.

Dentre as características do humor, de acordo com humoristas e teóricos do tema, estão a ambiguidade, o exagero hiperbólico, a atenuação, a hostilidade, a ironia, a incongruência, o absurdo, a surpresa. Essas e outras características constituem recursos de que se vale o cômico para levar o interlocutor ou a plateia ao riso.

Mas a consideração de uma manifestação como humorística independe de sua capacidade de fazer rir. Uma anedota inconveniente, inapropriada ou simplesmente sem graça não deixa, por isso, de ser considerada uma piada. Por isso, o que conta como humor não é a sua qualidade ou a sua eficácia, nem o que se acha a respeito dele, mas sim a intenção de quem faz ou tenta fazer graça.

O humor exige um certo distanciamento emocional do seu alvo. Esse distanciamento é que permite certas formas de piada, como as de "humor negro" (*dark humor*), que trata de temas considerados tabus ou que normalmente são considerados sérios ou dolorosos demais, inserindo elementos mórbidos, trágicos ou macabros em situações cômicas. Assim, uma piada ou um chiste sobre a morte de uma personalidade ou figura pública somente é possível porque o humorista se encontra emocionalmente distanciado do seu alvo. Por essa mesma razão, normalmente não é possível fazer piada com a morte de um ente querido. A emoção que envolve esse acontecimento encerra toda possibilidade humorística.

Ao longo da história, o humor tem sido usado não apenas como instrumento para fazer rir, o que, por si só já lhe conferiria um papel importante socialmente, mas também como veículo para crítica da moral, da religião, dos costumes e da política. A expressão latina "*Castigat ridendo mores*" bem descreve essa função do humor, que, através do riso, influencia e modifica os costumes sociais, mostrando o lado ridículo daquilo que é considerado sério.

Várias são as formas de expressão do humor, presente na literatura, nas artes e no puro entretenimento. A comicidade é encontrada nos livros, no teatro, no cinema, nas artes plásticas, na música, e em diversas outras manifestações culturais.

A *sátira*, um dos mais antigos gêneros de humor, é caracterizada pelo uso da ironia, do sarcasmo e do exagero. Tem sido usada como forma de crítica, frequentemente ácida, dos costumes sociais, da religião e da política.

A *charge* constitui outra forma tradicional de humor. Ligada tradicionalmente ao jornalismo, é usada comumente para retratar, de forma caricatural, um fato político ou social relevante ou de interesse público.

O *cartoon* (ou cartum), vocábulo inglês que para muitos é sinônimo de charge, é o desenho ou a *gag* visual que usualmente satiriza acontecimentos da vida cotidiana.

Essas e outras formas de humor foram usadas por publicações que ficaram famosas pelo seu papel de oposição, contestação ou crítica ao regime de governo ou a políticas governamentais. No Brasil, talvez o mais famoso periódico desse tipo tenha sido "O Pasquim", que expunha os abusos do regime militar então vigente com seus textos satíricos e suas charges.

Sejam quais forem as formas que assuma, o humor constitui forma de manifestação protegida pelo princípio da liberdade de expressão.

2.9. A diferença fundamental entre expressão (*speech*) e ação (*action*)

Fundamental no estudo do tema da liberdade de expressão é a distinção entre *expressão* e *ação*, ou entre *conduta discursiva* e *conduta não discursiva*. Essa distinção, tradicional na doutrina norte-americana, é, de um modo geral, negligenciada na doutrina nacional, em que os estudos sobre a liberdade de expressão são ainda relativamente recentes.

Como se viu, a jurisprudência norte-americana tem reconhecido como protegidas pelo princípio garantidor da liberdade de expressão várias condutas que, em um sentido ordinário, não são identificáveis como discurso (*speech*). Assim, os exemplos já citados do ato de queimar a bandeira nacional e do uso de braçadeiras pretas como forma de protesto. Ações como essas são mais do que condutas ordinárias, constituem formas de expressão ou condutas discursivas, porque buscam transmitir ou comunicar uma mensagem.

Em contrapartida, alguns atos identificados ordinariamente como comunicativos fazem mais do que simplesmente transmitir ou comunicar uma mensagem. Buscam provocar um determinado resultado, que pode ser lícito ou ilícito. Exemplo de manifestação verbal que constitui uma ação ilícita é o crime de ameaça, em que o propósito do agente não é o de simplesmente transmitir uma ideia, mas infundir temor na vítima de que esta venha a sofrer um mal injusto e grave. Como exemplo de manifestação verbal que configura uma ação que produz consequências jurídicas lícitas pode ser citada a aquiescência dos nubentes com o casamento, que, mais do que a expressão de uma mensagem, é um ato praticado com o propósito de gerar os efeitos civis decorrentes do matrimônio.

Nesses e em tantos outros casos, as manifestações, a despeito de virem expressas em palavras ou outra forma linguística, são consideradas *ação* ou *conduta não discursiva*. Por isso, não se referem ao princípio da liberdade de expressão. Quando forem lícitos, se referirão a liberdades outras, como a liberdade de contrair matrimônio, no último exemplo. Quando ilícitos, como no caso do crime de ameaça, estarão fora do abrigo do princípio garantidor da liberdade de expressão.

Frederick Schauer observa que o *speech* (expressão ou manifestação) dentro do conceito de *free speech* (liberdade de expressão) é um *conceito funcional*, que se relaciona com o propósito do termo dentro do conceito jurídico de liberdade de expressão, não com o seu uso na linguagem ordinária.[150] Assim, a liberdade de expressão é definida *não pelo que ela é*, mas *pelo que ela faz*.[151]

É importante ressaltar que a diferença entre expressão e ação não é naturalística, mas principiológica, de natureza jurídica, decorrente da própria existência de um princípio autônomo, a liberdade de expressão, que é reconhecida constitucionalmente como uma liberdade especial, destacada das demais. Justamente porque existe um princípio autônomo e independente que assegura a liberdade de expressão, em separado das demais formas de liberdade, não é possível, no plano jurídico, deixar de distinguir expressão de ação. Pudesse a manifestação de pensamento ser restringida ou limitada como qualquer conduta humana, não haveria sentido ou propósito em estabelecer o princípio.

Por isso, condutas como a oferta de venda, a promessa de recompensa, a aceitação de doação, a outorga de mandato, a aquiescência do nubente com o matrimônio e outras constituem atos (não discursivos) lícitos. Por sua vez, condutas humanas tais como o perjúrio, a fraude, a extorsão, a ameaça e outras constituem atos (não discursivos) ilícitos. Todos esses atos, a despeito da forma como se exteriorizam, não estão

150 SCHAUER, Frederick. *Free Speech:* a Philosophical Enquiry. New York: Cambridge University Press, 1982, p. 91.

151 Idem.

inseridos no âmbito do princípio jurídico da liberdade de expressão. Não porque constituam uma exceção ao princípio, mas porque não se encontram dentro do seu escopo.[152] Constituem ações ou condutas não discursivas, lícitas ou ilícitas.

Essa distinção é fundamental em relação às manifestações que constituem o objeto central do presente livro. O discurso de ódio deve ser identificado como *ação* ou *conduta não discursiva* lesiva, e deve ser tratado como tal, quando tiver o propósito de provocar um dano ao direito dos integrantes de um grupo. Em outro polo, deverá ser considerada *mera expressão de pensamento* (ou *conduta discursiva*) quando não objetivar um resultado lesivo aos integrantes do grupo discriminado.

Aquele que incita a violência ou prega a violação de direitos individuais de membros de um grupo não está apenas veiculando uma mensagem ou expressando uma opinião, está, na verdade, praticando uma ação em busca de um resultado lesivo ao direito de terceiros. Já aquele que destila o seu preconceito em relação a um grupo, sem buscar ou sugerir a prática de violência ou de violação dos direitos dos respectivos integrantes, está manifestando seu pensamento, ainda que este possa ser julgado detestável, abjeto, moralmente reprovável, produto da ignorância ou da intolerância.

Tomando por base a *Teoria dos Atos de Fala*, de John Austin, as autênticas manifestações discursivas são aquelas que se enquadram no conceito de atos *locucionários*, em que há "a realização de um ato *de* dizer algo", enquanto as manifestações não discursivas recaem no conceito de atos *ilocucionários*, em que há "a realização de um ato *ao* dizer algo".[153]

A diferença entre ação e expressão pode ser ilustrada com exemplos hipotéticos. Imagine-se uma situação na qual um comerciante de pele branca coloca em seu estabelecimento comercial uma placa proibindo o acesso a pessoas de pele negra, como frequentemente ocorria nos Estados do Sul do Estados Unidos da América até o fim da primeira metade da década de 1960, assim como na África do Sul até 1994, quando terminou *Apartheid*. Tal conduta, a despeito de vir expressa em signos linguísticos, não constituiria uma simples mensagem ou uma conduta meramente discursiva, mas uma verdadeira *ação* discrimina-

152 Essa observação remete um pouco à discussão em torno dos limites internos e externos dos direitos fundamentais, que tem por propósito definir o que constitua o âmbito de proteção de um determinado direito e o que constitua uma exceção a esse direito.

153 AUSTIN, John Langshaw. *Quando dizer é fazer*. Porto Alegre: Artes Médicas, 1990, p. 89.

tória ou *prática* de racismo, porque estaria, concretamente, a restringir o direito de igualdade de um grupo de pessoas com base na raça ou na cor da pele.

Imagine-se, agora, uma outra situação, em que um homem de pele branca, conversando com outro identificável também como branco, declarasse que não gosta de pessoas de pele negra e que as considera menos confiáveis. Embora odiosa, abjeta e repugnante essa manifestação, merecedora de vivo repúdio moral e social, não se poderia dizer, nessa segunda situação imaginária, que teria havido, ainda que potencialmente, a diminuição de algum direito das pessoas da raça negra. Haveria, sem dúvida, a exteriorização de um preconceito, moralmente reprovável, mas sem nenhum propósito de produzir consequências sobre direitos dos membros do grupo referido.

Veja-se a diferença entre as hipóteses. Na primeira, teria havido uma *ação* ou *prática* racista, com evidente redução, efetiva ou potencial, de um direito das pessoas integrantes do grupo discriminado. Na última, teria havido um *discurso* racista, que, a despeito da sua reprovabilidade moral, não teria ocasionado a diminuição, efetiva ou potencial, de nenhum direito dos integrantes do grupo alvo da manifestação racista.

Essas hipóteses poderiam ser modificadas e adaptadas para colocar como alvo outros grupos: transexuais, gays, pessoas integrantes de determinadas etnias, muçulmanos, judeus, pessoas com deficiência, etc. Os resultados, sejam quais fossem os grupos indicados, seriam os mesmos. O que determina se se está diante de uma ação (ou prática) discriminatória ou de uma mera manifestação de pensamento preconceituoso (racista, transfóbico, homofóbico ou de outro tipo) é o objetivo, a intenção, a finalidade do agente.

De todo modo, o que determinará se uma determinada manifestação configura ação ou expressão será o contexto. Nessa matéria, o "contexto é tudo",[154] como observa Timothy Garton Ash: "As mesmas palavras ou imagens podem ser inofensivas num contexto, e fatais noutro. Por isso, temos de olhar para o tempo, o modo, o lugar e o meio de expressão".[155]

O *contexto* é que apontará esse elemento subjetivo e determinará se uma determinada conduta deve ser considerada mera *expressão* ou *conduta expressiva*, protegida pelo princípio da liberdade de manifestação do pensamento, ou se representa uma *ação* ou *conduta não expressiva*, fora do âmbito de proteção do princípio.

---

154 ASH, Timothy Garton. *Liberdade de Expressão:* Dez Princípios para um Mundo Interligado. Lisboa: Temas e Debates – Círculo de Leitores, 2017, p. 109.

155 Ibidem, p. 109.

3

Os Limites da Liberdade de Expressão

3.1. Introdução

Já se tornou lugar comum a afirmação de que não há direitos fundamentais ou princípios absolutos ou ilimitados.[1] Essa assertiva encontra confirmação mais evidente em relação aos chamados direitos de liberdade, que não poderiam ser exercidos de forma ilimitada sem ameaçar a própria convivência social. Conforme Jane Reis Gonçalves Pereira: "A assertiva de que os direitos fundamentais não são absolutos soa natural e lógica. De fato, a ideia de que é preciso limitar as ações humanas para viabilizar a coexistência das pessoas é tributária da própria noção de liberdade."[2]

A Ideia da relatividade dos direitos, incluídos aqueles mais fundamentais, já se extraía do art. 4º da Declaração dos Direitos do Homem e do Cidadão, de 1789,[3] e vem repetida, em outros termos, no art. 29, 2, da Declaração Universal dos Direitos Humanos.[4]

---

1 Neste sentido, ANDRADE, José Carlos Vieira de. *Os Direitos Fundamentais na Constituição Portuguesa de 1976*. Coimbra: Almedina, 2016, p. 263: "Não será seguramente novidade afirmar neste momento que os direitos fundamentais, mesmo os direitos, liberdades e garantias, não são absolutos nem ilimitados."

2 PEREIRA, Jane Reis Gonçalves. *Interpretação Constitucional e Direitos Fundamentais*. 2ª ed. São Paulo: Saraiva, 2018, p. 172.

3 Declaração Universal dos Direitos do Homem e do Cidadão. "Art. 4º A liberdade consiste em poder fazer tudo aquilo que não prejudique outrem: assim, o exercício dos direitos naturais de cada homem não tem por limites senão os que asseguram aos outros membros da sociedade o gozo dos mesmos direitos. Estes limites apenas podem ser determinados pela Lei."

4 Declaração Universal dos Direitos Humanos. Art. 29, 2 – "No exercício de seus direitos e liberdades, todo ser humano estará sujeito apenas às limitações determinadas pela lei, exclusivamente com o fim de assegurar o devido reconhecimento e respeito dos direitos e liberdades de outrem e de satisfazer as justas exigências da moral, da ordem pública e do bem-estar de uma sociedade democrática."

A própria consideração de que a Constituição contém um conjunto de direitos fundamentais e interesses públicos que devem ser coordenados para que a fruição de um se harmonize com a fruição dos demais[5] já é indicativa de que a liberdade de expressão não pode ser considerada um direito absoluto, não sujeito a limites.[6]

Antes, porém, de adentrar especificamente o exame dos limites da liberdade de expressão, cabe tecer considerações, ainda que breves, sobre o tema mais amplo dos limites dos direitos fundamentais, categoria geral em que a liberdade de expressão se encontra inserida.

3.2. Teorias externa e interna dos direitos fundamentais

Em sede doutrinária, duas são as teorias, concepções ou correntes tradicionais acerca da questão dos limites dos direitos fundamentais: a *teoria externa* e a *teoria interna*.[7] Essas teorias são aqui descritas em seus elementos básicos, com a ressalva de que o desenvolvimento da doutrina tem trazido aportes ou posições diferenciadas, com a mobilização ou mixagem de elementos das duas teorias, com visões que poderiam ser chamadas de híbridas em relação a essas duas correntes tradicionais.[8]

3.2.1. Teoria externa

A teoria externa parte do "pensamento de intervenção e limites",[9] que vê as limitações como algo exterior aos direitos fundamentais. Os di-

5 Na observação de Jane Reis Gonçalves Pereira (*Interpretação e Direitos Fundamentais*. 2ª ed. São Paulo: Saraiva, 2018, p. 173): "os direitos fundamentais são constitucionalizados como um *conjunto*, e não isoladamente. Nessa perspectiva, o reconhecimento dos direitos traz ínsita a noção de que estes estão inseridos num ordenamento complexo e plural, de modo que a determinação de sua esfera de incidência impõe que sejam coordenados com outros direitos e bens protegidos pela Constituição."

6 Neste sentido, PECH, Laurent. *La Liberté d'expression et sa limitation:* Les enseignements de l'expérience américaine au regard d'expériences européennes (Allemagne, France et Convention européenne des droits de l'homme). Clermont-Ferrand: Fondation Varenne, 2003.

7 Ver PEREIRA, Jane Reis Gonçalves. *Interpretação e Direitos Fundamentais*. 2ª ed. São Paulo: Saraiva, 2018, p. 180-182.

8 Nesse sentido, PAULA, Felipe de. *A (de)limitação dos Direitos Fundamentais*. Porto Alegre: Livraria do Advogado, 2010, p. 104.

9 NOVAIS, Jorge Reis. *As Restrições aos Direitos Fundamentais não Expressamente Autorizadas pela Constituição*. Coimbra: Coimbra Editora, 2003, p. 292.

reitos e as suas restrições constituiriam dimensões separadas. Em um primeiro momento, há o direito em si, não limitado *a priori*, ainda não restringido, que constituiria um "direito *prima facie*"; em um momento logicamente (mas não cronologicamente) subsequente, incidem as *restrições*, surgindo, então, o direito restringido, que constitui o "direito definitivo".[10] As restrições constituiriam, assim, uma forma de ablação do conteúdo inicialmente protegido do direito fundamental. O direito limitado ou restringido seria encontrado, sempre, em dois passos ou momentos.[11]

Pela teoria externa, em sua concepção pura, não há limitações relevantes *a priori* de conteúdo ao (enunciado de) direito fundamental, que, em um primeiro momento, apresenta um suporte *fático amplo*, tendo o seu *âmbito de proteção alargado*, englobando todos aqueles fatos que se considerem como parte do seu "âmbito temático".[12] Em outras palavras, tudo aquilo que apresentar uma característica suficiente para a subsunção ao enunciado normativo do direito fundamental deve ser considerado como típico e, portanto, incluído em seu *suporte fático amplo*.[13]

Para a teoria externa, importaria distinguir o *âmbito de proteção* (ou *âmbito normativo* ou *previsão normativa*) do *âmbito de garantia efetivo* (ou *âmbito definitivo de proteção*) do direito fundamental.[14] O primeiro

---

10 A respeito, ALEXY, Robert. *Teoria dos Direitos fundamentais*. São Paulo: Malheiros, 2008, p. 277: "O conceito de restrição a um direito sugere a existência de duas coisas - o direito e sua restrição -, entre as quais há uma relação de tipo especial, a saber, uma relação de restrição. Se a relação entre direito e restrição for definida dessa forma, então, há, em primeiro lugar, o *direito em si*, não restringido, e, em segundo lugar, aquilo que resta do direito após a ocorrência de uma restrição, o *direito restringido*. Essa é a concepção que, normalmente de forma crítica, é denominada de *teoria externa*."

11 Neste sentido, BOROWSKI, Martín. La restricción de los Derechos Fundamentales. *Revista Española de Derecho Costitucional*, nº 59. 2000, p. 31.

12 Segundo Virgílio Afonso da Silva (op. cit., p. 109): "toda ação, estado ou posição jurídica que tenha alguma característica que, isoladamente considerada, faça parte do 'âmbito temático' de um determinado direito fundamental deve ser considerada como abrangida por seu âmbito de proteção, independentemente da consideração de outras variáveis."

13 ALEXY, Robert. Op. cit., p. 322. Nas palavras do autor: "Tudo aquilo que apresentar uma característica que - considerada isoladamente - seja suficiente para a subsunção ao suporte fático é considerado como típico, não importa que outras características estiverem presentes."

14 Nesse sentido, NOVAIS, Jorge Reis. *As Restrições aos Direitos Fundamentais não Expressamente Autorizadas pela Constituição*. Coimbra: Coimbra Editora, 2003, p. 304 e 315.

englobaria os fatos que integram o direito fundamental *prima facie*, que constitui uma mera virtualidade jurídica ou primeiro passo metodológico; os últimos compreenderiam, já então, o direito fundamental *definitivo*, encontrado após a incidência das restrições constitucionais.

3.2.2. Teoria interna

Em linhas gerais, a *teoria interna* parte da premissa de que os direitos fundamentais possuem limites que lhes são *imanentes* ou *intrínsecos*, ou seja, têm "fronteiras definidas pela própria Constituição que os cria ou recria".[15] Esses limites poderiam ser distinguidos em *limites materiais* e *limites de conteúdo*. Os primeiros (*limites materiais*) definem o âmbito ou a esfera normativa do direito fundamental, o seu "domínio abrangido" ou o seu "domínio regulado", especificando o bem jurídico que cada direito visa a proteger ou, em outros termos, a "parcela da realidade incluída na respectiva hipótese normativa (a expressão, a imprensa, o domicílio, a fé religiosa, a família, a propriedade, a profissão)"; os últimos (*limites de conteúdo*) indicam o conteúdo protegido, ou seja, as "formas ou modos de exercício pensáveis" para o direito fundamental.[16]

Para uma parte da doutrina, esses limites imanentes são de ordem lógica, decorrentes da própria estrutura e da natureza do direito, ou seja, são "internos a eles mesmos, verdadeiramente intrínsecos ou relativos à essência de cada direito fundamental".[17] A maior parte da doutrina que abraça a teoria, no entanto, considera que, a despeito de a expressão "imanentes" evocar a ideia de algo que é intrínseco ou parte indissociável de um determinado objeto (no caso, o direito), tais limites são provenientes da "Constituição como um todo, dos direitos fundamentais de terceiros, de outros bens e valores constitucionalmente relevantes e das exigências mínimas de vida em sociedade".[18]

Ainda de acordo com a doutrina, os limites imanentes podem ser encontrados de forma expressa no texto constitucional, seja no próprio preceito normativo que consagra o direito fundamental, seja em outros preceitos, constantes de outras partes da Constituição. Podem, também, estar apenas implícitos no ordenamento constitucional, a exigir uma

15 ANDRADE, José Carlos Vieira de. *Os Direitos Fundamentais na Constituição Portuguesa de 1976*. Coimbra: Almedina, 2006, p. 292.

16 Idem.

17 PAULA, Felipe de. *A (de)limitação dos Direitos Fundamentais*. Porto Alegre: Livraria do Advogado, 2010, p. 72.

18 Ibidem, p. 73.

tarefa interpretativa mais ou menos complexa,[19] em especial quando o exercício do direito fundamental afeta de alguma maneira "valores comunitários ou outros direitos constitucionalmente protegidos".[20]

Segundo José Carlos Vieira de Andrade, a concepção de limites imanentes traz a vantagem de afastar desde logo situações que evidentemente não se encontram no âmbito de proteção do direito fundamental, tornando desnecessário recorrer à ideia de colisão de direitos. Assim, por exemplo, estaria evidentemente fora dos limites constitucionais da liberdade religiosa o sacrifício humano; não caberia, do mesmo modo, invocar a liberdade artística para legitimar a morte de um ator no palco, ou para justificar uma pintura no meio da rua, ou ainda para defender o furto do material necessário para a execução uma obra de arte; o direito de educar os filhos não seria invocável para justificar o seu espancamento; a liberdade de expressão não compreenderia a possibilidade de injuriar uma pessoa.[21] Pela teoria interna, todos esses fatos seriam, *a priori*, considerados excluídos dos limites imanentes dos respectivos direitos fundamentais.

A noção de *suporte fático* dos direitos fundamentais é importante para apartar a teoria interna da externa. Segundo Virgílio Afonso da Silva, o suporte fático *abstrato* de um direito fundamental: "é o formado, em linhas ainda gerais, por aqueles fatos ou atos do mundo que são descritos por determinada norma e para cuja realização ou ocorrência se prevê determinada consequência jurídica."[22] Compreende *aquilo que é protegido* (âmbito de proteção) e *aquilo contra o que é protegido* o direito fundamental (a *intervenção estatal*).[23] A teoria interna trabalha com uma ideia de suporte fático *restrito*, que exclui, *a priori*, diversas hipóteses fáticas que estariam subsumidas no âmbito de proteção do direito fundamental, mas que ficam de fora porque esbarram nos limites imanentes do direito.

---

19 ANDRADE, José Carlos Vieira de. Op. cit., p. 293.

20 Ibidem, p. 294.

21 Idem. O autor relaciona outros exemplos além dos aqui citados.

22 SILVA, Virgílio Afonso da. *Direitos Fundamentais*. Conteúdo essencial, restrições e eficácia. 2ª ed. São Paulo: Malheiros, 2010, p. 67. Essa é a definição pelo autor dada para suporte fático *abstrato*, que se diferencia do suporte fático *concreto*, assim considerada: "a ocorrência concreta, no mundo da vida, dos fatos ou atos que a norma jurídica, em abstrato, juridicizou." (ibidem, p. 68).

23 Ibidem, p. 71.

3.2.3. Críticas às teorias externa e interna

Embora aceita por grande parte da doutrina, a teoria externa recebe várias críticas, em sua maior parte contra a ideia de um suporte fático demasiado alargado, compreensivo até de condutas que, a despeito de fazerem parte do âmbito *temático* de um dado direito fundamental, estão claramente fora de seu âmbito *definitivo* de proteção.[24] Assim, mesmo as hipóteses evidentemente ilegais – como o sacrifício humano em nome da liberdade religiosa, da morte de um ator ou o furto de instrumentos de pintura em nome da liberdade artística, e várias outras hipóteses aberrantes – estariam todas, pelo menos em um primeiro momento, dentro do âmbito de proteção dos respectivos direitos fundamentais, criando uma contradição lógica, por reconhecer como protegidas pelo direito, ainda que *prima facie*, condutas flagrantemente antijurídicas.[25]

Os adeptos da teoria buscam responder a esse tipo de crítica argumentando que a recepção dessas condutas como integrantes de um direito *prima facie* tem fins puramente metodológicos e se relaciona com a lógica própria da teoria, que trabalha com a ideia de *restrições*, que incidem *a posteriori*, excluindo, em um segundo momento, essas condutas do âmbito de garantia efetivo do direito. Argumenta-se, também, que essa metodologia, de um raciocínio em duas etapas, torna mais controlável e transparente o processo de decisão constitucional, além de impor uma carga de argumentação mais severa ao Judiciário, que, na segunda etapa, tem de buscar a determinação do âmbito de proteção definitivo a partir do sopesamento ou da ponderação de todos os bens ou valores jurídicos em jogo, com base na máxima da proporcionalidade.[26]

Contudo, como se verá adiante, a experiência tem demonstrado que esse sopesamento, baseado na máxima da proporcionalidade, não torna o processo interpretativo mais seguro, consistente ou controlável, por-

---

24 Para um apanhado das principais crítica e respectivas respostas à teoria externa, ver SILVA, Virgílio Afonso da. Op. cit., p. 143 e ss. Ver, também, PAULA, Felipe de. Op. cit., p. 130.

25 Cabe observar que Vieira de Andrade (op. cit., p. 287) assume posição original, aproximando-se da *teoria interna*, ao aceitar a ideia de limites imanentes, com o que exclui *a priori* do âmbito de proteção dos direitos fundamentais as condutas absurdas ou extremas, embora trabalhe com a ideia de restrições, ablativas e *a posteriori*, do conteúdo dos diretos fundamentais, com o que se associa à *teoria externa*. Felipe de Paula (op. cit., p. 127) identifica a proposta teórica de Vieira de Andrade como híbrida, em relação às teorias interna e externa.

26 Por todos, PEREIRA, Jane Reis Gonçalves. *Interpretação e Direitos Fundamentais*. 2ª ed. São Paulo: Saraiva, 2018, p. 222.

que a definição do valor preponderante depende da discricionariedade do intérprete.

Já em relação à teoria interna, a principal crítica apresentada é a de que ela apresenta "graves problemas de controlabilidade", uma vez que não deixa claros os critérios de inclusão ou de exclusão de fatos ou condutas no âmbito de proteção ou no suporte fático de um dado direito fundamental.[27]

Na verdade, tanto a teoria externa quanto a teoria interna dos direitos fundamentais são criticáveis porque estão conectadas à concepção sujeito-objeto, tributária da filosofia da consciência, que busca o sentido das coisas (e do texto) na subjetividade do intérprete.[28]

A teoria interna, tal como concebida, objetifica os direitos fundamentais, buscando uma essência nesses direitos, como se o sentido viesse a eles acoplado e sempre estivesse ali, *a priori*, independentemente da atividade interpretativa, que se resumiria a descobrir ou desvelar esse sentido "oculto" na norma (aqui tomada a expressão em seu sentido clássico, de enunciado normativo).

Já a teoria externa se vale de enunciados de direito fundamental que, em um primeiro momento, apresentariam um suporte *fático amplo*, tendo o seu âmbito de proteção alargado e criando um direito fundamental *prima facie*, a ser restringido em uma operação subsequente, na qual entrariam as restrições, sempre de caráter externo, e a aplicação da técnica da ponderação quando o princípio interpretado entrasse em confronto com um princípio concorrente ou colidente.

A aplicação-concretização do princípio da liberdade de expressão, como ocorre com relação a qualquer outro princípio ou regra jurídica, pressupõe que se tenha uma compreensão prévia (ou pré-compreensão) da abrangência ou do âmbito de aplicação do enunciado normativo. Como adverte Gadamer, quem quer compreender um texto deve, antes de tudo, estar "disposto a deixar que ele diga alguma coisa por si", já que não se pode atribuir sentidos arbitrários a ele.[29] Impõe-se perquirir, de um lado, qual o sentido que se pode atribuir ao texto, enquanto conjunto de signos linguísticos que buscam comunicar algo.

---

27 Ver, por todos, PAULA, Felipe de. Op. cit., 148.

28 Sobre a "filosofia da consciência", ver STRECK, Lenio Luiz. *Dicionário de Hermenêutica:* quarenta temas fundamentais da teoria do direito à luz da crítica hermenêutica do Direito. Belo Horizonte: Letramento, 2017, p. 73.

29 GADAMER, Hans-Georg. *Verdade e Método*. Traços Fundamentais de uma Hermenêutica Filosófica. 3ª ed. Petrópolis: Vozes, 1999, p. 405.

Com relação a este ponto, há que estar atento ao fato de que os termos e as expressões empregados para se referir a um direito ou a um princípio jurídico são de natureza técnica ou específica. Daí porque o sentido que lhes é atribuído muitas vezes não encontra correspondência exata com o sentido que esses mesmos termos recebem quando interpretados em outros contextos, não jurídicos. Assim, o que se entende por *expressão* no contexto do princípio constitucional da *liberdade de expressão* não corresponde exatamente ao que se entende pelo vocábulo quando usado em seu sentido vulgar ou ordinário. É claro que quase sempre existirá alguma conexão entre os sentidos jurídico e vulgar, porque a tradição nos aponta para uma certa ideia central. O vocábulo *expressão*, como já se viu, tem um sentido amplo, referindo-se à conduta através da qual se busca *comunicar*, por algum meio, uma ideia, opinião, crença, ideologia, sentimento, emoção ou atos de vontade em geral. Engloba a palavra oral ou escrita, incluída a linguagem de sinais, a imagem, o gesto e, até, o silêncio.[30]

Além disso, para determinar o alcance ou a extensão do enunciado normativo que estabelece um direito fundamental, deve-se considerar a tradição jurídica, a doutrina e os julgados existentes, os quais podem apontar para uma certa direção a ser seguida pelo intérprete.

Importa, também, lançar um olhar para a história, que comumente traz elementos úteis acerca do processo que levou ao estabelecimento do direito fundamental. Do mesmo modo, o elemento sociocultural desempenha um papel importante. O peso a ser dado a um direito fundamental em um dado contexto sociocultural variará de acordo com a cultura de cada povo.

Fundamental é a consideração de que todo esse labor hermenêutico se dá, sempre, de forma problematizada. Vale dizer que toda interpretação se dá à luz de um caso (real ou hipotético). Em outras palavras, só se interpreta concretizando.

Esses e outros fatores influenciam, direta ou indiretamente o labor hermenêutico, de aplicação-concretização do direito fundamental.

3.3. Os limites dos limites

O reconhecimento de que os direitos fundamentais não são absolutos e que se submetem não apenas a limites extrajurídicos, mas também a limites jurídicos, suscita a questão de até que ponto um di-

30 MIRANDA, Jorge. *Manual de Direito Constitucional*. Coimbra: Coimbra Editora. Tomo IV. 2000, p. 453.

reito fundamental pode ser restringido pelo poder estatal. Surge, então, a ideia de *limites aos limites* (*Schranken-Schranken*) dos direitos fundamentais,[31] os quais são extraídos de forma explícita ou implícita da própria Constituição, como forma de garantir que um direito fundamental, ao ser regulado ou restringido, não seja esvaziado ou despido de significado.

Não há um consenso doutrinário acerca de quais são os limites dos limites dos direitos fundamentais, que podem variar de acordo com a particularidade de cada sistema constitucional.[32] Com efeito, algumas constituições, como a portuguesa, explicitam regras que devem ser seguidas em relação à limitação dos direitos fundamentais,[33] enquanto outras, como a brasileira, não trazem regramento expresso a respeito, que, todavia, defluem do próprio sistema constitucional, como decorrência do princípio da separação de poderes e da necessidade de proteção jurídico-constitucional dos direitos fundamentais.[34]

---

31 V., a respeito, MENDES, Gilmar Ferreira; BRANCO, Paulo Gustavo Gonet. *Curso de Direito Constitucional*. 6ª ed. São Paulo: Saraiva, 2011, p. 239.

32 Para um apanhado geral sobre os limites apontados pela doutrina às restrições dos direitos fundamentais, veja-se: PAULA, Felipe de. *A (de)limitação dos Direitos Fundamentais*. Porto Alegre: Livraria do Advogado, 2010, p. 40.

33 Dispõe o art. 18º, nº 2 e 3, da Constituição de Portugal: "2. A lei só pode restringir os direitos, liberdades e garantias nos casos expressamente previstos na Constituição, devendo as restrições limitar-se ao necessário para salvaguardar outros direitos ou interesses constitucionalmente protegidos. 3. As leis restritivas de direitos, liberdades e garantias têm de revestir carácter geral e abstracto e não podem ter efeito retroactivo nem diminuir a extensão e o alcance do conteúdo essencial dos preceitos constitucionais." O art. 165, nº 1, alínea b, por sua vez, estabelece: "1. É da exclusiva competência da Assembleia da República legislar sobre as seguintes matérias, salvo autorização ao Governo: [...] b) Direitos, liberdades e garantias;". Veja-se, a respeito, NOVAIS, Jorge Reis. *As Restrições aos Direitos Fundamentais não Expressamente Autorizadas pela Constituição*. Coimbra: Coimbra Editora, 2003, 727.

34 Cf. PEREIRA, Jane Reis Gonçalves. *Interpretação e Direitos Fundamentais*. 2ª ed. São Paulo: Saraiva, 2018, 342: "Na ordem constitucional brasileira não existe referência expressa ao regime jurídico das restrições aos direitos fundamentais. Não obstante, tais garantias defluem do caráter supremo e vinculante das disposições de direito fundamental e do princípio do Estado de Direito, uma vez que consubstanciam exigências fundamentais para a proteção dos direitos e liberdades constitucionais." No mesmo sentido, NOVAIS, Jorge Reis (*As Restrições aos Direitos Fundamentais não Expressamente Autorizadas pela Constituição*. Coimbra: Coimbra Editora, 2003, p. 727), que pondera que: "(...) a aplicabilidade destes princípios e garantias seria sempre inquestionável, mesmo que a Constituição não o referisse expressamente, pelo facto de se tratar de requisitos decorrentes do *princípio da repartição* próprio do Estado de Direito e das necessidades de protecção dos direitos fundamentais enquanto *trunfos*."

Em geral, reconhecem-se como limites dessa natureza a *reserva de lei*, a aplicação de princípios mais gerais, como os da *razoabilidade* e da *proporcionalidade*, e a ideia de proteção ou respeito do *núcleo essencial* (ou *conteúdo essencial*) do direito fundamental.

A razoabilidade e a proporcionalidade, embora referidos comumente pela doutrina como princípios, constituiriam, na verdade, partindo de uma concepção principiológica alexyana, regras ou máximas, aplicáveis em um procedimento de ponderação ou sopesamento de princípios constitucionais. Robert Alexy, que no procedimento proposto, faz uso apenas da proporcionalidade, observa que as três máximas parciais (*adequação, necessidade* e *ponderação em sentido estrito*) devem ser consideradas como regras, uma vez que não são sopesadas contra algo. Segundo o autor: "O que se indaga é, na verdade, se as máximas parciais foram satisfeitas ou não, e sua não-satisfação tem como consequência uma ilegalidade."[35]

Para os propósitos do presente trabalho, importa destacar aqui, em linhas gerais, a ideia de núcleo essencial dos direitos fundamentais.

3.4. A proteção do núcleo ou conteúdo essencial dos direitos fundamentais

A partir de sua consagração no art. 19 (2) da Lei Fundamental alemã,[36] o *princípio da proteção do conteúdo essencial dos direitos fundamentais* ganhou prestígio na doutrina de vários países, vindo, inclusive, a ser inserido expressamente em outros textos constitucionais, como é o caso das Constituições portuguesa[37] e espanhola.[38] Embora não este-

---

35 ALEXY, Robert. *Teoria dos Direitos fundamentais*. São Paulo: Malheiros, 2008, p. 117, nota 84. Sobre o princípio da ponderação e a máxima da proporcionalidade se falará mais detalhadamente no Capítulo 7.

36 Lei Fundamental da República Federal da Alemanha, art. 19 (2): "Em nenhum caso pode um direito fundamental ser afectado em seu conteúdo essencial." (ROGERO, Nuno. *A Lei Fundamental da República Federal da Alemanha*. Coimbra: Coimbra Editora, 1996). No original: "In keinem Falle darf ein Grundrecht in seinem Wesensgehalt angetastet werden."

37 Constituição da República Portuguesa, Art. 18º, 3. "As leis restritivas de direitos, liberdades e garantias têm de revestir carácter geral e abstracto e não podem ter efeito retroactivo nem diminuir a extensão e o alcance do conteúdo essencial dos preceitos constitucionais."

38 Constituição Espanhola, art. 53, 1.: "Los derechos y libertades reconocidos en el Capítulo segundo del presente Título vinculan a todos los poderes públicos. Sólo por ley, que en todo caso deberá respetar su contenido esencial, podrá regularse el ejercicio de tales derechos y libertades, que se tutelarán de acuerdo con lo previsto en el artículo 161, 1, a)."

ja previsto na Constituição brasileira, a doutrina nacional tem debatido sobre a aplicação do referido princípio no sistema constitucional pátrio.[39] Já se sustentou que, a despeito da falta de previsão expressa em nosso texto constitucional da garantia de proteção de um núcleo essencial, "tal princípio decorre do próprio modelo garantístico utilizado pelo constituinte".[40]

A concepção de um núcleo essencial e intangível do direito fundamental decorre da preocupação de que o legislador, a pretexto de restringir ou regular o referido direito, acabe por descaracterizá-lo ou aniquilá-lo por completo, como ocorreria, por exemplo, no caso de lei que, tratando do direito fundamental de greve, estabelecesse regras tão rigorosas que, na prática, tornariam inviável o exercício desse direito fundamental conferido aos trabalhadores.[41]

A partir da consagração no texto da Lei Fundamental da Alemanha do princípio de proteção do conteúdo essencial, desenvolveu-se grande controvérsia na doutrina e na jurisprudência alemãs acerca do alcance e da natureza dessa garantia. O debate fez surgir quatro teorias, correspondentes a dois pares conceituais: de um lado, as teorias absoluta e relativa; de outro lado, as teorias objetiva e subjetiva.[42] Alguns autores apresentam variantes dessas teorias, combinando elementos extraíveis das concepções básicas de cada uma.[43]

De acordo com a *teoria absoluta*, cada direito fundamental, abstratamente considerado, conteria uma espécie de núcleo duro e intangível, uma zona ou um âmbito nuclear, um "espaço de maior intensidade valorativa (*o coração do direito*)",[44] que não poderia ser tocado, sob pena

39 V., por todos, MENDES, Gilmar Ferreira; BRANCO, Paulo. *Curso de Direito Constitucional*. 6ª ed. São Paulo: Saraiva, 2011, p. 240 e ss; PEREIRA, Jane Reis Gonçalves. *Interpretação e Direitos Fundamentais*. 2ª ed. São Paulo: Saraiva, 2018, p. 402 e ss.

40 MENDES, Gilmar; BRANCO, Paulo. *Curso de Direito Constitucional*. 6ª ed. São Paulo: Saraiva, 2011, p. 244. Gilmar mendes observa, também, que a cláusula do art. 60, § 4º, IV, do texto constitucional, que veda expressamente qualquer proposta de emenda tendente a abolir os direitos e garantias individuais, "reforça a ideia de um limite do limite também para o legislador ordinário." (op. cit., p. 244).

41 O exemplo é trazido por Edilsom Farias. *Liberdade de expressão e comunicação*: teoria e proteção constitucional. São Paulo: Revista dos Tribunais, 2004, p. 40.

42 Cf. ALEXY, Robert. *Teoria dos Direitos fundamentais*. São Paulo: Malheiros, 2008, p. 296; e NOVAIS, Jorge Reis. *As Restrições aos Direitos Fundamentais não Expressamente Autorizadas pela Constituição*. Coimbra: Coimbra Editora, 2003, p. 780.

43 GONÇALVES, Jane Reis Pereira. Op. cit., p. 405, em especial nota 228.

44 ANDRADE, José Carlos Vieira de. *Os Direitos Fundamentais na Constituição Portuguesa de 1976*. Coimbra: Almedina, 2016, p. 282.

de desfiguração do próprio direito, que, em termos práticos, deixaria de existir.[45]

A teoria absoluta é criticada porque não explica como determinar de forma precisa os contornos do âmbito nuclear intocável de cada um dos direitos fundamentais. Além disso, ainda que superada essa dificuldade, a experiência extraída do mundo prático tem demonstrado que a ideia de um núcleo objetivamente intangível, um "último reduto" inexpugnável, constitui uma promessa irrealizável,[46] pois muitas vezes se torna inevitável que um dado direito fundamental tenha, no caso concreto, de ceder integralmente diante de outro que com ele conflite.[47]

A *teoria relativa* busca superar os problemas da teoria absoluta vinculando o conteúdo essencial aos princípios da razoabilidade e da proporcionalidade. Por essa teoria, haveria violação do conteúdo essencial de um direito fundamental quando a restrição a ele imposta ultrapassasse aquilo que fosse estritamente necessário para a satisfação do bem ou interesse que justifica a restrição. O que determinaria a legitimidade ou ilegitimidade da restrição, por conseguinte, não seria a intensidade ou a extensão da restrição do direito fundamental em si considerado, mas a consideração acerca da adequação e necessidade da restrição em um contexto de ponderação de bens ou interesses. A garantia do conteúdo

45 Conforme observado por Vieira de Andrade (Idem): "Para as teorias absolutas, o 'conteúdo essencial' consistiria num núcleo fundamental, determinável em abstrato, próprio de cada direito e que seria, por isso, intocável." No mesmo sentido, NOVAIS, Jorge Reis. *As Restrições aos Direitos Fundamentais não Expressamente Autorizadas pela Constituição.* Coimbra: Coimbra Editora, 2003, p. 782: "(...) a teoria absoluta, baseada numa visão *espacial* (...) considera que há, em cada direito fundamental, uma zona, esfera ou âmbito nuclear intocável que, sob pena de desnaturação ou perda do seu sentido útil, em caso algum poderá ser afectada."

46 NOVAIS, Jorge Reis. Op. et loc. cit. A alusão metafórica feita por Novais à "linha Maginot", como último reduto protegido do direito fundamental, dentro da concepção objetiva do núcleo essencial é, de certa forma, irônica. A linha Maginot foi uma linha de defesa construída pelos franceses ao longo da fronteira com a Alemanha depois da Primeira Guerra Mundial. Supunha-se que essa linha fortificada impediria uma invasão pelas forças armadas alemãs. Como a história mostrou, o sistema de defesa, na prática, se mostrou um fracasso, porque não impediu a invasão germânica e a subsequente derrota da França no início da Segunda Guerra Mundial.

47 NOVAIS, Jorge Reis. *As Restrições aos Direitos Fundamentais não Expressamente Autorizadas pela Constituição.* Coimbra: Coimbra Editora, 2003, p. 783.

essencial, por essa perspectiva, estaria identificada com o *princípio da proibição de excesso*[48] e com a *máxima da proporcionalidade*.[49]

A crítica que se faz à teoria relativa é a de que ela torna a garantia do conteúdo essencial um princípio supérfluo ou meramente declarativo, não mais do que um "fantasma de proteção", na medida em que o identifica com os princípios da proibição de excesso e da ponderação de bens.[50] Por esse prisma, a garantia do conteúdo essencial seria compatível com a total anulação de um direito fundamental,[51] desde que isso se mostrasse exigível pelo maior peso de um bem ou interesse que com ele conflitasse.[52] Qual seria, pois, a finalidade de se prever a proteção de um conteúdo essencial para os direitos fundamentais, se todo o conteúdo desses direitos, submetidos à ponderação, pudesse vir a ser totalmente esvaziado?[53]

O outro par teórico acerca do conteúdo essencial dos direitos fundamentais é o formado pelas teorias objetiva e subjetiva. Para a *teoria objetiva*, a garantia do conteúdo essencial se dá na perspectiva de proteção do texto constitucional em sua dimensão geral, para a totalidade dos cidadãos. Em outras palavras, busca-se proteger o sentido útil do direito fundamental em sua posição objetiva, que não poderia se ver totalmente

48 Ibidem, p. 781: "Donde facilmente se conclui que, para a teoria relativa, a garantia do conteúdo essencial se identifica com o princípio da proibição do excesso num quadro de ponderação de bens."

49 ALEXY, Robert. *Teoria dos Direitos fundamentais*. São Paulo: Malheiros, 2008, p. 297: "Segundo a teoria relativa, o conteúdo essencial é aquilo que resta após o sopesamento. Restrições que respeitem a máxima da proporcionalidade não violam a garantia do conteúdo essencial nem mesmo se, no caso concreto, nada restar do direito fundamental. A garantia do conteúdo essencial é reduzida à máxima da proporcionalidade."

50 NOVAIS, Jorge Reis. Op. cit., p. 782.

51 Como ocorreria, por exemplo, se fosse proibida a exibição de matéria jornalística, nada deixando para a liberdade de imprensa, prevista no art. 220 e seus parágrafos da Constituição Federal; ou quando alguém fosse condenado à pena de reclusão, com privação do direito de liberdade previsto no art. 5º, *caput*, do Texto Constitucional. Veja-se, para esses e outros exemplos, SILVA, Virgílio Afonso. *Direitos Fundamentais*. Conteúdo essencial, restrições e eficácia. 2ª ed. São Paulo: Malheiros, 2010, p. 199.

52 Idem.

53 Para Robert Alexy (ALEXY, Robert. Op. cit., p. 301), a garantia do conteúdo essencial tem um significado meramente declaratório, uma vez que ela "não cria, em relação à máxima da proporcionalidade, nenhum limite adicional à restringibilidade dos direitos fundamentais." Ela constituiria, segundo o autor, apenas mais uma razão me favor da vigência da referida máxima (Idem).

esvaziada no ordenamento jurídico. O conteúdo essencial se referiria, por essa concepção, não ao direito subjetivamente considerado, mas ao preceito constitucional que o consagra.[54]

A crítica a essa teoria reside na dificuldade de determinar quando se consideraria que o direito fundamental perdeu o seu sentido útil para o ordenamento jurídico abstratamente considerado. Se essa garantia se dá na perspectiva geral e abstrata do direito, então, como observa Jorge Reis Novais, ela apenas o protegeria "contra as tentativas de imposição aberta de um Estado totalitário."[55]

Para a *teoria subjetiva*, a garantia de proteção do núcleo essencial é voltada à proteção das posições subjetivas individuais decorrentes dos direitos fundamentais, de modo que caberia avaliar, em caso de restrição concreta de direito fundamental, o que resta do direito em causa na perspectiva do seu titular. Todavia, argumenta-se que a teoria estaria em descompasso com a realidade, uma vez que são inúmeras as situações concretas em que o indivíduo, em razão de intervenções restritivas, vê enormemente diminuída, quando não inteiramente retirada, a possibilidade de exercer um direito fundamental.[56]

Em uma posição conciliatória, Konrad Hesse observa que não há incompatibilidade entre essas duas últimas teorias, que, em realidade, se completam, pois, se é verdade que a função do direito fundamental deve sempre ficar conservada "para a vida social em conjunto", do mesmo modo, em geral, uma limitação de direitos fundamentais que esvaziasse de forma completa ou quase completa uma liberdade fundamental concreta de um particular seria desproporcional e, por essa razão, violadora do conteúdo essencial garantido pelo art. 19, alínea 2, da Lei Fundamental.[57]

O que se conclui é que todas as teorias que buscam dar um sentido à garantia do conteúdo ou núcleo essencial apresentam dificuldades e inconsistências insuperáveis, a indicar que essa garantia não desempenha um papel autônomo significativo como *limite dos limites* dos direitos

---

54 Nesse sentido, ANDRADE, José Carlos Vieira de. Op. cit., p. 285: "O Conteúdo essencial, até porque é considerado aqui perante uma intervenção em abstrato do legislador, tem de entender-se como referido não ao direito, mas ao preceito constitucional (é essa, de resto, a letra da Constituição), enquanto norma de valor e garantia."

55 NOVAIS, Jorge Reis. Op. cit., p. 785.

56 Ibidem, p. 784.

57 HESSE, Konrad. *Elementos de Direito Constitucional da República Federal da Alemanha*. Porto Alegre: Sergio Fabris, 1998, p. 268.

fundamentais. Atuaria mais como instrumento argumentativo-retórico, com a função de "proclamação e sinalização da dependência e vinculação do legislador ordinário e restantes poderes constituídos pelos direitos fundamentais".[58] Assim, a barreira do conteúdo essencial teria somente "significado declarativo" ou simbólico.[59] Nem por isso, segundo Konrad Hesse, essa barreira deve ser subestimada: "porque ela realça expressamente a proibição de limitação de direitos fundamentais excessiva e, nesse ponto, normaliza jurídico-positivamente a necessidade de uma interpretação das reservas de limitação que tem em conta essa proibição."[60]

3.5. A diferença entre restrição e regulação

Uma distinção importante deve ser feita aqui. Não se deve confundir a *restrição* ou *limitação* da liberdade de expressão, ou de qualquer outro direito fundamental, com a sua *regulação*. No exercício de sua atividade legislativa, o Estado, com frequência, promulga leis que visam a regular ou ordenar certos direitos fundamentais, não com o objetivo de restringir o seu alcance ou conteúdo, mas apenas de "completar, complementar, densificar, concretizar, o conteúdo fragmentário, vago, aberto, abstrato ou incompleto, dos preceitos constitucionais garantidores dos direitos fundamentais."[61] Daí a diferenciação doutrinária feita entre *normas legais restritivas* e *normas legais conformadoras*.[62]

Exemplo de norma legal conformadora seria a que estabelecesse os ajustes necessários para a utilização de logradouro público para o exercício do direito de reunião, garantido pelo art. 5º, XVI, da Constituição Federal, que traz como únicas condições para o seu exercício que tal reunião seja pacífica, sem armas, não frustre outra reunião anteriormente convocada para o mesmo local e que seja comunicada previamente à autoridade competente. A autoridade competente não poderia criar outras condições para o exercício do direito constitucional de reunião, mas poderia, por exemplo, determinar o fechamento ao trânsito de veículos de certas vias para garantir a segurança dos participantes da reunião e de

58 NOVAIS, Jorge Reis. Op. cit., p. 798.

59 HESSE, Konrad. Op. cit., p. 267.

60 Idem.

61 CANOTILHO, José Joaquim Gomes. *Direito Constitucional e teoria da Constituição*. Coimbra: Almedina. 1999, p. 1.185.

62 Idem.

outras pessoas, com o que estaria viabilizando ou reforçando o exercício daquele direito.

Da mesma forma, constituiria norma conformadora a que estabelece as condições pelas quais se adquire e transfere a propriedade dos bens móveis e imóveis, porque estaria concretizando e definindo o conteúdo do direito de propriedade garantido pelo art. 5º, XXII, da Constituição Federal.

Mais controvertida seria a norma que estabelecesse as condições nas quais um auditório em prédio público pode ser utilizado para manifestações, ou a que estabelecesse regras de intervenção em uma palestra ou em um debate. Rawls, de quem os exemplos foram extraídos, considera que, nessas hipóteses, não haveria verdadeira restrição à liberdade de expressão, mas mera regulação dessa liberdade, uma vez que as regras legais visam tão somente a regular a forma como esse direito pode ser exercido, sem nenhuma consideração sobre o conteúdo do discurso ou sobre o seu emissor, de modo que teria sido preservado ou garantido o "âmbito central de aplicação" dessa liberdade fundamental.[63] Argumenta que: "Instituir as liberdades fundamentais, assim como satisfazer desejos diversos, requer programação e organização social. As regulamentações necessárias não devem ser confundidas com restrições ao conteúdo do discurso, como é o caso de proibições do proselitismo em prol de questões gerais e particulares que são relevantes à avaliação da justiça da estrutura básica da sociedade." Mas, em relação a essas hipóteses, pode-se levantar a objeção de que toda e qualquer regra que regule as circunstâncias em que determinada manifestação pode ser exercida (em um auditório público ou durante uma palestra ou debate) constitui uma forma de restrição à liberdade de expressão, ainda que aparentemente busque tão somente dar concretude ao exercício do referido direito. De um ponto de vista estrito, a objeção parece correta, pois, a rigor, normas legais conformadoras seriam apenas aquelas sem as quais o direito não tenha como ser exercido. No dizer de Canotilho: "Esta intervenção conformadora do legislador impõe-se, inequivoca-

63 RAWLS, John. *O Liberalismo Político*. São Paulo: Martins Fontes, 2011, p. 350: "Na medida em que se garanta o que vou denominar 'o âmbito central de aplicação' das liberdades fundamentais, os princípios de justiça serão satisfeitos. Por exemplo, são essenciais as regras de ordem para regular a discussão livre. Sem a aceitação geral de procedimentos razoáveis de indagação e de preceitos relativos ao debate, a liberdade de expressão não pode atender ao seu propósito. Não é possível que todos falem ao mesmo tempo, nem que utilizem o mesmo espaço público ao mesmo tempo para diferentes finalidades."

mente, quando os direitos fundamentais carecem, para o seu exercício, da *interpositio legislatoris*."[64]

Seja como for, a doutrina sobre o tema observa que a conformação de um direito fundamental pressupõe que o legislador não invada ou perturbe o "âmbito de proteção" (domínio e conteúdo) do preceito que assegure aquele direito, "destinando-se a regulação legislativa a abrir possibilidades de comportamento através das quais os indivíduos exercem os seus direitos fundamentais."[65]

3.6. Limites da liberdade de expressão

A liberdade de expressão, como as liberdades em geral e os demais direitos fundamentais, encontra limites de natureza vária. Tais limites podem ser de ordem não jurídica (materiais, psicológicos, sociais, éticos), como os impostos pelos costumes, pelas convenções sociais ou pelo senso de urbanidade. São as convenções sociais, por exemplo, que nos impedem de falar alto em determinados lugares, como hospitais, bibliotecas, cinemas, teatros, templos religiosos. Em alguns ambientes, lugares ou situações, sentimo-nos obrigados a conter ou reprimir nosso desejo de manifestação ou expressão, por considerá-la deslocada ou inconveniente. Intervenções, interrupções, vaias e manifestações de desaprovação em solenidades públicas ou privadas, palestras, discursos ou espetáculos públicos são atitudes muitas vezes consideradas inadequadas, embora ocorram com alguma frequência em tempos de polarização, quando se está a tratar de temas polêmicos ou de natureza política, quando, então, a figura do *heckler* se faz presente, para protestar, confrontar ou, simplesmente, perturbar aquele que fala. Seja como for, em todos esses casos, o exercício da liberdade de expressão pode receber a desaprovação social e pode, eventualmente, ser objeto de regulação, mas não sofre uma sanção ou restrição jurídica.

O limite à manifestação de pensamento também pode ser de natureza material ou econômica. Nem todas as pessoas desfrutam os meios materiais para se fazer ouvir ou entender por terceiros ou, pelo menos, para uma audiência mais extensa. Embora a internet tenha dado voz a muitos que antes não tinham acesso aos meios de comunicação de massa, permitindo que, a partir de qualquer aparelho conectado à rede, uma mensagem seja acessada por uma imensa audiência ao redor do mundo, ainda há milhões de pessoas não interligadas por absoluta falta de con-

64 CANOTILHO, José Joaquim Gomes. Op. cit., p. 1.186.

65 Idem.

dições econômicas. Essas pessoas, embora sejam detentoras de liberdade de expressão – no sentido negativo, de que fala Isaiah Berlin, de não ser impedido por terceiros de se expressar –, não têm, materialmente, como exercê-la.

No plano jurídico, e já enxergando a liberdade de expressão pela ótica dos direitos fundamentais, a ideia de limites é percebida pela constatação de que, em certas circunstâncias, o seu exercício pode se chocar ou impedir o exercício da própria liberdade de expressão por outra pessoa, além de poder violar outro interesse constitucionalmente protegido, como no caso da manifestação que atribuísse falsamente a prática de crime a terceiro, que se veria, assim, atingido em sua honra. Como observa Vieira Andrade, "é inevitável e sistémica a conflitualidade dos direitos de cada um com os direitos dos outros."[66] Na observação de Jane Reis Gonçalves Pereira, esse "choque de direitos" seria uma decorrência da *universalidade* dos direitos fundamentais, a impor sua limitação: "Sendo os direitos fundamentais atribuídos a todas as pessoas, não há como conceber sua fruição permanente e simultânea sem que haja uma disciplina ordenadora a viabilizar que estes coexistam."[67] Essa universalidade, no dizer de Robert Alexy, significa que os direitos fundamentais constituem "direitos de todos contra todos".[68]

Além disso, as condutas expressivas, como as condutas humanas não expressivas, também podem vir a causar, direta ou indiretamente, danos psicológicos e físicos a terceiros. É sempre lembrada a observação de Oliver Wendell Holmes de que a mais rigorosa proteção à liberdade de expressão não protegeria um homem de, falsamente, gritar "fogo" em um teatro lotado, causando pânico.[69] Esse é um exemplo clássico de uma conduta expressiva que pode e deve ser sancionada como o são outras condutas não expressivas, em razão do dano que venham a produzir.

É importante assinalar que, no plano jurídico, só são legítimas as limitações ou restrições[70] à manifestação de pensamento previstas de

66 ANDRADE, José Carlos Vieira. *Os Direitos Fundamentais na Constituição Portuguesa de 1976*. Coimbra: Almedina, 2016, p. 263.

67 GONÇALVES, Jane Reis. *Interpretação e Direitos Fundamentais*. 2ª ed. São Paulo: Saraiva, 2018, p. 173.

68 ALEXY, Robert. Direitos fundamentas no estado constitucional democrático: para a relação entre direitos do homem, direitos fundamentais, democracia e jurisdição constitucional. *Revista de Direito Administrativo*, nº 217. 1999, p. 60.

69 *Schenck v. United States*, 249 U.S. 47 (1919).

70 Observe-se que os vocábulos "limitação" ou "restrição" serão utilizados aqui de forma intercambiável, para traduzir a ideia de comandos ou enunciados normativos constitucionais que, em seu conjunto, estabelecem os contornos abstratos

forma expressa na Constituição Federal ou que, embora não previstas expressamente, possam ser atribuídas à própria Constituição, como forma de compatibilização daquela liberdade com outros princípios, consagradores de bens, interesses ou valores igualmente merecedores de proteção. Como observado por Jorge Reis Novais, as diversas garantias jurídicas proporcionadas pelos direitos fundamentais são: "concebidas como garantias imanentemente condicionadas por uma reserva geral de compatibilização com outros bens que o Estado deve prosseguir e a cuja realização se encontra igualmente vinculado."[71]

Dentre as restrições explícitas estão a vedação ao anonimato, a previsão do direito de resposta e a previsão constitucional do direito de indenização em caso de dano à privacidade, à honra e à imagem das pessoas.

3.6.1. Vedação ao anonimato

Das restrições ao pleno exercício das liberdades de expressão e de comunicação, uma das mais antigas – presente no texto constitucional desde 1891 – e menos controversas no direito brasileiro é a vedação ao anonimato, que, atualmente, se encontra prevista no art. 5º, IV, da Constituição de 1988.

A proibição do anonimato tem por objetivo tornar viável a responsabilização do autor da manifestação, através de sua identificação, em caso de danos causados a terceiros. Para Celso Ribeiro Bastos, o anonimato é a forma mais torpe e vil de exprimir o pensamento, e "revela terrível vício moral consistente na falta de coragem", pois a pessoa que o expressa não assume a prática do ato, impedindo o terceiro eventualmente atingido de se insurgir contra o seu autor.[72]

A proibição constitucional ao anonimato não obriga o autor a utilizar o seu nome verdadeiro quando da publicação de um texto. É admis-

do princípio garantidor da liberdade de expressão. Essa perspectiva, embora se aproxime, em certa medida, de algumas concepções próprias da "teoria interna" dos direitos fundamentais, não pressupõe o compartilhamento de outras concepções usualmente ligadas àquela teoria, tais como a da existência de uma "essência" em relação aos direitos fundamentais, ou de um sentido prévio ou *a priori* desses direitos, como se esse sentido estivesse a eles acoplado, independentemente da atividade interpretativa, que se resumiria ao "desvelamento" ou "descobrimento" desse sentido "oculto" ou "encoberto".

71 NOVAIS, Jorge Reis. *As Restrições aos Direitos Fundamentais não Expressamente Autorizadas pela Constituição*. Coimbra: Coimbra Editora, 2003, p. 570.

72 BASTOS, Celso Ribeiro. Op. cit., p. 333.

sível que, em lugar do nome, o autor utilize um pseudônimo, desde que através deste seja possível chegar à identidade do autor da mensagem.[73]

A vedação constitucional ao anonimato também não impõe que, sob cada texto publicado em jornal ou revista, haja a indicação expressa do nome de seu autor. Tal indicação, tradicionalmente, não se encontra presente no "editorial", modalidade de texto ou artigo, de conteúdo opinativo, utilizado pela imprensa, em especial jornais e revistas, para expressar um ponto de vista sobre determinado assunto. O editorial se caracteriza por seu conteúdo mais valorativo do que informativo, e geralmente expressa a opinião da empresa ou do grupo jornalístico sobre determinada questão. Daí a expressão "linha editorial" de um jornal ou de outro veículo de informação, para fazer referência a uma certa inclinação ou orientação política, ou de pensamento em geral. Suficiente, nesse caso, "é a existência de um responsável pela matéria veiculada, não sendo necessária, destarte, a correspondência deste nome com o autor real do comentário."[74] No caso dos editoriais, em não havendo nenhuma indicação de responsável, a eventual responsabilidade por danos a terceiros recai sobre a empresa jornalística.

Questão controversa, diante da proibição constitucional do anonimato, é a da validade de investigações criminais a partir de denúncias anônimas. Como observado por Daniel Sarmento, há contextos em que a não aceitação ou a recusa absoluta e peremptória de denúncias anônimas tornaria inviável, na prática, a apuração de delitos graves, com prejuízo para os direitos fundamentais das respectivas vítimas, como ocorre nos crimes praticados por traficantes, milicianos ou outras pessoas, em comunidades dominadas por grupos criminosos.[75] A orientação que tem predominado recentemente no Supremo Tribunal Federal é a da validade dessas investigações, desde que a notícia anônima tenha a sua credibilidade verificada em apurações preliminares e seja posteriormente corroborada por elementos de prova coletados com observância do princípio do contraditório.[76]

---

73 FARIAS, Edilsom. Op. cit., p. 185.

74 BASTOS, Celso Ribeiro. Op. cit., p. 334.

75 SARMENTO, Daniel. Comentários ao artigo 5º, V, da Constituição Federal. In: CANOTILHO, J. J. Gomes; SARLET, Ingo Wolfgang; MENDES, Gilmar Ferreira; STRECK, Lenio Luiz (coordenadores). *Comentários à Constituição do Brasil*. 2ª ed. São Paulo: Saraiva Educação, 2018, p. 268.

76 STF, Inq 4633/DF, Segunda Turma, Relator Min. Edson Fachin, *Dje* 08.06.2018: "Nos termos de orientação jurisprudencial deste Supremo Tribunal Federal, a partir da verificação da sua credibilidade em apurações preliminares, a notícia anônima de crime pode servir de base válida à investigação e persecução criminal.

A discussão sobre a vedação ao anonimato ganhou novos contornos com a facilidade de se veicular mensagens na *internet* de forma anônima ou através da criação de perfis falsos.

A Lei nº 12.965/2014, que instituiu o chamado "Marco Civil da Internet" no Brasil, indicou que o uso da internet tem como fundamento o respeito à liberdade de expressão (art. 2º), a qual deve ser harmonizada com outros princípios, dentre os quais os da proteção dos direitos constitucionais da privacidade e do sigilo de dados (art. 3º, II e III), e com o direito à preservação da honra e da imagem do usuário (art. 10).

Embora possível, ao menos em tese, a identificação do autor da mensagem, através da análise de registros de conexão e de acesso a aplicações de internet, a obtenção dessas informações depende de prévia autorização judicial.[77] Além disso, diferentemente do que ocorre com os demais veículos de comunicação social, o provedor de aplicações da internet[78] é isento de exercer controle prévio sobre o conteúdo a ser publicado. Com o intuito de assegurar a liberdade de expressão e impedir a censura, o artigo 19 da Lei nº 12.965/2014 dispôs que o provedor somente poderá ser responsabilizado civilmente pelos danos decorrentes de conteúdo gerado por seus usuários "se, após ordem judicial específica,

Precedentes. Havendo descrição das diligências prévias em relatório subscrito pela autoridade policial, não fere a garantia estabelecida no art. 5º, IV, da Constituição Federal a ausência de identificação dos agentes responsáveis." No mesmo sentido, HC 133.148/ES, Segunda Turma, Relator Min. Ricardo Lewandowski, *Dje* 15.12.2017: "A jurisprudência desta Suprema Corte é assente no sentido de que a denúncia anônima não tem o condão de invalidar o inquérito policial, quando as investigações se utilizam de outras diligências colhidas para averiguar a *delatio criminis*, como se dá na espécie, ou quando na ação penal, a condenação fundamenta-se em conjunto probatório colhido sob o crivo do contraditório e da ampla defesa."

77 Lei nº 12.965/2014: "Art. 10. A guarda e a disponibilização dos registros de conexão e de acesso a aplicações de internet de que trata esta Lei, bem como de dados pessoais e do conteúdo de comunicações privadas, devem atender à preservação da intimidade, da vida privada, da honra e da imagem das partes direta ou indiretamente envolvidas.

§ 1º O provedor responsável pela guarda somente será obrigado a disponibilizar os registros mencionados no caput, de forma autônoma ou associados a dados pessoais ou a outras informações que possam contribuir para a identificação do usuário ou do terminal, mediante ordem judicial, na forma do disposto na Seção IV deste Capítulo, respeitado o disposto no art. 7º."

78 É o responsável pela transmissão, comutação ou roteamento de pacotes de dados, conforme artigo 9º da Lei nº 12.965/2014.

não tomar as providencias para, no âmbito e nos limites técnicos do seu serviço e dentro do prazo assinalado, tornar indisponível o conteúdo".

Por isso, a despeito da regulamentação do uso da internet no Brasil, a possibilidade de anonimato trazida pela rede mundial de computadores dificulta consideravelmente a atribuição de responsabilidades pela publicação de conteúdo considerado ofensivo.

3.6.2. Direito de resposta

O direito de resposta, previsto no art. 5º, V, da Constituição Federal, dependendo do sujeito ao qual se refira, pode ser considerado ou uma restrição à liberdade de expressão, ou instrumento que viabiliza seu exercício. Em relação ao titular da mensagem veiculada através de algum dos meios de comunicação de massa, constitui uma restrição, na medida em que compele o veículo de comunicação a divulgar ou publicar uma resposta proporcional ao agravo. Já pela perspectiva da pessoa ofendida, constitui um meio de viabilizar o seu direito de se manifestar contra a mensagem que é ofensiva a alguns dos seus direitos de personalidade, abrindo um canal de comunicação.

Até 2009, o direito de resposta vinha regulado pela Lei nº 5.250/67 (Lei de Imprensa), que, em seu artigo 29, previa o direito de resposta ou retificação em caso de publicação de ofensa ou acusação de fato inverídico ou errôneo. Segundo Daniel Sarmento, a Lei restringia o direito de resposta aos fatos, deixando de fora as opiniões.[79]

Após a decisão do STF que declarou não recepcionada a Lei de Imprensa pela Constituição Federal de 1988, o direito de resposta somente voltou a ser regulamentado no ano de 2015, pela Lei Federal nº 13.188. A nova Lei alterou o tratamento anteriormente conferido ao instituto, ampliando o direito de resposta para qualquer "matéria divulgada, publicada ou transmitida por veículo de comunicação social", independentemente da veracidade da mensagem, condicionando aquele direito apenas à ofensividade da matéria publicada contra a honra, a intimidade, a reputação, o conceito, o nome, a marca ou a imagem de uma pessoa (física ou jurídica).

Controversa é a possibilidade de o direito de resposta ser exigível, em caso de matéria inverídica ou inexata, quando não houver ofensivi-

79 SARMENTO, Daniel. Comentários ao artigo 5º, V, da Constituição Federal. In: CANOTILHO, J. J. Gomes; SARLET, Ingo Wolfgang; MENDES, Gilmar Ferreira; STRECK, Lenio Luiz (coordenadores). *Comentários à Constituição do Brasil*. 2ª ed. São Paulo: Saraiva Educação, 2018, p. 237.

dade à honra ou a qualquer outro direito da personalidade da pessoa a que se refere a mensagem. O texto constitucional, a princípio, parece não se dirigir a essa possibilidade, uma vez que indica que o direito de resposta deve ser "proporcional ao agravo". O termo "agravo" tem o sentido de ofensa, injúria, prejuízo ou dano, mas também tem uma acepção mais geral, de algo que seja "motivo de queixa".[80] Assim, concebível seria que uma determinada matéria trouxesse uma informação inverídica ou inexata, não considerada ofensiva à honra, nem, de algum modo, reconhecida como caracterizadora de dano moral, mas, ainda assim, provocadora de algum desconforto ou incômodo para a pessoa a quem se refere a mensagem. O fato de a mensagem não ser considerada como lesiva a algum direito da personalidade da pessoa não significa necessariamente que o desconforto ou incômodo sentido constitua um mero capricho ou seja sinal de uma sensibilidade extrema. Pode, ao revés, constituir uma reação legítima diante das circunstâncias concretas. Em tal caso, o direito de resposta, sob a modalidade de direito de retificação (de uma informação inexata) poderia ser considerado como um direito independente não apenas do correlato direito de indenização, mas da própria ocorrência de dano a algum direito da personalidade.

O Superior Tribunal de Justiça, em acórdão posterior à decisão do STF que declarou não recepcionada pela Constituição Federal a Lei nº 5.250/67 (Lei de Imprensa), entendeu que o direito de resposta não apenas seria aplicável com a invocação direta do art. 5º, V, da Constituição Federal, mas, também, por força do disposto no art. 14 do Pacto de São José da Costa Rica.[81] Este último dispositivo, como se extrai de seu primeiro parágrafo, admite o direito de resposta da pessoa atingida por informações inexatas ou ofensivas, indicando que o referido direito não está atrelado à ocorrência de alguma lesão a direito da personalidade.[82] Seja como for, a questão é polêmica e, por se referir a princípio

80 Essa é a terceira acepção dada ao termo "agravo" pelo Dicionário Aurélio.

81 RMS 14.577/DF, Sexta Turma, julgado em 11.11.2014, *DJe* 28.11.2014: "Embora o Pleno do STF tenha declarado não recepcionado pela Constituição de 1988 a Lei Federal nº 5.250/67, no julgamento da ADPF nº 130, a impetração não perdeu seu objeto porque o direito de resposta ainda encontra previsão legal no art. 5º, inc. V, da CF e no art. 14 do pacto de São José da Costa Rica."

82 Pacto de São José da Costa Rica. "Art. 14. Direito de retificação ou resposta.
1. Toda pessoa, atingida por informações inexatas ou ofensivas emitidas em seu prejuízo por meios de difusão legalmente regulamentados e que se dirijam ao público em geral, tem direito a fazer, pelo mesmo órgão de difusão, sua retificação ou resposta, nas condições que estabeleça a lei."

constitucional, deve encontrar na própria Constituição a interpretação adequada.

3.6.3. A proteção dos direitos da personalidade

A Constituição Federal estabeleceu no art. 1º, III, como um dos fundamentos da República *a dignidade da pessoa humana*, expressão síntese dos diversos atributos que compõem a pessoa e que faz apelo ao respeito ao indivíduo, enquanto tal, nas diversas e complexas manifestações de sua personalidade. Do referido dispositivo resulta o reconhecimento da personalidade humana, enquanto entidade complexa, na relação da pessoa consigo mesma e na sua relação com o mundo e com as demais pessoas, como objeto de tutela jurídica que engloba a responsabilidade civil e outras providências jurisdicionais.[83] Do reconhecimento constitucional da dignidade decorrem vários direitos especiais, referentes a aspectos ou atributos específicos da personalidade. Alguns desses direitos especiais vêm consagrados expressamente na Constituição, enquanto outros são deduzidos e identificados pela experiência jurídica a partir da regra geral protetiva da dignidade humana. A própria liberdade de expressão encontra no princípio da dignidade a sua jusfundamentalidade, constituindo, por isso, um direito da personalidade.

Dentre os direitos da personalidade previstos expressamente na Constituição se encontram os direitos à imagem, à intimidade, à privacidade e à honra. A Constituição da República, no art. 5º, V e X, faz referência a esses direitos,[84] assegurando a sua intangibilidade, sob pena de indenização. Por isso, a manifestação de pensamento que atinge algum desses direitos da personalidade não está ao abrigo do princípio que consagra a liberdade de expressão, que se encontra limitada por aqueles direitos.

---

83 SOUZA, Rabindranath V. A. Capelo de. *O Direito Geral de Personalidade*. Coimbra: Coimbra Editora, 1995, p. 557.

84 Outros dispositivos constitucionais conferem proteção a atributos especiais da personalidade, como é o caso do inciso III do art. 5º, segundo o qual "ninguém será submetido a tortura nem a tratamento desumano ou degradante"; do inciso XLIX do mesmo artigo, que assegura aos presos o "respeito à integridade física e moral"; dos incisos IV e IX, que asseguram a liberdade de manifestação e expressão; e do inciso VIII, que preserva a liberdade de crença religiosa e a convicção filosófica ou política. Além disso, o Código Civil, em compasso com a Constituição Federal, veio dedicar um capítulo específico (Capítulo II, artigos 11 a 21) a essa categoria de direitos.

Daniel Sarmento observa, com propriedade, que o art. 5º, V, da Constituição Federal, ao assegurar o direito de indenização por dano material, moral ou à imagem no mesmo inciso em que consagra o direito de resposta e logo em seguida ao inciso que consagra o direito à livre manifestação do pensamento, sinalizou com isso que a previsão constitucional do inciso V está relacionada ao regime da liberdade de expressão, atuando com uma restrição a essa liberdade.[85] Do mesmo modo, o inciso X do art. 5º do texto Constitucional, ao proteger a intimidade, a vida privada, a honra e a imagem das pessoas, o fez, claramente, como uma restrição às diversas formas de liberdade de pensamento indicadas no inciso IX.

De pouco ou nada valeria o reconhecimento de direitos da personalidade como a imagem, a honra, a privacidade e a intimidade se essas não fossem protegidas contra manifestações de pensamento voltadas para a violação dos referidos direitos.

A garantia de inviolabilidade do *direito à imagem* compreende não só os aspectos físicos do indivíduo, mas qualquer de suas partes e traços característicos pelos quais ela possa ser reconhecida, incluindo a sua voz, seus gestos e outras expressões da personalidade. Sérgio Cavalieri Filho define a imagem como "o conjunto de traços e caracteres que distinguem e individualizam uma pessoa no meio social."[86]

Ainda que a violação do direito à imagem esteja, com frequência, vinculada à afronta a outro direito da personalidade, como, por exemplo, a honra, a imagem isoladamente também goza de proteção jurídica, como ocorre nos casos de utilização não autorizada da figura de uma pessoa com fins comerciais, conforme previsão expressa na parte final do artigo 20 do Código Civil.[87]

O Estatuto da Criança e do Adolescente (Lei nº 8.069/90) confere especial proteção à imagem das crianças e adolescentes, em razão da sua condição peculiar de pessoas em desenvolvimento. A participação de crianças e adolescentes em espetáculos públicos, ensaios e concursos

---

85 SARMENTO, Daniel. Op. cit., p. 262.

86 CAVALIERI FILHO, Sérgio. *Programa de Responsabilidade Civil*. 5ª ed. São Paulo: Malheiros, 2003, p. 117.

87 Código Civil, Art. 20. Salvo se autorizadas, ou se necessárias à administração da justiça ou à manutenção da ordem pública, a divulgação de escritos, a transmissão da palavra, ou a publicação, a exposição ou a utilização da imagem de uma pessoa poderão ser proibidas, a seu requerimento e sem prejuízo da indenização que couber, se lhe atingirem a honra, a boa fama ou a respeitabilidade, ou se se destinarem a fins comerciais.

de beleza depende de autorização judicial (art. 149), e é vedada a exposição, total ou parcial, da imagem de qualquer deles que esteja envolvido em ato infracional, ou qualquer ilustração que lhe diga respeito ou se refira a atos que lhe sejam atribuídos, de forma a permitir sua identificação (art. 143). O descumprimento dessas regras é definido como infração administrativa, sujeitando o infrator ao pagamento de multa (artigos 247 e 258).

José Afonso da Silva, salientando a imprecisão do texto constitucional na utilização dos termos *intimidade* e *vida privada*, reconhece a dificuldade de diferenciar esses conceitos, assim como o conceito de *privacidade*, oriundo do direito norte-americano (*right to privacy*). Opta pelo tratamento do direito à privacidade "num sentido amplo e genérico, de modo a abarcar todas essas manifestações da esfera íntima, privada e da personalidade" que a Constituição consagrou.

Os conceitos de intimidade e de vida privada estão fortemente relacionados, sem, no entanto, se confundir. A intimidade pode ser interpretada como a dimensão da vida abrigada na esfera íntima do indivíduo e impenetrável pela ação de outro.

A definição de vida privada parte da premissa de que a vida das pessoas abrange dois aspectos distintos: um exterior, que compreende tudo o que lhe envolve nas relações sociais e nas atividades públicas, e um interior, que se volta para ela mesma, seus amigos e membros de sua família. Extrai-se daí que somente o aspecto interior da vida integra o conceito de vida privada e, portanto, seria protegido pela cláusula constitucional de inviolabilidade.[88]

A definição de uma esfera protegida e inexpugnável da vida privada se torna mais complexa quando o indivíduo for pessoa pública, em um sentido amplo, que abrange toda pessoa que exerça algum tipo de atividade pública, de natureza artística ou política. As pessoas públicas não estão privadas do direito à inviolabilidade da intimidade e da vida privada, mas é corrente o entendimento de que o âmbito de proteção desses direitos seja mais restrito em relação a elas do que às pessoas comuns.

É importante frisar que o interesse público na divulgação de qualquer fato verdadeiro é presumido. A sociedade moderna gravita em torno da notícia, da informação e da circulação do conhecimento e das ideias. Sua livre veiculação é essencial ao sistema democrático. Para obstar a livre circulação de uma informação ou de uma opinião, portanto,

---

88 SILVA, José Afonso. *Curso de Direito Constitucional Positivo*. 28ª ed. São Paulo: Malheiros, 2007, p. 208. No mesmo sentido, CAVALIERI FILHO, Sérgio. *Programa de Responsabilidade Civil*, 5ª ed. São Paulo: Malheiros, 2003, p. 122.

cabe ao indivíduo que se sentir prejudicado a demonstração de violação de algum de seus direitos da personalidade, a caracterizar abuso no exercício da liberdade de expressão e informação. No que se refere aos agentes públicos e artistas em geral esse ônus é ainda maior, dada a redução espontânea dos limites da sua privacidade.[89]

O tema foi discutido, recentemente, pelo Supremo Tribunal Federal, na ADI nº 4.815/SP, na qual foi questionada a constitucionalidade de parte das disposições contidas nos artigos 20 e 21 do Código Civil, por contrariedade aos princípios da liberdade de expressão e de informação. A autora da ação, Associação Nacional dos Editores de Livros - ANEL, argumentou que a interpretação dada aos referidos dispositivos legais pelo Poder Judiciário estava obstando a edição e veiculação de obras biográficas, em razão da ausência de prévia autorização dos biografados ou de pessoas retratadas como coadjuvantes (ou de seus familiares, em caso de pessoas falecidas). A Associação autora argumentou que as pessoas cuja trajetória pessoal, profissional ou artística tenha tomado dimensão pública gozam de uma esfera de privacidade e intimidade mais estreita, uma vez que sua história de vida se confunde com a história coletiva, na medida da sua inserção em eventos de interesse público.

O pedido foi julgado procedente para, conferindo aos dispositivos questionados interpretação conforme a Constituição, sem redução de texto, declarar inexigível a autorização prévia para a publicação de biografias, ao fundamento de que tal exigência configuraria censura, vedada pela Constituição. Ressalvou-se que eventuais alegações de ofensa à privacidade, à intimidade, à honra e à imagem do biografado devem ser discutidas em cada caso concreto, com base nas garantias constitucionais de indenização e do direito de resposta.

No que se refere ao *direito à honra*, a doutrina distingue a *honra objetiva* da *honra subjetiva*. A primeira, honra objetiva (ou externa), consiste no juízo que as demais pessoas fazem de alguém. É a reputação que se desfruta no meio social. Ela é atingida quando a pessoa é alvo de imputação de fato que seja vergonhoso e que constitua um menoscabo em sua estima ou em seu conceito social. Pode, eventualmente, vir a caracterizar crime de difamação.[90] Se a manifestação consistir em imputação falsa da prática de delito, pode vir a constituir crime de calúnia.

89 CAVALIERI FILHO, Sérgio. *Programa de Responsabilidade Civil*. 5ª ed. São Paulo: Malheiros, 2003, p. 122.

90 Apesar de ambos os crimes estarem relacionados à imputação de fatos ofensivos à honra objetiva do indivíduo, a consumação da calúnia ocorre com a simples divulgação falsa de fato definido como crime, independentemente da demonstração da

A última, honra subjetiva (ou interna), se refere ao juízo que a pessoa faz de si mesma e de seus atributos. A pessoa é atingida em sua honra subjetiva quando lhe é imputada qualidade negativa ou quando lhe são imputados fatos genéricos depreciativos, violando o seu decoro. Pode, eventualmente, caracterizar crime de injúria, nos termos do art. 140 do Código Penal. Se a injúria consistir na utilização pejorativa de certos elementos que identifiquem a vítima como integrante de determinados grupos (raça, cor, etnia, religião, origem ou condição de pessoa idosa ou portadora de deficiência), constituirá crime de injúria qualificada, de acordo com § 3º do mesmo artigo.

A forma qualificada do delito de injúria não deve ser confundida com o crime de racismo previsto no art. 20 da Lei nº 7.716/89, que prevê sanção para a incitação à discriminação ou ao preconceito contra grupos identificados por raça, cor, etnia, religião ou procedência nacional. Esse crime é considerado inafiançável e imprescritível pela Constituição Federal.[91]

No plano da tutela civil coletiva, a Lei nº 7.347/85, que trata da Ação Civil Pública, em seu art. 1º, VII,[92] prevê ação de responsabilidade por danos materiais e morais causados "à honra e à dignidade de grupos raciais, étnicos ou religiosos."

3.6.4. Restrições legais não previstas de forma expressa na Constituição

Algumas normas infraconstitucionais preveem restrições à liberdade de expressão, a despeito de não haver previsão constitucional expressa a esse respeito. Tais restrições serão legítimas quando tiverem por objetivo a compatibilização daquela liberdade com outros princípios protegidos constitucionalmente. A necessidade de convivência social aponta para a harmonização entre os direitos fundamentais. Como observado por Jorge Reis Novais: "Ter um direito fundamental não significa

efetiva ofensa à reputação da vítima. Por tal razão, em regra, a infração penal pode ser afastada pela chamada "exceção da verdade". A difamação é consumada quando terceiro, que não a vítima, toma conhecimento da imputação dos fatos ofensivos à sua reputação, independentemente da sua veracidade. Por isso, em regra, não admite a exceção da verdade, exceto se o ofendido for funcionário público e a ofensa recair sobre o exercício de suas funções.

91 GRECCO, Rogério. *Curso de Direito Penal: Parte Especial*. V. II. 6ª ed. Niterói: Impetus, 2009, p. 467.

92 Incluído pela Lei nº 12.966/2014.

ter uma posição juridicamente sustentada de natureza absoluta, definitiva ou fechada, ainda que, no decurso da sua efectivação, os direitos fundamentais se concretizem em posições jurídicas que podem reunir essas características."[93] Mas, para que a legislação restritiva seja considerada legítima, não deve transbordar dos limites que a Constituição, como conjunto coerente e íntegro de regras e princípios, aponta. Os direitos fundamentais devem ceder nas situações em que isso seja exigível para a proteção de outro princípio constitucional, explícito ou implícito, que, sem aquelas restrições, poderia se ver esvaziado ou, de algum modo, inviabilizado.[94]

Emerson Garcia enumera alguns exemplos de normas consideradas "pontuais e condizentes com os fins almejados pelo legislador e os valores que se buscou preservar."[95] Uma delas é a Lei Orgânica da Magistratura (Lei Complementar nº 35/79), que, em seu artigo 36, impede que o magistrado manifeste, por qualquer meio de comunicação, "opinião sobre processo pendente de julgamento, seu ou de outrem, ou juízo depreciativo sobre despachos, votos ou sentenças, de órgãos judiciais". A proibição, que não abrange as críticas exaradas nos autos e em obras técnicas ou no exercício do magistério, visa a evitar a exposição do entendimento do magistrado sobre uma determinada questão, o que poderia comprometer a sua imparcialidade para o julgamento de certas demandas, e preservar a unidade do Poder Judiciário.

Outra restrição considerada legítima ao princípio da liberdade de expressão pelo autor é encontrada na Lei nº 1.079/50, que proíbe ao Presidente da República "revelar negócios políticos ou militares, que devam ser mantidos secretos a bem da defesa da segurança externa ou dos interesses da Nação". A vedação legal tem por objetivo a proteção da segurança da sociedade e do Estado, considerada mais importante que a liberdade de expressão, tanto assim que o próprio texto constitucional restringe o direito à informação em relação às informações cujo sigilo seja imprescindível à segurança da sociedade e do Estado.[96]

---

93 NOVAIS, Jorge Reis. *As Restrições aos Direitos Fundamentais não Expressamente Autorizadas pela Constituição*. Coimbra: Coimbra Editora, 2003, p. 570.

94 GARCIA, Emerson. A Liberdade de Expressão dos Membros do Ministério Público. In: ANDRADE, André (org.). *A Constitucionalização do Direito*. Rio de Janeiro: Lumen Juris, 2003. p. 326.

95 Ibidem, p. 329.

96 Constituição Federal. Art. 5º, XXXIII – "todos têm direito a receber dos órgãos públicos informações de seu interesse particular, ou de interesse coletivo ou geral, que serão prestadas no prazo da lei, sob pena de responsabilidade, ressalvadas aquelas cujo sigilo seja imprescindível à segurança da sociedade e do Estado"

A Lei de Improbidade Administrativa (Lei nº 8.429/92), em seu artigo 11, incisos III e VII, impede que agentes públicos revelem fato ou circunstância de que têm ciência em razão das atribuições, e que deva permanecer em segredo, bem como o teor de medidas políticas ou econômicas capazes de afetar o preço de mercadorias, bens ou serviços antes da respectiva divulgação oficial. Nessas hipóteses, o princípio da liberdade de expressão cede lugar a interesses públicos inerentes às atividades administrativas.

A Lei nº 9.504/97, que estabelece as normas para as eleições, prevê diversas restrições à liberdade de expressão, cuja aplicação é restrita a determinados períodos relacionados ao pleito. A proibição da chamada boca-de-urna no dia do pleito (art. 39, § 5º), por exemplo, se justifica para a preservação do princípio democrático.

Já as normas contidas no artigo 45, II, e §§ 4º e 5º, da Lei Eleitoral, que impediam emissoras de rádio e televisão de veicular expressões artísticas envolvendo candidatos, partidos e coligações nos três meses anteriores ao pleito, foram declaradas inconstitucionais por decisão do Supremo Tribunal Federal, no julgamento da ADI nº 4.451, ao fundamento de que "nenhuma autoridade (...) pode prescrever o que será ortodoxo em política ou em outras questões que envolvam temas de natureza filosófica, ideológica ou confessional, nem estabelecer padrões de conduta cuja observância implique restrição aos meios de divulgação do pensamento".

Na mesma oportunidade, conferiu-se, ao inciso III do citado dispositivo legal, interpretação conforme a Constituição, para afastar a interpretação de que as empresas de rádio e televisão estariam proibidas de realizar crítica jornalística favorável ou contrária a candidatos.

3.6.5. Apologia ao crime. O julgamento da ADPF 187 ("Marcha da Maconha")

O Código Penal (Decreto-Lei nº 2.484/40), em sua redação original, criminaliza, nos artigos 286 e 287, respectivamente, a incitação pública à prática de crime e a apologia pública de fato criminoso ou de seu autor. Os tipos penais foram inseridos no Capítulo do Código que trata da proteção da paz pública, bem jurídico de interesse da coletividade. Considera a doutrina penal que, para a consumação dos crimes, basta que a mensagem com tais conteúdos se torne pública, independentemente da produção de qualquer dano ou outro resultado concreto.

Não se discute a constitucionalidade da restrição imposta no artigo 286 do Código Penal (incitação ao crime), em razão do perigo (abstrato) que a conduta típica traz de provocar diretamente a prática de crimes por outras pessoas.

Já o preceito legal relativo ao crime de apologia de fato criminoso ou de autor de crime (artigo 287), que apenas indiretamente poderia provocar esse efeito, teve seu alcance limitado pelo Supremo Tribunal Federal, em 2011, no julgamento da Arguição de Descumprimento de Preceito Fundamental nº 187.

A arguição foi proposta para discutir a possibilidade de criminalização de manifestações relativas à defesa da legalização das drogas (como é o caso da chamada "Marcha da Maconha"), sob a alegação de que decisões judiciais de diversos órgãos restringiram, com base no art. 287 do Código Penal, o exercício de duas liberdades fundamentais (de reunião e de expressão), expondo aqueles que pretendiam exercer tais direitos fundamentais a injusta repressão governamental.

O Tribunal Pleno do Supremo Tribunal Federal, em sua fundamentação, defendeu a ideia de que uma sociedade estruturada em um regime democrático deve respeitar a liberdade de reunião, ainda que exercida sob a forma de protesto e de crítica, a qual possui caráter instrumental e tem íntima conexão com o direito fundamental à livre manifestação do pensamento.

Sob a afirmação de que tais liberdades juntamente com o direito de participação do cidadão na vida política do Estado compõem um "núcleo complexo e indissociável de liberdades e de prerrogativas político-jurídicas", concluiu a Suprema Corte que o direito de reunião somente pode sofrer restrições de ordem jurídica em situações excepcionais, como as do "estado de defesa" e "estado de sítio, previstas nos artigos 136, § 1º, I, a, e 139, IV, da Constituição Federal. Entendeu-se que, em período de normalidade institucional, essa liberdade fundamental impõe ao Estado a obrigação de viabilizar a reunião e respeitar o direito de deliberação pública, sendo-lhe vedado cercear o exercício desse direito com base em oposição governamental ao conteúdo político, doutrinário ou ideológico do movimento.

Invocando a função contramajoritária que a Suprema Corte exerce no Estado Democrático de Direito para a proteção das opiniões de grupos minoritários, ainda que tais opiniões sejam reputadas desagradáveis, atrevidas, chocantes ou insuportáveis para a coletividade, a decisão asseverou que o princípio majoritário não pode legitimar a supressão, a frustração ou a aniquilação de direitos fundamentais, que são garantidos a todos, sem distinção, sob pena de descaracterizar a própria essência do regime democrático.

Salientou, também, que o tipo de manifestação em questão visa expor, de maneira organizada e pacífica, apoiada no princípio constitucional do pluralismo político, as ideias, a visão, as concepções, as críticas e as propostas daqueles que dela participam, amparadas pelo exercício dos direitos fundamentais de reunião, de livre expressão do pensamento e de petição, e que nada é mais nocivo e mais perigoso do que a pretensão do Estado de reprimir a liberdade de expressão.

Assim, julgou-se procedente a Arguição, para dar, ao artigo 287 do Código Penal, com efeito vinculante, interpretação conforme a Constituição: "de forma a excluir qualquer exegese que possa ensejar a criminalização da defesa da legalização das drogas, ou de qualquer substância entorpecente específica, inclusive através de manifestações e eventos públicos".

3.6.6. Os limites da arte

A arte, por constituir um veículo da criatividade humana, muitas vezes gera controvérsias, rompe as convenções, desafiando o senso comum, as tradições e a moralidade vigente, especialmente quando retrata ou faz referência ao nu e à sexualidade, os quais, ainda hoje, continuam sendo, em maior ou menor medida, tabus em diversas sociedades.

O quadro *L'Origine du Monde*, de Gustave Courbet, causou escândalo quando de sua apresentação, em 1866, por retratar um nu feminino de forma extremamente realista e por um ângulo incomum. Embora o nu fosse, já na época, frequente na arte, o quadro quebrou os paradigmas então vigentes, por retratar a genitália de uma mulher, cujo rosto não aparece, em um plano aproximado, dominando a tela.

Atualmente, a obra de Courbet é reconhecida como uma obra prima da Escola Realista, que teve o pintor como seu precursor. Isso não significa que ela ainda não desperte controvérsias. Mesmo na era da informação, o quadro parece perturbar muitas pessoas. O Facebook desativou, em 2011, a conta de um usuário que postara a imagem do quadro em sua página, o que fez com que vários outros usuários, em protesto contra a censura praticada pela empresa, utilizassem a referida obra como fotografia de perfil. Ao que parece, mudanças subsequentes nos termos de uso da referida rede social passaram a possibilitar a postagem de fotos do quadro. Por razão semelhante, a Amazon retirara a imagem da obra de arte da capa do livro do autor Thierry Savatier, que trata especificamente da referida pintura, substituindo a capa original por uma outra sem a foto.

Embora o sexo e a sexualidade sejam retratados em muitos filmes, novelas, vídeos, animações, livros e revistas, de natureza pornográfica ou não, o tema ainda desperta fortes reações negativas por parte de setores conservadores da sociedade quando vem relacionado com manifestações artísticas.

No Brasil, protestos raivosos, agressivos e até violentos foram dirigidos contra a exposição "Queermuseu – Cartografias da Diferença na Arte Brasileira", no espaço Santander Cultural, na cidade de Porto Alegre, em agosto de 2017. Muitas foram as críticas e acusações de que a exposição fazia apologia da pedofilia e da zoofilia – além de constituir blasfêmia. A despeito de o Ministério Público do Estado do Rio Grande do Sul ter concluído que não havia apologia à pedofilia, a mostra acabou sendo fechada às pressas, menos de um mês após sua inauguração. Rejeitadas as negociações para que a mostra fosse levada para o Museu de Arte do Rio, em razão de veto do Prefeito da cidade, a exposição acabou sendo realizada na cidade do Rio de Janeiro um mês depois, no Espaço de Artes Visuais do Parque Lage, após arrecadação de fundos suficientes em campanha de financiamento coletivo.

A performance "La Bête", no Museu de Arte Moderna (MAM), em São Paulo, no mesmo ano de 2017, também provocou reações ferozes daqueles que a viram – e, principalmente, daqueles que não a viram. Na performance, o artista, do sexo masculino, se apresentava nu, como uma escultura viva, para que os espectadores interagissem com o seu corpo. Uma criança, de quatro anos de idade, incentivada pela mãe, tocou o pé do artista durante a performance. A cena, capturada em fotografia e publicada amplamente pela mídia, foi suficiente para suscitar críticas raivosas, que enxergaram no ocorrido um "incentivo à pedofilia", a despeito da ausência de natureza erótica da performance.

A combinação de um corpo masculino nu e a presença de uma criança pequena (que tocou o pé do artista) foi demais para o setor mais conservador da sociedade brasileira. A mesma performance, que aqui causou tanta polêmica, foi apresentada no ano seguinte em Paris, no festival internacional "Do Disturb", sem despertar nenhuma controvérsia.

A arte, muitas vezes, incomoda ou constrange por ser percebida como desrespeitosa ou ofensiva a uma crença religiosa. O emprego, a alusão ou a retratação de figuras ou de símbolos religiosos é, com frequência, considerado como uma diminuição ou um menoscabo da fé religiosa ou daqueles que professam essa fé. Mas a liberdade de expressão é um valor muito caro à democracia, não podendo ser relativizado a pretexto de que a expressão ofende alguma crença religiosa.

Com base na liberdade de expressão, crenças, dogmas ou símbolos de várias religiões têm sido, ao longo do tempo, objeto de manifestações e representações críticas, irreverentes e, para alguns, até grosseiras em diversos veículos de comunicação.

O Museu do Brooklin exibiu, em 1999, a obra "A Santa Virgem Maria", da autoria do pintor Chris Ofili. Na composição do quadro, que retrata uma Virgem Maria negra, foram utilizados vários materiais, dentre os quais fezes de elefante e recortes de imagens pornográficas circundando a imagem da Virgem. Houve reações ferozes contra a obra, considerada desrespeitosa contra o sentimento religioso. O Prefeito de Nova Iorque, Rudy Giuliani, ameaçou retirar apoio financeiro que fora dado ao Museu. Após disputa judicial, prevaleceu o entendimento de que o Governo não pode valer-se da suspensão de fundos públicos como forma indireta de restringir o princípio constitucional da liberdade de expressão.

O filme "A Última Tentação de Cristo" (1988), dirigido por Martin Scorsese, retrata um Jesus atormentado interiormente, com desejos e fraquezas humanas, que imagina como seria sua vida com mulher e filhos. No ápice dos protestos que se seguiram ao lançamento do filme, um cinema em Paris foi incendiado por fundamentalistas cristãos, ferindo várias pessoas.

No que se refere ao Grafite, embora sempre constitua uma forma de comunicação, nem sempre pode ser considerado manifestação artística legítima, constituindo, no mais das vezes, simples pichação, causadora de poluição visual, com prejuízo para a paisagem urbana e para o patrimônio público ou privado. Com frequência, o grafite causa danos a monumentos ou bens de valor histórico ou cultural.

Mesmo em relação à autêntica arte de rua, o tema não é isento de controvérsias, e coloca em confronto interesses conflitantes. De um lado, encontram-se os interesses relativos à proteção do patrimônio público (monumentos, prédios públicos, equipamentos públicos em geral) e privado contra danos ou alterações estéticas não expressamente autorizadas. Do outro lado da trincheira, o direito individual à livre expressão artística e cultural, e os direitos coletivos ao pleno exercício dos direitos culturais e ao acesso às fontes de cultura.[97]

Todas essas polêmicas demonstram que a liberdade de expressão nas artes está sempre em risco. É válido discutir e questionar a qualidade ou o valor moral de uma obra de arte ou literária. Mas essa discussão passa ao largo da questão jurídica. Moral e direito não se confundem. O

97 A Constituição da República, em seu art. 215, estabelece: "O Estado garantirá a todos o pleno exercício dos direitos culturais e acesso às fontes da cultura nacional, e apoiará e incentivará a valorização e a difusão das manifestações culturais." O art. 216 do da Carta Constitucional, por sua vez, indica o que se deve considerar como patrimônio cultural a ser protegido, incluindo as diferentes formas de expressão.

limite jurídico na atividade artística, como em outras atividades, esbarra na proteção do direito subjetivo de terceiros.

3.6.7. Os limites do humor

Como se viu no Capítulo anterior, o humor, com frequência, desafia as convenções sociais, valendo-se de elementos variados que surpreendem e desafiam as expectativas. O ridículo da natureza humana e dos costumes é objeto corriqueiro da comédia. Charges e sátiras são, necessariamente, provocativas e comumente desagradam aqueles que nelas se veem retratados. Algumas vezes, piadas são consideradas deselegantes, grosseiras, chulas e até ofensivas a algumas sensibilidades. Mas os limites jurídicos do humor, como os da arte, não estão no gosto pessoal e na sensibilidade alheia.

Há muita confusão conceitual entre os limites éticos e jurídicos do humor. Não existem temas *a priori* proibidos ao humor. A princípio, tudo pode ser objeto de manifestação humorística, incluídos assuntos delicados ou que constituam tabus na sociedade. Uma das características desse tipo de manifestação é, exatamente, subverter os costumes e desafiar os padrões sociais e morais. Por isso, religião, sexualidade, gênero, etnia, inclinações políticas e outros temas sensíveis não estão fora do alcance do humor.

É compreensível que piadas ou representações que envolvam determinados temas, muitas vezes com o uso de expressões vulgares, palavrões e profanidades, desagradem ou deixem desconfortáveis pessoas mais conservadoras, austeras ou com menos senso de humor. Mas isso não constitui motivo juridicamente válido para censurar ou restringir uma manifestação humorística.

Há gêneros de comédia que usam o insulto como recurso humorístico. Nesses casos, a intenção não é a de insultar o alvo, que pode ser alguém presente na audiência ou alguma outra pessoa. Vários humoristas estrangeiros ficaram famosos com esse tipo de humor: Grouch Marx, Bob Hope, Don Rickles, Andy Kaufman, Joan Rivers. Mais recentemente: Bill Maher, Jimmy Carr, Sarah Silverman, Rick Gervais. Na tradição norte-americana, exemplo peculiar do "humor insultuoso" é o denominado *roasting*, em que um convidado de honra é objeto de piadas de conteúdo ofensivo, com o propósito de divertir a audiência. Até presidentes norte-americanos se submetem a esse tipo de humor.

No Brasil, o humor que se vale do insulto como recurso humorístico é muito comum, mas tem gerado controvérsias que chegam às cortes de Justiça, como ocorreu com o humorista conhecido como Rafinha

Bastos, que foi processado pela APAE – Associação de Pais e Amigos dos Excepcionais, em razão de piada que a Associação considerou ofensiva às pessoas com deficiência física. A demanda foi julgada improcedente em primeiro grau. Na sentença, o Juiz entendeu, corretamente, que se deve reconhecer "a liberdade de expressão e da atividade artística, sem qualquer juízo de valor a respeito do conteúdo e, sobretudo, da qualidade do humor praticado." Acertou a sentença ao considerar que não cabe ao Judiciário julgar se a piada é boa ou ruim, ou se o humor tem qualidade ou não tem. Nada disso faz parte dos limites jurídicos do humor, que, como dito, são estabelecidos para proteger os direitos da personalidade.

No campo estritamente jurídico, o humor, como toda e qualquer forma de expressão, esbarra onde a liberdade de manifestação em geral deve parar. Não há uma imunidade especial, decorrente da chamada "licença humorística", conferida às manifestações que tenham a pretensão de fazer rir. A comédia, a graça, o chiste e outras manifestações de comicidade não estarão protegidas pela liberdade de expressão quando violadoras da honra, da imagem, do nome, da intimidade e de outros direitos constitucionais integrantes da personalidade humana.

Mas há que ter cuidado. Dizer que o humor encontra o seu limite na proteção dos direitos da personalidade muitas vezes não é suficiente para determinar, com clareza, se uma piada, uma sátira, uma charge, um cartoon ou uma representação cômica ultrapassaram esse limite. Honra, reputação, imagem são conceitos jurídicos vagos e abstratos, cujo conteúdo e extensão dependem do exame das circunstâncias concretas. Somente o contexto pode determinar se essas manifestações humorísticas são ou não violadoras de um direito da personalidade, e, por conseguinte, se estarão ou não protegidas pelo princípio assegurador da liberdade de expressão.

A religião é um tema que, para muitas pessoas, é particularmente sensível e não deveria ser objeto de humor. Mas esse tema, como qualquer outro, não está interditado ao humor, expressão legítima da liberdade de expressão.

Exemplo de desconforto com o humor envolvendo a religião ocorreu com o filme "A Vida de Brian" (1979), do grupo britânico Monthy Python, que faz uma sátira a partir da vida de Jesus Cristo. O filme gerou controvérsias e protestos da parte de grupos religiosos, que o consideraram blasfemo e ofensivo à fé cristã.

No Brasil, a exibição, no canal de filmes por assinatura Netflix, do filme humorístico "A Primeira Tentação de Cristo" (2019), produzido pelo grupo Porta dos Fundos, que faz uma sátira com figuras da religião cristã, gerou reações indignadas e raivosas, manifestações de boicote à

Netflix e até um abaixo assinado pela exclusão do filme. Na véspera de Natal, duas bombas, do tipo "coquetel molotov", foram atiradas na porta do prédio da produtora do grupo humorístico. Pouco depois, liminar concedida por Desembargador do Tribunal de Justiça do Estado do Rio de Janeiro chegou a determinar a suspensão da exibição do filme,[98] mas o Presidente do Supremo Tribunal Federal tornou sem efeito essa decisão.[99]

Bem mais graves foram os protestos que se seguiram à publicação de 12 charges de Maomé no jornal dinamarquês Jyllands-Posten, no dia 30 de setembro de 2005. Um dos desenhos mostrava o profeta com uma bomba no lugar de um turbante, no que seria uma alusão à violência e ao terrorismo praticados em nome da religião. A representação pic-tográfica da figura de Maomé é considerada blasfema e proibida pela tradição islâmica, razão pela qual a publicação das charges ofendeu a muitos muçulmanos, em especial pelo modo como o profeta foi retratado. Protestos violentos ao redor do mundo levaram a mais de duzentas mortes e a ataques a representações diplomáticas dinamarquesas e de outros países europeus.

Ideias se combatem com ideias, não com agressões. E foi com uma boa ideia que, em 2012, o jornal egípcio Al-Watan respondeu aos desenhos de Maomé, lançando a campanha "combata *cartoons* com *cartoons*". O periódico publicou 13 *cartoons*, ironizando, de forma inteligente, a visão ocidental sobre o mundo islâmico.

No ano de 2015, em uma escalada de intolerância violenta, dois homens, integrantes de grupo terrorista, armados com rifles e outras armas, mataram doze pessoas e feriram outras onze na sede do semanário Charlie Hebdo. Esse ataque foi em represália à publicação, pelo periódico francês, de diversas charges de Maomé. Apesar da condenação mundial ao ataque, com demonstrações populares tomando as ruas de várias cidades da França, foram feitas muitas críticas à publicação das charges, consideradas provocativas e ofensivas à fé muçulmana. Para alguns, as representações cômicas heréticas do semanário francês constituiriam uma espécie de *hate speech* contra os muçulmanos.

Charges e desenhos de Deus e outras figuras sagradas não são uma novidade em jornais e em revistas ocidentais, como revela uma rápida pesquisa na internet. Considerar essas representações humorísticas de figuras sagradas uma violação da liberdade religiosa ou uma espécie de discurso de ódio é despropositado. Conceda-se que os desenhos de Maomé, no caso do semanário francês, sejam grosseiros e sem graça.

98 TJRJ, AI nº 83896-72.2019.8.19.0000.

99 STF, Rcl 38782 MC/RJ, de 09.01.2020.

Mas isso não deixa de ser uma questão de opinião. Tenham ou não sido de mau gosto as charges publicadas, não se questiona a liberdade de expressão do semanário francês de publicá-las.

Como dito antes, no plano jurídico, não há temas proibidos ou "sagrados" para a liberdade de expressão e para a manifestação humorística, incluídas aquelas que possam causar mais desconforto ou parecer desrespeitosas e insultuosas para os crentes ou fieis. "Heresia" e "blasfêmia" não constituem ilícitos civis ou criminais em países seculares – como é o caso do Brasil. São conceitos que só fazem sentido em um contexto religioso, não jurídico. E ainda bem. Em outros tempos, pessoas eram presas e punidas (muitas vezes cruelmente) pelos delitos de blasfêmia e heresia. Em alguns países, em que a religião tem força de lei, ainda o são. Nas democracias seculares, a força normativa vem da Constituição e das leis. É a Constituição que estabelece os limites aos princípios por ela própria instituídos. Em termos jurídicos, ela é o nosso texto maior. Não algum livro ou escrito religioso, por mais respeito e devoção que algumas (ou muitas) pessoas lhe atribuam. Satirizar ou criticar os dogmas religiosos pode incomodar os respectivos crentes ou fiéis, mas em nada impede o exercício da fé ou da liberdade religiosa. Quem não gosta do humor que tem como alvo a religião deve ignorá-lo. Ou pode, com base na liberdade de expressão, criticá-lo (veementemente até), ou, mesmo, sugerir boicote a quem o veicula. Mas não pode pretender a ele se opor com agressões ou violência, nem juridicamente censurá-lo.

A fé e o sentimento religioso, componentes subjetivos, integrantes da consciência individual, não podem servir de fundamento para censurar quem quer que seja de expressar sua opinião sobre uma religião. Como já se disse, mas vale repetir, não há temas ou assuntos vedados aprioristicamente ao humor, que, como legítima e tradicional forma de expressão humana, somente pode ser restringido nos casos de violação de direitos de outrem. E sentimentos não se confundem com direitos.

Nunca é demais lembrar que só faz sentido falar em liberdade de expressão quando se trata de assuntos polêmicos, opiniões controvertidas e temas delicados, que sempre trazem o risco de ofender. Esse risco é inerente à liberdade, e não pode servir-lhe de freio jurídico.

3.7. Direito ao esquecimento

Relativamente recente é a discussão jurídica acerca da existência de um suposto direito ao esquecimento (*right to be forgotten*). A proteção reclamada sob tal título ganhou força nas últimas décadas, em razão do progresso dos meios de comunicação e dos novos conflitos daí decorrentes. Atualmente, as informações são propagadas em larga escala e com grande velocidade, de modo que a divulgação de um fato pode ter repercussão mundial em poucos minutos. Além disso, a capacidade de armazenamento, localização e compartilhamento dessas informações em meios eletrônicos é imensurável, possibilitando a sua conservação por tempo indefinido.

Diante desse quadro, é compreensível que algumas pessoas desejem ser esquecidas ou que alguns fatos do passado não sejam relembrados, especialmente quando essas pessoas mudaram o seu estilo de vida ou desejam prosseguir com sua vida sem serem assombradas por acontecimentos pretéritos. No entanto, como bem adverte Daniel Sarmento, "nem todo desejo pode ser legitimamente convertido em direito fundamental".[100]

No Brasil, o "direito ao esquecimento" não possui previsão expressa no texto constitucional ou na legislação infraconstitucional.[101] Apesar disso, tem sido reconhecido nos campos doutrinário e jurisprudencial como direito fundamental, derivado de outros princípios constitucionais, com vistas à proteção do livre desenvolvimento da personalidade humana e da concretização do princípio da dignidade.[102] O principal obstáculo ao reconhecimento de um suposto direito ao esquecimento reside no fato de que, por impedir a livre circulação de informações, ele se contrapõe frontalmente às liberdades de informação, de expressão e de imprensa, princípios basilares da democracia. Por isso, a ideia do direito ao esquecimento é duramente criticada por alguns doutrinadores.

Segundo Daniel Sarmento, o direito fundamental de acesso à informação abrange as informações referentes a fatos passados, que não deixam de ser de interesse público apenas pelo decurso do tempo, e

---

100 SARMENTO, Daniel. *Liberdades Comunicativas e "Direito ao esquecimento" na ordem constitucional brasileira.* Parecer, p. 5. Disponível em: <https://www.migalhas.com.br/arquivos/2015/2/art20150213-09.pdf>.

101 Há, porém, previsão expressa do direito à exclusão definitiva de dados pessoais fornecidos por usuários de aplicação de internet, ao término da relação entre as partes, no art. 7º, X, da Lei nº 12.965/2014 (Marco Civil da Internet) e de "anonimização, bloqueio ou eliminação de dados desnecessários, excessivos ou tratados em desconformidade com o disposto nesta Lei", no art. 18, IV, da Lei nº 13.709/2018 (Lei de Proteção de Dados). Sérgio Branco menciona que alguns autores chamam a previsão do Marco Civil da Internet de "direito ao esquecimento de dados pessoais", mas que seria mais adequado incluí-lo entre as previsões de proteções de dados pessoais derivadas da concepção contemporânea de direito à privacidade.

102 MONTENEGRO, Jacqueline. *Direito ao esquecimento na sociedade de informação:* uma abordagem sobre seus aspectos conceituais à luz da doutrina e da jurisprudência. Dissertação (Mestrado em Direito). Universidade Estácio de Sá, 2017, p. 57.

demanda o reconhecimento da importância da História e da memória coletiva, que são elementos essenciais da cultura do país e possibilitam melhor compreensão quanto ao presente e escolhas mais conscientes para o futuro. Para ele, "o reconhecimento de um suposto direito de não ser lembrado, por fatos desabonadores ou desagradáveis do passado é incompatível com um sistema constitucional democrático, como o brasileiro, que valoriza tanto as liberdades de informação, expressão e imprensa." Sarmento menciona o risco de autoritarismo que decorre da possibilidade de atribuir a agentes do Estado – como é o caso dos juízes – a responsabilidade pela definição do que pode ou não ser esquecido ou recordado pela sociedade.[103]

Gustavo Binenbojm usa a expressão "censura no retrovisor" para se posicionar contra a ideia de um direito ao esquecimento. Critica decisão do Tribunal de Justiça da União Europeia que condenou veículo de comunicação à remoção de dados considerados "inadequados" ou "irrelevantes". Na referida decisão, fora determinado que o Google excluísse, de sua página de buscas, o *link* de uma notícia veiculada em 1998 pelo jornal espanhol La Vanguardia sobre o leilão de um apartamento de propriedade de Mario Costeja González, para o pagamento de dívidas dos seus proprietários à Seguridade Social. Embora a dívida já tivesse sido extinta há anos, González continuava a ela associado, pois a edição do jornal fora digitalizada e carregada na internet em 2008.

Como observado por Binenbojm, a amplitude dos termos "inadequado" ou "irrelevante" pode ser usada para alcançar objetivos menos nobres, como a retirada de notícias sobre fatos de interesse público de jornais, revistas e redes de televisão, a vedação à produção de documentários de inestimável valor histórico e a veiculação das retrospectivas jornalísticas. Do mesmo modo, a atribuição de valor histórico à informação possui grande carga de subjetividade, gerando insegurança e incongruências. Não é possível, portanto, traçar parâmetros objetivos que distingam os dados que se tornarão irrelevantes e poderão ser descartados, para apartá-los daqueles que serão essenciais à preservação da memória coletiva e da historiografia social.[104]

103 SARMENTO, Daniel. *Liberdades Comunicativas e "Direito ao esquecimento" na ordem constitucional brasileira.* Parecer, p. 48. Disponível em: <https://www.migalhas.com.br/arquivos/2015/2/art20150213-09.pdf>.

104 BINENBOJM, Gustavo. *Direito ao esquecimento*: a censura no retrovisor. 2014. Disponível em: <https://www.jota.info/opiniao-e-analise/artigos/direito-ao-esquecimento-censura-retrovisor-16102014>.

O debate acerca do tema evoca a lembrança do livro "1984", de George Orwell, no qual já se alertava para os riscos de se tentar apagar o passado. Na obra de Orwell, vive-se em uma sociedade distópica, na qual há um controle praticamente absoluto sobre os cidadãos, inclusive sobre o seu pensamento e sobre o conhecimento dos fatos da história. Nessa sociedade fictícia, os fatos históricos são apagados e manipulados, de modo tal que a população é levada a crer em uma guerra interminável entre três Estados, que ora aparecem como aliados, ora como inimigos, de acordo com os interesses do Partido, sem que essas mudanças sejam percebidas pelo povo, em razão da destruição e alteração dos registros passados. O lema do Partido é: "Quem controla o passado controla o futuro; quem controla o presente, controla o passado".[105] Apesar de o protagonista da estória, Winston Smith, membro do Partido, saber das mudanças ocorridas em relação à história, essa informação está guardada apenas em sua consciência. Winston percebe que "se todos aceitassem a mentira imposta pelo Partido – se todos os anais dissessem a mesma coisa –, então a mentira se transformava em história, em verdade. "[106]

A alusão à obra de Orwell pode parecer um exagero em relação ao debate sobre o direito ao esquecimento, mas serve de alerta para o perigo que existe em apagar registros de fatos e notícias, ainda que, em um primeiro momento, possam parecer irrelevantes, uma vez que não é possível saber a importância que tais registros possam vir a ter no futuro.

A discussão judicial sobre o tema foi inaugurada na Alemanha, com o famoso Caso *Lebach*, em que uma rede de televisão alemã foi processada por produzir um documentário sobre fato criminoso ocorrido em 1969, na cidade de Lebach, em que quatro soldados que guardavam um depósito de munição foram mortos, um soldado foi gravemente ferido e o material guardado no depósito foi roubado. No documentário seriam exibidos os nomes e as fotos de todos os condenados pelo crime, além de uma dramatização da relação existente entre eles – incluindo sua orientação homossexual. A exibição do programa deveria ocorrer na véspera da soltura de um dos condenados pelo crime, que pleiteou uma medida liminar para obstar a veiculação do documentário, com base no seu direito constitucional à privacidade. A medida foi deferida pelo Tribunal Constitucional Federal, que, fazendo uso da ponderação, sopesou os direitos em conflito (direito à informação e direito da personalidade), para

105 ORWELL, George. *1984*. Tradução de Wilson Velloso. 29ª ed. São Paulo: Companhia Editora Nacional, 2004, p. 36.

106 Idem.

concluir que o princípio da proteção da personalidade deveria prevalecer na espécie, haja vista que a ampla divulgação da reportagem iria causar grandes prejuízos ao autor da ação, que já tinha sido libertado e buscava sua ressocialização.

A jurisprudência brasileira, que se tem inclinado para o reconhecimento da existência de um direito ao esquecimento, indicou os parâmetros que devem ser analisados para a solução de conflitos que envolvam essa pretensão. São eles: a atualidade da informação, a sua veracidade, o interesse público na divulgação, a pertinência da publicação e a ausência de abuso no exercício do direito.[107]

No julgamento do Recurso Especial nº 1.334.097/RJ, o Superior Tribunal de Justiça confirmou acórdão do Tribunal de Justiça do Estado do Rio de Janeiro, que condenara a Rede Globo de Televisão ao pagamento de indenização por dano moral em razão da divulgação, em documentário exibido em rede nacional, do nome do autor da demanda dentre aqueles que foram indiciados pela prática dos crimes relacionados à Chacina da Candelária, embora o autor já tivesse sido absolvido da imputação penal por negativa de autoria.

A recorrente Rede Globo sustentou a ausência de ilicitude em sua conduta, uma vez que os fatos noticiados no programa sob análise já eram públicos e amplamente conhecidos na sociedade, de modo que não haveria ofensa à privacidade e à intimidade do autor. Destacou que o programa que exibiu o documentário, como muitos outros, publica matérias sobre crimes de grande repercussão no passado, o que é muito comum no Brasil e no exterior, e que não houve qualquer ofensa pessoal contra o autor. Considerando a existência de interesse público no conteúdo da informação veiculada, sustentou que a invocação de um direito ao esquecimento ou de um direito de ser deixado em paz viola o seu direito de informar.

O recurso foi desprovido por se entender que aplicação do "direito ao esquecimento" ao caso atendeu à principiologia dos direitos fundamentais e, em especial, ao princípio da dignidade da pessoa humana.[108] Admitiu-se que, no caso, mesmo havendo originariamente interesse pú-

107 MONTENEGRO, Jaqueline. *Direito ao esquecimento na sociedade de informação*: uma abordagem sobre seus aspectos conceituais à luz da doutrina e da jurisprudência. Dissertação de Mestrado em Direito apresentada na Universidade Estácio de Sá, 2017, p. 112.

108 No mesmo sentido, foi invocado o Enunciado nº 531 aprovado na VI Jornada de Direito Civil do Conselho da Justiça Federal: "A tutela da dignidade da pessoa humana na sociedade da informação inclui o direito ao esquecimento".

blico na informação, esse interesse tende a desaparecer com a resposta penal dada ao fato, seja através da extinção da pena, seja pela absolvição. Observou-se, por fim, que, embora os fatos genuinamente históricos devam prevalecer sobre o direito ao esquecimento, no caso em exame a narrativa dos fatos poderia se dar sem a exposição da imagem e do nome do autor e sem prejuízo à liberdade de imprensa.

A tentativa de apagar informações da internet muitas vezes traz o efeito adverso de chamar a atenção e o interesse de terceiros para um fato até então pouco conhecido. Esse fenômeno foi batizado por Mike Masnick, editor do Blog *Techdirt*, de "*efeito Streisand*", para fazer referência ao episódio em que a atriz Barbara Streisand ajuizou ação com o objetivo de suprimir da internet fotografias de sua mansão em Malibu, na Califórnia. A demanda foi julgada improcedente, e as fotos, que até então tinham sido acessadas pouquíssimas vezes, passaram a ser procuradas por centenas de milhares de pessoas. A partir de então, a expressão passou a ser utilizada para aludir a esse efeito indesejado de potencializar o interesse do público para uma informação que se deseja suprimir da rede mundial de computadores.

3.8. O Princípio do dano

A distinção entre ação e expressão ou entre conduta discursiva e não discursiva, de que tratei no Capítulo anterior, se relaciona intimamente com o *princípio do dano*,[109] que traz aporte fundamental para o estudo dos limites da liberdade de expressão. Segundo Stuart Mill, a quem se deve a elaboração deste princípio: "o único fim em função do qual o Poder pode ser corretamente exercido sobre qualquer membro de uma comunidade civilizada, contra sua vontade, é o de prevenir dano a outros".[110]

Para melhor compreensão desse princípio é necessário indicar o que se entende por dano. Na concepção milliana, o dano ocorre quando há a *afetação direta de um interesse alheio*. Somente quando alguém é afetado *diretamente* em um interesse legítimo será possível falar em dano. Assim, quando alguém é lesado em sua reputação ou tem a sua privacidade invadida, sofrerá afetação em um interesse legítimo, ou seja, será vítima de um dano. Em tais casos, estará legitimada a interferência estatal sobre a liberdade.

---

109 Sobre o conceito de liberdade e o princípio do dano em Stuart Mill, veja-se o Capítulo 1, item 1.2.

110 MILL, John Stuart. *Sobre a liberdade*. Tradução de Pedro Madeira. Lisboa: Edições 70, 2016, p. 39.

Quando essa afetação for apenas indireta, a intervenção estatal não estará legitimada. Gustavo Augusto Ferreira Barreto esclarece que afetar indiretamente, para Mill, "significa afetar aquilo de que alguém apenas desgosta, acha repugnante ou imoral". Tais razões de ordem puramente emocional, "como afetos e aversões, ou crenças de que uma conduta é errada", não constituem justificativa para a interferência estatal sobre a liberdade. Mais do que isso, "as condutas devem ser danosas de fato para serem proibidas, e não meramente tolas, perversas ou erradas".[111]

A concepção de liberdade defendida por Mill, conforme observado por John Rawls, significa que o Estado não deve interferir nas crenças e condutas dos indivíduos, a não ser que tais crenças e condutas firam os interesses legítimos ou os direitos dos outros. Ficam, portanto, excluídos três tipos de razões ou justificativas para a interferência estatal. São elas: *razões paternalistas*, que se referem àquilo que é sábio e prudente do ponto de vista das pessoas; *razões de excelência e ideais da perfeição humana*, que remetem aos ideais da sociedade; e *razões de aversões ou repugnância*, isto é, relativas à preferência das pessoas. Nenhuma dessas razões seria suficiente para justificar ou legitimar uma restrição estatal sobre a liberdade individual.[112]

Essa ideia, em outros termos, é defendida por Ronald Dworkin, para quem a liberdade de expressão tem um traço essencial ou constitutivo de uma sociedade política justa, na qual as pessoas devem ser consideradas moralmente responsáveis para tomar suas próprias decisões acerca do que é bom ou mal na vida e na política, assim como para decidir o que é verdadeiro ou falso em termos de justiça ou fé. Por isso, o governo viola a dignidade individual e a responsabilidade moral dos cidadãos quando os impede de se manifestar ou de ouvir uma opinião, ao fundamento de que essa opinião seja perniciosa, inconveniente nociva ou odiosa e, consequentemente, não digna de ser propagada. Quando o Estado faz isso, deixa de exercer legitimamente o seu poder.

---

111 BARRETO, Gustavo Augusto Ferreira. *Dano e coação:* princípio do dano e os limites do direito. Curitiba: Juruá, 2016, p. 45.

112 RAWLS, John. *Conferências sobre a história da filosofia política*. Organização Samuel Freeman. Tradução Fabio M. Said. São Paulo: WMF Martins Fontes, 2012, p. 316.

4

O Problema do Discurso de Ódio

4.1. O discurso de ódio como fenômeno sociológico

A expressão "discurso de ódio" ou, em sua denominação original em língua inglesa, *hate speech*, já se tornou de uso corrente na sociedade, sendo empregada por juristas, estudiosos das diversas áreas das ciências, políticos, leigos. É ouvida e discutida nos meios social, político, da cultura popular, das artes, do esporte, da educação, da ciência, da mídia, dentre outros, com maior ou menor alcance.[1] Pode-se dizer que há muitas e variadas concepções acerca do que caracteriza uma manifestação como discurso de ódio.

Isso decorre do fato de que o discurso de ódio é, antes de tudo, um fenômeno social complexo, que remete a situações diversas e heterogêneas entre si. Somente a partir dessa compreensão é possível realizar uma análise sistemática do problema, que não recaia em simplificações, casuísmos ou reducionismos, comumente geradores de divergências artificiais entre aqueles que se debruçam sobre o tema.

A busca de medidas ou estratégias eficazes para lidar com o discurso de ódio, sejam essas medidas de ordem jurídica (civil ou criminal) ou extrajurídica, tais como o incentivo ao contradiscurso e campanhas de combate à discriminação e ao preconceito, deve partir, primeiramente, da compreensão de que se cuida de um fenômeno multifacetado do ponto de vista sociológico, porque pode revestir-se de um número virtualmente infinito de formas. Sem essa consciência, não há como progredir no debate sobre a conveniência de restringir, e em que medida, esse tipo de discurso.[2]

---

1 Cf. BROWN, Alexander. What is hate speech? Part.: The myth of Hate. *Law and Philosophy*. V. 36. 2017, p. 429. Disponível em: <https//doi.org/10.1007/s10982-017-0297-1>.

2 Ibidem, p. 420.

Uma segunda importante observação que deve ser feita, estreitamente relacionada com a primeira, é a de que o exame do fenômeno a partir de um dado conceito jurídico ou legal não coincide com o amplo e aberto conceito sociológico de discurso de ódio. O conceito jurídico constituirá, sempre, um recorte dentre as infinitas situações hipotéticas que são ou podem ser reconhecidas na sociedade como discurso de ódio.

A consciência da distinção entre um conceito jurídico e o conceito geral de discurso de ódio é importante para afastar o risco de respostas jurídicas que podem se mostrar adequadas para uma ou algumas situações específicas, mas inadequadas para muitas outras. Como observa Alexander Brown: "Se focamos demais em um conceito legal de *hate speech*, arriscamos prejulgar qual poderia ser a resposta para o problema: porque podemos ter definido a natureza e os contornos do fenômeno em questão com respostas legais em mente."[3]

É claro que os conceitos de discurso de ódio encontrados em diversos diplomas normativos não estão dissociados do seu conceito ordinário. Até porque o mundo dos fatos, os princípios e os valores de caráter ético e moral, além das pressões de ordem política, exercem grande influência sobre legisladores e juristas. Mas os conceitos encontradiços nos diversos textos normativos englobam apenas uma pequena parcela das incontáveis e heterogêneas situações que leigos, intelectuais e estudiosos de outras áreas identificam ou apontam como discurso de ódio.

4.2. Alguns conceitos legais

Vários são os textos jurídicos, em diversos ordenamentos, que regulam manifestações reconhecidas como discurso de ódio, fazendo ou não uso dessa denominação. Diferenças históricas, culturais e jurídicas de cada país fazem com que haja diferentes modos de enxergar as manifestações tidas como caracterizadoras do discurso de ódio. Os diferentes diplomas legais, como é natural que ocorra, também refletem essa dificuldade conceitual, ora incluindo, ora excluindo certos elementos nessa espécie de discurso.

É frequente a inclusão do elemento *incitação* (ao ódio ou a determinadas consequências) no discurso. Há leis que exigem que o discurso se mostre apto a produzir determinados resultados, tais como o *risco de dano ou violência* contra certos grupos, ou que o discurso traga como efeito a *estigmatização* dos seus componentes.

3 Ibidem, p. 422.

É comum a referência a grupos específicos ou características específicas de grupos, como o faz, no Brasil, a Lei de Racismo (Lei nº 7.716/89) que, em seu art. 20, proíbe o induzimento ou a incitação da discriminação ou preconceito de "raça, cor, etnia, religião ou procedência nacional".

Outras leis, de forma mais genérica e menos precisa, exigem que o discurso se dirija a um *grupo historicamente discriminado ou oprimido*. Há, ainda, leis que fazem a exigência do emprego de expressões ou epítetos discriminatórios, independentemente da intenção do agente. Enfim, variadas são as configurações trazidas por leis que fazem restrições ao discurso de ódio.[4]

Tudo isso demonstra que o discurso de ódio constitui fenômeno muito mais complexo do que pode sugerir uma noção vulgar, que inclui nessa categoria toda e qualquer manifestação raivosa ou de conteúdo discriminatório contra uma pessoa ou um grupo.

4.3. Tentativas doutrinárias de conceituação

Essa miríade de sentidos atribuídos ao discurso de ódio, tanto no âmbito extrajurídico quanto nos textos legais, faz com que os doutrinadores partam de premissas ou conceitos distintos, o que, com frequência, leva a abordagens e propostas de tratamento jurídico diferentes quando do exame do fenômeno.

Refletindo essa diversidade conceitual, muitos estudiosos tratam do tema a partir de exemplos concretos, tirados daqui e dali, sem indicar previamente os elementos básicos dessa forma de expressão.[5] Outros, simplesmente, tratam do discurso de ódio a partir de um determinado sistema jurídico ou de um específico conjunto normativo. Outros, ainda, estudam o assunto focando categorias ou classes específicas de discurso de ódio, como os dirigidos contra grupos raciais,[6] os discursos de in-

---

4 BROWN, Alexander. *Hate Speech Law. A Philosophical Examination*. New York: Routledge, 2015, p. 19-41.

5 SELLARS, Andrew F. *Defining hate speech*. Disponível em: <https://papers.ssrn.com/sol3/papers.cfm?abstract_id=2882244>. Cambridge (MA): Berkman Klein Center for Internet & Society at Harvard University, 2016. (The Berkman Klein Center for Internet & Society Research Publication Series, n. 20: The Social Science Research Network Electronic Paper Collection: <https://ssrn.com/abstract=2882244>.)

6 MCGOWAN, Mary Kate. *On 'Whites Only' Signs and Racist Hate Speech: Verbal Acts of Racial Discrimination*. *In*: Speech and Harm. Controversies Over Free Speech. 2013, p. 121.

citação ao terrorismo,[7] os discursos revisionistas ou negacionistas do Holocausto.[8]

Não por acaso, é na doutrina norte-americana que se vai encontrar o maior número de trabalhos e estudos sobre o discurso de ódio (*hate speech*). Nesse *corpus* doutrinário encontram-se algumas tentativas de definição ou conceituação desse tipo de conduta.

Samuel Walker tratou do *hate speech* remontando às origens do tema nos Estados Unidos da América. Já no início de sua obra indica que não existe uma definição universalmente aceita de *hate speech*, observando que usualmente as conceituações doutrinárias fazem referência a formas de expressão consideradas ofensivas a um grupo racial, religioso, étnico ou nacional.[9] Acrescenta que, nas décadas de 1920 e 1930, o fenômeno era examinado com o enfoque racial, razão pela qual era referido como *race hate*. Posteriormente, na década de 1940, o tema veio a ser tratado como *group libel* (difamação coletiva), e a legislação correspondente se limitava aos grupos raciais, religiosos e étnicos. Já na década de 1980, a lista se expandiu para abranger muitos outros grupos historicamente vitimizados, incluindo mulheres, gays, lésbicas e pessoas com deficiências físicas. Após esse histórico, o autor não se posiciona sobre a questão sobre quais grupos (e por que) deveriam ser protegidos.[10]

Rodney Smolla identifica no *hate speech* uma expressão genérica cunhada para fazer referência a ataques verbais baseados em raça, etnia, religião e orientação ou preferência sexual.[11] O autor se limita a aludir a algumas categorias de grupos, deixando de fora outras que poderiam ser alvo de ataques verbais preconceituosos.

Bhikhu Parekh observa que, devido a muita confusão conceitual, diversas manifestações são equivocadamente associadas ao *hate speech*, ampliando indevidamente a rede de condutas expressivas que deveriam ser relacionadas a este conceito. Observa que a circunstância de uma fala ser reconhecidamente abusiva, insultuosa ou moralmente inaceitável não legitima, por si só, rotulá-la e tratá-la como *hate speech*. Expressões abusivas podem e devem ser objeto de sanções, mas por ra-

---

7 BARENDT, Eric. *Incitement to, and Glorification of, Terrorism*. *In*: Extreme Speech and Democracy. 2010, p. 445.

8 Cf. WHINE, Michael. *Expanding Holocaust Denial and Legislation Against It*. *In*: Extreme Speech and Democracy. 2010, p. 538.

9 WALKER, Samuel. *Hate Speech. The History of an American Controversy*. San Bernardino (CA): University of Nebraska Press, 1994, p. 8.

10 Idem.

11 SMOLLA, Rodney A. *Free Speech in an Open Society*. 1992, p. 151.

zões que não são necessariamente as mesmas que levam à restrição do discurso de ódio.[12] A seu ver, três características são essenciais a esse tipo de discurso: primeiro, que seja dirigido contra um indivíduo ou um grupo de indivíduos, com base em alguma característica arbitrária e irrelevante destes; segundo, que estigmatize o grupo alvo atribuindo-lhe, explícita ou implicitamente, qualidades amplamente consideradas como altamente indesejáveis; terceiro, em razão de suas qualidades negativas, o grupo alvo seja visto como uma presença indesejável na sociedade e objeto de hostilidade.[13] Os requisitos enumerados por Parekh, embora não constituam um conceito ou uma definição no sentido clássico, têm a vantagem de escapar do casuísmo em relação aos grupos-alvo. Mas incorrem, talvez, no problema oposto, de generalizar demais, ao sugerir que qualquer grupo possa estar na mira do *hate speech*.

Eduardo Bertoni e Julio Rivera definem o *hate speech* com base em sua *intenção* e seu *alvo*. No que se refere à intenção, o *hate speech* seria a manifestação que teria como propósito intimidar, oprimir ou incitar ódio ou violência com base em características como raça, religião, nacionalidade, gênero, orientação sexual ou deficiência. No que diz respeito ao alvo, é a manifestação dirigida contra uma pessoa ou um grupo de pessoas, em razão das características mencionadas.[14] Verifica-se que os autores acoplam ao *hate speech* uma intenção ou finalidade (incitar o ódio, ou intimidar, ou oprimir), circunstância que é prevista em alguns textos normativos específicos. Deixam de fora, com isso, outras manifestações comumente identificadas como *hate speech* em que não estão presentes esses propósitos. Além disso, também recaem no casuísmo no que se refere aos grupos-alvo da manifestação, não explicando porque outros grupos identificáveis por características próprias ficam de fora.

4.4. O ódio como elemento contingente ao discurso de ódio

Vários estudiosos indicam ou sugerem que emoções, sentimentos ou atitudes de ira, raiva ou assemelhados constituem parte essencial do conceito de discurso de ódio, sendo mesmo o que distingue essa espécie de discurso de outros tipos de manifestação. Nesse sentido, Nadine

12 PAREKH, Bhikhu. Is There a Case for Banning Hate Speech? *The Content and Context of Hate Speech*. 2012, p. 39.

13 Ibidem, p. 40.

14 BERTONI, Eduardo; RIVERA JR., Julio. The American Convention on Human Rights Regulation of Hate Speech and Similar Expression. *In*: *The Content and Context of Hate Speech*. 2012, p. 499.

Strossen, para quem o *hate speech*: "expressa pensamentos de ódio em relação a certos indivíduos e grupos – por exemplo, minorias raciais ou outras."[15] No mesmo sentido, Robert Post: "Proibir o discurso de ódio é proibir a expressão de intolerância 'extrema' ou aversão 'extrema'."[16] Também assim, Bhikhu Parek: "O discurso do ódio expressa, encoraja, estimula ou incita o ódio contra um grupo de indivíduos que se distinguem por uma característica particular ou conjunto de características como raça, etnia, gênero, religião, nacionalidade e orientação sexual."[17]

É nítida a associação que fazem entre o vocábulo "ódio" que faz parte da expressão "discurso de ódio" com o conceito a que ele se refere. Todavia, nem toda manifestação identificável como discurso de ódio é motivada por esses sentimentos, que são meramente contingentes (não necessários) ao fenômeno.[18]

Algumas manifestações reconhecidas como discurso de ódio não são movidas por ira, ódio ou raiva – expressões indicativas de uma forte aversão a algo ou alguém – mas por emoções, sentimentos ou motivações de natureza distinta, como desprezo, menosprezo ou desdém – através das quais se vê o outro como inferior ou menos digno de consideração e respeito. Outras motivações podem, potencialmente, estar associadas ao discurso de ódio, tais como o medo, a inveja, a necessidade de pertencimento ao um grupo (que se oponha ao grupo discriminado), o desejo de atenção de outros.[19]

Desafiando a ideia de que o ódio constitua uma característica essencial do *hate speech*, Alexander Brown formula interessantes exemplos hipotéticos. No primeiro deles, concebe um fundamentalista cristão que dirige as seguintes palavras na rua a outras pessoas que entram em um clube voltado para o público LGBT: "Vocês homossexuais e lésbicas são pecadores aos olhos de Deus, vocês desobedecem aos ensinamentos da Bíblia, por essa razão irão para o inferno se não se arrependerem." Argumenta que é perfeitamente plausível que essas palavras sejam articuladas não como manifestação de ódio aos homossexuais, mas como sincera e profunda crença religiosa, ou como uma espécie de rito de pas-

---

15 STROSSEN, Nadine. Incitement to Hatred: Should There Be a Limit?. *Southern Illinois University Journal*, nº 25, 2001, p. 244.

16 POST, Robert. *Hate Speech*. In: HARE, Ivan; WEINSTEIN, James (Ed.). *Extreme Speech and democracy*. New York: Oxford University Press, 2010, p. 123.

17 PAREKH, Bhikhu. Is there a Case for Banning Hate Speech?. *The Content and Context of Hate Speech*, 2012, p. 40.

18 Ibidem, p. 433.

19 Ibidem, p. 441.

sagem religioso, ou, ainda, como expressão de sentimentos de desgosto ou repulsa em decorrência dos preconceitos aprendidos com os pais ou líderes da comunidade.

Em outro exemplo, Brown imagina pessoas preconceituosas empregando palavras pejorativas como "retardado", "aleijado" e "aberração" para expressar seu desprezo por pessoas com deficiência física ou mental, vistas, então, como não dignas de respeito e consideração. Ainda nessa hipótese, assume que esses preconceituosos não expressam sentimentos ou atitudes de ódio ou raiva em relação às pessoas deficientes, mas uma atitude de desdém em relação a estas.

Em um derradeiro exemplo hipotético, considera um grupo de homens conversando sobre suas esposas e as mulheres em geral. Nessa conversa, expressam ideias sexistas e depreciativas e empregam estereótipos negativos a respeito de mulheres, tais como "lugar de mulher é em casa", "o homem está no comando", "mulheres não são boas em coisas práticas". Como exercício hipotético, assume o autor que esses homens não nutrem nenhum sentimento de raiva, ódio ou aversão pelas suas esposas ou pelas mulheres em geral.[20]

Nesses três exemplos, Brown concebe condutas expressivas que transmitem ideias preconceituosas a respeito de membros integrantes de determinados grupos (homossexuais, deficientes físicos ou mentais, mulheres). Em todos eles os integrantes dos grupos foram vistos como não merecedores de igual respeito e consideração. Mas em nenhuma dessas situações hipotéticas o ódio foi a motivação das manifestações preconceituosas.

Outras várias situações identificáveis como *hate speech* poderiam encontrar motivações que não apenas nada tem que ver com o sentimento de ódio, mas que também não se relacionem intrinsecamente com um sentimento negativo em relação ao grupo alvo. O tédio, a necessidade de obter atenção, o desejo de se sentir pertencente a um grupo visto como antagônico ou o mero prazer em ser controverso podem constituir motivações desses discursos.

Brown observa que até o interesse econômico pode constituir a motivação para o discurso preconceituoso. Aventa a hipótese de um comerciante que faz várias declarações de cunho preconceituoso contra comerciantes judeus instalados próximos ao seu estabelecimento, não porque ele odeie judeus – na verdade, ele admira muito os judeus –, mas porque ele os vê como competidores em relação ao seu negócio e deseja

20 Ibidem, p.450-453.

conquistar para si os seus clientes através de uma campanha difamatória que se utiliza de estereótipos negativos em relação àquele grupo religioso.[21]

Por outro lado, o sentimento de ódio, em si considerado, não necessariamente deve ser associado a algo negativo, como se o ódio fosse um mal em si mesmo. O ódio ao racismo, ao sexismo, ao heterossexismo e a outras formas de preconceito e discriminação, assim como o ódio à opressão, à violência e à injustiça seriam "ódios bons", porque foram fundados em um bom motivo ou uma boa causa. Como observa Timothy Garton Ash, tudo "depende do que se esteja a odiar".[22]

Não se quer, por óbvio, diminuir o peso que o estado de ânimo tem em grande número de situações identificadas com o discurso de ódio. O sentimento de intensa aversão está, sim, presente em muitos casos, seja como motivação, seja como propósito (no caso da incitação ao ódio) da manifestação preconceituosa. O que se sustenta aqui é que a disposição anímica do agente constitui um elemento meramente contingente, não essencial, desse tipo de manifestação.

4.5. Conceituando o discurso de ódio

Conceituar ou definir, no sentido clássico, é descrever ou delimitar um objeto, indicando o que ele tem de específico e distinto em relação aos demais. Em outras palavras, significa encontrar as características comuns aos entes que integram a mesma classe. Pressupõe, portanto, a existência de uma essência que agrupa todos os entes dessa classe. O conceito, assim visto, seria "a essência das coisas".[23] Essa é a ideia clássica ou tradicional de conceito ou definição.

Todavia, o conceito de discurso de ódio (ou, em sua forma original, *hate speech*) alude ou se refere a situações muito diferentes entre si, que não compartilhariam de uma *essência* ou de um elemento comum a todas elas. Trata-se de um conceito muito mais complexo do que denota

21 Ibidem, p. 457.

22 ASH, Timothy Garton. *Liberdade de Expressão. Dez Princípios para um mundo Interligado*. Lisboa: Círculo de Leitores. 2016, p. 249.

23 ABBAGNANO, Nicola. *Dicionário de Filosofia*. 2000, p. 164. Segundo Abbagnano: "A concepção do C. [conceito] como essência pertence ao período clássico da filosofia grega, em que a o C. é assumido como o que se subtrai à diversidade e à mudança de pontos de vista ou de opiniões, porque se refere às características que, sendo constitutivas do próprio objeto, não são alteradas pela mudança de perspectiva."

uma simples associação dos vocábulos que formam a expressão, que é não composicional, ou seja, constitui uma simples expressão idiomática.

Como já se viu, o ódio, que muitos identificam como um elemento comum às variadas formas de *hate speech*, não constitui elemento essencial a essa modalidade de conduta discursiva. Além disso, na composição do conceito de *hate speech* entram outros elementos não indicados pelos termos que fazem referência ao fenômeno.

A expressão discurso de ódio ou *hate speech* remete a um conceito não unívoco, de limites relativamente imprecisos, e é empregada para designar condutas expressivas muito heterogêneas, que, quando olhadas em conjunto, não apresentam uma essência ou característica definidora.

Alexander Brown observa que essa heterogeneidade própria do discurso de ódio não inviabiliza a identificação do fenômeno, que pode ser identificado através de um conjunto de características cruzadas que, em seu conjunto, formam aquilo que Wittgenstein denominou de "semelhanças de família",[24] ou seja, um conjunto de objetos que possuem semelhanças entre si, sem compartilharem uma essência ou característica comum a todos eles.[25]

Assim acontece com o conceito de discurso de ódio, que remete a diversas instâncias comunicativas assemelhadas, mas que não apresentam um elemento definidor único dessas múltiplas instâncias. Não há, pois, algo que possa ser indicado como uma essência ou um elemento fundamental que represente esse conceito. O que há é uma variedade de situações que pelo uso identificamos com essa expressão.

Ainda que não se possa falar em uma *essência* de discurso de ódio, ou de um elemento definidor que permita formular um conceito unívoco, é possível identificar, aqui e ali, alguns elementos mais frequentes ou constantes em relação a esse tipo de conduta expressiva. Entre esses elementos estão o *preconceito*, a *discriminação* e a *intolerância*.

Com base nesses elementos, podemos definir o discurso de ódio como a *manifestação ou expressão, motivada por preconceito ou intolerância, através da qual uma pessoa ou um grupo é discriminado, com base em suas características identitárias*.

A seguir serão analisados os elementos que frequentemente se encontram presentes no discurso de ódio.

---

24 Cf. BROWN, Alexander. What is hate speech? Part. 2: Family Resemblances. *Law and Philosophy*. V. 36. 2017, p. 593.

25 WITTGENSTEIN, Ludwig. *Investigações Filosóficas*. 2ª ed. Petrópolis: Vozes, 1996, parágrafo 66, p. 51.

4.6. O preconceito

O preconceito é o juízo preconcebido acerca de algo ou alguém, sem o devido exame ou consideração, baseado em informações incompletas, opiniões errôneas, crenças infundadas, supergeneralizações ou estereótipos. Aqui a referência é ao preconceito *ilegítimo* ou *inautêntico*, que se refere a um julgamento prévio rígido e desfavorável sobre um indivíduo ou grupo.

Não se deve esquecer, contudo, que nem todo preconceito é negativo. Na verdade, nossos juízos prévios ou preconceitos constituem condição de possibilidade para nossa compreensão acerca das coisas. Como observa Gadamer: "Se quiser fazer justiça ao modo de ser finito e histórico do homem, é necessário levar a cabo uma reabilitação radical do conceito de preconceito e reconhecer que existem preconceitos legítimos".[26] Lenio Streck, a partir de Gadamer, observa que "falamos sempre de algum lugar e nosso discurso vem carregado de pré-juízos".[27]

Assim, embora o preconceito também possa ter uma conotação positiva, para fazer referência a um juízo prévio favorável em relação a algo ou alguém, o vocábulo é usado aqui em seu sentido negativo, tal como é empregado nas ciências sociais, para indicar o julgamento prévio rígido e desfavorável a respeito de um indivíduo ou de um grupo, não fundado em um exame ponderado e completo, e que se mantém mesmo diante de provas em contrário.[28]

Na formação do preconceito entram componentes *cognitivos*, tais como crenças e estereótipos; componentes *afetivos*, como antipatia, desprezo, aversão ou ódio; e componentes *volitivos*, indicativos de uma predisposição de se comportar negativamente em relação a um grupo.[29]

A generalização é uma tendência natural da mente humana. Não temos condições de parar para sopesar e avaliar de forma detida e detalhada cada acontecimento de nossas vidas, em todos os seus detalhes.

---

26 GADAMER, Hans-Georg. *Verdade e Método. Traços Fundamentais de uma Hermenêutica Filosófica*. 3ª ed. Petrópolis: Vozes, 1999, p. 368.

27 STRECK, Lenio Luiz. *Dicionário de Hermenêutica: quarenta temas fundamentais da teoria do direito à luz da crítica hermenêutica do Direito*. Belo Horizonte: Letramento, 2017, p. 233.

28 WILLIAMS JR., Robin M. *In*: OUTHWAITE, William; BOTTOMORE, Tom (Ed.). *Dicionário do pensamento social do século XX.* Editoria brasileira por Renato Lessa e Wanderley Guilherme dos Santos. Rio de Janeiro: Jorge Zahar, 1996 *Dicionário do pensamento social do século XX*. 1996. Verbete "Preconceito", p. 602.

29 DOVIDIO, John F. et all. *The SAGE Handbook of Prejudice, Stereotyping and Discrimination*. London: Sage, 2013, p. 5.

Daí nossa tendência em categorizar e classificar mentalmente objetos, fatos e pessoas. A rapidez com que os fatos se sucedem na vida cotidiana exige que formemos opiniões sem que tenhamos informações suficientes a respeito, sob pena de ficarmos paralisados.

Por isso, nem todos os juízos prévios que fazemos e que se mostram equivocados devem ser considerados preconceitos, no sentido negativo. O prejulgamento somente se transforma em preconceito quando ele é inflexível e resiste às evidências em contrário.[30] Norberto Bobbio observa que o que distingue um *preconceito* de uma simples *opinião errônea* é o fato de que o preconceito pertence "à esfera das ideias que não aceitam se submeter ao controle da razão".[31]

Pesquisas empíricas indicam que os preconceitos não são monopólio desta ou daquela sociedade ou cultura, e variam em intensidade ou espécie, de acordo com as circunstâncias históricas, sociais e culturais de cada povo.

Os preconceitos não são inatos, mas aprendidos ou adquiridos. E uma vez incorporados, ensejam e encorajam comportamentos discriminatórios.[32]

Relaciona-se com o *etnocentrismo*, que é a ideia ou o sentimento de superioridade de um grupo em relação a outros. Quanto mais preponderantes e intensas em uma sociedade são as crenças na superioridade do grupo a que se pertença, maior será a probabilidade de responsabilizar membros de outros grupos por condições ou acontecimentos indesejáveis, aumentando, como consequência, a possibilidade de conflito – o que, por sua vez, reforça e acentua o preconceito e o etnocentrismo, em um círculo vicioso, que alimenta o *preconceito étnico*.[33]

Em sua obra seminal *The Nature of Prejudice*, Gordon Alport define o *preconceito étnico* como a antipatia baseada em uma equivocada e inflexível generalização em relação a um grupo social. Essa antipatia pode ser apenas sentida ou pode ser expressa. Ela é dirigida a um grupo como um todo ou a um indivíduo, por ele ser membro de um grupo.[34]

---

30 ALPORT, Gordon W. *The Nature of Prejudice*. New York: Basic Groups, 1979, p. 9.

31 BOBBIO, Norberto. *Elogio da Serenidade*. 2002, p. 103.

32 WILLIAMS JR., Robin M. Op. cit., p. 603.

33 Idem.

34 ALPORT, Gordon W. Op. cit., p. 9.

O preconceito pode decorrer de uma multiplicidade de fatores: de ordem histórica, sociocultural, situacional, psicológica, fenomenológica e pessoal.[35]

Na base do preconceito está o medo, a aversão ou a desconfiança em relação ao diferente. O preconceituoso – seja ele racista, sexista, homofóbico ou de outro tipo –, porque vê o outro como não igual, acredita que este tem menos direitos, ou, até, nenhum direito, não se dando conta de que não é porque as pessoas são iguais que têm os mesmos direitos, mas é por terem os mesmos direitos que são iguais.[36]

4.7. O estereótipo

Estereótipos são crenças que partem de supergeneralizações acerca de características, atributos e comportamentos de membros de grupos sociais.[37] Walter Lippman (1922) cunhou o termo estereótipo para descrever o retrato mental que vem à nossa mente quando pensamos a respeito de categorias de pessoas.[38] Sua função é justificar racionalmente nossa conduta em relação a esses grupos. Essas crenças, embora possam ser sustentadas, detalhadas e refinadas no plano individual, são compartilhadas e disseminadas nos planos social e cultural.

Um estereótipo não precisa ser inteiramente falso para ser classificado como tal. Em alguns casos, as crenças nas quais se funda um estereótipo podem se mostrar, de um ponto de vista puramente estatístico, relativamente acuradas, mas constituirão sempre uma supergeneralização ou supercategorização que não encontra correspondência necessária no plano individual. Como os estereótipos em geral são parcialmente verdadeiros e parcialmente falsos, não faz sentido debater a respeito de sua precisão. Seria mais apropriado dizer que alguns esterótipos são mais válidos ou menos válidos do que outros.

Alguns estereótipos sociais são percebidos como positivos ou neutros, como o de que asiáticos são bons em matemática, negros são mais atléticos ou melhores em atividades esportivas e mulheres são mais habilidosas no trato com crianças. Outros estereótipos são flagrantemente negativos, tais como a crença de que mulheres são mais distraídas e menos competentes ao volante de um carro, de que gays são promíscuos

---

35 Ibidem, p. 206 e ss.

36 Cf. Comte-Sponville, André. *Dicionário Filosófico*. 2003. Verbete "Igualdade", p. 297.

37 HILTON, James L. e HIPPEL, William von. Stereotypes. *Annual Review of Psychology*, 1996, p. 240.

38 LIPPMAN, Walter. *Public Opinion*. New York: Dover Publications, 2004, p. 13.

em suas relações e de que negros são mais preguiçosos ou menos inteligentes. Nesses últimos casos, os estereótipos atuam como forma de preconceito negativo contra o grupo a que se dirige.

Mesmo estereótipos considerados positivos em um determinado domínio podem funcionar como negativos em um domínio diverso, gerando, assim, uma forma indireta de preconceito. Assim, por exemplo, a crença de que negros são melhores em atividades atléticas pode levar à ideia de que não sejam considerados aptos para atividades de natureza intelectual; a convicção de que mulheres são mais sensíveis e empáticas do que homens pode levar à conclusão de que não sejam indicadas para cargos ou posições de liderança, que demandem menos empatia e mais severidade.

Além disso, muitas crenças estereotípicas consideradas positivas e benéficas para um grupo podem, ao mesmo tempo, configurar uma desvantagem para outro. Exemplo disso seria a crença de que mulheres são melhores cuidadoras de crianças, o que pode tornar mais difícil para homens conseguir emprego como babá ou como professor de escola do ensino básico ou fundamental.[39]

Tradicionalmente, preconceitos e estereótipos têm sido enxergados como processos psicológicos conscientes: crenças e inclinações sobre os quais o sujeito tem consciência e controle. Mas nem sempre isso ocorre. Com frequência, atribuímos qualidades ou defeitos a pessoas ou grupos sem que tenhamos consciência disso. Essas predisposições mentais de que não somos conscientes configuram os chamados *preconceitos implícitos* (*implict bias*) e *estereótipos implícitos* (*implicit stereotypes*).

Estudos realizados pelos Professores de Psicologia Mahzarin Banaji e Anthony Greewald demonstraram que o cérebro humano funciona como uma máquina de associações. Ele coloca junto coisas que parecem se encaixar, de acordo com nossa experiência passada. Implicitamente, entendemos as coisas e nos sentimos em relação a elas de uma determinada maneira. E com frequência esses pensamentos e sentimentos são refletidos em nossas ações. O estereótipo implícito surge quando esse processo associativo mental é feito, sem que nos demos conta, em relação a grupos sociais.[40]

Dentro do âmbito dos estereótipos implícitos estariam as chamadas microagressões (*microaggressions*), termo utilizado para fazer referên-

---

39 WHITLEY JR., Bernard E; KITE, Mary E. *The Psychology of Prejudice and Discrimination*. Belmont: Thomson Wadsworth, 2006, p. 7.

40 BANAJI, Mahzarin R.; GREENWALD, Anthony. *Blind Spot*. New York: Bantam Books, 2016, p. 55.

cia a interações sociais, falas e comportamentos que revelam preconceito e discriminação em relação a um interlocutor, sem que aquele que fala ou age tenha consciência disso, e ainda que esteja bem-intencionado. Exemplos de microagressões: dirigir-se a alguém em um estabelecimento comercial presumindo que, por ser de diferente etnia, trabalha no estabelecimento, quando, na verdade, é um cliente; ao falar com alguém, fazer referência a pessoas da mesma etnia ou raça do interlocutor, como "o seu pessoal"; elogiar a beleza de uma pessoa negra, ressaltando que seus traços não são característicos da sua raça. Em todos esses exemplos, aquele que fala ou age revela, ainda que inconscientemente ou de boa-fé, um preconceito.

4.8. A discriminação

A *discriminação* consiste na atribuição de tratamento diferenciado e injusto a indivíduos ou pessoas integrantes de um grupo social. Ela é a exteriorização do preconceito.

Em um sentido comum ou neutro, discriminar é sinônimo de distinguir ou diferenciar. Já em um sentido sociológico o vocábulo tem um conteúdo negativo, porque se refere a uma diferenciação injusta ou ilegítima, que vai contra o princípio fundamental de justiça de tratar a todos com igual consideração.[41] O preconceituoso que exibe ou manifesta o seu preconceito através do discurso de ódio ignora a regra básica da ética, traduzida por Kant na célebre fórmula do seu imperativo categórico: "Age apenas segundo uma máxima tal que possas ao mesmo tempo querer que ela se torne lei universal."[42]

Bobbio distingue três fases em que a discriminação se desenvolve.[43] Na primeira fase, a discriminação aparece em seu sentido comum ou neutro, porque se funda em um simples juízo de fato, qual seja, o de que os homens e os grupos são diferentes entre si. Até aí nenhum problema, porque se trata da mera constatação de um fato, suportada por um dado objetivo. As pessoas são, realmente, diferentes umas das outras. Não haveria, ainda, propriamente, um juízo discriminante nocivo. Já na segunda fase, passa-se a um juízo de valor. Começa, então, a discriminação em seu sentido negativo. Depois da constatação objetiva de que as pessoas diferem umas das outras, por gênero, raça, nacionalidade, orientação sexual, etc., acrescenta-se um critério valorativo arbitrário,

41 BOBBIO, Norberto. Op. cit., p. 107.

42 KANT, Immanuel. *Fundamentação da Metafísica dos Costumes*. 2014, p. 62.

43 BOBBIO, Norberto. Op. cit., p. 108.

sem bases racionais, para concluir que os integrantes de determinado grupo são superiores aos integrantes de outro grupo. Mas o processo de discriminação só se completa, mostrando sua pior face, quando se chega à terceira e última fase. Com base na consideração de que um grupo é superior a outro, sustenta-se que o primeiro grupo tem mais direitos do que o outro, e que, por isso, tem o direito de explorá-lo, subjugá-lo e, em casos extremos, suprimi-lo.

Gordon Alport concebeu uma escala crescente que mede as formas pelas quais o preconceito se manifesta na sociedade. A forma mais branda ou menos agressiva de manifestação preconceituosa é denominada por Alport de antilocução (*antilocution*), que consiste na manifestação verbal preconceituosa, geralmente em conversas entre amigos ou, ocasionalmente, com estranhos. A segunda forma é a evitação (*avoidance*), através da qual o preconceituoso evita contato ou proximidade com membros do grupo, mesmo que ao custo de considerável inconveniência pessoal. Em seguida, em terceiro lugar, vem a discriminação propriamente dita (*discrimination*), através da qual o preconceituoso pratica atos concretos de violação de direitos de membros do grupo em questão, negando-lhes acesso a certos tipos de emprego, a oportunidades educacionais ou recreativas, ou a frequência a determinados espaços públicos. Nessa escala, em quarto lugar, vem uma forma mais grave de exteriorização do preconceito, o ataque físico (*physical attack*), que ocorre quando o preconceito é tão intenso que leva a atos de violência ou semiviolência. Por fim, a forma mais extrema do preconceito é a exterminação (*extermination*). Linchamentos, *pogroms*, massacres e o genocídio praticado pelos nazistas são representativos do último degrau na escala da exteriorização do preconceito.[44] Alport observa que essa escala de cinco pontos não é matematicamente construída, mas serve para ilustrar a diferença, em termos de gravidade, de atividades que podem derivar de crenças e ideias preconceituosas.

Preconceito e discriminação andam de mãos dadas, reforçando-se mutuamente. O preconceito com frequência gera a discriminação, que, por sua vez, pode levar a um preconceito mais profundo e intenso. Quando o preconceito se intensifica e aprofunda, pode difundir-se e passar a fazer parte do próprio tecido social, tornando-se normativo em uma dada sociedade, através de processos de naturalização, socialização e conformismo. Cria-se uma tradição cultural de preconceito, que tende

44 ALPORT, Gordon. Op. cit., p. 15.

a passar de uma geração a outra, pela doutrinação e pelo exemplo dos mais velhos.[45]

4.9. O racismo

O racismo constitui uma forma particularmente grave de discriminação. Por racismo deve-se entender qualquer concepção ou conjunto de crenças que classifique os seres humanos em coletividades distintas, ordenadas com base em atributos naturais ou culturais, e que organize esses atributos de forma hierárquica, considerando alguns superiores a outros.[46]

A formulação do conceito de racismo foi cunhada na década de 1930 para fazer referência à ideologia nazista, baseada na suposta superioridade de uma "raça ariana" e na importância da "pureza racial", que levou às atrocidades cometidas contra os judeus e outros grupos, culminando com o Holocausto. Na década de 1950, após a derrota do nazismo e de sua ideologia racista, especialistas em Biologia e Ciências Sociais realizaram estudos, facilitados pelos avanços biológicos no campo da genética, concluindo pela inexistência de base científica para o conceito de "raça" e para as teorias raciais.[47]

A despeito da demonstração da inexistência de diferenças biológicas, culturais ou de qualquer natureza que justifiquem um tratamento discriminatório entre seres humanos, as noções de "raça" e de "relações raciais" ainda gozam de ampla aceitação e persistem como fatores políticos utilizados para naturalizar desigualdades e legitimar a segregação" de grupos sociologicamente minoritários ou vulneráveis.[48]

Silvio de Almeida, ao tratar do problema em seu aspecto estrutural, distingue os conceitos de *racismo*, *preconceito racial* e *discriminação racial*. O primeiro, o *racismo*, é por ele definido como: "uma forma sistemática de discriminação que tem a raça como fundamento, e que se manifesta por meio de práticas conscientes ou inconscientes que cul-

---

45 WILLIAMS JR., Robin M. Op. cit., p. 604.

46 ZUBAIDA, Sami. In: OUTHWAITE, William; BOTTOMORE, Tom (Ed.). *Dicionário do pensamento social do século XX*. Editoria brasileira por Renato Lessa e Wanderley Guilherme dos Santos. Rio de Janeiro: Jorge Zahar, 1996 *Dicionário do Pensamento Social do Século XX*. 1996. Verbete "Racismo", p. 643.

47 As conclusões de especialistas incumbidos pela UNESCO para exame do tema foram reunidas no texto denominado "The Race Question", que se inicia com a conclusão de que "todos os homens pertencem à mesma espécie, *homo sapiens*".

48 ALMEIDA, Silvio Luiz de. *Racismo Estrutural*. São Paulo: Pólen, 2019, p. 31.

minam em desvantagens ou privilégios para indivíduos, a depender do grupo racial ao qual pertençam." O *preconceito racial*, por sua vez, é: "o juízo baseado em estereótipos acerca de indivíduos que pertençam a um determinado grupo racializado, e que pode ou não resultar em práticas discriminatórias." Já a *discriminação racial* é por ele conceituada como: "a atribuição de tratamento diferenciado a membros de grupos racialmente identificados." [49]

Essas distinções estão em consonância com os conceitos gerais anteriormente examinados de *preconceito* e *discriminação*. O *preconceito racial* se situa no plano das ideias ou das convicções pessoais, enquanto a *discriminação racial* se revela como a exteriorização e a prática das ideias preconceituosas. O *racismo*, por seu turno, é identificado como prática sistemática de discriminação racial ou como fenômeno de "caráter *sistêmico*", porque não se refere a um ato discriminatório ou mesmo a um conjunto de atos, mas a todo um processo de diferenciação de grupos raciais que se reproduz "nos âmbitos da política, da economia e das relações sociais." [50]

4.10. A intolerância

O discurso de ódio não deriva sempre e necessariamente de um preconceito. Em determinadas instâncias, alguém pode expressar uma mensagem discriminatória contra um grupo social não porque parta de um prejulgamento equivocado em relação a esse grupo, mas por não saber conviver com a diferença ou diversidade. A mensagem, nessa hipótese, estaria fundada não no preconceito, mas na *intolerância*.

A crescente imigração e a veloz troca de informações propiciada pela internet têm tornado as sociedades mais plurais, produzindo um aumento na diversidade de crenças, religiões, valores, costumes, preferências e estilos de vida.[51] Essa maior diversidade pode ser enxergada por alguns como fator de enriquecimento cultural e social, pelas escolhas que proporciona aos integrantes de uma sociedade cada vez mais plural, mas para outros é também causa de tensões entre os diversos grupos sociais.

Conviver com a diferença não é uma tarefa fácil, porque desafia as nossas próprias crenças e os nossos valores. Nossa tendência natural é

49 Ibidem, p. 32.

50 Ibidem, p. 34.

51 ASH, Timothy Garton. *Liberdade de Expressão. Dez Princípios para um Mundo Interligado*. Lisboa: Círculo de Leitores, 2017, p. 242.

a de buscar a convivência com aqueles que compartilhem da nossa fé e do nosso estilo de vida. Daí a necessidade da tolerância. Como observa Michael Walzer: "A tolerância faz a diferença possível; a diferença faz a tolerância necessária."[52]

É equivocado, por exemplo, acreditar que todos aqueles que veiculam mensagens de ódio contra imigrantes o façam porque os enxerguem como inferiores, menos capazes ou menos dignos. Razões variadas podem levar as pessoas a ver a imigração como um problema. Essas razões podem ser de ordem socioeconômica, como ocorre quando se relaciona a imigração à redução da oferta de empregos. Podem, também, ser de ordem sociocultural, quando se sente que o aumento do número de imigrantes provoca indesejáveis mudanças nos hábitos da sociedade e no estilo de vida de seus habitantes. Podem, ainda, estar relacionados à segurança pública, quando se considera que o aumento populacional trazido pelo crescente fluxo de imigrantes aumentou ou pode aumentar os índices de criminalidade. Essas e muitas outras motivações que poderiam ser imaginadas são indicativas de que nem sempre um discurso discriminatório contra imigrantes esteja vinculado a uma ideia preconceituosa. Pode constituir uma expressão motivada pela intolerância em relação a esse grupo.

Mas a circunstância de o preconceito não estar na base dos insultos e das ofensas contra um grupo não descaracteriza a manifestação como discurso de ódio. De certo ângulo, a intolerância pode ser vista, pelo menos em alguns casos, como um problema até mais grave do que o preconceito. Isso porque o preconceituoso quando destila o seu preconceito, discriminando arbitrariamente uma categoria ou algum de seus integrantes, o faz com base em ideias equivocadas e infundadas. A ignorância está, assim, na base de seu comportamento. Pelo menos do ponto de vista teórico, isso sugere que se trate de um problema ou defeito que pode ser corrigido pela educação ou instrução. No caso da intolerância isso parece ser mais difícil, porque o intolerante, a despeito de eventual ignorância ou de algum juízo equivocado a respeito do grupo alvo de sua manifestação, simplesmente não aceita conviver com a diferença ou a diversidade.

De todo modo, embora preconceito e intolerância possam e devam ser distinguidos do ponto de vista teórico, com grande frequência esses dois elementos aparecem entrelaçados ou amalgamados no mundo dos fatos, de modo que o discurso de ódio apresenta traços tanto da ignorân-

52 WALZER, Michael. *On Toleration*. New Haven: Yale University Press. 1997, Prefácio.

cia, típica do preconceito, quanto da falta de aceitação da diversidade, característica do intolerante.

4.11. O discurso de ódio contra grupos

O discurso de ódio, como se viu, pode ter como alvo uma pessoa ou um grupo de pessoas identificadas por características comuns, tais como raça, nacionalidade, etnia, crença religiosa, orientação sexual.

É importante ressaltar a diferença entre o discurso discriminatório que tenha como alvo um indivíduo e aquele que tenha em mira todo um grupo social. Neste livro, volto minha atenção especificamente para esse último tipo de discurso, que tem como objeto não uma pessoa específica ou concreta, mas um grupo social como um todo.

Isso porque as manifestações discriminatórias dirigidas contra o indivíduo já são objeto de tratamento jurídico com base em institutos jurídicos tradicionais no direito. Reconhece-se, sem maiores questionamentos, que as manifestações discriminatórias contra o indivíduo não se encontram ao abrigo do princípio garantidor da manifestação de pensamento. Com efeito, no Brasil, as ofensas em geral dirigidas à pessoa podem caracterizar violação de sua honra, parte de seu direito da personalidade, protegida expressamente pela Constituição Federal, no art. 5º, V e X. Em havendo a utilização de elementos referentes a raça, cor, etnia, religião, origem ou a condição de pessoa idosa ou portadora de deficiência, a ofensa configura injúria qualificada, nos termos do art. 140, § 3º, do Código Penal. Na esfera civil, a ofensa assacada contra o indivíduo pode dar ensejo a indenização por dano moral.

Situação distinta é a do discurso de ódio voltado contra um grupo social. Em relação a esse tipo de situação, há profundas divergências doutrinárias e jurisprudenciais relacionadas aos limites da liberdade de expressão e à aplicação dos princípios da dignidade humana e da igualdade.

O grupo discriminado não precisa constituir uma minoria no sentido numérico da expressão. As mulheres, que numericamente comporiam a metade do gênero humano, ou um pouco mais, segundo algumas estatísticas, ainda hoje são alvo frequente de manifestações misóginas, machistas ou sexistas.[53] Além disso, o conceito de minoria é relativo às

53 Neste sentido, Norberto Bobbio: "Se é verdade que o preconceito de grupo golpeia geralmente as minorias, há ao menos uma exceção que nos deve fazer refletir. A série de preconceitos antifemininos dos homens não diz respeito a uma minoria: quanto ao número, as mulheres são mais ou menos como os homens e não vivem separadas em grupos minoritários." (Op. cit., p. 115).

circunstâncias de tempo e local. Um grupo minoritário em determinado local pode não o ser em outro. Pode até constituir globalmente um grupo majoritário. Os muçulmanos, por exemplo, constituem um grupo minoritário em várias sociedades ocidentais, embora a religião islâmica esteja entre as que têm mais adeptos no mundo e constitua maioria em vários países.

Uma das maiores dificuldades enfrentadas por aqueles que buscam censurar o discurso de ódio está na identificação dos grupos merecedores de proteção. Alguns autores vinculam o *hate speech* às manifestações discriminatórias dirigidas contra grupos historicamente oprimidos, subjugados ou vitimizados, como os negros e judeus.[54] Mas não é consensual entre os estudiosos do tema a presença dessa característica. Objeta-se que ela desconsidera vários outros grupos que também são alvos frequentes de mensagens discriminatórias.

A imprevisível proliferação de grupos que poderiam reivindicar igual tratamento da lei é apontada como um dos grandes problemas referentes à ideia de regulação ou restrição do *hate speech*. E não se trata de um problema que possa ser superado com uma escolha arbitrária dos grupos que seriam merecedores de proteção, porque envolve o princípio da igualdade.

Alguns poderão legitimamente questionar os motivos pelos quais alguns grupos são protegidos, enquanto o seu não merece igual proteção. Se os grupos devem ser protegidos em razão de sua raça, por que não em razão de sua proveniência ou nacionalidade, como no caso de imigrantes, tantas vezes discriminados pelo só fato de não terem nascido na localidade em que se encontram? Se o discurso contra os judeus deve ser proibido, por que não aquele dirigido contra os cristãos, muçulmanos, os crentes de religiões de matriz africana, ou os cientologistas? Se os religiosos devem ser protegidos, por que não os ateus? E por que deixar de fora gays, lésbicas, transexuais, que são alvos constantes de discriminação por sua orientação sexual? Por razões semelhantes, também poderiam reivindicar igual proteção os deficientes físicos e mentais, tantas vezes discriminados, de forma ostensiva ou velada. Do mesmo modo, as pessoas com nanismo, que sempre foram vítimas de zombarias e manifestações preconceituosas. Também as pessoas obesas, com frequência ridicularizadas e objeto de comentários depreciativos e maldosos. E, se os obesos puderem reivindicar proteção contra essas manifestações, por que não os magros demais? E por que não os idosos, que volta e meia são vítimas de um tipo de discriminação que se

54 Cf. COHEN-ALMAGOR, Raphael. *The Scope of Tolerance*, p. 153.

denominou de ageísmo?[55] E se os velhos puderem fazê-lo, porque não as crianças e os adolescentes, que também podem ser discriminados em certas situações pela sua pouca idade, em fenômeno que já se denominou de adultismo?[56] E a lista poderia crescer indefinidamente, na medida em que integrantes de outros grupos potencialmente alvos de discriminação se sentissem privados de proteção legal.[57]

Questão não isenta de controvérsias é a da possibilidade de uma pessoa integrante de um grupo majoritário poder ser vítima de discurso de ódio de uma pessoa integrante de um grupo minoritário. Alexander Brown aventa essa hipótese, imaginando o exemplo de um homem negro que, com raiva, se dirige a um homem branco proferindo as seguintes palavras: "*Fuck you, white devil*!". Sugere o autor que um uso mais recente da expressão *hate speech* autorizaria um usuário empregá-la para fazer referência a situações em que membros de um grupo oprimido ou vitimizado transmite mensagens discriminatórias contra membros de um grupo tradicionalmente opressor. Argumenta que um tal uso pode, em parte, representar uma reação contra o uso original da expressão *hate speech*, que tradicionalmente servia para condenar o que brancos diziam sobre outros grupos étnicos ou raciais. Mas pode, também, refletir um uso mais amplo que a sociedade como um todo espera que a expressão *hate speech* desempenhe, qual seja, o de identificar ou marcar formas de discurso que a sociedade teme que tenham um potencial divisivo e destrutivo da coesão social.

4.12. As formas pelas quais o discurso de ódio se manifesta

Quando se pensa no discurso de ódio, logo vem à mente a ideia da manifestação, escrita ou verbal, em linguagem ofensiva, raivosa, abusiva, insultuosa, carregada de epítetos, agressões verbais e termos claramente ofensivos e discriminatórios. Mas esse tipo de manifestação não opera necessariamente nesses termos.

---

55 V., a respeito: GULLETTE, Margaret Morganroth. *Ending Ageism, or How Not to Shoot Old People*. New Brunswick: Rutgers University Press, 2017; NELSON, Todd D. *Ageism. Stereotyping and Prejudice Against Older Persons*. Cambridge, MA: MIT Press, 2017; APPLEWHITE, Ashton. *A Manifesto Against Ageism*. New York: Networked Books, 2017.

56 Já há uma literatura dedicada ao exame da discriminação contra os mais jovens, denominada de adultismo. V., a respeito: FLETCHER, Adam. *Facing Adultism*. Washington: Common Action, 2015.

57 ASH, Timothy Garton. Op. cit., p. 250.

Pode ele vir camuflado de discurso sério, contido, de caráter político, acadêmico ou científico, com aparência de manifestação racional, despida de emotividade. Pode estar disfarçado de manifestação jornalística, artística ou humorística; ou utilizar-se de eufemismos e palavras aparentemente neutras, mas carregadas de ironia, sarcasmo ou duplo sentido, que visam a atingir de forma mais sutil um grupo vulnerável.

Observe-se que o *hater* não deve ser visto necessariamente como uma pessoa inculta ou ignorante. Ele pode ser encontrado em qualquer classe social e com qualquer nível de educação formal. O preconceito e a discriminação, com frequência, se revelam em pessoas que não esperaríamos que pudessem nutrir ideias dessa natureza. Por isso nem sempre é tarefa fácil classificar uma mensagem como discurso de ódio.

Como observa Bhikhu Parekh, conquanto o *hate speech* seja frequentemente expresso em linguagem ofensiva, raivosa e abusiva, não é necessário que ele assim seja expresso. Pode, também, ser sutil, de feição moderada, despido de emotividade. A mensagem de ódio pode ser transmitida por piadas ambíguas, insinuações e imagens." [58]

Pode vir codificado, de modo a não ser identificado por todos, mas por apenas um grupo de pessoas que compreendem e compartilham desse código.

As manifestações discriminatórias com frequência vêm sob a forma de símbolos, como a suástica,[59] ou gestos, como a saudação nazista, ainda hoje utilizada por grupos de supremacistas raciais. Por isso mesmo, em alguns países, como a Alemanha, esse gesto é proibido e pode levar a sanções criminais.[60] Na Áustria, um torcedor de futebol foi condenado a 18 meses de prisão por ter feito essa saudação.[61] Em mais de uma ocasião foram registrados torcedores em jogos de futebol fazendo imitações de macacos ou jogando bananas em campo como forma de ofender e provocar jogadores negros.

Episódio particularmente ultrajante envolveu o então candidato à Presidência dos Estados Unidos, Donald Trump, que, durante a campanha para as eleições presidenciais, ao se referir a um repórter que o criticara no passado, fez uma imitação ridicularizante alusiva à deficiência física do referido repórter. Trump sempre negou que tenha procurado

---

58 PAREKH, Bhikhu. *The content and context of hate speech*, p. 41.

59 No Brasil, a utilização da suástica, para fins de divulgação do nazismo, é considerada crime pelo art. 20, § 1º, da Lei nº 7.716, de 5 de janeiro de 1989.

60 Como se verá adiante em relação ao discurso de ódio na Alemanha.

61 Veja-se, a respeito, matéria do "thesundaily", de 24.08.2017.

humilhar o repórter em razão da deficiência deste, mas, verdadeira ou não sua explicação, o gesto – que pode ser visto em vídeo – bem ilustra o quão ofensiva pode ser uma manifestação gestual.[62]

A mensagem discriminatória pode aparecer sob a forma de literatura séria, de natureza política ou histórica, como ocorre com livros e textos que, sob a capa de estudos críticos de um acontecimento histórico, trazem uma mensagem subliminar discriminatória. Assim, os textos que buscam minimizar ou negar o Holocausto, ignorando ou repudiando como fraudulento o volume imenso de evidências da sua ocorrência. As teses defendidas nesses textos poderiam ser simplesmente repudiadas e consideradas como simples manifestações e opiniões absurdas e risíveis, como a de que a terra é plana, ou a de que o homem não pisou na lua. No entanto, vários países têm criminalizado essas manifestações, por considerá-las uma forma de demonizar os judeus, retratando-os como pessoas malévolas, não confiáveis, capazes de inventar uma história de horror para atender a interesses próprios, e que, por conseguinte, seriam uma ameaça a ser combatida e eliminada. A negação ou minimização do Holocausto constituiria um discurso de ódio velado ou implícito.

Videogames já foram utilizados para disseminar o ódio contra grupos, como no caso do jogo de tiro em primeira pessoa *Ethnic Cleansing*, no qual o protagonista é um neonazista *skinhead*, membro da *Ku Klux Klan*, que tem por missão assassinar negros, latinos e judeus, até chegar ao objetivo final, que é assassinar o então Primeiro Ministro de Israel, Ariel Sharon.[63]

Letras de música também podem conter mensagens discriminatórias e incitar o ódio contra mulheres, homossexuais, grupos étnicos e outros grupos.[64]

O humor pode ser usado como veículo para transmissão de mensagens discriminatórias contra uma categoria de pessoas. Relembre-se o caso do humorista francês Dieudonné M'bala M'bala, condenado a dois meses de prisão em corte da Bélgica por comentários considerados discriminatórios, antissemitas, negacionistas e revisionistas, durante

---

62 Um resumo do incidente, amplamente coberto pela mídia, pode ser encontrado em: <https://www.nbcnews.com/politics/2016-election/trump-s-worst-offense--mocking-disabled-reporter-poll-finds-n627736>.

63 Ver, a respeito, KHALED JR., Salah H. *Videogame e Violência. Cruzadas Morais contra os jogos eletrônicos no Brasil e no Mundo*. Rio de Janeiro: Civilização Brasileira, 2018, p. 318.

64 Sobre o tema, veja-se: ROLLMANN, Hans. When Do Misogynistic Lyrics Become Hate Speech? *Pop Matters*, 20.07.2015.

um show na cidade de Herstal, em 14 de março de 2012. Referindo-se a diversas declarações daquele humorista de conteúdo discriminatório sobre judeus e episódios envolvendo o nazismo e o holocausto, Daniel Schneidermann, jornalista especializado em mídia, observou que, a partir do momento em que se deixa de fazer humor para se engajar em polêmicas e assuntos sérios, não há mais o benefício da famosa "presunção humorística", e o humorista deve ser tratado como um cidadão ordinário no que concerne a suas manifestações.[65]

A praticamente infinita variedade de formas que pode assumir a comunicação humana, nos mais variados contextos, pode criar dúvidas ou divergências sobre a identificação de uma manifestação como caracterizadora de discurso de ódio. O reconhecimento de que esse tipo de discurso pode se apresentar com roupagens variadas já é, por si, indicativo da complexidade de que se reveste o problema.

4.13. Nem sempre é fácil distinguir o discurso de ódio

As variadas formas através das quais o discurso de ódio pode ser veiculado ou transmitido dificulta apreender o fenômeno de forma apriorística e abstrata. Samantha Ribeiro Meyer-Pflug observa que dentre as várias dificuldades na análise do discurso de ódio está a da sua identificação, porque: *"a incitação ao ódio, ou a discriminação nele contida pode se dar não de forma explícita, mas implícita."*[66]

A identificação do discurso de ódio é muito dificultada pelo fato de que não há uma definição clara e precisa, compartilhada por todos, do que seja o discurso de ódio. Como observado por Daniele Anne Pamplona: "a dificuldade se apresenta porque não se trata de um discurso que se manifeste, necessariamente, por meio de ódio ou emoções, ele pode ser velado em afirmações que parecem racionais."[67]

A identificação de uma conduta expressiva como *hate speech* depende, muitas vezes, do particular contexto social, cultural e histórico em que a mensagem é transmitida. O que pode constituir uma mensa-

---

65 SCHNEIDERMANN, Daniel; LÉCROART, Étienne. *Liberté d'expression: a-t-on le droit de tout dire?* Montreuil: La Ville Brûle, 2015, p. 49.

66 MEYER-PFLUG, Samantha Ribeiro. *Liberdade de Expressão e Discurso do ódio.* 2009, p. 99.

67 *Discurso de ódio:* a extensão de proteção à liberdade de expressão em sistemas de defesa de direitos humanos e no Brasil. Disponível em: <https://revistajuridica.presidencia.gov.br/index.php/saj/article/viewFile/1299/1203>.

gem inofensiva em determinado contexto pode, em outro, representar um discurso de ódio disfarçado.

A linha divisória entre o que é ou não discurso de ódio nem sempre é clara.

Pense-se no debate sobre alguns temas sensíveis, como o da questão migratória, que tem gerado acesas discussões políticas em diversos países. Como discernir a mera opinião ou posição política antiimigratória do discurso de ódio contra imigrantes?

Outra questão que com frequência ocupa o debate público é a que se refere à reivindicação de certos direitos por homossexuais. O que diferencia um discurso (de base religiosa ou não) que vê a homossexualidade como um pecado ou um desvio moral de um discurso de ódio aos homossexuais? É, no mínimo, controvertida a ideia de que discursos religiosos que descrevam os homossexuais como pecadores ou discursos não religiosos que vejam os integrantes desse grupo como moralmente inferiores estejam fora do âmbito do discurso de ódio (como conceito geral, não jurídico), a despeito de sua motivação.[68]

A religião também é tema central de manifestações e debates importantes. Como discernir entre a crítica, a sátira e o humor envolvendo figuras religiosas e o discurso de ódio camuflado contra um grupo religioso?

E o que dizer de formas mais sutis de discriminação, como o "*casual racism*"[69] e as chamadas *microagressões*? Devem ser enquadradas no conceito de discurso de ódio?

A piada que faça uso de um estereótipo negativo ligado à raça deve ser vista como discurso de ódio contra um grupo racial? Para Adilson Moreira, o humor feito a partir de estereótipos raciais, que ele denomina de "racismo recreativo", constitui: "um projeto de dominação que procura promover a reprodução de relações assimétricas de poder entre grupos raciais por meio de uma política cultural baseada na utilização do humor como expressão e encobrimento de hostilidade racial." [70] Entendimento semelhante é expresso por Dennis Howitt e Kwame Owusu-Bempah, para quem piadas racistas não devem ser vistas como simples piadas, porque não apenas fornecem oportunidades para ideias

68 Veja-se, nesse ponto, Alexander Brown (What is Hate Speech? Part. 1: The Myth of Hate. 2017. *Law and Philosophy*. V. 36. 2017, p. 450. Ao tema se voltará mais adiante.

69 Sobre o "casual racismo", veja-se Australian Human Rights Comission: <http:www.humanrights.gov.au/newrs/stories/what-casual-racism>.

70 MOREIRA, Adilson. *Racismo recretativo*. São Paulo: Pólen, 2019, p. 148.

de superioridade racial de um grupo sobre outro, mas também reforçam continuamente o uso de categorias raciais em nosso imaginário.[71]

Esse entendimento peca pelo seu absolutismo. Se por um lado não é aceitável a frequente escusa geral de que uma piada racista é "só uma piada" e não deve ser levada a sério, também não se afigura razoável considerar que toda piada que apele para estereótipos étnicos ou raciais constitua expressão de racismo e deva ser considerado discurso de ódio, independentemente de todo o contexto. Como observa Michael Billig, como regra geral, é necessário entender o contexto em que uma piada é contada, e não ficar limitado ao seu sentido em abstrato ou à sua análise semântico-formal.[72]

Além disso, mesmo que se considere que toda piada que faça uso de estereótipos étnicos ou raciais deva ser considerada discurso de ódio, a partir de um conceito sociológico alargado, ainda assim haveria necessidade de distinguir em termos de gravidade e reprovabilidade os diversos tipos de manifestação.

Seja como for, a linha que separa a manifestação humorística, protegida pela liberdade de expressão, do discurso racista ou discriminatório muitas vezes não é clara, embora em certas situações possa se apresentar de forma mais ostensiva ou evidente, como ocorre no caso das piadas racistas e de conteúdo violento que são postadas na internet por supremacistas raciais. Mas esses são casos extremos. Em geral, os limites entre o que deve contar ou não como discurso de ódio no humor são esfumaçados e controvertidos.

Essas e outras situações demonstram quão enganosa é a ideia de que o discurso de ódio pode ser facilmente identificado onde ele é assistido ou ouvido.

4.14. O discurso de ódio na internet

A internet é plataforma amplamente utilizada para veicular o discurso de ódio. Mensagens discriminatórias pululam nas redes sociais, em fóruns, *chats*, *blogs*, vídeos e outros canais de comunicação digital. A possibilidade de anonimato e a velocidade na disseminação das mensagens via internet encoraja manifestações preconceituosas de todo tipo. Há uma sensação de poder e de impunidade que, em conjunto com a

---

71 Race and Ethnicity in Popular Humour. *Beyond a Joke: The Limits of Humour*. New York: Pallgrave Macmillan, 2009, p. 64.

72 Violent Racist Jokes. *Beyond a Joke:* The Limits of Humour. New York: Pallgrave Macmillan, 2009, p. 33-34.

ignorância e o preconceito, além de outros sentimentos amalgamados, impulsiona o *hater* a destilar a sua ira, em velocidade digital.

Esse fenômeno foi identificado por Byung-Chul Han, professor de Filosofia da Universidade de Artes de Berlim, para o qual o anonimato propiciado pela internet é, em grande medida, causa da falta de respeito que se percebe na comunicação digital. Observa que o respeito é algo que está ligado ao *nome*, daí porque a comunicação anônima facilitada pelo meio digital gera uma "crescente cultura da indiscrição e da falta de respeito". As chamadas "*shitstorms*" também são anônimas "e é o anonimato que as torna tão violentas."[73]

Associada ao anonimato está a grande velocidade da comunicação digital, que, diferentemente do que ocorre com as antigas e analógicas formas de comunicação escrita, tem uma "temporalidade diferente", porque possibilita a imediata transmissão das mensagens, sem o tempo de reflexão que as cartas antigamente enviadas a um jornal propiciavam, dando tempo para a dissipação e autocontenção de certos sentimentos.

Essa distinta temporalidade, segundo Byung-Chul Han, faz da comunicação digital uma forma de comunicação em que o emissor da mensagem tende a expressar seus sentimentos de forma irrefletida e apressada: "Pelo seu lado, a comunicação digital torna possível que o afeto seja objeto de transmissão imediata. A sua temporalidade torna-a transmissão de afetos, mais do que a comunicação analógica. Assim, de certo modo, o meio digital é um *meio afetivo*."[74]

Na internet, o *hate speech* se sofisticou, com o uso de formas de expressão que se valem das facilidades trazidas por esse meio tecnológico de acesso e disseminação de mensagens. Dentre essas formas, está o uso de "*memes*", forma de expressão de uma ideia, por vídeos, imagens (estáticas ou animadas), frases, palavras, *hashtags*,[75] tudo disseminado através de redes sociais, blogs, e-mails e outros serviços baseados na rede mundial de computadores. Muitos desses *memes* se tornam virais, espalhando-se rapidamente entre os usuários e ganhando muita popularidade, especialmente entre os jovens, o que os torna uma forma particularmente eficaz de propagação de mensagens discriminatórias.[76]

---

73 HAN, Byung-Chul. *No Enxame. Reflexões sobre o Digital*. Lisboa: Relógio D'Água, 2016, p. 14.

74 Ibidem, p. 15.

75 Palavras-chave ou termos associados a um tópico ou assunto que se deseja indexar em determinados aplicativos, como o Twitter, Facebook e outros.

76 Veja-se, a respeito, matéria publicada no jornal Folha de São Paulo, em 20.05.2018, "Ódio na internet tem assumido estilo de meme para atrair jovens". Disponível em: <https://www1.folha.uol.com.br/mercado/2018/05/odio-na-internet-tem-assumido-estilo-de-meme-para-atrair-jovens.shtml>.

O uso dessa e de outras formas de disseminação de ódio e preconceito através da internet se tornou tão frequente que empresas mantenedoras de mídias e redes sociais virtuais, como o Facebook, têm buscado medidas tecnológicas para identificar esses tipos de mensagem, inclusive com o uso de inteligência artificial.[77]

Para dificultar sua identificação, *haters* têm utilizado símbolos e comunicação codificada para disseminar seu ódio e preconceito. Neonazistas, antissemitas e supremacistas raciais passaram a usar, por exemplo, um conjunto de três parênteses em volta de um sobrenome judeu – por exemplo, (((Goldstein))) – para identificar e marcar judeus com a finalidade de submetê-los a assédio em redes sociais como o "Twitter".[78]

Ainda para driblar o controle exercido por provedores de redes sociais, *trolls* e *haters* têm-se utilizado de expressões comumente neutras, alusivas às próprias redes, com conotação pejorativa e ofensiva a determinados grupos. Assim, "googles", para fazer referência a pessoas negras, em frases como "chain the googles"; "skypes", para aludir a judeus; "yahoos", para se referir a pessoas de origem hispânica."[79]

Não se deve confundir o "*hater*", o emissor de mensagem de ódio, com a figura que se convencionou chamar de "*troll*", que é aquele que usa a internet para postar mensagens inflamatórias, irrelevantes, fora de contexto com a intenção de provocar respostas emocionais ou com o mero intuito de interromper o curso normal de um debate ou uma discussão. Muitas vezes, no entanto, essas figuras se confundem.

Como forma de dificultar ainda mais sua identificação e a censura às suas mensagens, *haters* têm-se utilizado da chamada *deep web*, ou internet profunda, parte da rede mundial de computadores que não é alcançada pelos motores de busca tradicionais, como Google e Yahoo, e

---

77 Ver, a respeito, matéria publicada no *Business Standard*, em 12.9.2018: "*In fight against hate speech, FB's new AI tool can detect offensive memes*". Disponível em: <https://www.business-standard.com/article/technology/in-fight-against-hate-speech-fb-s-new-ai-tool-can-detect-offensive-memes-118091200398_1.html>.

78 Cf. Fleishman Cooper e Smith, Anthony. (((Echoes))), Exposed: The Secret Symbol Neo-Nazis Use to Target Jews Online. Disponível em: <https://m.mic.com/articles/amp/144228/echoes-exposed-the-secret-symbol-neo-nazis-use-to-target-jews-online>.

79 Cf. SONNAD, Nikhil. *Alt-right trolls are using these code words for racial slurs online*. Disponível em: <https://qz.com/798305/alt-right-trolls-are-using-googles-yahoos-skittles-and-skypes-as-code-words-for-racial-slurs-on-twitter/>.

que, por isso, constitui um refúgio atraente para muitos usuários e grupos que se dedicam a propagar mensagens de ódio.[80]

A verdade é que a quantidade de dados que circulam a cada instante na internet é tão grande que é impossível saber seu tamanho real, que aumenta a uma velocidade vertiginosa. Além disso, a internet constitui um ambiente virtual que ultrapassa as fronteiras de um território nacional específico. Tudo isso torna praticamente impossível o controle de todas as informações que circulam na rede mundial de computadores.

Na verdade, é bom que isso ocorra. Como quase tudo na vida, a internet é uma ferramenta que pode ser usada para o bem ou para o mal. O seu mau uso por alguns ou por muitos não diminui sua importância como instrumento de livre disseminação de informações e ideias úteis para a sociedade.

Embora, de um lado, seja verdade que a internet possibilita a prática de atos terríveis, como o *cyberbullying*, e a disseminação de conteúdos criminosos (*cybercrimes*) e abjetos – como a distribuição de pornografia infantil[81] –, também é verdade que a internet trouxe benefícios imensos para a sociedade, aproximando pessoas e culturas e permitindo o acesso e a troca de informações em tempo quase real, com inegáveis avanços para o conhecimento humano.

Por isso, com todas as suas vicissitudes, a internet deve ser vista como uma ferramenta a serviço dos indivíduos e da sociedade. Ferramenta que será tão mais útil e valiosa quanto mais livre e disseminada for a sua utilização.

Essa liberdade, por óbvio, não dispensa a autorregulação por parte dos provedores de internet, que podem e devem empreender esforços

---

80 Sobre a *deep web* e sua diferença em relação à *dark web*, ver ROWE, Adam. *What Is the Deep Web and How Can You Access It?* *In*: Tech.Co, 04.05.2018. Disponível em: <https://tech.co/what-is-the-deep-web-2018-05>. Sobre o uso da *deep web* (referida na matéria como *dark web*) pelos *haters* ver, a respeito, matéria do The Guardian, de 23.8.2017: *The dilemma of the dark web: protecting neo-Nazis and dissidents alike.* Disponível em: <https://www.theguardian.com/technology/2017/aug/23/dark-web-neo-nazis-tor-dissidents-white-supremacists-criminals-paedophile-rings>.

81 O combate à pornografia infantil *online* é objeto da "Convenção das Nações Unidas sobre os Direitos da Criança", ratificada pelo Brasil (Decreto nº 99.710/1990), e pela "Convenção sobre o Cybercrime", do Conselho da Europa, com a adesão de vários outros países não membros. As referidas convenções estão disponíveis em: <http://www.planalto.gov.br/ccivil_03/decreto/1990-1994/d99710.htm> e <http://www.mpf.mp.br/atuacao-tematica/sci/normas-e-legislacao/legislacao/legislacoes-pertinentes-do-brasil/docs_legislacao/convencao_cibercrime.pdf>.

para impedir a utilização da *web* como plataforma para discursos de ódio extremos e para a prática de crimes e violações de direitos. Não dispensa, também, a atuação de governos, através da implementação de normas que busquem combater abusos, excluir conteúdos lesivos, proteger a privacidade e assegurar a reparação de danos causados a terceiros.[82]

4.15. A questão do politicamente correto (*political correctness*)

Paralelamente ao debate acerca do discurso de ódio, as últimas décadas viram crescer o fenômeno do que se veio a denominar, frequentemente de forma pejorativa, de "politicamente correto" (*politically correct* ou *political correctness*), expressão que faz referência ao cuidado e à atenção no uso da linguagem e no comportamento, de modo a evitar ofender ou diminuir pessoas integrantes de determinados grupos sociais. O seu oposto, o "politicamente incorreto", é indicativo da falta de cuidado no linguajar e no comportamento para com os interesses ou a sensibilidade dos integrantes desses grupos. Embora não se possa confundir a manifestação politicamente incorreta com o discurso de ódio, é possível identificar, na base de ambos os fenômenos, o problema do preconceito e da discriminação.

Aqueles que defendem um cuidado no linguajar, com a implementação de mudanças comportamentais e na comunicação, com vistas à eliminação e substituição de certas expressões, têm por objetivo afastar práticas cotidianas, principalmente no campo da manifestação do pensamento, as quais, ao longo da história, foram sendo naturalizadas e incorporadas aos hábitos e aos discursos das pessoas, e que são indicativas de uma mentalidade preconceituosa.

Não se pode deixar de levar em conta, todavia, que a eliminação desses costumes e práticas sociais ou coletivas não é algo que ocorra de uma hora para outra. Isso depende, fundamentalmente, de uma mudança cultural, algo que, em geral, não ocorre dentro de uma mesma geração. As pessoas são produto do seu tempo e da sua cultura. O poeta latino Ovidio há muitos séculos já observava: "Nada há de mais poderoso do que o hábito."[83] Por isso é mais fácil ensinar novos hábitos às crianças

---

82 No Brasil, essas medidas são aplicáveis não apenas com base no Código Civil, mas com fundamento em leis especiais em boa hora promulgadas: o Marco Civil da Internet (Lei nº 12.965/2014) e a Lei Geral de Proteção de Dados (Lei nº 13.709/2018).

83 OVIDIO. *A Arte de Amar*. Tradução: Carlos Ascenso André. São Paulo: Martin Claret, 2005, p. 65. No original, em Latim: "*Nil adsuetudine maius*". In: BARELLI, Ettore; PENNACCHIETTI, Sergio. *Dicionário de Citações*. São Paulo: Martins Fontes, 2001, p. 18.

e aos jovens do que mudar antigos e arraigados hábitos de pessoas mais velhas.

Esse choque entre o novo e o velho, como não poderia deixar de ser, provoca reações ao que alguns consideram um exagero nesse movimento. Para não poucos, o politicamente correto tem ido longe demais, invadindo todos os aspectos da vida política e cultural, criando uma geração de pessoas hipersensíveis a expressões ou manifestações, às quais se atribui uma carga exageradamente negativa.

Muitas vezes, o debate tem sido apontado como um entrechoque entre diferentes correntes políticas: de um lado, pessoas e grupos identificados como de "esquerda", com uma agenda mais voltada para a defesa das minorias, e que se apresentam como defensores da cultura do politicamente correto; de outro, pessoas e grupos identificados como de "direita", com uma agenda mais conservadora no que se refere aos costumes, e que são apontados como opositores desse fenômeno cultural. Essa divisão, ainda que em linhas gerais possa representar parcialmente a polarização formada em torno do tema, constitui um reducionismo, porque não explica o problema em toda a sua complexidade. Além disso, a própria divisão "esquerda-direita", nos tempos atuais, mostra-se problemática e imprecisa.

Nos Estados Unidos da América, críticos do politicamente correto têm se referido pejorativamente às pessoas da nova geração, adeptas desse cuidado com a linguagem, como "*snow flakes*" (flocos de neve), pessoas hipersensíveis ("*thin skinned*") ao uso de certas expressões ou à defesa de certas ideias. Esses mesmos críticos advertem para os riscos que essa tendência traz para a liberdade de expressão, princípio tão encarecido naquele País.

As universidades, ambiente no qual se esperaria a pluralidade e a diversidade de ideias e opiniões, têm sido palco de conflitos e tensões, com protestos de estudantes contra a exposição de certas ideias, em uma atitude considerada intolerante. Muitas universidades americanas têm estabelecido códigos que buscam não apenas regular a conduta dos estudantes no ambiente acadêmico, mas também a sua linguagem, os chamados "*speech codes*", que teriam por finalidade proibir o uso de expressões consideradas ofensivas ou sensíveis a membros de certos grupos.[84]

84 Sobre os "*speech codes*", veja-se: <https://www.forbes.com/sites/tomlindsay/2018/02/28/35-universities-adopt-the-chicago-statement-on-free-speech--1590-to-go/#27c43ac0771b>.

Mais uma vez, cabe a lembrança da parêmia latina: "*Virtus in medium est*". A ideia que perpassa o movimento no sentido de excluir o uso de certos termos e expressões das práticas e dos meios comunicativos é, em sua essência, boa, porque mostra um compromisso com valores positivos, tais como a igualdade entre as pessoas e a empatia e solidariedade para com integrantes de certos grupos historicamente discriminados.

Impõe-se reconhecer, todavia, que a defesa dessa ideia além de um determinado limite pode levar a exageros, tais como o da tentativa de censura a livros clássicos que fazem o uso de expressões e ideias modernamente considerados inadequados ou impróprios. Exemplo disso é a tentativa de proibir o uso, em escolas, de obras de Monteiro Lobato, como o livro "Caçadas de Pedrinho", sob a alegação de que tais obras teriam caráter racista.[85]

No meio humorístico tem havido reações contra o que se entende como uma censura imposta pela cultura do politicamente correto, que estaria matando o humor, que, em grande parte, sempre se valeu do uso de estereótipos ligados a grupos variados para provocar reações de riso.[86]

Pretender uma ampla depuração da linguagem, para dela excluir todo e qualquer vocábulo ou expressão que possa provocar desconforto ou desagrado a terceiros, parece ser algo praticamente irrealizável. A linguagem é repleta de vocábulos e expressões polissêmicos, que podem ter mais de um significado, a depender do contexto em que são utilizadas.

Além disso, muitas palavras ganham significados que a distanciam de seu sentido originário, que, com o passar do tempo, pode até ter desaparecido ou se tornado esquecido. É o que ocorre, por exemplo com os verbos de sentido negativos *judiar* (zombar, maltratar) e *denegrir* (manchar, macular), muitas vezes empregados sem nenhuma lembrança ou associação aos vocábulos judeu e negro, dos quais são derivados.

É o que se dá, de outro modo, com o termo mulato, que, na definição dos léxicos, faz referência à pessoa descendente de brancos e negros. Em sua origem etimológica, o termo remete a mulo, animal híbrido, cruzamento do cavalo (ou égua) e da jumenta (ou jumento), razão pela qual muitos o consideram inapropriado ou pejorativo para descrever ou fazer referência a uma pessoa. Em defesa do vocábulo, argumenta-se

---

85 Ver, a respeito: <https://veja.abril.com.br/educacao/tentativa-de-censura-de-livro-de-monteiro-lobato-para-no-stf/>; ver, também: <https://veja.abril.com.br/educacao/censurar-monteiro-lobato-e-analfabetismo-historico/>.

86 O tema foi objeto de um documentário, lançado no ano de 2016: "Can We Take a Joke?", dirigido por Ted Balaker.

que a expressão, além de não ter sentido necessariamente pejorativo ou insultuoso, tem um sentido mais acurado do que outros, como o vocábulo genérico "mestiço", porque faz referência específica à pessoa de descendência branca e negra.

Para alguns pode parecer simples a "solução" de banir esses e outros vocábulos que possam ser associados a algum sentido discriminatório, substituindo-os por outros, que não tragam essa associação. Mas não há como definir previamente todas as palavras ou expressões aos quais o receptor da mensagem pode atribuir um sentido negativo ou ofensivo. É impossível termos controle sobre a forma pela qual alguém interpreta o que dizemos, por mais cuidado que tenhamos.

O problema em relação ao politicamente correto está em considerar as palavras como coisas, que signifiquem algo em si. Ocorre que as palavras, como observado por Heidegger, "não são coisas dotadas de significados".[87] Palavras são signos linguísticos aos quais se atribui sentido. Elas não são coisas que tenham um sentido em si, independente do sujeito. Por isso, a negatividade ou não de um vocábulo, polissêmico ou não, dependerá não apenas da intenção do emissor, mas, também, da disposição e da compreensibilidade do destinatário da mensagem. Daí porque a pretensão de um controle rigoroso sobre os termos, os vocábulos e as expressões utilizadas, em consideração à sensibilidade alheia, além de causar um empobrecimento da linguagem, tornaria, se não impossível, ao menos extremamente dificultosa a comunicação humana, pois qualquer mensagem, no limite, pode provocar uma associação negativa por parte de quem a ouve ou lê.

Uma estratégia mais inteligente, porque menos divisiva, é a da ressignificação de vocábulos pejorativos, usados para insultar ou ofender. Em vez de procurar banir ou proscrever certos termos ou expressões de conotação ofensiva, injuriosa e discriminatória, integrantes de certos grupos se reapropriam desses termos, deles retirando a carga semântica negativa para, em um processo de ressignificação linguística, devolvê-los ao discurso público, usando-as de forma neutra ou até positiva.[88] É o que se vê, por exemplo, entre pessoas da comunidade LGBT+, que ressignificaram expressões como "queer", delas retirando ou, ao menos, enfraquecendo o seu "poder" de injuriar. Do mesmo modo, o uso do vocábulo "sapatão", que foi apropriado por mulheres lésbicas, que dele retiraram o seu sentido estigmatizante, passando a empregá-lo como forma positi-

87 HEIDEGGER, Martin. *Ser e Tempo*. Parte I. 10ª ed. Petrópolis: Vozes, 2001, p. 219.

88 Ver, a respeito: BUTLER, Judith. *Excitable Speech. A Politics os the Performative*. New York: Routledge, 1997.

va de identificação de integrantes do grupo. Como observado por Robert Brontsema: "Apropriar-se do poder de nomear e recuperar um nome depreciativo que nunca se escolheu nem se deseja é rebelar-se contra o discurso de ódio, que pretende ferir."[89]

Não há dúvida de que, subjacente ao politicamente correto, está um ideal de igualdade inerente à democracia. Espera-se que todos sejam tratados com respeito, empatia e igual consideração de interesses. A percepção de que se vive em uma sociedade na qual não se é respeitado, porque os seus sentimentos não são levados em consideração, cria ressentimentos, frustrações, ódios e divisões. Mas é no mínimo duvidoso que o caminho para esse ideal igualitário possa ser alcançado forçadamente, pela "eufemização" ou "pasteurização" da linguagem, como se uma "codificação estrita das condutas" pudesse dar conta de suprimir a desigualdade, o sofrimento e a infelicidade.[90]

4.16. Restringir ou não restringir o discurso de ódio

Muitos são os argumentos a favor e contra a restrição do discurso de ódio. Os juristas norte-americanos, em sua maioria, tendem a resistir à ideia da restrição do *hate speech*, firmes na ideia de que a liberdade de expressão constitui um valor de vital importância para a democracia e tem um *status* privilegiado (*preferred position*), não devendo ser limitada com base em seu conteúdo, por mais desagradável ou ofensiva que seja a expressão. Juristas de outros países, em especial da Europa, são mais propensos a aceitar a restrição do *hate speech*, pelo menos em algumas de suas formas, na convicção de que a liberdade de expressão deve ser ponderada ou sopesada com princípios com os quais possa conflitar, notadamente os da dignidade humana e da igualdade. Além disso, acreditam que essas restrições não apenas não são incompatíveis com a democracia, mas podem até promovê-la.

Passem-se em revista algumas das principais justificativas apresentadas para proibir ou restringir o *hate speech*, assim como as críticas ou respostas apresentadas pelos opositores à restrição.

---

89 BRONTSEMA, Robin. A Queer Revolution: Reconceptualizing the Debate Over Linguistic Reclamation. *Colorado Research in Linguistics*, V. 17. Disponível em: <https://scholar.colorado.edu/cril/vol17/iss1/9>.

90 HAROCHE, Claudine; MONTOIA, Ana. "Political Correctness", ou de como Garantir o Respeito e Alcançar a Felicidade. *Revista Brasileira de História*, São Paulo, v. 15, nº 30, 1995, p. 34.

4.16.1. Argumentos invocados para a restrição ao discurso de ódio

Os principais ou mais frequentes argumentos para restringir o discurso de ódio podem ser divididos em duas grandes categorias: de um lado, argumentos deontológicos; de outro lado, argumentos consequencialistas ou utilitários. Na primeira categoria estão os argumentos segundo os quais o *hate speech* constitui um mal em si mesmo considerado, independentemente das consequências que dele possam advir. Na segunda, estão os argumentos que buscam demonstrar que as manifestações discriminatórias provocam consequências ou resultados indesejáveis, que poderiam ser evitados ou minimizados através de restrição legal.

4.16.1.1. Viola a dignidade da pessoa humana

A noção de dignidade é comumente invocada como fundamento para a restrição ao discurso de ódio. Parte-se da premissa de que essa manifestação discursiva é nociva em si mesma, a despeito de qualquer consequência danosa que possa produzir, porque viola o direito fundamental de todo ser humano de ser tratado com igual dignidade e respeito, em razão de sua própria e intrínseca humanidade. O discurso de ódio, por veicular conteúdo discriminatório com referência a outro ser humano, tido como inferior ou menos digno de reconhecimento ou proteção, não estaria protegido pelo princípio que assegura a liberdade de expressão.

Neste sentido, Steven Heyman, para quem o discurso de ódio deve ser considerado como não abrangido pelo princípio garantidor da liberdade de expressão porque "viola o mais básico direito de todos, o direito ao reconhecimento como ser humano."[91] Segundo o autor, o *hate speech* afronta o que ele chama de "direito ao reconhecimento", pelo qual os indivíduos têm o direito de ser vistos e reconhecidos como pessoas, afetando profundamente tanto aqueles que constituem alvo do discurso quanto a sociedade como um todo.[92]

Trata-se, conforme observado por Eric Heinze, de um argumento *deontológico* ou *não consequencialista*, porque vê o discurso de ódio como um mal em si mesmo, ou seja, independentemente dos resultados concretos que dele possam advir.[93] O discurso de ódio constituiria, pois,

91 HEYMAN, Steven J. *Free speech & Human Dignity*. New Haven and London: Yale University Press, 2008, p. 183.

92 Ibidem, p. 171.

93 HEINZE, Eric. *Hate Speech and democratic citizenship*. New York and Oxford: Oxford University Press, 2016, p. 153.

um *malun in se*, ou seja, um ato considerado inerentemente mal ou errado, independentemente de norma prévia que estabeleça a sua ilicitude, em contraste com um ato *malun prohibitum*, algo que é mal ou errado porque a lei assim o considera.[94]

Isso não significa que os adeptos do argumento deontologista desconsiderem a ideia de um dano extrínseco ao discurso. Ao contrário, comumente o argumento da violação da dignidade humana vem acompanhado de ponderações de que o discurso de ódio provoca danos de natureza vária para os integrantes do grupo alvo. Sustenta-se que, ao violar a dignidade dos membros do grupo atacado, o *hate speech* objetifica e estigmatiza essas pessoas, nega sua capacidade como integrantes livres e capazes da sociedade, ignora sua individualidade e suas diferenças, reduzindo-os a elementos uniformes desse grupo. Como consequência desse processo de estigmatização, as pessoas integrantes do grupo muitas vezes encontram dificuldade de participar amplamente da vida em coletividade, razão pela qual tendem a viver segregadas e em guetos, sofrendo prejuízos nos planos pessoal e profissional.

Bhikhu Parekh observa que, na Inglaterra e em vários países europeus, negros e asiáticos por muito tempo evitaram frequentar estádios para assistir a jogos de futebol em razão dos cânticos racistas das torcidas. Por serem alvos de expressões de ódio, sentem-se nervosos em espaços públicos, com receio de serem humilhados. Em razão dos estereótipos negativos a eles relacionados, preocupam-se constantemente em como os outros vão interpretar suas palavras e ações.[95] Em consequência, sofrem uma degradação da imagem de si mesmos e da sua autoestima,[96] o que faz com que levem uma vida aquém daquela que seu potencial lhes permitiria viver.

Jónatas Machado observa que se deve levar em consideração o impacto que as diversas formas de expressão racistas, xenofóbicas, homofóbicas e outras podem ter em relação à dignidade humana. Tais considerações apontariam para a legitimidade de restrições legais em relação às "condutas expressivas que tenham por único objetivo a ofensa e a humilhação social de determinados grupos sociais."[97]

---

94 Ibidem, p. 154.

95 PAREKH, Bhikhu. Op. cit., p. 44.

96 COLOMB, Philippe. Dicionário de Ética e Filosofia Moral. V. 2. 2003. Verbete "Liberdade de Expressão", p. 64.

97 MACHADO, Jónatas E. M. Liberdade de Expressão. *Dimensões Constitucionais da Esfera Pública no Sistema Social*. 2002, p. 841.

Mas o dano aos integrantes do grupo visado é, em geral, tido pelos deontologistas como algo inerente ou intrínseco ao discurso de ódio. Em outras palavras, assume-se que o dano seja uma decorrência ou consequência inevitável a essa forma de discurso, de modo que se torna desnecessária qualquer demonstração empírica de sua ocorrência. Nesse ponto, a dignidade humana poderia ser vista como uma espécie de argumento "consequencialista retórico", na medida em que os danos usualmente associados a esse tipo de discurso são considerados óbvios ou autoevidentes.[98] Vale dizer, de acordo com essa concepção, que todo discurso de ódio é, em si, danoso, dispensando, por isso, a prova de um prejuízo ou de uma consequência danosa concreta.

Exemplo típico de restrição vinculada ao argumento deontológico é a proibição, na Alemanha, da negação ou minimização do Holocausto. A constatação de que o discurso de ódio nazista durante a frágil República de Weimar conquistou o apoio do povo alemão, levando aos horrores ocorridos nos campos de concentração, com o extermínio dos judeus e outros grupos, contribuiu para a visão de que os discursos de ódio são potencialmente perigosos e, por isso, devem ser proibidos, sem consideração para a demonstração da existência ou não de riscos concretos.

4.16.1.2. Fere o princípio da igualdade

Esse argumento é uma variação do anterior. Argumenta-se que o discurso de ódio deve ser restringido porque viola o princípio da igualdade entre as pessoas.[99] Um discurso de natureza racista, sexista ou de qualquer forma discriminatório é revelador da desestima, do desprezo ou, em termos mais gerais, do sentimento de superioridade e desrespeito em relação ao direito à igual consideração de interesses de outrem ou de todo um grupo.

O emissor do discurso de ódio rebaixa os integrantes do grupo discriminado, colocando-os em uma posição de inferioridade em relação às demais pessoas. A mensagem, explícita ou implícita, passada pelo discurso discriminatório é de que as pessoas que fazem parte do grupo discriminado, por serem inferiores, não merecem ou não devem merecer os mesmos direitos usufruídos pelos demais integrantes da sociedade.

98 Idem.

99 HUGUES, Graham. Prohibiting incitement to racial discrimination. *In*: *The University of Toronto Law Journal*. V. 16, nº 2. 1966, p. 361-368.

A ideia de desigualdade entre as pessoas está, assim, no núcleo dos discursos racista, antissemita, machista, heterossexista e todos os demais discursos discriminatórios.

O argumento da violação da desigualdade segue, em linhas gerais, o mesmo caminho percorrido pelo argumento da violação da dignidade humana. Isso porque o direito à igualdade ou à igual consideração de interesses faz parte do direito à dignidade.

4.16.1.3. Falta de valor social intrínseco

Defensores do banimento ou da restrição do *hate speech* argumentam que essas formas de expressão não apresentam valor social intrínseco, razão pela qual não merecem proteção constitucional.[100]

Argumentam que expressões de racismo, antissemitismo, homofobia e outras formas de discurso discriminatório nada acrescentam para a sociedade. Ao contrário, por serem fundados em preconceitos negativos, derivados da ignorância ou da intolerância, não contribuem para o descobrimento da verdade, nem para o debate público, constituindo, na verdade uma manifestação inconveniente ou uma perturbação para o mercado de ideias.

Alguns discursos, como o de natureza racista, por perpetuarem ideias que já receberam universal condenação formal, estariam fora do âmbito de proteção da liberdade de expressão, devendo, portanto, ser proibidos. Mais do que desprovido de valor social, o racismo, por ser irracional e, com frequência, inconsciente, infecta o mercado de ideias, tornando-o disfuncional.[101]

4.16.1.4. Causa danos aos integrantes dos grupos discriminados

Um dos argumentos mais frequentes e de maior apelo para restringir o discurso de ódio é o de que ele pode provocar e com frequência provoca danos psicológicos, muitas vezes de natureza grave, com reflexos inclusive na saúde física de membros do grupo discriminado. Diferentemente dos insultos ou das agressões verbais que todos po-

100 KANIKLIDIS, Constantine. Free speech, hate speech and principles of community: the case against free speech absolutism. <https://www.researchgate.net/publication/274835999_Free_Speech_Hate_Speech_and_Principles_of_Community_The_Case_Against_Free_Speech_Absolutism>.

101 LAWRENCE III, Charles R. If he hollers let him go: regulating racist speech on campus. *Duke Law Journal*, nº 484. 1990.

demos ocasionalmente sofrer, o discurso de ódio seria potencialmente mais grave e ainda mais prejudicial à saúde mental ou psicológica de integrantes do grupo, por se referir a suas características identitárias.

Ser discriminado por conta de alguma característica pessoal pode ser, e comumente é, uma experiência psicologicamente dolorosa. É ser atacado em algo que compõe a identidade da pessoa, em algo que faz parte do que a pessoa é.

A experiência tende a ser ainda mais grave quando ela é vítima de ataque verbal em relação a características pessoais que são imutáveis, como no caso da raça, do gênero e de certos traços ou certas condições físicas. A impossibilidade de alterar essas características pessoais torna particularmente doloroso para a vítima suportar insultos, agressões verbais ou outras condutas expressivas negativas que tenham por base esses elementos.

Segundo Richard Delgado, a ansiedade é o mais óbvio e direto dano causado por um insulto racial. Não há dúvida, segundo o autor, de que palavras em geral, sejam de conteúdo racista ou de outro tipo, podem causar danos mentais, emocionais ou até físicos, principalmente quando proferidas na presença de outros ou por pessoa em posição de autoridade. Mas insultos raciais, um dos tipos de discurso de ódio mais difundidos, por se basearem em uma característica inalterável da vítima, teriam um componente potencial de causar dano ainda mais grave.[102] O uso de linguagens ofensivas a pessoas integrantes de um dado grupo racial, pela circunstância aleatória de pertencerem a esse grupo, constitui uma injúria particularmente grave, transmitindo para a pessoa a quem ele é direcionado uma mensagem de que distinções de raça são distinções de mérito, dignidade, *status* e personalidade.[103]

Em casos extremos, os efeitos psicológicos que o discurso de ódio provoca na vítima podem resultar em doenças mentais e de natureza psicossomática. Segundo Richard Delgado, as vítimas desse tipo de discurso muitas vezes buscam escapar do estresse e da ansiedade através do álcool ou das drogas, ou através de outro tipo de comportamento antissocial.[104]

---

102 Cf. DELGADO, Richard. *Words That Wound:* A Tort Action for Racial Insults, Epithets, and Name Calling. In: MATSUDA, Mari J.; LAWRENCE III, Charles R.; DELGADO, Richard; CRENSHAW, Kimberlè Williams. *Words That Wound: Critical Race Theory, Assaultive Speech, and the First Amendment.* Boulder: Westview, 1993, p. 94.

103 Ibidem, p. 90.

104 Ibidem, p. 137.

Alguns autores sustentam que o estresse emocional causado pelo discurso de ódio pode ter efeitos físicos e/ou mentais duradouros nas vítimas, tais como aumento de pressão sanguínea, alcoolismo, dores de cabeça, tonturas, depressão crônica, neurose, ansiedade.[105]

4.16.1.5. Ofende os integrantes do grupo alvo do discurso

Um argumento comumente utilizado para justificar a restrição ao discurso de ódio, geralmente associado aos argumentos da violação dos princípios da dignidade humana e da igualdade, é o de que ele ofende os integrantes do grupo discriminado, ferindo, dessa forma os seus sentimentos.

O discurso discriminatório seria sempre ofensivo aos membros do grupo alvo do discurso, por atingi-los naquilo que lhes é particularmente sensível: a sua identidade. Constituiria, assim, um insulto assacado contra todos aqueles que compartilham das mesmas características indicadas direta ou indiretamente no discurso.

Parte-se da premissa de que não é aceitável que as pessoas possam ser alvo, ainda que indiretamente, de manifestações insultuosas e afrontosas à sua identidade, porque isso seria causa de mágoa, indignação, ressentimento, frustração, tristeza, raiva e outros tipos de estado psicológico negativo. Em outras palavras, o discurso de ódio deve ser interditado porque é causa de detrimento anímico daqueles que fazem parte do grupo discriminado.

Essa foi a ideia que inspirou, na Inglaterra, o *Public Order Act 1986, Section 5*, cuja redação originária estabeleceu a criminalização de manifestações ou expressões consideradas "ameaçadoras, abusivas ou insultuosas". Embora o vocábulo "insultuosas" tenha sido excluído do texto legal no ano de 2013, permaneceu o termo "abusivas", que, por sua carga semântica plurívoca e subjetiva, pode também ser compreendido e utilizado como restritivo do discurso discriminatório, em razão da consideração acerca da ofensividade desta forma de discurso.

A restrição do discurso de ódio seria, assim, uma forma de proteger a sensibilidade dos integrantes do grupo ofendido.

---

105 Cf. BROWN, Alexander. *Hate Speech Law. A Philosophical Examination*. 2015, p. 56.

4.16.1.6. Silencia as vozes de integrantes do grupo discriminado

Argumenta-se que o discurso de ódio provocaria um efeito silenciador (*chilling effect*) sobre os integrantes dos grupos discriminados, especialmente porque esse tipo de discurso comumente tem ocorrido em contextos sociais nos quais a ocupação de espaços sociais e a reivindicação de direitos por mulheres, negros, imigrantes, homossexuais e outras minorias, historicamente, veio antecedida por atos de discriminação, violência (física ou verbal) e humilhação, que os integrantes desses grupos têm receio de vir a sofrer novamente, caso respondam às manifestações preconceituosas. Com medo de represálias, as vítimas do discurso discriminatório preferem se retirar da arena pública, deixando de expressar suas opiniões.[106]

Por isso, o banimento ou a restrição do discurso de ódio representaria uma diminuição mínima e aceitável da liberdade de expressão (do emissor do discurso de ódio), com nítido benefício para a sociedade, em especial de grupos discriminados, que se veriam com mais liberdade para participar ativamente do debate democrático, sem o receio de serem hostilizados e calados por discursos de ódio raciais, homofóbicos ou fundados em qualquer outro tipo de discriminação.

4.16.2 Objeções aos argumentos pela restrição ao discurso de ódio

Os argumentos antes elencados por aqueles que advogam a promulgação de leis que interditem ou punam o discurso de ódio sofrem objeções importantes em relação à consistência e validade de suas premissas. A seguir, serão apresentadas essas objeções.

4.16.2.1 O uso retórico do princípio da dignidade humana

Examinando o argumento deontológico de um ponto de vista crítico, Eric Heinze chama a atenção para o que denomina de falácia de negação (*denial fallacy*).[107] Observa que os defensores do argumento deontológico sugerem que, mesmo que o discurso de ódio cause pouco ou nenhum dano substancial às pessoas integrantes do grupo visado, ainda haveria, formalmente, uma "negação" da dignidade dessas pessoas. Sucede que,

106 FRALEIGH, Douglas M.; TUMAN, Joseph S. *Freedom of expression in the marketplace of ideas*. E-book. Los Angeles: Sage, 2011, p. 162.

107 HEINZE, Eric. Op. cit., p. 157.

embora o emissor do discurso de ódio expresse desdém ou desconsideração pelos direitos decorrentes da dignidade do grupo discriminado, isso não constitui literalmente uma negação da dignidade, no sentido do *impedimento* do seu exercício.

A negação da dignidade humana, no sentido de sua violação ou do impedimento do seu exercício, só ocorre nas hipóteses da criação ou provocação de danos a algum dos direitos decorrentes dessa dignidade, ou de criação de algum obstáculo à sua realização prática.

A falácia consiste em pretender atribuir abstrata e genericamente ao discurso de ódio algo que lhe é contingente e circunstancial: o dano a algum dos direitos decorrentes da dignidade humana dos integrantes do grupo visado. Pretender acoplar ao discurso de ódio, em si considerado, independentemente das circunstâncias concretas, a ideia de violação da dignidade humana é sugerir como real algo que pode não existir na prática, mas apenas no plano meramente simbólico ou retórico.

Não há dúvida de que o discurso de ódio configura uma atitude de desprezo ou menoscabo pelos integrantes de um grupo, ou, até, uma disposição para desconsiderar os direitos decorrentes da dignidade humana dos membros desse grupo, mas não constitui, em si, necessariamente, uma efetiva violação, negação, impedimento ou obstrução ao exercício de algum desses direitos.[108]

É inquestionável a importância do reconhecimento da dignidade humana como princípio que expressa um valor considerado supremo dentro do sistema jurídico. Mais do que um dentre vários outros princípios constitucionais, a dignidade humana é considerada como "base ou alicerce em que se assenta todo o edifício constitucional", sendo tida como o "princípio dos princípios",[109] irradiando efeitos jurídicos variados e produzindo consequências normativas relevantes.

Essa posição de realce conferida ao princípio da dignidade humana confere-lhe um papel de "primeira referência simbólica de toda a ordem constitucional."[110] Por essa razão, não raro a invocação da dignidade da pessoa humana no debate sobre qualquer tema jurídico constitui argumento retórico de grande força psicológica, tipicamente empregado como um argumento final e irretorquível, que não admitiria, por desnecessário, o prosseguimento do debate.

---

108 HEINZE, Eric. Op. cit., p. 157.

109 NOVAIS, Jorge Reis. *A Dignidade da Pessoa Humana*. Dignidade e direitos fundamentais. Coimbra: Almedina. V. 1. 2016, p. 20.

110 Ibidem, p. 20.

Dieter Birnbacher alerta para esse uso emocional da dignidade humana, que funciona como uma espécie de "*conversation stopper*" ou argumento final, fechado a um debate racional. [111] Não raro, o apelo ao argumento, de forte carga emocional, da dignidade humana busca fugir da dificuldade de apresentar argumentos racionais, de ordem moral ou jurídica, para a defesa de um ponto de vista.[112]

Jorge Reis Novais aponta para esse uso retórico do princípio da dignidade humana, cuja alegação "apresenta uma força de impacto que se pretende demolidora, verdadeiro *knock-down argument*",[113] o que se compreende pelo fato de que "afectar a dignidade humana seria afectar um valor absoluto de Estado de Direito", incorrendo em uma "inconstitucionalidade insanável e insuperável".[114]

A natureza meramente retórica ou simbólica do uso do princípio da dignidade humana fica mais evidente quando o princípio é invocado para justificar a restrição de manifestações discriminatórias abstratas, dirigidas a um grupo como um todo, sem identificação de um indivíduo concreto ou particular. Isso porque, como observa Novais, a dignidade humana, enquanto fundamento do Estado Democrático de Direito, se refere à "pessoa concreta, individualmente considerada".[115]

Na perspectiva de um Estado que se baseia na dignidade humana, "é a pessoa que é um fim em si, enquanto indivíduo singular e não enquanto membro de qualquer corpo ou entidade transpersonalista, seja a família, a corporação, a classe ou casta, a etnia, a nação ou a comunidade".[116] O Estado, portanto, não deve ser visto como um meio ou instrumento a serviço de um grupo ou corpo coletivo abstrato, mas como protetor de "pessoas individuais e concretas, assegurando e promovendo a sua dignidade, autonomia, liberdade e bem-estar."[117]

Seja como for, o conteúdo concreto e o sentido preciso do princípio da dignidade, como observado por Novais, não têm a clareza que se poderia desejar, de modo que a mera invocação do princípio, sem maiores

111 BIRNBACHER, Dieter. Ambiguities in the concept of Menschenwürde. In: BAYERTZ, K. (org.). *Sanctity of Life and Human Dignity*. Dordrecht: Springer. 1996, p. 107.

112 Ibidem, p. 108.

113 NOVAIS, Jorge Reis. *A Dignidade da Pessoa Humana.* Dignidade e direitos fundamentais. Coimbra: Almedina. V. 1. 2016, p. 23.

114 Ibidem, p. 22.

115 Ibidem, p. 59.

116 Idem.

117 Idem.

considerações, não se afigura suficiente em um debate que se pretenda racional.[118]

4.16.2.2 O uso retórico do princípio da igualdade

Na hipótese de discurso de ódio dirigido abstratamente contra um grupo, somente em termos retóricos ou simbólicos se pode falar em uma violação do princípio da igualdade.

Enquanto esse preconceito se situa no plano do discurso geral e abstrato, dirigido não a uma pessoa em particular, mas a todo um grupo de pessoas, abstratamente consideradas, não constitui, em si, concretamente, uma diminuição do direito de igualdade dos integrantes desse grupo. Por mais vil, censurável, repugnante e odioso que seja, um discurso, enquanto mero ato locucionário ou exteriorização de um pensamento, não exclui, reduz ou limita, de nenhuma maneira o direito de quem quer que seja, em termos práticos ou jurídicos.

Os que utilizam este argumento desconsideram a já mencionada diferença fundamental entre condutas discursivas e não discursivas, ou, em outras palavras, entre discurso e ação.[119] O discurso somente poderá ser considerado violador do direito à igualdade quando afetar ou puder afetar algum direito dos membros do grupo discriminado.

Exemplo hipotético de manifestação que seria mais do que um discurso, constituindo verdadeira ação discriminatória, seria o da colocação de um aviso em um estabelecimento comercial vedando a entrada de pessoas de determinada etnia. Uma tal manifestação escrita estaria a criar, de forma ilegal e inconstitucional, uma restrição concreta aos direitos dos integrantes dessa etnia. Configurada estaria, nesta hipótese, uma violação do princípio da igualdade.

Por outro lado, a manifestação, em uma conversa ou em rede social, de uma opinião racista de que pessoas de determinada etnia são, por essa simples condição, inferiores configuraria um discurso discriminatório abjeto, inquestionavelmente reprovável e inaceitável do ponto de vista social e moral, mas não constituiria uma ação discriminatória, porque não criaria, concretamente, uma restrição ao direito das pessoas integrantes dessa etnia. Não haveria que falar, portanto, nesta última hipótese, em violação do princípio constitucional da igualdade.

---

118 Ibidem, p. 23.

119 Para a diferença entre condutas discursivas e não discursivas veja-se o que se escreveu no Capítulo 2.

Verifica-se, portanto, que o princípio da igualdade é utilizado de forma puramente retórica para justificar a restrição dos discursos discriminatórios em geral.

4.16.2.3. A proteção de uma expressão independe do seu valor social

A restrição das expressões discriminatórias ao argumento de que carecem de valor social não resiste a uma análise mais detida. A falta de valor social de uma manifestação não constitui, em si, justificativa para a sua restrição. Uma expressão não tem que ser socialmente útil ou valiosa para merecer proteção constitucional.

A liberdade de expressão não foi instituída para, seletivamente, assegurar as expressões ou manifestações que possam ser consideradas úteis ou socialmente valiosas. Se a utilidade ou o valor social de uma manifestação fosse a medida de sua proteção constitucional, muito provavelmente viveríamos em uma sociedade na qual a comunicação se tornaria extremamente dificultosa ou, mesmo, insuportável.

Muito do que se diz ou escreve pode ser considerado irrelevante ou sem valor social. A quantidade de "lixo" encontrado nas mídias sociais, na chamada grande mídia e nos diversos veículos de comunicação de massa é imensurável. Nem por isso deixam essas manifestações de estar protegidas pelo princípio garantidor da liberdade de expressão.

Manifestações e conversas triviais, banais, inconsequentes, fofocas, até maledicências, tudo faz parte da ecologia da informação, que se desenvolve com base nos influxos culturais de cada sociedade e dos respectivos subsistemas de comunicação.

Pretender restringir o discurso com base no seu desvalor social traz o enorme risco de entregar ao Governo e a seus agentes a tarefa, intrinsecamente arbitrária, de julgar o que é e o que não é socialmente ou moralmente provido de valor social na comunicação. Essa função, historicamente desempenhada por órgãos oficiais de censura de regimes despóticos e ditatoriais, não se compatibiliza com o estado democrático de direito, mesmo que se entregue essa função a órgãos jurisdicionais, porque esses não constituem guardiões da moralidade social. Embora a moral influencie o direito, com este não se confunde. Daí porque o juiz não deve desempenhar a tarefa de julgar aquilo que é social ou moralmente aceitável, mas apenas aquilo que está ou não de acordo com o direito.

Um segundo risco é o de criar uma sociedade pasteurizada, em que a censura ou a autocensura é a tônica, com previsíveis prejuízos não só para o desenvolvimento do indivíduo, mas da sociedade como um todo. A tentativa de criar, artificialmente, via interdição legal, um ecossistema comunicativo livre de preconceito e de discriminação tende, paradoxalmente que possa parecer, a afetar negativamente esse ecossistema, porque empobrece o discurso público.

Além de não ser justificável a restrição fundada na falta de valor social do discurso preconceituoso, pode-se, mesmo, questionar a premissa de que essa forma de discurso é desprovida de valor social. Isso porque, ainda que indiretamente, o discurso discriminatório revela e traz à tona o problema do preconceito e da discriminação, criando a oportunidade para o debate público sobre temas de grande importância social. Esse debate tende a produzir efeitos positivos para a comunidade e, em especial, para os integrantes dos grupos discriminados. Ao silenciar o *hater*, não apenas não se diminui o preconceito, como se perde a oportunidade de debater sobre os problemas a ele subjacentes.

4.16.2.4. A falta de evidência causal entre discurso de ódio e dano

O argumento de que o discurso de ódio causa danos aos integrantes do grupo alvo é problemático por várias razões. Em primeiro lugar, pela dificuldade de comprovar a relação de causa e efeito entre a exposição ao discurso de ódio e danos psicológicos ou complicações fisiológicas sofridos pelos membros do grupo discriminado. Não há estudos empíricos que demonstrem que manifestações discriminatórias sejam causadoras de danos à saúde de integrantes de grupos-alvo de discurso de ódio. [120]

Em segundo lugar, caberia indagar se tais efeitos seriam decorrência de uma manifestação discriminatória específica ou de uma sucessão de manifestações discriminatórias ao longo do tempo. Neste último caso, seria no mínimo questionável punir uma manifestação discriminatória que não constituísse, em si mesma considerada, causa eficiente de um dano.

Em terceiro lugar, o argumento suscita a indagação sobre se os apontados efeitos sentidos pelos integrantes de grupos discriminados seriam uma decorrência do discurso de ódio em si ou dos atos de preconceito e discriminação sofridos concretamente por esses indivíduos na sociedade.

120 Ibidem, p. 57.

Por fim, caberia também especular sobre a eficácia da restrição do discurso de ódio sem o enfrentamento do preconceito e dos problemas que estão na origem desse tipo de discurso.

4.16.2.5. A inexistência de um direito de não ser ofendido

Não existe um direito geral de não ser ofendido por um discurso ou uma manifestação de pensamento. Com frequência, palavras ferem e magoam, manifestações e opiniões desagradam e provocam sentimentos de ira e indignação. Mas essas reações psicológicas não constituem justificativa para a restrição da liberdade de expressão. Magoar o sentimento de alguém não constitui um argumento válido para restringir um princípio tão importante para a democracia e para o indivíduo.

Pode-se, mesmo, dizer que o direito de ofender é da essência da liberdade de expressão, cuja existência somente se justifica como forma de proteção de manifestações ou expressões polêmicas, controvertidas, desagradáveis e ofensivas. Como observado por Oliver Wendell Holmes Jr., em julgamento de caso submetido à Suprema Corte dos Estados Unidos,[121] a liberdade de expressão não é necessária para as ideias daqueles que concordam conosco, é, antes de tudo, a "liberdade para as ideias que odiamos". No mesmo sentido, o Justice William Brennan Jr., para quem o Governo não pode proibir a expressão de uma ideia "simplesmente porque a sociedade a considera ofensiva ou desagradável".[122]

Não há que cogitar de um direito de não ser ofendido, a não ser que esta ofensa constitua violação de um direito individual, como ocorre, por exemplo, com uma manifestação infamante ou que afete a privacidade alheia.

Jeremy Waldron, que defende a restrição do *hate speech* em certos contextos com fundamento na proteção da dignidade, deixa claro que é equivocada a ideia de que lei deve proteger as pessoas contra ofensas, exatamente porque a ofensividade, em si considerada, não constitui uma razão legal para a regulação da liberdade.[123]

Timothy Garton Ash adverte para o que considera uma tendência crescente de invocar uma espécie de "direito de veto", sob a forma de reivindicação de ofensa a uma identidade de grupo. Mais e mais pessoas,

---

121 United States v. Schwimmer, 279 U.S. 644 (1929).

122 Texas v. Johnson, 491 U.S. 397 (1989).

123 WALDRON, Jeremy. *The harm in hate speech*. Cambridge (MA): Harvard University Press, 2012, p. 126.

integrantes de diferentes grupos, se apresentam para se declarar ofendidas por manifestações de pensamento, levando a uma lista cada vez mais longa de termos e expressões que "poderão ser declarados interditos apenas por serem porventura ofensivos para alguém."[124]

Exemplo da instabilidade e da insegurança que decorrem da ideia de restringir manifestações ao argumento de que são ofensivas pode ser encontrado na Inglaterra, com o já mencionado *Public Order Act 1986, Section 5*, que previu a punição criminal de manifestações "insultuosas". Essa norma foi alvo de muita controvérsia, em razão da enorme carga de subjetividade trazida pelo vocábulo. Essa subjetividade levou à detenção, pela polícia, de um adolescente de 16 anos que protestava pacificamente com um cartaz no qual se lia: "Cientologia não é uma religião. É um perigoso culto." Em outro caso, um aposentado ateu foi advertido pela polícia por ter colocado na janela da sua residência uma folha de papel com os dizeres "Religiões são contos de fadas para adultos". A polícia disse que, se houvesse alguma reclamação, ele poderia ser detido com base na Lei. Ainda com base nessa norma, um estudante de Oxford foi detido por dizer a um policial: "Com licença. Você percebe que seu cavalo é gay?" [125] Esses são apenas alguns dos casos que, embora não tenham sido levados adiante, principalmente em razão da má publicidade que trouxeram para a autoridade policial, demonstram a subjetividade inerente a uma lei que busca punir manifestações porque elas podem ser consideradas ofensivas por alguém ou alguma autoridade. Graças a uma forte campanha em defesa da liberdade de expressão levada a cabo por diversas entidades e por figuras públicas, a Lei acabou sendo modificada, para excluir a previsão de punição de manifestações e comportamentos ofensivos.

O ator e comediante Rowan Atkinson, em discurso no qual defendeu a reforma da lei que criminalizava o insulto, observou que há muitas formas de manifestação que podem ser interpretadas como insultuosas. Críticas, ridicularizações, sarcasmo, comparações desfavoráveis, a mera apresentação de um ponto de vista alternativo à ortodoxia, tudo isso pode ser interpretado como um insulto. E porque tantas coisas podem ser assim interpretadas, não causa surpresa que, na prática, assim o tenham sido, como se percebe dos exemplos antes citados.[126]

---

124 ASH, Timothy Garton. *Liberdade de Expressão:* Dez Princípios para um Mundo Interligado. Lisboa: Temas e Debates – Círculo de Leitores, 2017, p. 112.

125 Para esses e outros casos, veja-se: <http://reformsection5.org.uk/>.

126 O vídeo do discurso pode ser encontrado em: <http://reformsection5.org.uk/>.

Não se deve perder de vista que o que é ofensivo ou insultuoso para uma pessoa pode não o ser para outra. Como escreveu o Justice John Marshall Harlan, "one man's vulgarity is another's lyric".[127]

A recusa e a impossibilidade de limites baseados em uma ofensa puramente subjetiva reside no fato de que vivemos atualmente em um mundo interligado, uma "aldeia global", habitada por pessoas de diferentes origens, e, consequentemente, somos constantemente confrontados com coisas que ofendem alguns de nós.[128] Por isso, temos de reconhecer a necessidade de "conviver com níveis ligeiramente mais elevados de ofensa", que devemos administrar da melhor maneira possível. Em lugar de "institucionalizarmos a sensibilidade à flor da pele", devamos "incentivar todos, começando por nós mesmos, a ganharem peles mais espessas".[129]

4.16.2.6. O efeito silenciador como fator circunstancial

Sem desconsiderar a força deletéria que as palavras podem ter, em especial as palavras ofensivas e insultuosas de caráter preconceituoso, não é razoável associar um efeito silenciador a toda e qualquer manifestação discriminatória, como se se tratasse de uma decorrência necessária de todos os discursos desse tipo, em qualquer tempo e lugar.

Esse efeito constitui fenômeno circunstancial, presente em contextos de tempo e lugar específicos, onde haja um histórico de sérios conflitos sociais, permeados de preconceito e discriminação contra determinado grupo, cujos membros pudessem, por ocasião do discurso, se sentir intimidados e tolhidos em sua liberdade de expressão.

Um discurso de ódio dirigido, por exemplo, contra os judeus no Brasil, como ocorreu no famoso caso Ellwanger,[130] não provocaria esse efeito silenciador. Os judeus, vítimas do Holocausto causado pelos nazistas durante a Segunda Guerra Mundial, tornaram-se, ao longo do tempo, um grupo forte e unido na proteção e defesa de seus membros. Entidades e associações judaicas empenham-se, cotidianamente, em manter viva na memória das pessoas as atrocidades cometidas contra o seu povo, justamente para evitar que a história se repita. Manifestações de cunho antissemita são prontamente denunciadas. Sustentar, pois,

127 Cohen v. California, 403 U.S. 15 (1971).

128 Ibidem, p. 113.

129 Ibidem, p. 115.

130 O caso Ellwanger será tratado no Capítulo 6.

que a publicação, no Brasil, de livros discriminatórios contra o povo judeu pudesse levar os membros dessa comunidade a se calar por medo ou receio de represália não é realista.

Independente disso, caberia também indagar a respeito das verdadeiras causas de um possível efeito resfriador ou silenciador sobre o grupo discriminado. Tal efeito seria atribuível a discursos discriminatórios ou seria resultado de práticas discriminatórias concretas? Ainda que esse efeito pudesse ser vinculado a discursos, seria ele atribuível a uma manifestação isolada ou seria decorrência de um conjunto de manifestações? Essas indagações, não respondidas de forma satisfatória pelos autores que defendem o argumento do efeito silenciador, demonstram a fragilidade do seu uso para justificar a restrição do discurso de ódio.

Tratando especificamente das manifestações racistas, Robert Post observa que, mesmo aceita a argumentação da existência de um sistemático efeito silenciador, isso seria muito mais uma decorrência das condições sociais e estruturais do racismo do que especificamente do discurso racista.[131] Interditar o discurso preconceituoso ao argumento de que, isoladamente, seja a causa da inibição da liberdade de expressão dos integrantes do grupo discriminado parece um reducionismo, que não enxerga o problema em toda a sua complexidade.

4.16.3. Argumentos contrários à restrição do discurso de ódio

Como se viu, os diversos argumentos comumente invocados para justificar o discurso de ódio são alvo de objeções importantes, que revelam as suas inconsistências. Mas, além das objeções a esses argumentos restritivos, há razões que apontam para o desacerto ou a inconveniência de combater o discurso de ódio através da lei.

Essas razões indicam que o combate ao discurso de ódio não se dá com menos liberdade de expressão, mas com mais liberdade. O mau discurso se combate com o bom discurso. As más ideias não devem ser silenciadas, mas confrontadas com as boas ideias.

131 POST, Robert C. Racist speech, democracy, and the First Amendment. In: GATES JR., Heny Louis et. al. *Speaking of Race, Speaking of Sex: hate speech, civil rights, and civil liberties.* New York: New York University Press. 1994, p. 147.

4.16.3.1. Nega a autonomia e a responsabilidade moral dos cidadãos

Para além de sua importância instrumental para a sociedade e para o indivíduo, a liberdade de expressão tem uma dimensão constitutiva, que a torna valiosa, independentemente de qualquer benefício que ela possa trazer: ela é essencial para a autonomia e a dignidade individual.

Ronald Dworkin argumenta que o traço característico de uma sociedade política justa é o tratamento, pelo Estado, de todos os cidadãos adultos (com exceção dos incapazes) como *agentes morais responsáveis.* [132] Por isso, o Estado nega a autonomia ou capacidade de seus cidadãos, violando-lhes a dignidade, quando considera, de um lado, que eles não têm responsabilidade moral suficiente para ouvir determinadas opiniões, ao fundamento de que tais opiniões são perigosas ou desagradáveis, e que talvez as pessoas não estejam aptas a ouvi-las e ponderá-las. Arroga-se, assim, indevidamente, o poder de decidir, em lugar das pessoas, o que é e o que não é bom para a vida destas.[133]

Considerando essa responsabilidade moral por um aspecto ativo, que leva em conta não apenas a capacidade de as pessoas formarem suas próprias convicções, mas também a capacidade de as expressar para os demais, o Estado nega essa mesma responsabilidade moral de seus cidadãos quando os impede de manifestar determinadas opiniões, ao fundamento de que essas opiniões são desqualificadas. Dworkin sustenta que o Estado "não pode negar nenhum desses dois aspectos da responsabilidade moral da pessoa, por mais odiosas que sejam as opiniões que esta decida ponderar ou propagar."[134]

Ao restringir a liberdade daqueles que manifestam, verbalmente ou por escrito, seu preconceito ou intolerância, pela só circunstância de ser preconceituosa ou intolerante, independentemente das consequências que essa manifestação ou expressão possa produzir, o Estado desempenha um papel paternalista e moralista, que sugere que seus cidadãos são incapazes de julgar o acerto ou desacerto de alguns tipos de manifestação.

Essa justificação constitutiva da liberdade de expressão não exclui as suas justificativas instrumentais. Ambos os tipos de justificação foram

---

132 DWORKIN, Ronald. *O direito da liberdade: a leitura moral da Constituição Norte-Americana.* Coleção Justiça e Direito. Tradução de Marcelo Brandão Cipolla. São Paulo: Martins Fontes, 2006, p. 319.

133 Idem.

134 Ibidem, p. 320.

defendidos por Louis Brandeis, Ministro da Suprema Corte Americana, para quem a liberdade de expressão deve ser valorizada tanto como um meio quanto como um fim.[135] Mas é importante enfatizar que, ao lado da sua importância instrumental para a sociedade, a liberdade de expressão constitui um dos bens ou valores mais importantes para o indivíduo em si mesmo considerado.

4.16.3.2. Combate a intolerância com mais intolerância

Como se viu anteriormente, a intolerância está no âmago do discurso de ódio. O emissor da mensagem, por não tolerar aquilo ou aquele que lhe é diferente, ou por não conseguir conviver com a diversidade e a pluralidade, expressa sua frustração, ódio, desdém ou desprezo por alguém ou todo um grupo, identificado por alguma característica coletiva. A intolerância aparece, pois, como uma postura negativa e condenável.

Mas a própria ideia de limitar ou sancionar o discurso de ódio revela, também, uma forma de intolerância, voltada contra aqueles que expressam ideias consideradas inaceitáveis, por preconceituosas e discriminatórias. Seria combater uma conduta intolerante com intolerância, substituir uma forma de intolerância por outra, ou, usando uma imagem expressiva ou retórica, seria "combater fogo com fogo".

Para além da questão sobre se a limitação ao discurso de ódio constitui estratégia eficaz para lidar com o problema – o que não parece ter sido até hoje confirmado com evidências ou dados estatísticos –, cabe a ponderação de que limitar essa forma de conduta discursiva desconsidera ou despreza a circunstância de que o discurso de ódio, mais do que um ato isolado, reflete, com frequência, uma forma de pensar e se posicionar perante a sociedade. Muito frequentemente, o discurso de ódio é revelador de uma filosofia de vida, um modo de ver ou enxergar o mundo ou a comunidade em que se vive. Coibir essa forma de discurso é, de certa forma, contrapor-se a um modo de pensar o mundo, moralmente censurável que seja. E isso pela força da lei, em vez de pela força das ideias e dos argumentos.

Em uma sociedade que se pretende democrática, proibir ou restringir o discurso de ódio parece ser uma medida drástica, a ser tomada em situações excepcionais, como último recurso, quando a opinião pública e o livre debate não forem suficientes como forma de contenção desse tipo de manifestação intolerante, e apenas quando houver o risco real ou potencial para a democracia ou para a sociedade.

135 *Whitney v. California*, 274 U.S. 357.

Os defensores da restrição ao discurso de ódio costumam argumentar que ser tolerante com a intolerância ou com aqueles que são intolerantes pode acabar se voltando contra os tolerantes e acabar destruindo a própria ideia de tolerância. Invocam, assim, o chamado "paradoxo da tolerância", assim expresso por Karl Popper: "a tolerância ilimitada pode levar ao desaparecimento da tolerância. Se estendermos a tolerância ilimitada até àqueles que são intolerantes; se não estivermos preparados para defender uma sociedade tolerante contra os ataques dos intolerantes, o resultado será a destruição dos tolerantes e, com eles, da tolerância."[136]

A citação de Popper, que consta de uma nota de rodapé de sua famosa obra "A Sociedade Aberta e seus Inimigos", frequentemente vem citada de forma incompleta. Logo em seguida ao trecho citado, Popper observa que proibir manifestações intolerantes nunca deve ser o primeiro, mas o último recurso. Segundo o filósofo austríaco: "Nesta formulação, não quero implicar, por exemplo, que devamos sempre suprimir a manifestação de filosofias intolerantes; enquanto pudermos contrapor a elas a argumentação racional e mantê-las controladas pela opinião pública, a supressão seria por certo pouquíssimo sábia."[137]

O direito de não tolerar os intolerantes surge a partir do momento em que a razão e o livre embate de ideias não se mostram suficientes para impedir que a intolerância ou a incitação à intolerância se torne um risco para o convívio social. Só então, como último recurso, se mostra, não apenas prudente, mas sábio combater a intolerância.

4.16.3.3. Não elimina ou reduz o preconceito e constitui uma distração em relação às causas deste

Nadine Strossen, Professora da New York Law School, argumenta que a supressão do discurso de ódio não seria uma forma efetiva de lidar com o problema, além de constituir uma distração em relação às verdadeiras causas.

As manifestações racistas, ou de qualquer modo discriminatórias, seriam, simplesmente a manifestação de problemas mais sérios e mais profundos. Subjacente a elas encontram-se motivações, razões ou fatos, de natureza social, econômica, cultural, psicológica e outras que devem ser compreendidos para que possam efetivamente ser enfrentados.

136 POPPER, Karl. *A Sociedade Aberta e Seus Inimigos*. Belo Horizonte: Itatiaia. Tomo 1. 1987, p. 289, nota 4.

137 Idem.

Restringir as expressões preconceituosas não ataca a raiz do problema. Ataca-se o sintoma, sem eliminar verdadeiramente a patologia que o provoca.[138]

Pondera a autora que, se há desemprego, deve-se buscar resolver esse problema; se há preconceito, este deve ser corrigido através da educação; se há violência, deve-se buscar melhorar a segurança. Enfim, devem ser buscadas e combatidas as causas das manifestações discriminatórias, sejam elas quais forem: econômicas, sociais, culturais ou de qualquer outra natureza. Uma vez colocados todos em uma posição na qual desfrutem segurança e encontrem satisfeitas suas necessidades econômicas, de educação e de oportunidade de emprego, aí sim todos estariam em posição de responder.

Regular o discurso de ódio, no entanto, é mais fácil para o Governo e para os políticos do que lidar com as causas subjacentes a esse tipo de discurso. Calar o *hater* não só não elimina o preconceito, como também constitui uma forma de distração em relação aos problemas sérios que levam à formação da mentalidade preconceituosa e intolerante. Por isso, em lugar de proscrever ou restringir o discurso, deve-se buscar combater as suas causas.

4.16.3.4. Transforma certos temas em dogmas inquestionáveis

Um outro risco decorrente da restrição do *hate speech* consiste em transformar certos temas ou determinadas questões em dogmas inquestionáveis, não suscetíveis de debate racional. Interditar expressões racistas, homofóbicas, sexistas ou, de qualquer modo, preconceituosas, ao argumento de que não contribuem para a sociedade, acaba por criar tabus sociais em relação a esses temas.

Proscrever o discurso discriminatório traz o risco, para o qual alertou Stuart Mill, de transformar verdades compartilhadas pela maior parte da comunidade – como a de que todo ser humano é detentor de direitos decorrentes da dignidade e merecedor de igual consideração de interesses – em um dogma estéril ou uma mera crença formal, que acabaria por fazer com que as pessoas, com o tempo, perdessem a habilidade de justificar e explicar racionalmente essa importante verdade.[139]

---

138 STROSSEN, Nadine. Interview with Nadine Strossen. *In*: *The Content and Context of Hate Speech. Rethinking Regulations and Responses*. New York: Cambridge University Press. 2012, p. 380.

139 MILL, John Stuart. *Sobre a Liberdade*. Lisboa: Edições 70. 2016, p. 100.

A censura às manifestações preconceituosas acaba por transformar em tabu a discussão sobre certas ideias, o que faz com que, no longo prazo, os conflitos voltem ainda mais fortes.

Até mesmo as ideias carregadas de preconceito e intolerância devem ter o seu espaço no debate público, para que se permita reafirmar e demonstrar racionalmente o seu desacerto.

O debate franco e aberto sobre raça, orientação sexual, gênero, identidade nacional, crença religiosa, deficiência física e mental e outros temas vinculados a identidade de grupos tende a produzir efeitos favoráveis e a reforçar a defesa dos grupos vulneráveis ao discurso de ódio, na medida em que expõe a irracionalidade do preconceito e da discriminação.

4.16.3.5. Cria ressentimentos e aumenta o risco de ações violentas

Este argumento foi desenvolvido por Frederick Schauer em relação à restrição em geral da liberdade de expressão,[140] mas se afigura especialmente adequado em relação à restrição do discurso de ódio. Parte da premissa de que uma mais ampla liberdade de expressão tende a produzir mais estabilidade e menos violência, na medida em que permite aos indivíduos expressar seu inconformismo, sua insatisfação e sua raiva, funcionando como uma espécie de "válvula de escape". A liberdade de expressão exerce uma função que Schauer chama de "catártica".[141]

Podendo se manifestar em palavras, os indivíduos seriam menos propensos a expressar suas frustrações e sua raiva através de ações violentas. Embora as palavras tenham a aptidão de agredir, ofender e ferir, é preferível que o preconceito seja expresso em discursos agressivos ou manifestações verbais hostis, e não traduzido em agressões físicas ou ações violentas. Parafraseando o exemplo retórico de Schauer, é melhor ter pessoas gritando umas com as outras do que atirando umas nas outras.[142]

No mesmo sentido, Edwin Baker alerta para o risco de a proibição do *hate speech* criar um sentimento de opressão sobre aqueles indivíduos ou grupos que compartilham de ideias racistas e discriminatórias. Impedidos de se manifestar e com o sentimento de que, com isso, lhes é

140 Este argumento já foi, em linhas gerais, exposto no Capítulo 2.

141 SCHAUER, Frederick. *Free speech: a philosophical enquiry.* 1982, p. 81.

142 Idem.

retirado um direito básico, os *haters* tenderiam a recorrer a meios violentos como forma de expressar seu preconceito e sua intolerância.[143]

Analisando a liberdade de expressão pela lente da teoria freudiana, Joel Schwartz argumenta no mesmo sentido, observando que Freud via a liberdade de expressão como uma resposta ao caráter inerentemente conflituoso da sociedade. As palavras, em geral, são menos nocivas e causam danos menos graves do que aqueles decorrentes da violência real. Por isso, segundo Schwartz, para prevenir que as pessoas "atirem lanças" umas nas outras, e na perspectiva de minimização de danos, um Governo prudente deve garantir aos indivíduos uma saída para extravasar a sua agressividade latente, o que se dá através da liberdade de expressão, que lhes permita, eventualmente, dirigir palavras ofensivas uns aos outros. [144]

Partindo igualmente de uma visão da metapsicologia freudiana, Marcelo Campos Galuppo observa que, sem o direito de falar, não podemos compreender a real causa de nossas ações, de modo que o que não é dito vira sintoma. Por isso: "a pulsão recalcada permanece, e emerge a qualquer momento como violência, que é possivelmente um sintoma da repressão do desejo, que, desconhecido, mostra sua cara como agressão".[145]

Nadine Strossen sustenta que as condutas discriminatórias que incitem à violência ou à prática de atos violadores de direitos de pessoas integrantes de determinados grupos devem ser rapidamente punidas ou reprimidas, mas pondera que a punição às manifestações de ódio que não tenham esse propósito, além de não constituir medida efetiva, por não atacar as verdadeiras causas do discurso de ódio, tende a aumentar a desconfiança, o ressentimento e o preconceito entre grupos.[146]

Os defensores da restrição legal ou judicial ao discurso de ódio sustentam, em geral, posição diametralmente oposta. Argumentam que o discurso de ódio é fator de desagregação e perturbação social, podendo levar a agressões físicas. Realmente, não se pode negar que, em certas

143 BAKER, C. Edwin. Autonomy and Hate Speech. *Extreme Speech and Democracy*. New York: Oxford University Press, 2010, p. 151.

144 SCHWARTZ, Joel. Freud and Freedom of Speech. *The American Political Science Review*. V. 80, nº 4 (Dezembro de 1986), p. 1240.

145 GALUPPO, Marcelo Campos. *Silêncio e Discurso:* Porque não Devemos Silenciar o Discurso de Ódio. Disponível em: <https://www.conpedi.org.br/wp-content/uploads/2017/08/Marcelo-Campos-Galuppo-Brasil.pdf>.

146 STROSSEN, Nadine. *Hate:* Why We Should Resist with Free Speech, not Censorship. New York: Oxford University Press. 2018, p. 7.

circunstâncias ou em certos contextos, o discurso de ódio pode levar à violência. Notadamente quando se trata de discurso de incitação de violência contra grupos. Mas não há demonstração de que as manifestações discriminatórias em geral tendam a gerar esse tipo de consequência.

Na verdade, não há comprovação empírica ou estudos que demonstrem cabalmente o acerto de nenhuma das duas posições. Mas a ideia de que uma maior tolerância em relação aos discursos ofensivos e discriminatórios funcionaria como uma válvula de escape, por possibilitar aos indivíduos liberar sua raiva e insatisfação, encontra apoio nos estudos psicanalíticos. O indivíduo que se vê cerceado em sua possibilidade de expressar seus instintos hostis e agressivos em palavras seria mais propenso a fazê-lo através de ações violentas.

Seja como for, parece mais razoável crer na liberdade, não na censura, como melhor meio de assegurar a convivência social, e apostar na força dos argumentos e da razão como forma de combater o ódio e a intolerância.[147]

4.16.3.6. Leva o hater a agir na penumbra

Um risco relacionado ao anterior é de o que a restrição ao discurso discriminatório leve o *hater* a agir na penumbra, às ocultas. O preconceituoso não deixará de ser preconceituoso, nem deixará de disseminar o seu preconceito por lhe ser vedado expor publicamente seu pensamento, apenas destilará seu preconceito de forma privada ou mais cautelosa.

Vale aqui a noção de que o melhor meio de combater o inimigo é conhecê-lo. Identificar o preconceituoso e o seu pensamento torna possível enfrentar e rebater, com bases racionais, a mensagem discriminatória. É preferível que o *hater* venha à luz do dia expor o seu preconceito para que se possa enfrentá-lo. Como bem observado por Rafael Koatz, "a melhor forma de combater essas ideias ignominiosas é conhece-las e rechaça-las; não proibi-las."[148]

---

147 Ibidem, p. 84.

148 KOATZ, Rafael Lorenzo-Fernandez. *Discursos ofensivos e de incitação ao ódio: Limites à liberdade de expressão?* Dissertação inédita (Mestrado em Direito Público). Universidade do Estado do Rio de Janeiro, 2007, p. 91.

4.16.3.7. Cria um efeito de autocensura e empobrece o discurso público

Como já se viu, o conceito de discurso de ódio é multifacetado e, em grande medida, subjetivo. Afora os casos extremos de discursos franca e abertamente discriminatórios, há uma imensa gama de manifestações que se encontram em uma zona nebulosa, e que são ou não julgados como discurso de ódio punível de acordo com o subjetivismo do intérprete. E não há critérios suficientemente objetivos que permitam aprioristicamente apontar com precisão e segurança quais, dentre as manifestações que se encontram nessa zona cinzenta, devem ser consideradas proibidas ou punidas.

A incerteza sobre se uma expressão ou afirmação pode ser considerada ilegalmente discriminatória leva naturalmente à autocensura, porque, em regra, ninguém deseja correr o risco de ser investigado, processado e julgado por algo que falou ou escreveu. O receio de ser acusado de estar propagando o ódio leva, inevitavelmente, a que muitos deixem de expor seus pontos de vista sobre temas de interesse público que envolvam questões sensíveis para diferentes grupos, causando o que a doutrina norte-americana chama de *chilling effect*.

É fundamental para a democracia que as pessoas tenham a liberdade de expressar suas opiniões sobre temas de relevância social, como, por exemplo, o que envolve a imigração, que afeta vários países; a implementação de ações afirmativas, com a fixação de quotas raciais em instituições de ensino superior e nos serviços públicos; a extensão do direito ao casamento para pessoas do mesmo sexo; o uso por transgêneros de banheiros e vestiários correspondentes ao gênero com o qual se identificam; a participação de mulheres transexuais em competições esportivas oficiais femininas; a implementação de políticas que garantam mais espaço para mulheres no mercado de trabalho. Esses e muitos outros temas acabam, muitas vezes, não sendo debatidos, como deveriam, em toda a extensão possível, por receio de ofender sensibilidades de pessoas integrantes dos grupos envolvidos no debate.

O receio de ser punido por uma opinião ou manifestação que possa ser interpretada como discriminatória causa um efeito paralisante.

Escritores, artistas, humoristas e intelectuais em geral, que têm na liberdade de pensamento e expressão a fonte do seu trabalho, tenderão a não abordar determinados temas, em um movimento de autocensura, com medo de ofender algum grupo com um escrito, uma fala, uma piada ou uma charge que possam ser considerados discriminatórios.

Uma política que restringe a liberdade de manifestação de pensamento com a finalidade de impedir que integrantes de diferentes grupos sociais se sintam ofendidos sacrifica um princípio que constitui a energia vital de qualquer democracia. A longo prazo, perde a sociedade, que vê um empobrecimento quantitativo e qualitativo do discurso público.

4.17. O discurso de ódio extremo

Já se viu que o discurso de ódio, pelo seu conceito amplo, engloba manifestações que assumem as formas mais diversas. O espectro de mensagens identificáveis como discurso de ódio é amplíssimo.

Essa infinita variedade de manifestações abrange falas e expressões de gravidade muito diferente. Compreende desde manifestações discriminatórias que, embora sejam consideradas ofensivas à sensibilidade de membros de um grupo, não provocam e não têm o propósito de provocar danos, até manifestações discriminatórias gravíssimas, que pregam a violência contra membros de um grupo social ou, em seu caso mais extremo, a sua eliminação.

Por isso, as incontáveis e distintas espécies de manifestações identificadas como discurso de ódio não devem se sujeitar a um único tipo de resposta.

Usando exemplos empregados por Timothy Garton Ash, não há dúvida de que aqueles que defenderam o extermínio dos Tutsis "como se fossem baratas" na Rádio de Ruanda "deveriam ter sido travados, detidos, julgados, condenados e encarcerados"; já alguém "que conta uma anedota extremamente racista num almoço privado" merece não mais que "uma reação fria ou uma repreensão contundente."[149]

Mesmo ficando restrito a um campo específico, como o do humor, não há como tratar igualmente aquele que, em uma reunião familiar ou social, conta uma piada que empregue estereótipos étnicos, ou de outra natureza, e o simpatizante da Ku Klux Klan que posta no Website intitulado "*Nigger Joke Central*" piadas que estimulem a violência contra pessoas negras.[150]

Nadine Strossen, proeminente defensora da liberdade de expressão, aponta para a necessidade de distinguir duas modalidades bem distintas de *hate speech*. De um lado, o que denomina de *psychically harmful hate speech*, a manifestação discriminatória que pode ser considerada

149 ASH, Timothy Garton. *Liberdade de Expressão: Dez Princípios para um Mundo Interligado.* Lisboa: Temas e Debates – Círculo de Leitores, 2017, p. 116.

150 Para exemplos e uma análise de piadas racistas violentas, ver o excelente artigo de Michael Billig, Violent Racist Jokes. *In*: *Beyond a Joke*, p. 27.

psicologicamente ofensiva, mas que não causa, nem tem o propósito de causar, dano além do detrimento psicológico e emocional, e que, por isso, não deve ser objeto de restrição; e, de outro, a forma mais séria de *hate speech*, que vai além da ofensa meramente psicológica, porque tem o propósito de causar danos, tais como a ameaça dirigida a um indivíduo ou a um pequeno grupo, a incitação à violência ou à violação a direitos individuais.[151]

Denomino esse último tipo de manifestação de *discurso de ódio extremo*, para ressaltar a particular gravidade dessa espécie de manifestação discursiva, que pode e deve ser alvo de sanção, inclusive de natureza penal.

Gordon Alport já observava que o preconceito se manifesta de formas variadas, algumas menos graves, outras mais. Na escala por ele criada, que ficou conhecida como "escala de Alport", as formas mais brandas seriam aquelas denominadas de *antilocution*, que consistem em interações nas quais o emissor da mensagem manifesta para seu interlocutor opiniões preconceituosas, sem o propósito de causar danos a terceiros. Nessa escala, apenas a partir do terceiro lugar aparecem as manifestações preconceituosas caracterizadas pela prática de atos concretos de violação de direitos de um grupo ou de seus membros. Embora tal escala tenha sido concebida antes de o problema do *hate speech* começar a chamar a atenção da doutrina, ela serve para demonstrar que o preconceito se manifesta de diversas formas e em gravidade variável.[152]

Necessário, portanto, distinguir, dentro do conceito amplíssimo de discurso de ódio, a manifestação que, apesar de discriminatória, não causa e nem tem o propósito de causar danos a terceiros, do *discurso de ódio extremo*, que é aquele que incita à violência ou à violação de direitos de membros de um grupo.

O reconhecimento de que o discurso de ódio de um modo geral é um mal não significa que o Estado deva reprimi-lo de forma genérica, inclusive com sanções de natureza penal, sem atenção para as imensas diferenças existentes entre as diversas condutas discursivas. Como observado por Timothy Garton Ash: Devemos usar o direito penal e o poder coercitivo do Estado para combater os verdadeiros males.[153]

---

151 STROSSEN, Nadine. Freedom of Speech and Equality: Do We Have To Choose? *In*: *Journal of Law and Policy*, 25, 2016, p. 190. Disponível em: <https://brooklynworks.brooklaw.edu/jlp/vol25/iss1/7>.

152 Sobre a "escala de Alport", veja-se o que escrevi anteriormente neste Capítulo.

153 Ibidem, p. 115.

4.18. O contradiscurso como forma de combater o discurso de ódio

Opor-se à restrição do discurso de ódio não significa negar o poder que as palavras têm de ferir psicologicamente. Significa acreditar que cabe ao indivíduo, como cidadão capaz e responsável, decidir quais palavras deve ouvir, ignorar, rejeitar ou responder. Pior do que o poder que as palavras têm de ferir é dar ao Governo o poder de escolher, dentre um conjunto praticamente infinito de expressões, quais devem ser punidas.

Más ideias se combatem com boas ideias. O mau discurso se enfrenta com o contradiscurso, que deve ser estimulado, quando necessário, pelo Governo e pela sociedade civil, com a implementação de medidas que deem voz aos integrantes dos grupos vulneráveis.

Uma das principais razões para defender a liberdade de expressão é a de que ela é fundamental para que possamos identificar e defender as ideias verdadeiras ou socialmente úteis e afastar as ideias equivocadas ou nocivas para a sociedade. A importância desse argumento em prol da liberdade de expressão foi destacada por vários pensadores. John Milton, em sua Aeropagítica, apostava no confronto livre de ideias como forma de ver triunfar a verdade sobre a impostura.[154] Stuart Mill, no seu livro *Sobre a Liberdade*, defendia a liberdade de expressão como única forma possível de se alcançar a verdade, mesmo nos casos em que julgamos ter certeza acerca da verdade ou falsidade de uma opinião.[155]

Isso vale também para as manifestações que consideramos desprezíveis, odiosas e ofensivas. É na competição do livre mercado de ideias, de que falava Oliver Wendell Holmes, que as más ideias devem ser, constantemente, confrontadas, desnudadas e reprovadas.[156]

A crença no contradiscurso como melhor forma de combater o discurso de ódio e o preconceito que o alimenta não se baseia em uma esperança vazia ou em uma espécie de idealismo desapegado da realidade. Essa crença vem fundada na história, que mostra que o preconceito não se derrota com a censura e a interdição da palavra, mas com a ampliação do debate público, para que, no entrechoque de ideias, a razão prevaleça.

Foi através do uso incessante da palavra que, ao longo do tempo, diversos grupos sociais conquistaram direitos, desafiando o entendimen-

---

154 MILTON, John. *Aeropagítica. Discurso pela Liberdade de Imprensa ao Parlamento da Inglaterra*. Rio de Janeiro: Topbooks. 1999, p. 173.

155 MILL, John Stuart. *Sobre a Liberdade*. Lisboa: Edições 70, 2016.

156 HOLMES J. Oliver Wendell. *Abrams v. United States*, 250 U.S. 616, 630 (Supreme Court 1919).

to dominante da época. Assim ocorreu com a luta pelos direitos civis dos negros nos Estados Unidos da América; com o movimento feminista; com a reivindicação de direitos pelos integrantes da comunidade LGBTQ e com a defesa de tantos outros grupos vulneráveis. As ideias defendidas por esses grupos já foram consideradas imorais, odiosas, ofensivas e perigosas para a estabilidade social, mas foram, gradativamente, com coragem e muita luta, conquistando corações e mentes.

Ainda hoje, muitas dessas ideias ainda encontram resistência de certos setores da sociedade. Mas é pela força da razão, e não pela razão da força, que essas resistências são vencidas. As mudanças sociais nunca surgem da uniformidade e da pureza verbal, mas do embate de opiniões, expostas na cacofonia que compõe o mercado das ideias.

Embora tenha sido alvo de repetidas manifestações discriminatórias durante todo o seu mandato como Presidente dos Estados Unidos da América, Barack Obama, em entrevista para a ABC News, reafirmou sua crença na liberdade de expressão e no contradiscurso como forma de enfrentar o discurso de ódio: "Ser um bom cidadão, ser um ativista, envolve ouvir o outro lado e assegurar que você está engajado em um diálogo, porque é assim que as mudanças ocorrem." Observou que o sucesso do movimento pelos direitos civis se deveu, entre outras razões, ao fato de que os líderes do movimento "estiveram abertos à possibilidade de reconciliação e buscaram ouvir as opiniões que se encontravam do outro lado, inclusive aquelas consideradas terríveis para eles". Segundo Obama, o propósito da liberdade de expressão é assegurar que através de argumentos, da razão e das palavras façamos a democracia funcionar. Por isso, não devemos temer quando alguém expresse más ideias. Devemos, ao revés, contestá-las, derrotá-las e demonstrar que estão erradas, conquistando novos adeptos. É assim que as coisas funcionam em uma democracia.[157]

Conforme assinalado por Nadine Strossen, a restrição generalizada ao discurso de ódio acaba sendo prejudicial aos membros do grupo alvo, em consequência do chamado "*bystander effect*". Na medida em que os integrantes do grupo são tratados de forma paternalista, como vítimas indefesas que necessitam da intervenção de alguma autoridade superior, tendem a aguardar a ação da autoridade, deixando de responder eles mesmos a essas manifestações. Em contrapartida, o contradiscurso,

157 OBAMA, Barack. Entrevista concedida em 12 de novembro de 2015 à ABC News. Disponível em: <https://www.thefire.org/obamas-abc-news-interview-transcript-on-missouri-protesters/>.

conquanto exija coragem e determinação, constitui um meio eficaz de empoderamento dos membros do grupo alvo do discurso de ódio. [158]

Além disso, a censura generalizada ao *hate speech* aumenta a atenção e a simpatia para os *haters*, tornando-os mártires da liberdade de expressão. E acaba por levá-los a disseminar o preconceito de forma sub-reptícia ou menos explícita, dificultando sua identificação e a refutação de suas ideias preconceituosas.

Em outras palavras, mais liberdade de expressão, e não menos, é o caminho para enfrentar o problema do discurso de ódio.

158 STROSSEN, Nadine. Freedom of Speech and Equality: Do We Have To Choose? *Journal of Law and Policy*, 25, 2016, p. 196. Disponível em: <https://brooklynworks.brooklaw.edu/jlp/vol25/iss1/7>.

5

O Discurso de Ódio no Direito Internacional e Comparado. Os Modelos Norte-Americano e Europeu de Proteção à Liberdade de Expressão

5.1. Introdução

O modo como o problema do discurso de ódio é tratado juridicamente pelos diversos países democráticos varia enormemente.

No presente Capítulo faço um breve apanhado dos tratados internacionais que cuidam do tema. Em seguida, procedo a uma breve análise do tratamento jurídico conferido à liberdade de expressão e ao problema do discurso de ódio nos Estados Unidos da América do Norte – País com uma longa tradição jurídica e jurisprudencial em questões que envolvem a liberdade de expressão e que tem uma abordagem singular em relação ao problema do *hate speech* – e de países integrantes da União Europeia, que, a despeito das peculiaridades de cada ordenamento nacional, se submetem a normas comuns relativas a esse bloco de países, o que os insere em um sistema jurídico até certo ponto compartilhado.

Em razão de limitações de tempo e espaço, a análise referente aos países da União Europeia ficará restrita à Alemanha, Áustria, França, Bélgica, Itália e Polônia, nos quais o problema do discurso de ódio tem sido objeto de estudo, decisões e debates frequentes. Ainda no que se refere aos países integrantes do bloco europeu, buscou-se trazer precedentes representativos do tratamento do tema na Corte Europeia de Direitos Humanos.

5.2. A discriminação e o discurso de ódio nos tratados internacionais

Diversos diplomas internacionais estabelecem normas protetivas de direitos humanos e integram o chamado *Direito Internacional dos Direitos Humanos*, construído com o fim de resguardar o valor da dignidade humana, enquanto fundamento desses direitos.[1] Não obstante o tema encontre precedentes na Convenção de Genebra, de 1864, que inaugurou o chamado Direito Humanitário,[2] e na Convenção da Liga das Nações, de 1920, a adoção de normas internacionais sobre a matéria se consolidou, de fato, após o fim da Segunda Guerra Mundial, período no qual os direitos humanos foram duramente violados, com vistas ao restabelecimento desses direitos no âmbito mundial e à manutenção da paz entre os países.

Como resultado de várias conferências entre representantes dos Estados interessados em atingir esse objetivo, foi criada, com a assinatura da Carta das Nações Unidas, em 1945, a Organização das Nações Unidas (ONU), organismo internacional que possui, dentre seus propósitos, "manter a paz e a segurança internacionais", tomando, coletivamente, "medidas efetivas para evitar ameaças à paz e reprimir os atos de agressão ou outra qualquer ruptura da paz" e "promover e estimular o respeito aos direitos humanos e às liberdades fundamentais para todos, sem distinção de raça, sexo, língua ou religião".[3]

Em 1948, a Organização das Nações Unidas proclamou a *Declaração Universal dos Direitos Humanos* e, a partir da sua concepção contemporânea de direitos humanos, enquanto direitos universais e indivisíveis, foram elaborados vários outros tratados e convenções.

Alguns desses diplomas possuem aplicação restrita a sistemas regionais, como é o caso da *Convenção Europeia de Direitos Humanos* (1950), da *Convenção Americana de Direitos Humanos* ou *Pacto de San Jose da Costa Rica* (1969) e da *Carta Africana de Direitos Humanos e dos Povos*, também conhecida como *Carta de Banjul* (1981).

Os tratados aprovados no âmbito da Organização das Nações Unidas, no entanto, integram o sistema global de proteção aos direitos humanos

---

1 PIOVESAN, Flávia. *Direitos Humanos e o Direito Constitucional Internacional*. 11ª ed. rev. e atual. São Paulo: Saraiva, 2010, p. 115.

2 Conjunto das leis e costumes da guerra, que visam à proteção de combatentes doentes postos fora de combate, bem como das populações civis atingidas. Cf. Ibidem, p. 116.

3 Carta das Nações Unidas, art. 1, parágrafo 3º.

e possuem abrangência muito mais ampla. Fazem parte desse sistema a *Declaração Universal de Direitos Humanos* (1948), a *Convenção para a Prevenção e a Repressão do Crime de Genocídio* (1946), a *Convenção Internacional de Direitos Civis e Políticos* (1966), a *Convenção sobre a Eliminação de Todas as Formas de Discriminação contra a Mulher* (1979), a *Convenção sobre os Direitos da Criança* (1989) e a *Convenção sobre os Direitos das Pessoas com Deficiência* (2006).

Alguns desses tratados têm como objetivo específico o combate à discriminação – tomada a expressão em sentido negativo[4] – de pessoas e grupos. Em seus textos, eles estabelecem diversas medidas que podem ou devem ser adotadas pelos Estados aderentes no combate ao comportamento discriminatório.

Muitas dessas normas determinam que os Estados aderentes ao pacto adotem medidas de combate às diversas formas de discriminação apenas genericamente. É o que se observa da *Declaração Universal de Direitos Humanos* (art. 7º), da *Convenção sobre a Eliminação de Todas as Formas de Discriminação contra a Mulher* (art. 2º, b), da *Carta Africana dos Direitos Humanos* (art. 28º) e da *Convenção Internacional sobre os Direitos das Pessoas com Deficiência* (art. 4º, 1, "e", e art. 5º, 2).

Outras, no entanto, preveem a possibilidade ou, até mesmo, a obrigatoriedade de restrição de condutas discursivas. Exemplo disso é a Convenção Internacional para a Prevenção e a Repressão do crime de Genocídio, que determina, em seu artigo 3º, letra c, a punição dos atos de "incitação direta e pública a cometer o genocídio".

Na mesma linha é a *Convenção Internacional sobre a Eliminação de Todas as Formas de Discriminação Racial*, que, em seu artigo 4º, exige que os Estados-partes: condenem toda propaganda que se inspire em ideias ou teorias baseadas na superioridade de uma raça ou de um grupo de pessoas de uma certa cor, ou de uma certa origem étnica, ou que pretendam justificar ou encorajar qualquer forma de ódio e de discriminação raciais; declarem, como delitos puníveis por lei, qualquer difusão de ideias baseadas na superioridade ou ódio raciais, qualquer incitamento à discriminação racial, assim como quaisquer atos de violência ou provocação a tais atos, dirigidos contra qualquer raça ou qualquer grupo de pessoas de outra cor ou de outra origem étnica; declararem

4 O tratamento diferenciado, adotado com o objetivo de assegurar o progresso de indivíduos ou grupos, foi expressamente excluído do conceito de discriminação na Convenção Internacional sobre a Eliminação de Todas as Formas de Discriminação Racial, em seu artigo 1º, § 4º, e na Convenção Internacional sobre os Direitos das Pessoas com Deficiência, em seu artigo 5º, § 4.

ilegais as atividades de propaganda organizada e qualquer outro tipo de atividade de propaganda que incitar à discriminação racial e que a encorajar; e não permitam às autoridades públicas nem às instituições públicas, nacionais ou locais, o incitamento ou encorajamento à discriminação racial.

O *Pacto Internacional de Direitos Civis e Políticos* também preceitua, em seu artigo 20, a proibição, por lei, de qualquer propaganda em favor da guerra e de apologia do ódio nacional, racial ou religioso que constitua incitamento à discriminação, à hostilidade ou à violência. O referido Pacto, por outro lado, em seu artigo 19, ao mesmo tempo em que assegura as liberdades de opinião e expressão, autoriza que o exercício dessas liberdades seja restringido com o fim de assegurar o respeito dos direitos e da reputação das demais pessoas ou proteger a segurança nacional, a ordem, a saúde ou a moral públicas, desde que previsto em lei.

Igual restrição à liberdade de manifestação do pensamento estabelecida nesse último dispositivo é encontrada também no artigo 13 da *Convenção sobre os Direitos da Criança*.

Disposições semelhantes são encontradas na *Convenção Europeia de Direitos Humanos*, que, em seu artigo 9º, § 2º, estabelece que a liberdade de manifestação de religião ou de convicção, individual ou coletiva, não pode ser objeto de outras restrições senão as que, previstas na lei, forem necessárias, numa sociedade democrática, à segurança pública, à proteção da ordem, da saúde e moral públicas, ou à proteção dos direitos e liberdades de outrem.

Em seu artigo 10º, que trata da liberdade de expressão, prevê também que:

> 1. Qualquer pessoa tem direito à liberdade de expressão. Este direito compreende a liberdade de opinião e a liberdade de receber ou de transmitir informações ou ideias sem que possa haver ingerência de quaisquer autoridades públicas e sem considerações de fronteiras. O presente artigo não impede que os Estados submetam as empresas de radiodifusão, de cinematografia ou de televisão a um regime de autorização prévia.
>
> 2. O exercício destas liberdades, porquanto implica deveres e responsabilidades, pode ser submetido a certas formalidades, condições, restrições ou sanções, previstas pela lei, que constituam providências necessárias, numa sociedade democrática, para a segurança nacional, a integridade territorial ou a segurança pública, a defesa da ordem e a prevenção do crime, a proteção da saúde ou da moral, a proteção da honra ou dos direitos de outrem, para impedir

a divulgação de informações confidenciais, ou para garantir a autoridade e a imparcialidade do poder judicial.

A *Convenção Americana de Direitos Humanos* (*Pacto de San Jose da Costa Rica*), na mesma esteira, prevê, em seu artigo 13, § 2º, que o direito à liberdade de expressão, embora não sujeito a censura prévia, gera responsabilidades ulteriores, que devem ser expressamente fixadas pela lei e ser necessárias para assegurar o respeito aos direitos ou à reputação das demais pessoas ou à proteção da segurança nacional, da ordem pública, da saúde e da moral públicas. O mesmo dispositivo, em seu § 5º, determina que a lei deve proibir toda propaganda a favor da guerra, bem como toda apologia ao ódio nacional, racial ou religioso que constitua incitação à discriminação, à hostilidade, ao crime ou à violência.

A competência para se pronunciar sobre as alegações de violação dos direitos previstos nessas normas varia de acordo com o organismo internacional responsável pela sua elaboração. Assim, quando oriundas do Conselho da Europa, a apreciação da questão cabe à Corte Europeia de Direitos Humanos; quando oriundas da Organização da Unidade Africana, à Corte Africana de Direitos Humanos; quando oriunda da Organização das Nações Unidas, à Corte Internacional de Justiça; e, quando oriundas do Sistema Interamericano de Direitos Humanos, ao sistema bifásico composto pela Comissão Interamericana de Direitos Humanos e pela Corte Interamericana de Direitos Humanos.

Como visto, as medidas de proibição explícitas às condutas discursivas não estão presentes em todos os tratados. Mesmo quando presentes, as características protegidas costumam estar bem delineadas. Isso ocorre porque essas restrições costumam ser lançadas apenas como respostas a um comportamento discriminatório adotado em larga escala ou a persistentes violações de direitos humanos, para as quais o discurso de ódio foi considerado a causa. Além disso, as pretensões de proibição do discurso de ódio geram muita controvérsia, já que vários países resistem à adoção de tão amplas obrigações, que podem limitar, indevidamente, a liberdade de expressão.[5]

5 ARTICLE 19. *'Hate Speech' Explained – A Toolkit*, 2015 Edition, p. 13. Disponível em <https://www.article19.org/resources/hate-speech-explained-a-toolkit/>.

5.3. O *free speech* e o *hate speech* nos Estados Unidos da América

A proteção conferida à liberdade de expressão (*free speech*) nos Estados Unidos não encontra paralelo em outras democracias. Dentre todos os direitos individuais, a liberdade de expressão talvez seja o direito que receba a mais forte proteção da Suprema Corte Norte Americana, o que se explica, por um lado, pela história e pela cultura daquele País, de forte tradição liberal.[6]

De outro lado, essa ampla proteção encontra explicação no próprio sistema jurídico norte-americano, integrante da família do *common law*,[7] que tem a decisão ou precedente judicial (*precedent*)[8] como fonte primária do direito. A Primeira Emenda à Constituição, redigida em termos gerais e abrangentes, foi, ao longo dos anos, objeto de sucessivas interpretações pela Suprema Corte, que, nos diversos casos a ela levados, estabeleceu diversos *standards*, de observância obrigatória pelas cortes inferiores. Esses *standards* ou doutrinas constituem, em seu conjunto, aquilo que Robert Sedler chama de "lei da Primeira Emenda", por constituírem um corpo de regras ou padrões utilizados na solução dos casos semelhantes do ponto de vista fático.[9]

A Primeira Emenda da Constituição dos Estados Unidos da América proíbe o Governo de limitar a liberdade de expressão. [10] Essa proibição, originariamente dirigida apenas contra o Governo Federal, é estendida

---

6 SEDLER, Robert. "Um Ensaio sobre a Liberdade de Expressão: Os Estados Unidos *versus* o Resto do Mundo". In: SAMPAIO, José Adércio Leite (coordenador). *Liberdade de Expressão no Século XXI*. Belo Horizonte: Del Rey, 2016, p. 88.

7 "O conjunto de leis derivado de decisões judiciais, de preferência a estatutos ou constituições" *Black's Law dictionary*, p. 270. No sistema de *common law*, o **conjunto dessas decisões** (*case-law*), vinculadoras do julgamento de casos futuros, constitui o "direito comum", aplicável preferencialmente em relação às normas estabelecidas abstratamente em leis ou outros diplomas legislativos. A característica desse sistema, portanto, é a criação do Direito pelo juiz (*judge-made law*), em contraposição ao Direito estabelecido por órgão não integrante do Poder Judiciário (*statute law*).

8 "Um caso decidido que fornece as bases para resolver casos mais recentes que tratem de fatos ou assuntos similares." *Black's Law Dictionary*, p. 1.195.

9 SEDLER, Robert. Op. cit., p. 91.

10 Primeira Emenda: "O Congresso não legislará no sentido de estabelecer uma religião, ou proibindo o livre exercício dos cultos; ou cerceando a liberdade de palavra, ou de imprensa, ou o direito do povo de se reunir pacificamente, e de dirigir ao Governo petições para a reparação de seus agravos."

aos Estados da Federação por força da 14ª Emenda.[11] Não se aplica, contudo, às restrições impostas ou criadas por pessoas ou entidades privadas, a não ser que estas ajam no interesse do Governo federal ou estadual.

A jurisprudência da Suprema Corte Norte Americana sobre liberdade de expressão é baseada, fundamentalmente, na ideia de que o governo não deve restringir ou regular a expressão com base nas ideias, no assunto ou no conteúdo da mensagem veiculada. É a chamada *doctrine of content neutrality*. James Weintein, esclarecendo a diferença entre os dois tipos de regulação da liberdade de expressão, diz que as leis baseadas em conteúdo (*content-based*) são aquelas que buscam regular a mensagem veiculada no discurso, enquanto as não baseadas em conteúdo (*content-neutral*) são aquelas que não são relacionadas com a mensagem, mas com o tempo, o lugar, a maneira ou forma do discurso. Assim, uma lei proibindo que se falasse ou manifestasse sobre o aborto seria *content-based*, enquanto uma que proibisse o use de alto-falantes em uma área residencial após as 10 horas da noite seria *content-neutral*.[12] Por isso, toda restrição, direta ou indireta, baseada no conteúdo da mensagem (*content-based regulation*) traria consigo uma presunção de invalidade e se submeteria a um escrutínio mais rigoroso pelas Cortes de Justiça do que as restrições não baseadas no conteúdo (*content-neutral*), que estariam sujeitas a um escrutínio menos estrito ou rigoroso.[13]

Observe-se que a distinção binária entre a regulação da liberdade de expressão baseada no conteúdo (*based-content*) e a não baseada no conteúdo (*content-neutral*), apesar de aparentemente simples e clara, teria várias zonas obscuras, levando-se em conta a forma inconsistente pelas quais as Cortes, em várias ocasiões, vem decidindo questões envolvendo a liberdade de expressão, de modo que a referida distinção,

---

11 Emenda XIV, Seção 1: "Todas as pessoas nascidas ou naturalizadas nos Estados Unidos, e sujeitas a sua jurisdição, são cidadãos dos Estados Unidos e do Estado onde tiverem residência. Nenhum Estado poderá fazer ou executar leis restringindo os privilégios ou as imunidades dos cidadãos dos Estados Unidos; nem poderá privar qualquer pessoa de sua vida, liberdade, ou bens sem processo legal, ou negar a qualquer pessoa sob sua jurisdição a igual proteção das leis."

12 WEINSTEIN, James. Overview of American Free Speech Doctrine and its Application to Extreme Speech. In: HARE, Ivan; WEINSTEIN, James (Ed.). *Extreme Speech and democracy*. New York: Oxford University Press, 2010, p. 81: "*The Leitmotif of Contemporary American free speech doctrine is its intense hostility to the content-based regulation of public discourse.*"

13 Idem.

segundo já se sustentou, tem trazido, em alguns casos, mais problemas do que soluções.[14]

Dentre as manifestações que a Suprema Corte considera não estarem ao abrigo da Primeira Emenda estão as caracterizadoras de obscenidade e de pornografia infantil,[15] as alegações falsas e ofensivas à reputação de terceiro (*defamation*)[16] e a revelação de informações confidenciais (*classified informations*) relacionadas com a segurança ou a defesa nacional.[17]

Também ficam de fora da proteção da Liberdade de Expressão as "palavras de luta" ou *fighting words*, palavras ou expressões abusivas ou injuriosas dirigidas diretamente a alguém, as quais, por sua natureza, infligem injúria moral e tendem a provocar de imediato um ato de violência e conduzir à quebra da paz.[18] Nessa mesma categoria se enquadram expressões caracterizadoras de ameaças a terceiros.

Ainda nessa linha, ficam fora do escopo da Primeira Emenda os discursos que tenham o propósito ou a probabilidade de incitar ou produzir uma iminente ação ilegal (*imminent lawless action*). Foi no julgamento do caso *Brandenburg v. Ohio* [19] que se estabeleceu o teste ou a categoria da *imminent lawless action* (também chamado de *Brandenburg test*), segundo o qual o Governo somente pode proibir uma manifestação de pensamento que advogue ou defenda o uso de força ou a prática de um ato ilegal se a referida manifestação satisfizer, cumulativamente, dois requisitos: a) tiver o propósito ou a finalidade de incitar ou produzir uma ação ilegal iminente; e b) tenha a probabilidade de produzir essa ação. Em não sendo preenchido algum desses requisitos, a lei não passa no teste e é considerada inconstitucional, por violadora do princípio garan-

---

14 Ver, a respeito: WRIGHT, George R. "Content-Neutral and Content-Based Regulations of Speech: A Distinction That is No Longer Worth the Fuss". *In*: *Florida Law Review*, nº 67, 6 (2016). Disponível em: <http://scholarship.law.ufl.edu/flr/vol67/iss6/5>.

15 Acerca do tema, ver FRALEIGH, Douglas M.; TUMAN, Joseph S. *Freedom of expression in the marketplace of ideas*. E-book. Los Angeles: Sage, 2011, p. 199.

16 Sobre a *defamation*, veja-se o que foi dito no Capítulo 1.

17 Ver, a respeito, KITROSSER, Heidi. Free Speech and National Security Bootstraps. *In*: *Fordhland Law Review*, nº 86, 2017, p. 509 e s. Disponível em: <https://ir.lawnet.fordham.edu/flr/vol86/iss2/7>.

18 O entendimento de que as *fighting words* estavam fora do âmbito de proteção da Primeira Emenda foi trazido no caso *Chaplinsky v. New Hampshire*. 315 U.S. at 572. Ver, a respeito, FRALEIGH, Douglas M.; TUMAN, Joseph S. *Freedom of expression in the marketplace of ideas*. E-book. Los Angeles: Sage, 2011, p. 117.

19 Mencionado mais adiante, no presente Capítulo.

tidor da liberdade expressão. Em outras palavras, reconheceu-se que a mera advocacia ou defesa de violência ou prática de um ato ilícito constitui discurso protegido pela liberdade de expressão.

O teste da *imminent lawless action* veio substituir o menos rigoroso teste do "*clear and present danger*", formulado pelo Justice Oliver Wendell Holmes no caso *Schenck v. United Sates*, pelo qual o governo poderia restringir a liberdade de expressão e de imprensa se necessário para prevenir um dano claro e imediato para os interesses que o governo legitimamente quisesse proteger.[20]

O *hate speech* é, em geral, considerado como protegido pela Primeira Emenda, notadamente quando se dirige *não a um indivíduo*, mas *a um grupo*, com base em características próprias desse grupo. Excetuadas as situações em que o discurso de ódio seja apto a incitar ou produzir uma ação ilegal, entrando, assim, na categoria de *imminent lawless action*, a manifestação discriminatória é considerada como protegida pela garantia da liberdade de expressão, sendo irrelevante o desvalor e a ofensividade de seu conteúdo, que não pode ser objeto de apreciação jurídica.

O que se verifica é que a primazia que a Suprema Corte dá à interpretação da Primeira Emenda constitucional coloca os Estados Unidos em uma posição peculiar no cenário mundial, no que se refere às questões que envolvem a liberdade de expressão e, em especial, o *hate speech*.[21]

5.4. Precedentes da Suprema Corte dos Estados Unidos sobre o *hate speech*

A seguir serão analisadas, cronologicamente, algumas das principais decisões da Suprema Corte relacionadas, direta ou indiretamente, com o tema do *hate speech*.

20 Para um resumo do estabelecimento dos testes do *clear and present danger*, da *imminent lawless action* e de outros testes relativos a manifestação de pensamento na jurisprudência da Suprema Corte dos Estados Unidos, veja-se CAVALCANTE FILHO, João Trindade. *O Discurso do ódio na Jurisprudência Alemã, Americana e Brasileira*. São Paulo: Saraiva Educação, 2018, p. 93.

21 Segundo Frederick Schauer: "A Primeira Emenda Americana, tal como autenticamente interpretada, remanece como uma exceção recalcitrante ao crescente entendimento internacional acerca do que a liberdade de expressão envolve." SCHAUER, Frederick. The Exceptional First Amendment. 2005, p. 2. Disponível em: <http://ksgnotes1.harvard.edu/Research/wpaper.nsf/rwp/RWP05-021)>.

5.4.1. Beauharnais *v. Illinois* (1952).[22] Restrição ao hate speech

Neste caso, um indivíduo, Joseph Beauharnais, foi detido por distribuir nas ruas de Chicago panfletos que reproduziam o texto de uma petição que ele apresentara a autoridades governamentais, solicitando providências contra o que chamou de uma crescente invasão e prática de atos de assédio por parte de negros contra as pessoas brancas. Ressaltou o "risco" de miscigenação decorrente da presença de negros, aos quais atribuiu a prática de crimes diversos, tais como estupro, roubo, porte de arma e uso de entorpecente.

Beauharnais foi, então, acusado de violar uma Lei do Estado de Illinois que criminalizava a distribuição de material escrito que retratasse grupos de cidadãos de qualquer raça, cor, credo ou religião como praticantes de atos de depravação, crimes, atos imorais e desprovidos de virtude. O júri condenou-o ao pagamento de uma multa de duzentos dólares, decisão que foi confirmada pela Corte do Estado de Illinois.

A Suprema Corte Americana, por 5 votos a 4, também confirmou a condenação. Argumentou a maioria que, se é ilegal acusar falsamente um indivíduo de ser estuprador, ladrão, portador de armas perigosas e usuário de substância entorpecente, o mesmo deve ser aplicado para quem o faz em relação a um grupo específico de pessoas. A Corte observou que o Estado de Illinois tinha uma história antiga de episódios de violência racial, e o texto distribuído ao público objetivava provocar um forte efeito emocional.

5.4.2. *Brandenburg v. Ohio* (1969).[23] A doutrina da *imminent lawless action*

Clarence Brandenburg, líder da Ku Klux Klan em Ohio, foi processado criminalmente por defender a prática de violência e de atos ilegais contra membros do Governo, violando Lei do Estado de Ohio que proibia a manifestação em defesa da prática de crime, sabotagem, violência ou prática de atos de terrorismo como meio de alcançar objetivo político, assim como a associação ou reunião de pessoas com o objetivo de ensinar ou advogar doutrinas de sindicalismo criminal.

As declarações foram filmadas por uma equipe de televisão que fora convidada pelo próprio Brandenburg para registrar um encontro da entidade racista em uma fazenda no condado de Hamilton. Trechos

22 Disponível em: <https://supreme.justia.com/cases/federal/us/343/250/>.

23 Disponível em: <https://supreme.justia.com/cases/federal/us/395/444/>.

do filme foram exibidos em rede local e nacional de televisão. Cenas do filme mostravam doze homens encapuzados, alguns dos quais carregando armas de fogo, em torno de uma grande cruz em chamas, gritando expressões contra negros e judeus.

Além dos participantes da entidade e dos integrantes do canal de televisão, ninguém mais estava presente ao local. Em sua agressiva entrevista ao repórter, Brandenburg disse que sua organização não era vingativa, mas se o Presidente, o Congresso e a Suprema Corte continuarem a "reprimir os brancos, a raça caucasiana, é possível que possa haver alguma vingança". Em outra cena, Brandenburg declara: "Pessoalmente, eu acredito que o negro ["nigger", na expressão originariamente empregada, que tem uma conotação fortemente ofensiva] deve ser devolvido para a África, e o judeu, para Israel."

Brandenburg foi condenado a pagar uma multa de US$1.000 e a uma pena privativa de liberdade de um a dez anos. Essa decisão, que havia sido confirmada pela Corte do Estado de Ohio, foi reformada pela Suprema Corte por unanimidade, vindo o réu a ser absolvido. Entendeu a Suprema Corte que a Lei do Estado de Ohio, tal como prevista e aplicada, violara a Primeira Emenda da Constituição Americana, que não permite ao Governo proibir a manifestação em defesa (*advocacy*) do uso da força ou de violação da lei, exceto quando essa manifestação tenha o propósito de incitar ou produzir uma *iminente ação ilegal, que tenha a probabilidade de ocorrer*.

Essa decisão estabeleceu, assim, a doutrina da *imminent lawless action*, parâmetro interpretativo, até hoje observado, que sustenta que a Primeira Emenda protege até mesmo as manifestações que advogam a violência, se esta não for iminente ou de ocorrência provável.[24]

5.4.3. NSPA v. Skokie (1977).[25] A marcha neonazista

Skokie, no Estado de Illinois, ao tempo dos acontecimentos, era uma cidade com 57% de sua população, de cerca de 70.000 habitantes, formada por judeus, muitos dos quais (cerca de 5.000) sobreviventes dos

24 Posteriormente, a Suprema Corte, no julgamento do caso *Hess v. Indiana*, 414 U.S. 105 (1973), trouxe esclarecimentos sobre o que se deve entender por "iminente ação ilegal" (*imminent lawless action*), observando que a ameaça da prática de atividade ilegal em um futuro indefinido não passa no teste estabelecido pela Corte e, por conseguinte, constitui manifestação protegida pela Primeira Emenda à Constituição norte-americana.

25 Disponível em: <https://supreme.justia.com/cases/federal/us/432/43/>.

campos de concentração nazista. Frank Collin, líder do Partido Nacional Socialista da América (NPSA), solicitou permissão para realizar uma passeata de cerca de trinta minutos em frente do prédio da sede municipal de Skokie, com a participação de cerca de 30 manifestantes vestindo o uniforme do partido, que incluía a suástica, além de faixas que também incluíam a suástica e variações da frase "Liberdade de expressão para os homens brancos". Em razão disso, o município de Skokie ajuizou uma ação para impedir a realização da passeata.

É interessante observar que o partido neonazista, ironicamente, foi representado por um advogado judeu, David A. Goldberg, da American Civil Liberties Union (ACLU).

Skokie obteve do Tribunal Estadual de Illinois decisão liminar para impedir a passeata. Essa decisão foi mantida pela Corte de Apelações. A Suprema Corte do Estado de Illinois, por sua vez, se recusou a analisar o caso e a suspender a liminar na pendência do julgamento da apelação.[26] Na sequência, o caso foi levado à Suprema Corte dos Estados Unidos, que, por 5 votos a 4, considerou que a Suprema Corte do Estado de Illinois falhara ao não garantir ao apelante a imediata revisão da liminar nesse tipo de questão, razão pela qual determinou o retorno do caso para a Corte de Apelações.[27]

A Corte de Apelações do Estado de Illinois, então, revogou parcialmente a liminar, para proibir apenas o uso da suástica na manifestação, ao argumento de que constitui um símbolo apto a provocar reações violentas no seio da comunidade judaica, em especial sendo trazido intencionalmente nas proximidades das suas residências e lugares de oração. Considerou, portanto, que a exibição da suástica não pode ser considerada uma forma de manifestação constitucionalmente protegida.[28]

A Suprema Corte de Illinois, subsequentemente, reformou essa decisão, para revogar inteiramente a liminar e garantir a passeata sem restrições.[29] Entendeu que a exibição da suástica não pode ser impedida a pretexto de que pode provocar uma violenta reação daqueles que a virem, em especial em casos, como o analisado, nos quais tenha havido advertência prévia acerca da exibição desse símbolo.

A Corte, ainda que relutantemente, decidiu que a exibição da suástica não entra na categoria de "*fighting words*", que constitui exceção

26 *Skokie v. NSPA*, 51 Ill. App. 3d 279, 366 N.E.2d 347 (1977).

27 *NSPA v. Skokie*, 432 U.S. 43 (1977).

28 *Skokie v. NSPA*, 51 Ill. Supl. 3d 279, N.E. 2d 347 (1977).

29 *Skokie v. NSPA*, 69 Ill. 2d 605, 373 N.E.2d 21 (1978).

ao princípio da liberdade de expressão. Argumentou-se que a doutrina dos "*fighting words*" aplica-se apenas em relação a epítetos insultuosos ou injuriosos proferidos em encontros pessoais, face a face. Do mesmo modo, a previsão da existência de uma audiência hostil à passeata não podia justificar à restrição prévia dessa forma de expressão. No caso, caberia aos cidadãos de Skokie o ônus de evitar o símbolo ofensivo, se quisessem e pudessem razoavelmente fazê-lo. Entendeu-se que, no caso, a única violência plausível que poderia surgir seria a decorrente da hostilidade de algum espectador, mas que isso não seria base para impedir a manifestação.

Nesse meio tempo, o município de Skokie aprovou três leis com o objetivo de impedir a manifestação. A primeira delas exigia que os organizadores de manifestações fizessem seguro de responsabilidade contra danos no valor de $350,000; a segunda proibia a disseminação de materiais contendo propaganda de ódio; a terceira tornava ilegal o uso, pelos manifestantes, de uniformes do tipo militar. Collin, líder do partido neonazista, ajuizou demanda junto à justiça federal, buscando a declaração de inconstitucionalidade das três leis. Tanto o juiz de primeiro grau quanto o Tribunal do Sétimo Circuito reconheceram a inconstitucionalidade dessas leis.

O juiz Bernard Decker, responsável pelo julgamento em primeiro grau, baseou sua decisão no princípio, estabelecido em precedentes da Suprema Corte dos Estados Unidos, de que o governo não pode restringir a expressão com base na sua mensagem, suas ideias, seu assunto ou seu conteúdo. Entendeu, também, que a previsão de pagamento de elevada soma a título de seguro constituía forma disfarçada de censura. Observou que nem mesmo manifestações políticas potencialmente perigosas que incitassem ações ilegais poderiam ser restringidas se não constituíssem um perigo atual e iminente. Argumentou que a "*fighting words doctrine*" não se aplicava ao caso, entre outras razões porque esta seria aplicável apenas a situações de audiência cativa.

Por fim, considerou que o uso dos uniformes pelos manifestantes, inclusive com o símbolo da suástica, constituía uma forma simbólica de discurso político, protegido pela Constituição.[30]

Em sua decisão, o Juiz Bernard Decker observou: "a habilidade da sociedade americana de tolerar a defesa mesmo das doutrinas odiosas esposadas pelos autores sem abandonar seu compromisso com a liberdade de expressão e de reunião é, talvez, a melhor proteção que te-

30 *Collin v. Smith*, 447 F. Supp. 676 (N.D. Ill., 1977).

mos contra o estabelecimento de qualquer tipo de regime nazista neste País."[31]

Skokie apelou dessa decisão, mas o Tribunal do Sétimo Circuito confirmou a decisão, concordando com o argumento do Juiz Decker em praticamente todos os aspectos. O município ainda recorreu à Suprema Corte dos Estados Unidos, que, no entanto, se recursou a examinar o mérito do caso.

De todo modo, à época, a controvérsia tinha terminado porque, a despeito da autorização finalmente obtida, o partido neonazista cancelou a passeata três dias antes da data prevista, vindo a realizá-la posteriormente na Cidade de Chicago, sob forte aparato policial.[32]

O presente caso, a despeito de não ter sido julgado no seu mérito pela Suprema Corte dos Estados Unidos, remanesce como um dos seus casos emblemáticos não apenas por toda a atenção que o caso despertou, mas também pelas várias questões que suscitou acerca da liberdade de expressão e seus limites.[33]

5.4.4. *R.A.V. v. Saint Paul* (1992).[34] A queima da cruz

O caso se refere a uma família de negros intimidada por racistas, que queimaram uma cruz de madeira no gramado de sua residência. Um dos adolescentes que teriam participado do ato foi identificado e acusado de violar uma lei criminal estadual que proibia a exibição de símbolos que provoquem raiva, alarme ou ressentimento em outras pessoas com base em raça, cor, credo, religião ou gênero.

O júri absolveu o réu por considerar que a lei estadual era inconstitucional, na medida em que restringia a liberdade de expressão com base no conteúdo da manifestação, o que contrariava a tradição jurídica no que concerne à interpretação da Primeira Emenda. A Suprema Corte do Estado de Minnesota, contudo, reformou a decisão por entender que a restrição que a lei trazia à liberdade de expressão era admissível, na

31 578 F.2d 1197.

32 *Smith v. Collin*, cert. Den., 439 U.S. 916 (1978).

33 Para informações mais detalhadas sobre o caso, com detalhes sobre os fatos, vejam-se: DOWNS, Donald Alexander. *Nazis in Skokie. Freedom, Community and the First Amendment.* Notre Dame: University of Notre Dame Press, 1985; e STRUM, Philippa. *When the Nazis Came to Skokie. Freedom for Speech we hate.* Lawrence: University Press of Kansas, 1999.

34 Disponível em: <https://supreme.justia.com/cases/federal/us/505/377/>.

medida em que buscava resguardar interesses merecedores de proteção jurídica, como a segurança pública e a ordem.

A Suprema Corte dos Estados Unidos restabeleceu a decisão de primeiro grau e julgou inconstitucional a lei, por entender que viola a liberdade de expressão a lei que restringe a manifestação com base no conteúdo desta (*content-based restriction*). Considerou que a lei era dirigida à proteção de certos grupos vulneráveis, enquanto deixava outros de fora, sendo, por isso, injustificadamente discriminatória. Não cobria, por exemplo, manifestações similares tendo como alvo outros grupos, como homossexuais ou membros de um específico partido político.

5.4.5. *Virginia v. Black et al* (2003).[35] De novo a queima da cruz

Três homens - Barry Black, Richard Elliot e Jonathan O'Mara - foram condenados, em dois casos separados, por violarem uma lei do Estado da Virginia que considerava crime a queima de cruzes com o propósito de intimidar pessoas ou grupos.

A Suprema Corte do Estado da Virginia reformou a decisão por entender que a lei violava o princípio constitucional da liberdade de expressão. A Corte considerou que a Lei de Virginia era semelhante à de St. Paul, que fora julgada inconstitucional no caso *R.A.V. v. St. Paul*, e trazia restrições baseadas no conteúdo da manifestação (*content-based restriction*).

A Suprema Corte dos Estado Unidos, neste caso, por maioria de votos, restabeleceu a condenação e considerou a lei constitucional. A decisão, redigida pela juíza Sandra Day O'Connor, observou que a proteção conferida pela Primeira Emenda às condutas expressivas não é absoluta, e que a lei pode restringir manifestações que tenham o propósito de intimidar. Ressaltou em sua decisão:

> Queimar uma cruz nos Estado Unidos está inseparavelmente interligado com a história da Ku Klux Klan, que, a partir de sua formação em 1866, impôs um reino de terror por todo o Sul, chicoteando, ameaçando e assassinando negros, brancos do Sul que discordavam da Klan e brancos do norte indesejáveis. A Klan frequentemente costumava usar a queima de cruzes como instrumento de intimidação e ameaça de violência iminente, conquanto tais queimas tenham também permanecido como um potente símbolo compartilhado por um grupo e uma ideologia, servindo como característica central das

35 Disponível em: <https://supreme.justia.com/cases/federal/us/538/343/>.

> reuniões da Klan. Nos dias atuais, contudo, a despeito de a mensagem ser política ou ter também o propósito de intimidar, a queima de uma cruz é um 'símbolo de ódio'. (...) Embora a queima de cruzes não transmita necessariamente uma mensagem de intimidação, com frequência a intenção daquele que queima uma cruz é que os destinatários da mensagem temam por suas vidas. E quando a queima de uma cruz é usada para intimidar, poucas outras mensagens são mais poderosas.

Argumentou que a decisão no presente caso não é incompatível com o que foi decidido em *R.A.V v. St. Paul*, porque naquele caso a Suprema Corte não sustentou que a Primeira Emenda proíbe todas as formas de restrição da liberdade de expressão baseadas no conteúdo da manifestação. Ao contrário, a Suprema Corte estabeleceu especificamente que uma forma específica de restrição de conteúdo é possível quando engloba todas as situações (ou pessoas e grupos) que podem ser atingidas por aquela forma de restrição. Assim, pode o estado, por exemplo, optar por regular apenas aquelas formas de intimidação que são mais prováveis de inspirar medo de dano físico.

Como observado pelo Professor Uladzislau Belavusau, o que a Corte Suprema de fato estabeleceu foi que a legislação não pode restringir o discurso no que se refere a uma comunidade ou grupo específico, enquanto pode fazê-lo em relação a uma particular forma de expressão.[36]

5.4.6. *Snyder v. Phelps* (2011).[37] Manifestação religiosa discriminatória

Por mais de duas décadas, a congregação da Westboro Baptist Church já vinha realizando manifestações em funerais militares para expressar sua crença de que Deus odeia os Estados Unidos da América por sua tolerância em relação aos homossexuais, especialmente no meio militar. Além disso, suas manifestações condenam também a Igreja Católica por escândalos envolvendo membros do clero. Fred Phelps, fundador da Igreja, e seis paroquianos (todos parentes de Phelps), viajaram a Maryland para realizar uma manifestação próxima de onde se

36 BELAVUSAU, Uladzislau. *Freedom of speech:* importing European and US Constitutional models in transitional democracies. Routledge Research in Constitutional Law, p. 43.

37 Disponível em: <https://supreme.justia.com/cases/federal/us/562/443/>.

realizava o funeral do soldado Lance Corporal Matthew Snyder, que fora morto enquanto servia no Iraque.

A manifestação ocorreu em um lugar público, a aproximadamente 300 metros de onde o funeral se realizava, com observância das orientações dadas por policiais presentes no local. Os manifestantes, por aproximadamente trinta minutos antes do início do funeral, exibiram cartazes que traziam frases como "*Thank God for Dead Soldiers*", "*Fags Doom Nations*", "*America is Doomed*", "*Priests Rape Boys*" e "*You're Going to Hell*". Snyder, pai do soldado morto, viu os cartazes ao longe quando chegava para os serviços funerários, mas não leu o que neles estava escrito até assistir ao noticiário da TV mais tarde.

Emocionalmente abalado em razão da manifestação, Snyder ajuizou ação contra Phelps, suas filhas – que participaram da manifestação – e a Igreja, pleiteando indenizações por danos de natureza moral. O júri condenou a Igreja ao pagamento de indenizações no montante total de $10.9 milhões de dólares, que foram reduzidos a $5 milhões pela Corte Distrital. O Tribunal do Quarto Circuito, no entanto, reformou inteiramente a sentença e julgou improcedente a demanda, por entender que as manifestações estavam abrigadas pela Primeira Emenda.

O caso chegou à Suprema Corte dos Estados Unidos, que, em opinião majoritária (oito entre nove juízes), entendeu que a condenação violava a liberdade de expressão assegurada pela Primeira Emenda. Reafirmou a Corte nesse julgamento o entendimento de que as manifestações expressivas não podem ser restringidas em seu conteúdo. Representando a maioria, o juiz John Roberts argumentou:

> Westboro acredita que a América está mortalmente deteriorada; muitos americanos podem sentir o mesmo acerca de Westboro. A manifestação de Westboro no funeral é certamente dolorosa e sua contribuição para o debate público pode ser insignificante. Mas Westboro veiculou assuntos de grande importância em local público, de maneira pacífica e com total observância da orientação dada pelos policiais locais. A manifestação foi, de fato, planejada para coincidir com o funeral de Mathew Snyder, mas não interrompeu aquele funeral, e a escolha de Westboro por conduzir sua manifestação naquele momento e local não alterou a natureza da sua manifestação. Falar é algo poderoso. Pode mover as pessoas a agir, leva-las às lágrimas, tanto de alegria quanto de tristeza, e – como ocorreu aqui – infligir grande dor. Com os fatos diante de nós, não podemos reagir a essa dor punindo o orador. Como Nação, nós escolhemos um caminho diferente – proteger até o discurso doloroso acerca de assuntos de interesse público para assegurar que o debate público

> não seja sufocado. Essa escolha requer que protejamos Westboro contra responsabilização civil pela sua manifestação neste caso.

O juiz Samuel Alito, único voto divergente, ponderou: "Nosso profundo compromisso nacional com o debate livre e aberto não é uma licença para um vicioso ataque verbal como o ocorrido neste caso." Sustentou, longa e enfaticamente, que as manifestações dos membros da congregação ultrapassaram os limites da liberdade de expressão, para constituir um ataque à honra do autor e de seu falecido filho, além de violarem o direito do autor – que não é uma figura pública – de não ser assediado em um momento tão doloroso como o do funeral de um filho. Assinalou, ao final, que: "A conduta ultrajante do réu causou grande dano ao autor, e a Corte, agora, agrava esse dano privando o autor de uma decisão que reconheça a ofensa que ele sofreu".

5.4.7. *Matal v. Tam* (2017).[38] O uso de marca comercial considerada discriminatória

Simon Shiao Tam, líder da banda de rock "The Slants", teve recusado o registro do nome de sua banda pelo *PTO – Patent and Trade Mark Office*, entidade responsável pelo registro de marcas e patentes nos Estados Unidos da América, ao fundamento de que o nome da banda violava lei[39] que proíbe o registro de marcas comerciais que possam depreciar ou trazer desprezo ou descrédito a outras pessoas.

O vocábulo "slant", neutro em seu sentido original (que traduz a ideia de oblíquo ou inclinado), é usado como gíria para se referir de forma derrogatória a pessoas de descendência asiática (algo como "olhos puxados").

Após a rejeição de recurso administrativo contra a recusa do registro, Tam levou o caso para uma Corte Federal, que considerou a regra invocada inconstitucional, frente a Primeira Emenda à Constituição, que consagra a liberdade de expressão.[40] Considerou a Corte Federal que as marcas comerciais, em geral, têm um aspecto expressivo que vai além do aspecto puramente comercial, razão pela qual a restrição ilegal constituiria uma censura ao conteúdo da mensagem transmitida pela marca

38 Disponível em: <https://supreme.justia.com/cases/federal/us/582/15-1293/case.pdf>.

39 Lanham Act Provision, 15 U.S.C. § 1052(a).

40 *In re Tam*, 808 F.3d 1321 (2015): "This case exemplifies how marks often have an expressive aspect over and above their commercial-speech aspect."

em questão. O caso, então, chegou à Suprema Corte, que, por oito votos a zero, confirmou a decisão da Corte Federal, pela inconstitucionalidade da Lei.

Observe-se que, no presente caso, os componentes da banda são todos asiáticos e o nome da banda foi escolhido com o propósito de ressignificar, restabelecer ou reformar o termo "slant", eliminando seu caráter ofensivo e derrogatório para pessoas asiáticas. Independentemente da finalidade positiva no emprego do vocábulo questionado, a Suprema Corte reafirmou seu entendimento no sentido de considerar o *hate speech* coberto pela proteção trazida pela Primeira Emenda.

Em sua fundamentação, a Suprema Corte, em voto redigido pelo Justice Samuel Alito, argumentou que a ideia de que o Governo possa restringir uma manifestação que expresse uma ideia por ela ser considerada ofensiva atinge o coração da Primeira Emenda. Aduziu que a manifestação que rebaixe ou degrade um grupo com base em raça, etnia, gênero, religião, idade, deficiência física ou mental ou outra caraterística similar é odiosa, mas o maior orgulho da jurisprudência norte-americana reside exatamente no fato de que ela protege, inclusive, a liberdade de expressar ideias odiosas.

Em voto concordante redigido em separado, o Justice Anthony Kennedy considerou a lei flagrantemente inconstitucional por constituir forma de restrição da liberdade de expressão com base no conteúdo da manifestação. Acrescentou que uma lei que restringe uma manifestação porque parte da sociedade a considera ofensiva pode, posteriormente, se voltar contra essa mesma parte da sociedade, com prejuízo de todos.

5.5. A liberdade de expressão e o discurso de ódio na Europa

Diferentemente do que ocorre no sistema jurídico norte americano, vários países integrantes do bloco europeu impõem restrições legais ao discurso de ódio. E o fazem não apenas nos casos de discursos que trazem risco de dano direto e iminente, mas também em relação a casos em que esse dano não constitui um risco tão evidente. O exemplo patente disso são as diversas leis que proíbem e criminalizam discursos revisionistas, que buscam negar ou diminuir as consequências do Holocausto.

Não se se faz, necessariamente, diferenciação entre leis que restringem a liberdade de expressão com base no conteúdo da mensagem – que no sistema norte americano são presumidas inconstitucionais – de leis que não se baseiam no conteúdo.

Razões de ordem histórica explicam essas diferentes visões acerca da proteção da liberdade de expressão e do enfrentamento do problema do *hate speech*. A Segunda Guerra Mundial e outros conflitos deixaram feridas ainda não inteiramente cicatrizadas nos países do bloco europeu, que temem os riscos decorrentes de discursos extremistas ou discriminatórios, vistos, muitas vezes, como o "ovo da serpente".[41]

Não é dizer que a liberdade de expressão não seja tão valorizada nos países europeus. Reconhece-se que a liberdade de expressão é um direito fundamental e constitui um dos pilares da democracia, mas há o entendimento de que esse direito deve ser sopesado com o direito à *dignidade humana* e com o *direito à igualdade*.

Dieter Grimm observa que, a fim de alcançar um equilíbrio entre a liberdade de expressão e outros interesses juridicamente protegidos, a maioria dos países aplica a *máxima da proporcionalidade*, desenvolvida originariamente no direito alemão. Apenas nos Estados Unidos a doutrina relativa à liberdade de expressão é mais ou menos imune à ideia de proporcionalidade. Em lugar de recorrer à proporcionalidade como forma de solucionar conflitos entre a liberdade de expressão e direitos adversários ou concorrentes, as Cortes norte-americanas utilizam, como já se mencionou, vários parâmetros ou *standards*, através dos quais a manifestação e a respectiva restrição são submetidas a diferentes graus de escrutínio.[42]

Além disso, o *hate speech* é considerado, em muitas instâncias, como uma forma de *discurso antidemocrático*, que se coloca fora do âmbito de proteção do princípio garantidor da liberdade de expressão.

A seguir será desenhado um breve panorama do tratamento do *hate speech* na legislação e na jurisprudência de alguns países europeus e na Corte Europeia de Direitos Humanos.

5.5.1. Alemanha

A Lei Fundamental da Alemanha (*Deutscher Bundestag*) protege e limita a liberdade ao mesmo tempo. Em seu artigo 2.1, assegura que toda pessoa terá direito ao livre desenvolvimento da sua personalida-

---

41 A expressão faz alusão à peça de Shakespeare Julio Cesar, Ato II, Cena 1, no qual o personagem Brutus, referindo-se a Julio Cesar, diz: *"And therefore think him as a serpent's egg— Which, hatched, would as his kind grow mischievous— And kill him in the shell"*. Remete, também, ao filme homônimo de Ingmar Bergman, que retrata a sociedade alemã durante a República de Weimar, logo antes da ascensão do nazismo.

42 GRIMM, Dieter. Freedom of Speech in a Globalized World. *Extreme Speech and Democracy*. 2010, p. 13.

de, na medida em que não violar os direitos de outrem e não infringir a ordem constitucional ou a lei moral. Em seu artigo 5.1, ela assegura, de forma ampla, as liberdades de expressão e de imprensa, mas ressalva, logo em seguida, que: "Estes direitos têm por limites as disposições das leis gerais, os regulamentos legais para a proteção da juventude e o direito da honra pessoal."

Winfried Bruegger observa que as *opiniões* são protegidas pela Corte Constitucional Alemã em consideração à sua inerente subjetividade. A demonstração da sua veracidade ou inveracidade é impossível. Por isso, elas desfrutam ampla proteção legal, independentemente de serem bem ou mal fundadas, emocionais ou racionais, valiosas ou sem valor, perigosas ou inofensivas. Essa proteção se estende à forma da mensagem, que pode ser redigida em termos urbanos ou grosseiros.[43]

Como, em geral, o *hate speech* é considerado uma opinião, ele é considerado protegido constitucionalmente. Mesmo opiniões sem nenhum valor, agressivas, repulsivas e dolorosas para terceiros estariam sob a proteção do art. 5.1 da Constituição. A Corte Constitucional entende que a opinião somente perde sua proteção em circunstâncias nas quais a *conduta* do orador prevalece sobre a *expressão*, e a *coerção* toma o lugar da *persuasão*.[44]

Ocorre que, frequentemente, opiniões vêm entrelaçadas com asserções acerca de fatos, que constituem formas de expressão que podem ser julgadas verdadeiras ou falsas. Ainda assim, as opiniões não perdem a proteção constitucional, enquanto tiverem sido formadas a partir da assunção de que os fatos são verdadeiros. Todavia, a proteção constitucional deixa de existir quando os fatos em nada contribuíram para a formação da opinião do orador, porque sabidamente falsos. A negação do Holocausto entra nessa categoria, como já decidido pela Corte Constitucional Alemã:

> A manifestação proibida de que não houve perseguição de judeus durante o Terceiro Reich é uma asserção que já se comprovou falsa de acordo com inúmeras testemunhas e vários documentos em vários casos criminais e em pesquisas históricas. Em consequência,

43 BRUGGER, Winfried. The Treatment of Hate Speech in German Constitutional Law (Part I), 3 *German Law Journal* (2002). Disponível em: <http://www.germanlaw-journal.com/index.php?pageID=11&artID=212>.

44 Idem.

> em si considerada, uma afirmação com este conteúdo não desfruta a proteção da liberdade de expressão.[45]

Para além do caso peculiar da negação do Holocausto, o *hate speech* pode ser punido como crime contra a honra. As mesmas normas aplicáveis aos casos de difamação (artigos 185 a 200 do Código Penal Alemão) são aplicáveis aos casos em que um indivíduo é insultado com base em características que compartilha com um grupo, como a raça e a etnia. Mais frequentemente, os casos de *hate speech* envolvem a difamação de todo um grupo, e esse insulto coletivo se insere no âmbito dessas normas penais.

Dois subgrupos de difamação coletiva podem ser distinguidos. O primeiro ocorre quando as expressões difamatórias são dirigidas a organizações ou entidades que desempenhem qualquer tipo de atividade, tais como a "Diretoria da Daimler-Chrysler A.G.", ou o "Conselho Central de Judeus na Alemanha". Em um outro subgrupo, a difamação coletiva se aplica a grupos mais extensos, que compartilhem traços comuns. Assim, insultos como "soldados são assassinos" ou "Judeus usam o Holocausto para extorquir dinheiro da Alemanha" entrariam nessa subcategoria.

A doutrina controverte a respeito da possibilidade de a lei penal poder incidir em casos em que o grupo alvo é muito grande e não claramente identificável, mas é incontroverso que um grupo pode ser considerado alvo de difamação coletiva se representa uma minoria social, ofendida com base em características irreversíveis de seus membros.[46]

O Código Penal alemão também contém dispositivos que se aplicam a situações de *hate speech* fora do âmbito da difamação coletiva. Na seção que trata das "Ameaças ao Estado Constitucional Democrático" (§§ 84 a 91), o Código proíbe a disseminação e o uso de propaganda por organizações nazistas (§§ 86 e 86a). Tais normas proíbem, por exemplo, a exibição de símbolos representativos do nazismo, tais como bandeiras, distintivos, partes de uniformes, *slogans* e formas de saudação, em especial a saudação nazista e a suástica.

5.5.2. Áustria

O sistema constitucional da Áustria, ou aquilo que se denomina de Constituição Federal da Áustria (*Österreichische* Bundesverfassung), é

---

45 Idem.

46 Idem.

formado por um conjunto de várias leis de natureza constitucional, as quais têm como diploma central a Constituição Federal (*Bundes-Verfassungsgesetz*) de 1930. A liberdade de expressão vem prevista no art. 13 da antiga Constituição Austríaca, de 1867, com a provisão restritiva do art. 20, aos quais o art. 149 da Constitucional Federal de 1930 faz referência.

Além disso, desde 1964 a Convenção Europeia de Direitos Humanos, cujo art. 10º protege a liberdade de expressão, é parte da Constituição Austríaca, de modo que todas as restrições àquela liberdade estão em concordância com aquele dispositivo e com a referida Convenção.[47]

A Áustria, através do *National Socialism Prohibition Act* (de 1947), baniu o Partido Nazista, suas organizações paramilitares e associações afins. O § 3º d, incluído em 1992, proibiu, sob pena de prisão (por até 20 anos), a incitação e a instigação pública, por escrito ou oralmente, a ações indicadas no referido Diploma que tenham por objetivo louvar ou glorificar o Partido Nazista, suas instituições ou suas ações. O § 3º h ameaça com a mesma pena quem, publicamente, por escrito ou oralmente, tente negar, minimizar ou justificar o genocídio ou outros crimes contra a humanidade cometidos pelos nazistas.

O Código Penal austríaco, por sua vez, em seu art. 283, estabelece pena de dois anos de prisão para aquele que ameace a ordem pública ou, publicamente, incite ou instigue violência contra igreja, denominação religiosa ou algum outro grupo de pessoas com base em critérios de raça, cor da pele, idioma, religião, ideologia, nacionalidade, descendência ou origem nacional ou étnica, sexo, deficiência, idade, orientação sexual, assim como membro de algum desses grupos.[48]

O art. 283 do Código Penal foi aplicado em vários casos pelas cortes austríacas. No "*Danish Student Facebook*" *case* (2015), o réu postara um *link* no Facebook que encaminhava o usuário da rede social a um *website* nacional socialista. Em sua postagem, o réu chamava os muçulmanos de "carcinoma", afirmando que "as raças turca e negroide" eram primitivas, e que as pessoas de "raça negroide" eram menos inteligentes. A

47 Centre for Media Pluralism and Media Freedom. Media Pluralism Monitor 2016 Monitoring Risks for Media Pluralism in the EU and Beyond. Country report: Austria, p. 4. Disponível em: <http://cadmus.eui.eu/bitstream/handle/1814/46787/Austria_EN.pdf?sequence=1&isAllowed=y>.

48 ARTICLE 19. *Austria:* Responding to "hate speech", p. 18. Disponível em: <https://www.article19.org/wp-content/uploads/2018/09/Austria-Responding-to-Hate-Speech-.pdf>.

Corte Provincial, em Viena, condenou o réu por violação ao art. 283(2) do Código Penal. A decisão foi confirmada pela Suprema Corte.[49]

No *"National Socialist Statements"* case (2016), o réu mantinha um fórum *online*, no qual postou várias declarações ou expressões relacionadas ao nazismo, dentre as quais: "Viva Hitler" (*"Heil Hitler"*), "Tome uma atitude e mate negros" e "Vá para o inferno judeu parasita". A Corte Regional condenou o réu com base no art. 283 do Código Penal. A Suprema Corte, embora tenha cancelado a sentença, considerou correto o entendimento de que o réu pretendeu reproduzir manifestações nazistas.[50]

No *"Anti-Semitic Facebook Posts" case* (2016), várias pessoas fizeram declarações anti-semitas e anti-Israel no Facebook, dentre as quais: *"Fucking Jews, Hitler should have killed you all", "May Alah help our siblings in Gaza... the new scapegoat is the Muslim!! In truth, the number 1 terrorist in the world is America and Israel... I hate those fucking Zionists and I hope they all die and I hope the Land of Israel will not give those dogs sons", "It shall simply disappear from the map, then there is more Peace"*. A Corte Regional, em Gratz, condenou os réus com base no art. 283(1) e (2) do Código Penal, absolvendo-os da acusação de violação do § 3 do *National Socialism Prohibition Act*. Na apelação, os réus argumentaram que os judeus não constituíam um grupo protegido pelo art. 283 do Código Penal. A Suprema Corte considerou que os judeus faziam parte dos grupos protegidos pelo referido dispositivo legal e confirmou a sentença.[51]

5.5.3. França

A Constituição Francesa, em seu preâmbulo, incorporou os direitos previstos na Declaração Universal dos Direitos do Homem, de 1789,[52] dentre os quais a liberdade de manifestação de pensamento, prevista no

---

49 Ibidem, p. 22.

50 Ibidem, p. 23

51 Idem.

52 Constituição Francesa. Preâmbulo: "O povo francês proclama solenemente o seu compromisso com os direitos humanos e os princípios da soberania nacional, conforme definido pela Declaração de 1789, confirmada e completada pelo Preâmbulo da Constituição de 1946, bem como com os direitos e deveres definidos na Carta Ambiental de 2004." Disponível em: <https://www.conseil-constitutionnel.fr/sites/default/files/as/root/bank_mm/portugais/constitution_portugais.pdf>.

seu art. 11º. O referido dispositivo estabelece que os cidadãos "responderão pelos abusos desta liberdade nos termos previstos na lei".[53]

Em 1990, foi aprovada a chamada Lei Gayssot,[54] que prevê punição criminal para quem, oralmente ou por escrito, contestasse a existência de um ou vários dos crimes contra a humanidade cometidos durante a Segunda Guerra Mundial. Alinhou-se, nesse ponto, a outros países europeus que condenam o revisionismo.

A Lei que trata da Liberdade de Imprensa (Lei de 29 de julho de 1881, em sua versão consolidada em 2017), por sua vez, prevê, no seu artigo 24, punição criminal para o discurso de incitação ao ódio em relação a uma pessoa ou um grupo com base na sua etnia, nacionalidade, raça, religião, sexo, orientação sexual, identidade de gênero ou deficiência.

O Tribunal Constitucional da França considerou inconstitucional modificação introduzida na Lei que trata da Liberdade de Imprensa que estendia a punição para discursos que negassem ou minimizassem crimes de genocídio ou contra a humanidade que não os referidos especificamente na Lei Gayssot.

Argumentou a Corte Constitucional que, se é verdade que a negação, minimização ou banalização de modo ultrajante de certos crimes de genocídio, crimes contra a humanidade ou de guerra podem constituir incitação ao ódio, também é verdade que essas manifestações não se revestem elas mesmas, e em todas as hipóteses, desse caráter. Tais atos também não constituem necessariamente uma apologia de comportamentos reprimidos pela lei penal. Consequentemente, não podem ser considerados abuso do exercício da liberdade de expressão ou atentado à ordem pública e ao direito de terceiros.[55]

A decisão da Corte Constitucional é indicativa do entendimento de que a restrição à liberdade de expressão nos casos de discurso de ódio não pode basear-se apenas no conteúdo da manifestação. É necessário que ela seja apta a incitar o ódio ou a violência contra a pessoa ou o grupo discriminado.

---

53 Declaração dos Direitos do Homem e do Cidadão, de 1789. "Art. 11º. A livre comunicação dos pensamentos e das opiniões é um dos mais preciosos direitos do Homem; todo o cidadão pode, portanto, falar, escrever, imprimir livremente, respondendo, todavia, pelos abusos desta liberdade nos termos previstos na lei." Disponível em: <http://pfdc.pgr.mpf.mp.br/atuacao-e-conteudos-de-apoio/legislacao/direitos-humanos/declar_dir_homem_cidadao.pdf.>.

54 Lei n° 90-615, de 13 de julho de 1990.

55 *Conseil constitutionnel* n° 2016-745 DC *du 26 janvier 2017.*

5.5.4. Bélgica

O art. 19 da Constituição Belga garante a liberdade de manifestação, conjuntamente com a liberdade de culto, ressalvando, no mesmo dispositivo, a repressão aos abusos cometidos no exercício dessas liberdades.[56]

Na esteira da Legislação francesa, a Bélgica promulgou a Lei de 23 de março de 1995, com o objetivo de reprimir a negação, a minimização, a justificação ou a aprovação do genocídio cometido pelo regime nacional socialista alemão durante a Segunda Guerra Mundial.

Com base na referida Lei, em 14 de abril de 2005, a Corte de Apelações da Antuérpia condenou Siegfried Verbeke, conhecido editor revisionista e negacionista do Holocausto, a um ano de prisão e multa de 2.500 euros, suspendendo seus direitos políticos por dez anos.[57]

Em outro caso famoso, a Corte de Apelações de Liège confirmou, em 20 de janeiro de 2017, a condenação do comediante francês Dieudonné M'bala M'bala a dois meses de prisão e 9.000 euros de multa por ter feito declarações antissemitas e negacionistas em espetáculos realizados em 14 de março de 2012, na cidade de Herstal.[58]

5.5.5. Itália

A liberdade de expressão na Itália é assegurada, conjuntamente com a liberdade de imprensa, pelo art. 21 da Constituição daquele País. O parágrafo sexto do referido dispositivo proíbe as manifestações contrárias aos bons costumes e estabelece que a lei poderá estabelecer medidas para prevenir e restringir violações.

Na Itália, o discurso de ódio é criminalizado pela Lei nº 654 de 1975 (Lei Mancino), emendada nos anos de 1993 e 2006.[59] De acordo com o art. 3º a) da referida Lei, é punido com a pena de um ano e seis meses aquele que propagandear ideias fundadas na superioridade ou no ódio

56 Constituição Belga. "Art. 19. A liberdade dos cultos, o seu exercício público, assim como a liberdade de manifestação de opiniões em todas as matérias, são garantidas, ressalvada a repressão dos delitos cometidos no uso dessas liberdades."

57 V., a respeito: <http://dictionnaire.sensagent.leparisien.fr/Belgian%20Holocaust%20denial%20law/en-en/>.

58 Para um relato resumido, mas contextualizado, do caso, ver: <http://tempsreel.nouvelobs.com/justice/20151125.OBS0164/dieudonne-va-t-il-purger-deux-mois-de-prison-ferme-en-belgique.html>.

59 Lei nº 654, de 13 de outubro de 1975, alterada pela Lei nº 205, de 25 de junho de 1993, e pela Lei nº 85, de 24 de fevereiro de 2016.

de natureza racial ou étnica, ou aquele que cometer ou instigar a cometer atos de discriminação por motivo racial, étnico, nacional ou religioso.

Já o art. 3º b) pune com reclusão de seis meses a quatro anos aquele que, de qualquer modo, cometer ou instigar a cometer violência ou ato de provocação à violência por motivo racial, étnico, nacional ou religioso.

A Lei nº 962, de 29 de outubro de 1967, em seu artigo 8º, pune com pena de três a doze anos de prisão, não apenas aquele que instiga ao cometimento das condutas descritas na Lei como genocídio, mas também aquele que faz apologia dos referidos atos de genocídio.

5.5.6. Polônia

A Constituição polonesa garante a liberdade de expressão e de imprensa em seu artigo 54. Em seu artigo 13, proíbe partidos e outras organizações cujos programas se baseiem em métodos totalitários ou atividades nos moldes do nazismo, fascismo ou comunismo, ou que estimulem o racismo, o ódio nacional ou a aplicação de violência com o propósito de obter poder ou influenciar a política do Estado.

O Código Penal da Polônia criminaliza o discurso de ódio em dois dispositivos. O art. 256 comina com a pena de prisão até dois anos e multa àquele que publicamente promover um sistema fascista ou totalitário, assim como aquele que incitar o ódio com base em diferenças de natureza nacional, racial ou religiosa ou por falta de alguma denominação religiosa.

O art. 257 do mesmo Código prevê a pena de prisão de até três anos àquele que insultar um grupo ou um indivíduo com base em sua afiliação nacional, étnica, racial ou religiosa ou em razão da falta de alguma denominação religiosa.

A Suprema Corte da Polônia considerou que as restrições trazidas pelo art. 256 do Código Penal constituem restrições legítimas ao princípio da liberdade de expressão e são necessárias para a garantia da ordem e a proteção ao direito de terceiros.[60] A jurisprudência, em geral, distingue entre ter um ponto de vista crítico acerca de certos grupos, como os muçulmanos e judeus, e incitar o ódio contra esses grupos, observando que meramente ter um ponto de vista crítico não atrairia a incidência da regra do art. 256 do Código Penal.[61]

60 ARTICLE 19. *Responding to Hate Speech: Poland*, p. 21. Disponível em: <https://www.article19.org/resources/poland-responding-hate-speech/>.

61 Ibidem, p. 22.

5.6. A Corte Europeia de Direitos Humanos

Constituída em 1959, a Corte Europeia de Direitos Humanos é competente para o julgamento de casos a ela trazidos por pessoas, instituições e países integrantes do Conselho da Europa e que tratem de alegadas violações dos direitos civis e políticos consagrados na Convenção Europeia dos Direitos do Homem. As suas decisões são vinculativas para os Países integrantes do Conselho da Europa.

A jurisprudência do Tribunal constitui importante instrumento para a consolidação do entendimento, na Europa, acerca do alcance dos direitos consagrados na Convenção, dentre eles o direito à liberdade de expressão.

A Corte reconheceu vários casos de discurso de ódio como fora do âmbito de proteção da liberdade de manifestação de pensamento. Em geral, os dispositivos invocados pela Corte no julgamento desses casos são os artigos 10º e 17º. O art. 10º consagra a liberdade de expressão, indicando em seu parágrafo segundo que essa liberdade se submete a limitações,[62] e o 17º proíbe o abuso dos direitos estabelecidos na Convenção.[63]

Observe-se que a Corte, ao julgar casos de restrição à liberdade de expressão, deve levar em consideração não apenas se a manifestação

---

62 Convenção Europeia de Direitos Humanos. "ARTIGO 10° - Liberdade de expressão
1. Qualquer pessoa tem direito à liberdade de expressão. Este direito compreende a liberdade de opinião e a liberdade de receber ou de transmitir informações ou ideias sem que possa haver ingerência de quaisquer autoridades públicas e sem considerações de fronteiras. O presente artigo não impede que os Estados submetam as empresas de radiodifusão, de cinematografia ou de televisão a um regime de autorização prévia.
2. O exercício desta liberdades, porquanto implica deveres e responsabilidades, pode ser submetido a certas formalidades, condições, restrições ou sanções, previstas pela lei, que constituam providências necessárias, numa sociedade democrática, para a segurança nacional, a integridade territorial ou a segurança pública, a defesa da ordem e a prevenção do crime, a proteção da saúde ou da moral, a proteção da honra ou dos direitos de outrem, para impedir a divulgação de informações confidenciais, ou para garantir a autoridade e a imparcialidade do poder judicial."

63 Convenção Europeia de Direitos Humanos. "ARTIGO 17° - Proibição do abuso de direito
Nenhuma das disposições da presente Convenção se pode interpretar no sentido de implicar para um Estado, grupo ou indivíduo qualquer direito de se dedicar a actividade ou praticar actos em ordem à destruição dos direitos ou liberdades reconhecidos na presente Convenção ou a maiores limitações de tais direitos e liberdades do que as previstas na Convenção."

configura discurso de ódio, mas também se ela, à luz do parágrafo segundo do art. 10º, coloca em risco valores fundamentais da Convenção,[64] ou seja, se ela é necessária, nos termos do referido dispositivo, para assegurar: "a segurança nacional, a integridade territorial ou a segurança pública, a defesa da ordem e a prevenção do crime, a proteção da saúde ou da moral, a proteção da honra ou dos direitos de outrem, para impedir a divulgação de informações confidenciais, ou para garantir a autoridade e a imparcialidade do poder judicial."

A seguir serão indicados alguns casos representativos do entendimento da Corte acerca do discurso de ódio.

5.6.1. *Pavel Ivanov v. Russia* (2007). Discurso de ódio com motivação étnica

Neste caso, Pavel Ivanov, editor de jornal, fora condenado na Rússia por ter escrito e publicado em jornal uma série de artigos retratando os judeus como fonte do mal naquele País e conclamando pela exclusão daquele grupo da sociedade. Acusou os judeus em geral de planejarem uma conspiração contra o povo russo. Tanto em suas publicações quanto em suas manifestações durante o julgamento negou aos judeus o direito a uma dignidade nacional, afirmando que eles não formam uma nação.[65]

A Corte entendeu que, com suas manifestações antissemitas, o editor incitou o ódio contra o povo judeu, considerando, assim, que ele não estava amparado pelo artigo 10º da Convenção.

5.6.2. *Glimmerveen and Hagenbeek v. the Netherlands* (1979). Etnia e raça

Os peticionantes haviam sido condenados na Holanda a duas semanas de prisão por buscarem distribuir panfletos que incitavam discriminação racial e étnica. O primeiro peticionante era presidente do NVU, partido político que defendia uma sociedade "etnicamente homogênea". Os panfletos eram dirigidos ao "nosso povo branco", e defendiam a necessidade de tomar o poder para remover da sociedade "centenas de mi-

64 ECHR. *Hate Speech*, p. 1. Disponível em: <https://www.echr.coe.int/Documents/FS_Hate_speech_ENG.pdf>.

65 Ibidem, p. 2. Disponível em: <http://www.echr.coe.int/Documents/FS_Hate_speech_ENG.pdf.>

lhares de surinameses, turcos e outros assim chamados trabalhadores convidados, que não mais são necessários aqui".[66]

A Corte considerou inadmissível a petição, observando que a liberdade de expressão não permite a disseminação de ideias que são discriminatórias em relação à raça.

5.6.3. *Norwood v. the United Kingdom* (2004). Discriminação religiosa

O peticionante, membro de um partido de extrema direita (British National Party), colocou um grande cartaz na janela do seu apartamento, no primeiro andar, retratando as Torres Gêmeas em chamas, com uma legenda com as palavras *"Islam out of Britain – Protect the British People"*, e o símbolo da lua crescente com a estrela (símbolo do islamismo) em um sinal de proibido. Condenado por manifestar hostilidade a um grupo religioso, o peticionante recorreu à Corte Europeia de Direitos Humanos, com a alegação de que fora violado o art. 10º da Convenção.

A Corte declarou inadmissível a petição, ao argumento de que um ataque geral e veemente contra um grupo religioso, decorrente da vinculação de todo esse grupo a um grave ato de terrorismo, era uma manifestação incompatível com os valores proclamados pela Convenção, notadamente a tolerância, a paz social e a não discriminação. Considerou o ato como violador do art. 17º da Convenção, que proíbe o abuso de direitos, fora, portanto, do âmbito de proteção da liberdade de expressão.[67]

5.6.4. *Jersild v. Denmark* (1994). Publicação de entrevista com racistas

O peticionante, Jens Olaf Jersild, jornalista dinamarquês, inspirado por um artigo publicado no jornal "Information", sobre um grupo de jovens racistas autointiulados "the Greenjackets", convidou três membros desse grupo para uma entrevista, que resultou em uma gravação de cerca de duas horas e meia, depois editadas e reduzidas para poucos minutos. A entrevista editada foi transmitida em um programa de televisão.

Durante a entrevista, que foi conduzida pelo jornalista, os três integrantes do "Greenjackets" deram várias declarações abusivas e discri-

66 Disponível em: <https://www.article19.org/resources.php/resource/2427/en/glimmerveen-and-hagenbeek-v.-the-netherlands>.

67 Disponível em: <https://www.article19.org/resources.php/resource/2605/en/anthony-norwood-v.-united-kingdom>.

minatórias em relação a imigrantes e grupos étnicos na Dinamarca, tais como:

> "...the Northern States wanted that the niggers should be free human beings, man, they are not human beings, they are animals."; "Just take a picture of a gorilla, man, and then look at a nigger, it's the same body structure and everything, man, flat forehead and all kinds of things."; "A nigger is not a human being, it's an animal, that goes for all the other foreign workers as well, Turks, Yugoslavs and whatever they are called."

Após uma investigação criminal, com base no art. 266 (b) do Código Penal da Dinamarca, foram processados os três integrantes do grupo racista e, com base no art. 23, parágrafo 1, do mesmo Código, foi processado também Jersild, o jornalista que conduzira a entrevista, acusado de colaborar com a disseminação das manifestações racistas e discriminatórias.

Condenado em todas as instâncias, inclusive na Suprema Corte da Dinamarca, o jornalista peticionou à Corte Europeia de Direitos Humanos, sustentando que se limitou, como profissional, a veicular a entrevista, com o intuito de levantar sérias questões presentes na sociedade dinamarquesa, como a do racismo de alguns jovens.

Por doze votos a sete, a Corte Europeia de Direitos Humanos considerou que a justiça dinamarquesa, ao condenar o jornalista, tinha violado o art. 10º da Convenção. Observou que o propósito do programa levado ao ar não foi o de disseminar as mensagens racistas e discriminatórias. Ao contrário, ao expor esse grupo de jovens racistas, limitados e frustrados por sua situação social, com registros de crimes prévios e atitudes violentas, buscou-se levantar questões graves de grande interesse público.[68]

5.6.5. *Vejdeland and Others v. Sweden* (2012). Discurso de ódio contra homossexuais

Neste caso, a Corte, pela primeira vez, tratou da questão da liberdade de expressão e do *hate speech* no contexto de grupo discriminado pela sua orientação sexual. Tor Fredrik Vejdeland e outros três peticionantes distribuíram em uma escola secundária panfletos nos quais se referiam

---

68 Disponível em: <http://www.jur.lu.se/web.nsf/(MenuItemById)/JUFN25material/$FILE/ECtHR%20-%20Jersild-v-Denmark.pdf>.

à homossexualidade como uma tendência sexual anormal, que produz efeitos moralmente destrutivos à sociedade; culpavam os homossexuais de espalhar a "praga moderna" do HIV e da AIDS com sua vida promíscua; alegavam que organizações homossexuais faziam *lobby* para tentar minimizar a pedofilia.

O caso foi até a Suprema Corte da Suécia, que, por maioria de votos, condenou os quatro acusados, por violação ao artigo 8º do Código Penal, que criminaliza a disseminação de mensagem que tenha por finalidade ameaçar ou desprezar grupo étnico ou nacional, assim como grupo de pessoas, com alusão à raça, cor, nacionalidade ou origem étnica, crença religiosa ou orientação sexual.

Os condenados levaram o caso à Corte Europeia de Direitos Humanos, que, por unanimidade de votos, considerou não ter havido violação ao artigo 10º da Convenção, que consagra a liberdade de expressão.

Na fundamentação da decisão, a Corte argumentou que, embora os panfletos não recomendassem a prática de violência, traziam graves declarações preconceituosas.

Acrescentou que a Corte tem decidido reiteradamente que o ódio não necessariamente implica um chamado para um ato de violência ou prática de crime. Não obstante, insultos, afirmações infamantes ou que exponham ao ridículo grupos específicos da população são atos que, em si, devem ser combatidos, por constituírem forma irresponsável do uso da liberdade de expressão. Destacou, por fim, que a discriminação baseada na orientação sexual é tão séria quanto a baseada em raça, origem ou cor.[69]

5.6.6. Fáber v. Hungary (2012). Uso de símbolo fascista

Neste caso, Károly Fáber, cidadão húngaro, fora condenado ao pagamento de uma multa por ter exibido uma bandeira de conotação historicamente controversa, por ser associada ao fascismo, a menos de cem metros de uma manifestação contra o racismo e o ódio.

A Corte considerou que a condenação violou o art. 10º da Convenção Europeia de Direitos Humanos, garantidor da liberdade de expressão. Reconheceu que a exibição de um símbolo que fora utilizado amplamente durante um regime totalitário na Hungria pode criar desconforto en-

69 Disponível em: <https://hudoc.echr.coe.int/eng#{"dmdocnumber":["900340"],"itemid":["001-109046"]}.>

tre pessoas que foram vítimas daquele regime e seus parentes, os quais podem considerar essa exibição desrespeitosa. Todavia, tais sentimentos, por si sós, não servem para justificar uma limitação da liberdade de expressão. Além disso, o requerente não teria se comportado de forma abusiva, ameaçadora ou violenta, não havendo prova de que tenha trazido algum risco à segurança pública ou incitado à violência.[70]

5.6.7. Perinçek v. Switzerland (2015). Negação da ocorrência de genocídio

No presente caso, Doğu Perinçek, um político turco, fora criminalmente condenado por uma Corte Suíça por ter expressado seu entendimento de que as deportações em massa e os massacres sofridos pelos armênios durante o Império Otomano a partir de 1915 não constituíram genocídio. A Corte Suíça considerara que as manifestações tiveram motivação racista e nacionalista e em nada contribuía para o debate histórico acerca do tema.

A Corte Europeia de Direitos Humanos considerou a importância, para a comunidade armênia, em reconhecer que as deportações e os massacres havidos configuraram genocídio. Contudo, julgou ter havido violação ao artigo 10º da Convenção. Na decisão, a Corte argumentou que o direito à dignidade e identidade do povo armênio nos dias de hoje está protegido pelo art. 8º da Convenção, que trata do direito ao respeito e à vida privada. Todavia, no confronto desse direito com o direito à liberdade de expressão, consideradas as circunstâncias do caso, a proporcionalidade entre os meios empregados e o objetivo que se buscava alcançar, deveria prevalecer este último direito. Observou não haver necessidade de, em uma sociedade democrática, ser aplicada uma penalidade criminal ao requerente para a proteção dos direitos da comunidade armênia.

No julgamento, a Corte levou em consideração, dentre outras, as seguintes circunstâncias: as manifestações tratavam de matéria de interesse público e não constituíram um apelo ao ódio ou à intolerância; o contexto em que foram feitas não foi marcado pelo aumento de tensões na Suíça; as manifestações não poderiam ser consideradas como tendo afetado a dignidade de membros da comunidade armênia a ponto de exigir uma resposta criminal na Suíça; não havia lei internacional que obrigasse a Suíça a criminalizar tais tipos de manifestação; a Corte Suíça,

70 ECHR. *Hate Speech*, p. 9. Disponível em: <https://www.echr.coe.int/Documents/FS_Hate_speech_ENG.pdf.>

com a pena que impôs, aparentemente buscou censurar o requerente por ter expressado uma opinião que divergiu da opinião predominante naquele País.[71]

71 ECHR. *Hate Speech*, p. 12. Disponível em: <https://www.echr.coe.int/Documents/FS_Hate_speech_ENG.pdf.>

6

O Discurso de Ódio no Brasil

6.1. As raízes do preconceito e da discriminação

O Brasil é formado por uma população muito heterogênea. São inúmeras as características que, ao mesmo tempo, agregam e distinguem os membros da sociedade brasileira. Essa marcante diversidade torna o País suscetível a diferentes conflitos entre grupos e à disseminação de distintas formas de discurso de ódio, baseados em variados elementos, tais como a cor da pele, a religião, a procedência nacional, a classe social, a identidade de gênero, dentre outros.

Os registros dos primeiros fatos históricos relativos à descoberta do Brasil pelos portugueses revelam grande contraste físico e cultural entre aqueles que já ocupavam a terra (os índios) e aqueles que chegaram para colonizá-la. Durante o período de colonização portuguesa, a partir da primeira metade do Século XVI, iniciou-se o tráfico maciço de homens, mulheres e crianças de pele negra para o País, para utilização como mão de obra escrava. Diversos outros grupos de europeus também vieram explorar a Colônia, dentre os quais muitos judeus foragidos da inquisição católica instaurada em vários pontos da Europa.

Todos esses grupos, de características bastante distintas, se integraram à sociedade em formação e, por muito tempo, as significativas diferenças entre os membros dessa sociedade provocaram um forte distanciamento entre eles, com prevalência de uns sobre os outros, notadamente dos colonizadores sobre os demais, especialmente sobre os escravos.

Como a abolição da escravidão no Brasil se deu de forma tardia, em 1888, e não foi acompanhada de políticas públicas e mudanças estruturais para a inclusão dos membros desse grupo na sociedade, enquanto pessoas livres, graves consequências sociais e econômicas recaíram sobre a comunidade de escravos recém-libertos e seus descendentes.

Apesar de o princípio da isonomia ter sido consagrado nos textos constitucionais brasileiros desde a primeira Constituição da República (promulgada em 1891), logo após o fim da escravidão, somente no início do século XXI foram adotadas políticas públicas no sentido de tentar conferir isonomia material aos negros e seus descendentes: as chamadas *ações afirmativas*. Através delas, buscou-se conferir um tratamento diferenciado aos negros e afrodescendentes em geral no que tange ao acesso às universidades públicas e aos concursos públicos, com a criação de cotas reservadas para integrantes desse grupo.

O primeiro diploma legal a respeito no Brasil foi a Lei do Estado do Rio de Janeiro nº 3.708/2001, que estabeleceu cotas de acesso às universidades públicas estaduais para "as populações negra e parda". Antes disso, havia a previsão de cotas de acesso às universidades do Estado apenas para estudantes da rede pública, como forma de compensação social, não ligada diretamente à raça. Em âmbito nacional, a primeira lei a tratar do tema foi a Lei Federal nº 10.558/2002, que criou o "Programa Diversidade na Universidade", cujo objetivo, segundo o art. 1º, é o de "implementar e avaliar estratégias para a promoção do acesso ao ensino superior de pessoas pertencentes a grupos socialmente desfavorecidos, especialmente dos afrodescendentes e dos indígenas brasileiros."

Esse tratamento diferenciado, destinado à compensação de um cruel histórico de dominação sobre os negros, provocou um recente agravamento da discriminação racial, motivado pelo ressentimento daqueles que poderiam ser excluídos das vagas disponíveis, por não estarem contemplados pelas medidas compensatórias.

Muito embora algumas diferenças físicas e culturais tenham-se tornado menos contrastantes ao longo dos anos, por força da miscigenação, a sociedade brasileira ainda é bastante desigual em muitos e diferentes aspectos. Não é só a diversidade racial que fomenta o discurso de ódio no Brasil. Dentre os diversos tipos de discriminação aqui identificados podem ser apontadas as direcionadas contra diferentes religiões; as voltadas contra os homossexuais; as de origem econômica e cultural contra os nordestinos que emigram para outras regiões do País; e, também, a discriminação contra pessoas que residem em áreas periféricas ou comunidades de baixa renda.

A coexistência de tantos grupos distintos no mesmo espaço territorial demanda muita tolerância para com as diferenças. Mas o Brasil ainda está muito longe de constituir um país livre de discriminação. A ideia romântica do brasileiro cordial não corresponde à realidade. As profundas desigualdades (econômica, cultural e social) aqui existentes acentuam o problema da discriminação, que se percebe não apenas através de manifestações explícitas, mas, principalmente como formas implícitas. É induvidoso que o preconceito, a intolerância e as manifestações discriminatórias constituem um problema presente em todos os extratos da nossa sociedade.

O advento da internet e o fenômeno das redes sociais, se não aumentaram, tornaram mais evidentes as tensões e divisões existentes na sociedade brasileira. Essas tensões e divisões parecem se acentuar em períodos específicos, como o de eleições nacionais, quando as pessoas passam a ser enquadradas em grupos políticos distintos, "de esquerda" e "de direita", e o debate acaba sendo marcado por ofensas recíprocas entre integrantes dos respectivos grupos. Essa conflituosidade latente é alimentada por discursos radicais de candidatos aos cargos eletivos contra diversos grupos.

É nesse contexto que o problema do discurso de ódio passou, nos últimos anos, a entrar no imaginário dos brasileiros e se tornou um fenômeno que chama a atenção de políticos, juristas e intelectuais em geral.

6.2. O tratamento da matéria nas diversas Constituições brasileiras

Diversas Constituições brasileiras trataram dos problemas do preconceito e da discriminação contra grupos. Para uma melhor compreensão dessa questão no âmbito jurídico atual, em especial na Constituição vigente, é importante voltar os olhos para os textos constitucionais anteriores, para acompanhar a evolução da matéria.

6.2.1. As Constituições anteriores

O primeiro texto normativo que cuidou da restrição ao discurso ou à manifestação preconceituosa ou discriminatória foi o art. 141, § 5º, da Constituição dos Estados Unidos do Brasil, de 1946. O referido dispositivo consagrava o direito à livre manifestação de pensamento, trazendo, em seguida, exceções ao referido direito:

> § 5º – É livre a manifestação do pensamento, sem que dependa de censura, salvo quanto a espetáculos e diversões públicas, respondendo cada um, nos casos e na forma que a lei preceituar pelos abusos que cometer. Não é permitido o anonimato. É assegurado o direito de resposta. A publicação de livros e periódicos não dependerá de licença do Poder Público. **Não será, porém, tolerada propaganda** de guerra, de processos violentos para subverter a ordem política e social, ou **de preconceitos de raça ou de classe**.

Como se vê, o texto daquela Constituição, além de aludir genericamente a abusos à liberdade de manifestação de pensamento, entregando ao legislador o poder de definir as situações em que isso ocorreria, previu, especificamente, como exceções à essa liberdade, as manifestações que caracterizassem propaganda de guerra ou de processos violentos tendentes à subversão da ordem política e social, além daquelas que veiculassem "preconceitos de raça ou de classe". Todas foram alçadas ao patamar de *condutas discursivas proibidas*.

A Carta Constitucional seguinte, de 1967, em dois parágrafos do art. 150, também aludiu ao problema do preconceito. No parágrafo primeiro estabeleceu que a Lei deveria punir o preconceito racial. Já no parágrafo oitavo manteve a proibição à manifestação de pensamento que veiculasse preconceitos de raça ou de classe:

> § 1º – Todos são iguais perante a lei, sem distinção, de sexo, raça, trabalho, credo religioso e convicções políticas. **O preconceito de raça será punido pela lei**.
>
> (...)
>
> § 8º – É livre a manifestação de pensamento, de convicção política ou filosófica e a prestação de informação sem sujeição à censura, salvo quanto a espetáculos de diversões públicas, respondendo cada um, nos termos da lei, pelos abusos que cometer. É assegurado o direito de resposta. A publicação de livros, jornais e periódicos independe de licença da autoridade. **Não será, porém, tolerada a propaganda** de guerra, de subversão da ordem ou **de preconceitos de raça ou de classe**.

A Emenda Constitucional nº 1/69, no art. 153, em seus parágrafos primeiro e oitavo, praticamente reproduziu a redação dos dispositivos anteriores, acrescentando, às restrições já existentes à liberdade de expressão, o preconceito religioso e as manifestações contrárias à moral e aos bons costumes:

> § 1º – Todos são iguais perante a lei, sem distinção de sexo, raça, trabalho, credo religioso e convicções políticas. **Será punido pela lei o preconceito de raça**.
>
> (...)
>
> § 8º – É livre a manifestação de pensamento, de convicção política ou filosófica, bem como a prestação de informação independentemente de censura, salvo quanto a diversões e espetáculos públicos, respondendo cada um, nos têrmos da lei, pelos abusos que cometer. É assegurado o direito de resposta. A publicação de livros, jornais e

> periódicos não depende de licença da autoridade. **Não serão, porém, toleradas a propaganda** de guerra, de subversão da ordem ou **de preconceitos de religião, de raça ou de classe**, e as publicações e exteriorizações contrárias à moral e aos bons costumes.

Além disso, recrudescendo as medidas restritivas à liberdade de expressão, trouxe, no art. 30, proibição dirigida diretamente ao Parlamento:

> Art. 30. A cada uma das Câmaras compete elaborar seu regimento interno, dispor sôbre sua organização, polícia e provimento de cargos de seus serviços.
>
> *Parágrafo único.* Observar-se-ão as seguintes normas regimentais:
>
> (...)
>
> *c)* **não será autorizada a publicação de pronunciamentos que envolverem** ofensas às Instituições Nacionais, propaganda de guerra, de subversão da ordem política ou social, de **preconceito de raça, de religião ou de classe**, configurarem crimes contra a honra ou contiverem incitamento à prática de crimes de qualquer natureza;

A leitura dos referidos dispositivos da Carta Constitucional de 1967 e da Emenda Constitucional de 1969 revela um esvaziamento do princípio da livre manifestação de pensamento, admitindo a sua restrição com base no conteúdo da mensagem. Ambos os textos constitucionais, além de determinarem genericamente a punição do preconceito de raça, entregando ao legislador o poder de estabelecer o meio ou a forma pela qual essa punição se daria, *proibiram diretamente as manifestações que veiculassem preconceito ou discriminação de raça ou classe.* A Emenda Constitucional de 1969 *proibia também as manifestações de preconceito de religião.*

Essas restrições à liberdade de expressão constantes dos textos constitucionais de 1967 e 1969 faziam sentido em um regime opressivo no qual as liberdades em geral, e a liberdade de manifestação em particular, foram severamente sufocadas. A proibição constitucional às manifestações de pensamento reveladoras de preconceitos de raça, classe e religião, embora pudesse parecer ter uma motivação nobre, de construir uma sociedade livre de preconceitos, veio na esteira de uma interdição genérica de todo e qualquer discurso de "subversão da ordem", expressão que servia de justificativa para toda sorte de arbitrariedades, com vistas ao controle do pensamento e à repressão de ideias que, de acordo com o arbítrio do Governo militar, fossem consideradas perigosas ao regime ditatorial então vigente.

A vedação aos discursos preconceituosos referentes à raça ou classe (já constante da Constituição de 1946) e à religião constituiu mais um artifício retórico - para conferir uma aura de legitimidade a um regime não democrático - do que uma preocupação real ou efetiva com alguma ideia de isonomia ou de dignidade humana. Durante todo o período em que vigorou o regime militar, a repressão às liberdades de comunicação em geral jamais se fez sob o signo da igualdade, a não ser de uma igualdade e uniformização do pensamento que o Governo buscava em relação aos cidadãos.

Foi nesse contexto que, ao fim do regime militar, decidiu-se pela elaboração democrática de uma nova Constituição, que representasse o pluralismo caraterizador da sociedade brasileira, atendendo aos ideais de liberdade e justiça social.

6.2.2. Os trabalhos preparatórios da Constituição de 1988

Uma análise apurada do processo de elaboração e aprovação da Constituição Federal vigente, iniciado em fevereiro de 1987 e encerrado em outubro de 1988, revela que foram realizadas diversas tentativas de imposição de restrições constitucionais ao princípio da liberdade de expressão, em especial no que se refere a manifestações de cunho discriminatório.

Na fase inicial dos trabalhos da Assembleia Nacional Constituinte, os constituintes foram divididos em oito Comissões Temáticas, subdivididas em 24 Subcomissões. No âmbito das Subcomissões foram apresentados vários Anteprojetos, submetidos à votação e emendas pelos respectivos Relatores.

O Constituinte Darcy Pozza apresentou anteprojeto prevendo o direito individual à livre manifestação do pensamento, com vedação expressa, no mesmo dispositivo (X), apenas ao anonimato. No dispositivo seguinte (XI), que trataria das publicações de livros, jornais, periódicos e outros veículos de comunicação, foram excluídos da proteção da liberdade de expressão a "propaganda de guerra, de subversão da ordem ou de preconceitos de religião, de raça ou de classe, ou quaisquer outros.[1]

---

1 "Art. (...) - São direitos e garantias individuais:
X - a livre manifestação do pensamento, vedado na forma da lei, o anonimato; é livre a manifestação de crença religiosa e de convicções políticas e filosóficas; as diversões e espetáculos públicos ficam sujeitos às leis de proteção da sociedade;
XI - a publicação de livros, jornais, periódicos, a redação, impressão, a divulgação e o recebimento de informações corretas, opiniões e idéias, dispensada a licença prévia; é assegurada a pluralidade de fontes e vedado o monopólio estatal ou pri-

O mesmo Anteprojeto inseriu dispositivo (inciso III), que, tratando do princípio da igualdade, estabelecia mandado de criminalização para "qualquer tipo de discriminação", como crime inafiançável.[2]

O Anteprojeto apresentado pelo Constituinte Alceni Guerra também previa restrições à liberdade de manifestação de pensamento em razão de discriminação racial. O texto previa como crime: "subestimar, estereotipar ou degradar grupos étnicos, raciais ou de cor, ou pessoas pertencentes aos mesmos, por meio de palavras, imagens ou representações, através de quaisquer meios de comunicação."

Um outro Anteprojeto igualmente limitador da liberdade de manifestação de pensamento foi apresentado pela Constituinte Cristina Tavares, no capítulo pertinente à Comunicação. No texto apresentado foram reforçadas as restrições à propaganda de guerra e à veiculação de preconceitos de religião, de raça e de classe mencionadas anteriormente, com acréscimo do preconceito relacionado a estereótipos sexuais.[3]

Após a fase de apresentação de emendas e de debates sobre esses primeiros documentos, as Subcomissões aprovaram seus Anteprojetos, os quais foram remetidos às Comissões temáticas. Nessa fase, a redação dos dispositivos que tratavam da liberdade de manifestação de pensamento sofreu poucas alterações, ou seja, foram mantidas restrições relativas às propagandas discriminatórias.[4]

---

vado dos meios de comunicação; os abusos cometidos serão punidos e indenizados na forma da lei; não serão toleradas a propaganda de guerra, de subversão da ordem ou de preconceitos de religião, de raça ou de classe, ou quaisquer outros;"

2 "Art. (...) - III - a igualdade perante a lei; será punida como crime inafiançável qualquer tipo de discriminação".

3 Art. 17 - A liberdade de manifestação do pensamento e de criação e expressão pela arte, sob qualquer forma, processo ou veiculação, não sofrerá nenhuma restrição do Estado a qualquer título.
(...)
§ 4º – Não serão toleradas a propaganda de guerra ou a veiculação de preconceitos de religião, de raça, de classe ou de estereótipos sexuais.

4 "Art. (...) - São direitos e garantias individuais:
X - a livre manifestação do pensamento, vedado na forma da lei, o anonimato; é livre a manifestação de convicções políticas e filosóficas; as diversões e espetáculos públicos ficam sujeitos às leis de proteção da sociedade; haverá serviço público classificatório e indicativo para os espetáculos públicos e programas de telecomunicações, visando aos expectadores menores de idade. Este serviço não terá o caráter de censura e não poderá implicar na proibição ou corte de espetáculos e do programa, na forma da lei;

Situação semelhante ocorreu na fase seguinte, nos anteprojetos aprovados pelas Comissões temáticas. O dispositivo legal pertinente à liberdade "de manifestação individual de pensamento, de princípios éticos, de convicções religiosas, de ideias filosóficas, políticas e de ideologias" passou a conter, além da vedação ao anonimato, expressa exclusão dos conteúdos que incitassem à violência e defendessem discriminações de qualquer natureza.[5] Às restrições já previstas para a liberdade de expressão no capítulo da Comunicação, acrescentou-se a vedação à propaganda de preconceito religioso e foram mantidos os dispositivos pertinentes à criminalização da discriminação (art. 3º, III, d),[6] com especial menção das condutas de subestimar, estereotipar ou degradar grupos étnicos, raciais ou de cor, ou pessoas pertencentes aos mesmos, por meio de palavras, imagens ou representações, através de quaisquer meios de comunicação.[7]

Na sequência, a Comissão de Sistematização compatibilizou e reuniu todos os Anteprojetos apresentados pelas Comissões Temáticas em um só texto: o Anteprojeto da Constituição.

XI – a publicação de livros, jornais, periódicos, a redação, impressão, a divulgação e o recebimento de informações corretas, opiniões e ideias, dispensada a licença prévia; é assegurada a pluralidade de fontes e vedado o monopólio estatal ou privado dos meios de comunicação; os abusos cometidos serão punidos e indenizados na forma da lei; não serão toleradas a propaganda de guerra, de preconceitos de religião, de raça, de classe e outros previstos nesta Constituição."

"Capítulo I – Da Ciência e Tecnologia e da Comunicação:

Artigo 16 – É livre qualquer manifestação de pensamento, sem que dependa de censura, respondendo cada um, nos casos e na forma que a lei preceituar, pelos abusos que cometer. Não é permitido o anonimato. Toda matéria não assinada será de responsabilidade do órgão que a divulgue. É assegurado o direito de resposta. Não será tolerada propaganda de guerra ou procedimento que atente contra as instituições, ou promova preconceitos de raça ou de classe."

---

5 Art. 3º – São direitos e liberdades individuais invioláveis:
XIII – A livre manifestação individual de pensamento, de princípios éticos, de convicções religiosas, de ideias filosóficas, políticas e de ideologias, vedado o anonimato e excluídas as que incitem à violência e defendam discriminações de qualquer natureza;

6 "Art. 3º, III, d – a lei punirá como crime qualquer discriminação atentatória aos direitos e liberdades fundamentais."

7 Art. 86 – Todos, homens e mulheres, são iguais perante a lei, que punirá como crime inafiançável qualquer discriminação atentatória aos direitos humanos e aos aqui estabelecidos.
Parágrafo único – São formas de discriminação, entre outras, subestimar, estereotipar ou degradar grupos étnicos, raciais ou de cor, ou pessoas a eles pertinentes, por palavras, imagens ou representações, em qualquer meio de comunicação.

A tramitação desse texto na Comissão de Sistematização foi conturbada. Foram oferecidas mais de vinte mil emendas,[8] o Anteprojeto foi substituído duas vezes pelo Relator e o Projeto de Constituição, resultado do trabalho da Comissão de Sistematização, somente foi aprovado após sete meses de intensas negociações, debates e votações.

O chamado "Projeto de Constituição 'A'", que foi submetido à votação em 1º turno no Plenário da Assembleia Constituinte, já não mais contemplava em seu texto tantas vedações à liberdade de expressão. Não havia mais restrições à veiculação de ideias de conteúdo específico no dispositivo que trata da livre manifestação do pensamento,[9] e o dispositivo que tratava como crime a "discriminação atentatória dos direitos e liberdades fundamentais" não especificava quaisquer condutas consideradas puníveis a tal título (artigo 6º, § 2º) [10]. O capítulo que trata da comunicação, entretanto, ainda previa a criação, pelo legislador infraconstitucional, "de instrumentos necessários para defender a pessoa" de conteúdos contrários à moral e aos bons costumes e que incitem à violência.[11]

O "Projeto de Constituição 'B'", resultante dos debates, emendas e votações sobre o Projeto 'A', consolidou a amplitude da livre manifestação do pensamento no texto constitucional: o dispositivo que tratava do tema permaneceu sem restrições quanto à veiculação de ideias pelo seu conteúdo,[12] e foi reforçado por outro dispositivo, lançado no capítulo que trata da comunicação, que vedou expressamente a censura e a pos-

8 Informação disponível em <http://www.fgv.br/cpdoc/acervo/dicionarios/verbete-tematico/assembleia-nacional-constituinte-de-1987-88>.

9 § 5º É livre a manifestação do pensamento, vedado o anonimato. É assegurado o direito de resposta, proporcional ao agravo, além da indenização por dano material, moral, ou à imagem.

10 Art. 6º Todos são iguais perante a· lei, sem distinção de qualquer natureza.
§ 2º A lei punirá como crime inafiançável qualquer discriminação atentatória dos direitos e liberdades fundamentais.

11 Art. 286, § 1º - É vedada toda censura de natureza política e ideológica. A lei criará os instrumentos necessários para defender a pessoa:
I - da exibição e veiculação de programas e mensagens comerciais, no rádio e na televisão, que utilizem temas ou imagens que atentem contra a moral, os bons costumes e incitem à violência.

12 Art. 5º - IV - é livre a manifestação do pensamento, vedado o anonimato;
V - é assegurado o direito de resposta, proporcional ao agravo, além da indenização por dano material, moral ou à imagem.

sibilidade de restrição ao exercício da liberdade de expressão, ressalvando apenas o disposto na própria Constituição.[13]

O Projeto em questão foi aprovado nas demais fases sem alterações relevantes nesses aspectos.

O histórico aqui exposto demonstra que, apesar de propostas e debatidas severas restrições ao princípio da liberdade de manifestação de pensamento, inclusive no que se refere ao conteúdo discriminatório do discurso, tais limitações não foram aprovadas pelo constituinte originário, que as expurgou inteiramente do texto constitucional ora vigente.

6.2.3. A Constituição Federal de 1988

A Constituição Federal de 1988 estabeleceu, em seu artigo 1º, III, como um dos fundamentos da nova República, constituída como Estado Democrático de Direito, a "dignidade da pessoa humana". Dentre os fundamentos da República, estabeleceu, no art. 3º, I e IV, a construção de uma "sociedade livre, justa e solidária" e a promoção do bem de todos, "sem preconceitos de origem, raça, sexo, cor, idade e quaisquer outras formas de discriminação".

Em seu artigo art. 5º, *caput*, afirmou os direitos de liberdade e igualdade. O princípio garantidor da liberdade de expressão e manifestação de pensamento veio previsto em mais de um inciso, sem nenhuma restrição, genérica ou específica, no corpo dos respectivos enunciados normativos:

> Art. 5º Todos são iguais perante a lei, sem distinção de qualquer natureza, garantindo-se aos brasileiros e aos estrangeiros residentes no País a inviolabilidade do direito à vida, à liberdade, à igualdade, à segurança e à propriedade, nos termos seguintes:
>
> (...)
>
> IV – é livre a manifestação do pensamento, sendo vedado o anonimato;
>
> (...)

13 Art. 223 – A manifestação do pensamento, da criação e expressão, bem como a informação, sob qualquer forma, processo ou veiculação não sofrerão qualquer restrição, observado o disposto nesta Constituição.
§ 1º Nenhuma lei conterá dispositivo que possa constituir embaraço à plena liberdade de informação jornalística em qualquer veículo de comunicação social, observado o disposto no art. 5º, IV, V, XIV e XV.
§ 2º É vedada toda e qualquer censura de natureza política, ideológica e artística.

> IX – é livre a expressão da atividade intelectual, artística, científica e de comunicação, independentemente de censura ou licença;

A liberdade de manifestação de pensamento veio expressa, também, em outro dispositivo, inserido em Capítulo que trata da Comunicação Social:

> Art. 220. A manifestação do pensamento, a criação, a expressão e a informação, sob qualquer forma, processo ou veículo não sofrerão qualquer restrição, observado o disposto nesta Constituição.
>
> § 1º Nenhuma lei conterá dispositivo que possa constituir embaraço à plena liberdade de informação jornalística em qualquer veículo de comunicação social, observado o disposto no art. 5º, IV, V, X, XIII e XIV.
>
> § 2º É vedada toda e qualquer censura de natureza política, ideológica e artística.

A proibição à discriminação e ao preconceito veio prevista em dois incisos do art. 5º da Constituição, separados e desassociados dos dispositivos que consagram o princípio garantidor da liberdade de expressão ou manifestação de pensamento:

> XLI – a lei punirá qualquer discriminação atentatória dos direitos e liberdades fundamentais;
>
> XLII – a prática do racismo constitui crime inafiançável e imprescritível, sujeito à pena de reclusão, nos termos da lei;

Como se vê, rompendo com uma tradição que se manifestara nos textos constitucionais anteriores, a Constituição Federal de 1988 deixou de tratar como exceção expressa ao princípio garantidor da liberdade de manifestação de pensamento o discurso preconceituoso ou discriminatório.

A proibição ao preconceito e à discriminação foi mantida como princípio constitucional, mas em dispositivos separados, que não fazem nenhuma referência a discursos, manifestações ou aos dispositivos que consagraram a liberdade de expressão.

6.3. Os tratados internacionais aos quais o Brasil aderiu

Dentre as Constituições brasileiras, a de 1988 foi a que, pela primeira vez, estabeleceu a prevalência dos direitos humanos dentre os princípios que regem a República em suas relações internacionais. Antes disso, porém, o Brasil já era signatário de diversas convenções internacionais sobre o tema.[14]

A incorporação dessas normas ao ordenamento jurídico brasileiro se dá através de um processo complexo, que compreende as fases de negociação, assinatura, ratificação, promulgação, publicação e registro.[15] O artigo 84, VIII, da Constituição Federal estabelece que a conclusão de tratados internacionais é competência privativa do Presidente da República, mas o ato de vontade presidencial está sujeito à apreciação do Congresso Nacional, que é responsável pela decisão definitiva sobre a questão, por expressa disposição constitucional (art. 49, I, da CF).

Uma vez aprovado por decreto legislativo, o ato internacional volta ao Poder Executivo para ratificação através de Decreto de Promulgação,[16] que confirma o propósito do Estado em cumprir o pactuado e fixa o termo inicial da vigência da norma em território nacional.

As disposições constitucionais[17] acerca do tema são lacunosas. Não havendo prazo definido para a práticas desses atos, a excessiva demora entre as fases desse processo complexo[18] pode trazer dúvida quanto aos efeitos da norma internacional no período compreendido entre a ratificação – que dá início à responsabilidade do Estado no plano internacional – e a promulgação do decreto presidencial – que lhe confere eficácia no plano interno.

A falta de definição quanto à hierarquia entre as normas internas e internacionais, por sua vez, gera intensa discussão no campo doutrinário.

Para a Teoria Dualista, delineada por Heinrich Triepel,[19] essas normas pertencem a duas ordens jurídicas distintas e não há ponto de interseção ou concorrência entre elas, já que a ordem jurídica interna es-

---

14 Dentre elas, é possível citar a Convenção Internacional para a Prevenção e a Repressão do crime de Genocídio, ratificada no Brasil pelo Decreto nº 30.822/52 e a Convenção Internacional sobre a Eliminação de todas as formas de Discriminação Racial de 1965, ratificada pelo Decreto nº 65.810/69.

15 ARAUJO, Nadia de. *Direito Internacional Privado*. 7ª ed. rev. atual. e ampl. São Paulo: Revista dos Tribunais, 2018, p. 127.

16 Esse procedimento não é exigido pela Constituição, decorrendo da tradição adotada no Brasil desde os tempos do Império. Cf. ARAÚJO, Nadia de. Op. cit. p. 130.

17 Os já mencionados artigos 49, I, e 84, VIII, da Constituição Federal.

18 Exemplo dessa demora excessiva é a Convenção de Viena, que, concluída em maio de 1969, somente foi aprovada no Congresso Nacional e ratificada pelo Presidente da República no ano de 2009.

19 TRIEPEL, Heinrich. *Droit International et Droit Interne*. Paris: A. Pédone, 1920, p. 19-23.

tabelecida na comunidade nacional, pelo Estado e segundo suas regras, trata das relações entre particulares e entre esses e o Estado, enquanto a ordem jurídica internacional regula apenas as relações entre Estados.

Assim sendo, as normas internacionais, por não estarem formalmente integradas ao ordenamento jurídico interno, somente obrigam o Estado no plano internacional, não conflitando com as normas internas. Sob essa ótica, a recepção da norma internacional no sistema interno dependeria de um processo de internalização, através de ato de vontade manifestado de acordo com as normas de cada país.[20]

Para a Teoria Monista, idealizada por Hans Kelsen,[21] não há conflito entre as ordens interna e internacional, porque elas integram um só sistema. Assim, a aceitação das normas internacionais no plano interno seria automática. Entretanto, adeptos dessa teoria divergem sobre qual das normas prepondera: alguns sustentam o primado do direito internacional, por considerar que as normas internacionais se situam em um plano superior à própria Constituição; outros defendem o primado do direito interno, protestando pela invalidade dos tratados incompatíveis com a Constituição em vigor durante a sua celebração.

Luís Roberto Barroso, adepto da teoria monista e defensor da supremacia da Constituição, afirma que "os tratados internacionais são incorporados ao direito interno em nível de igualdade com a legislação ordinária" e que, não existindo "entre o tratado e a lei relação de hierarquia, sujeitam-se eles à regra geral de que a norma posterior prevalece sobre a anterior."[22]

Flávia Piovesan, por sua vez, defende que a Constituição da República Federativa do Brasil de 1988 estabelece um sistema misto,[23] por conferir um tratamento especial às normas internacionais de direitos humanos, a despeito da omissão quanto aos efeitos e à hierarquia das demais normas internacionais. Observa que, enquanto as primeiras são consideradas automaticamente integradas ao ordenamento interno, assim que ratificadas, irradiando efeitos no plano interno e internacional, por força da disposição expressa no artigo 5º, § 1º, da Constituição, os demais tratados dependem da expedição de decreto presidencial de

20 ARAUJO, Nadia de. Op. cit., p. 134.

21 KELSEN, Hans. *Teoria Pura do Direito*. Trad. João Baptista Machado. 4ª ed. Coimbra: Armênio Amado, 1976, p. 437.

22 BARROSO, Luís Roberto. *Interpretação e Aplicação da Constituição*. 3ª ed. São Paulo: Saraiva, 1999, p. 33.

23 PIOVESAN, Flávia. *Temas de Direitos Humanos*. 7ª ed. São Paulo: Saraiva, 2014, p. 162.

promulgação, para entrar em vigor no País. [24] Considera que os §§ 2º e 3º do mesmo dispositivo[25] atribuem aos direitos humanos previstos em tratados internacionais o *status* de norma constitucional, enquanto os demais tratados teriam sido equiparados às normas infraconstitucionais, nos termos do artigo 102, III, b, da Constituição. [26]

Na jurisprudência dos Tribunais Superiores prevalece a tese de que os tratados de direitos humanos têm caráter supralegal, ou seja, se posicionam acima da legislação infraconstitucional em geral, mas abaixo da Constituição Federal. Nesse sentido, a orientação do Supremo Tribunal Federal, expressa no julgamento do Recurso Extraordinário nº 349.703/RS.[27]

Corroborando esse entendimento, o Superior Tribunal de Justiça, ao examinar recurso representativo da controvérsia estabelecida sobre a prisão civil do depositário infiel e as disposições do Pacto de San Jose da Costa Rica, observou que a Emenda Constitucional nº 45/2004, ao incluir o § 3º do artigo 5º da Constituição Federal, "inaugurou novo panorama nos acordos internacionais relativos a direitos humanos em território nacional". As normas internacionais integradas no ordenamento jurídico anteriormente à sua entrada em vigor não poderiam ser recebidas com hierarquia de normas constitucionais.[28]

---

24 Ibidem, p. 161.

25 Art. 5º (...)
§ 2º Os direitos e garantias expressos nesta Constituição não excluem outros decorrentes do regime e dos princípios por ela adotados, ou dos tratados internacionais em que a República Federativa do Brasil seja parte.
§ 3º Os tratados e convenções internacionais sobre direitos humanos que forem aprovados, em cada Casa do Congresso Nacional, em dois turnos, por três quintos dos votos dos respectivos membros, serão equivalentes às emendas constitucionais.

26 Desde a Emenda Constitucional nº 45/2004, que incluiu o § 3º no artigo 5º da Constituição, as normas só podem obter *status* constitucional, equivalentes às emendas constitucionais, se aprovadas pelo quórum especial exigido para a aprovação dessa espécie normativa: "em cada Casa do Congresso Nacional, em dois turnos, por três quintos dos votos dos respectivos membros".

27 RE nº 349.703/RS: "Desde a adesão do Brasil, sem qualquer reserva, ao Pacto Internacional dos Direitos Civis e Políticos (art. 11) e à Convenção Americana sobre Direitos Humanos – Pacto de San José da Costa Rica (art. 7º, 7), ambos no ano de 1992, não há mais base legal para prisão civil do depositário infiel, pois o caráter especial desses diplomas internacionais sobre direitos humanos lhes reserva lugar específico no ordenamento jurídico, estando abaixo da Constituição, porém acima da legislação interna. O *status* normativo supralegal dos tratados internacionais de direitos humanos subscritos pelo Brasil torna inaplicável a legislação infraconstitucional com ele conflitante, seja ela anterior ou posterior ao ato de adesão."

28 Resp. 914.253/RS.

Dentre os tratados internacionais aos quais o Brasil aderiu que preveem comandos ou autorizações de restrição a manifestações de pensamento, podem ser citados a Convenção Internacional para a Prevenção e a Repressão do Crime de Genocídio, a Convenção Internacional sobre a Eliminação de todas as Formas de Discriminação Racial, o Pacto Internacional de Direitos Civis e Políticos e a Convenção Americana de Direitos Humanos (Pacto de San Jose de Costa Rica) e a Convenção sobre os Direitos da Criança.

6.4. O tratamento do preconceito e da discriminação na lei

No âmbito infraconstitucional, a primeira norma editada com o objetivo de reprimir a discriminação e o preconceito foi a Lei nº 1.390, de 3 de julho de 1951, também conhecida como Lei Afonso Arinos, assim nomeada em homenagem ao autor do anteprojeto, Afonso Arinos de Melo Franco.

De texto breve, a Lei Afonso Arinos definiu atos de discriminação e preconceito em razão de raça e de cor como contravenções penais. De notar que, apesar da restrição imposta pela Constituição em vigor à manifestação do pensamento, nenhum dos tipos contravencionais descritos nos dispositivos da Lei Afonso Arinos se referia a condutas discursivas ou meramente comunicativas.

Com o advento da Lei nº 7.437/85, a redação original da Lei Afonso Arinos foi alterada, para a inclusão, nas mesmas condutas já descritas como contravenções penais, dos atos discriminatórios cometidos em razão de sexo ou estado civil. Não foram incluídas nos tipos delituosos as condutas de preconceito religioso ou ofensivo à moral e aos bons costumes, apesar da previsão constitucional vigente ao tempo da edição da Lei.

Com a promulgação da Constituição de 1988, o racismo passou a ser considerado crime inafiançável, imprescritível e punível com pena de reclusão, nos termos do artigo 5º, XLII. O referido dispositivo constitucional previu verdadeiro mandado de criminalização, deixando para o legislador liberdade de conformação, consistente na tipificação das condutas caracterizadoras de racismo e no estabelecimento da quantidade de pena para o crime.

Diante desse comando constitucional, a proteção anteriormente conferida pela legislação ordinária então em vigor – que definia a prática de racismo como simples contravenção penal – tornou-se insuficiente, sendo necessária a promulgação de uma nova lei penal criminalizadora do preconceito racial, com observância dos requisitos indicados no texto da Constituição.

Isso veio a ocorrer no ano seguinte com a promulgação de uma nova lei contra o racismo: a Lei nº 7.716, de 05 de janeiro de 1989, que em sua redação original não criminalizava as condutas meramente discursivas – como também não o fazia a revogada Lei Afonso Arinos.

Entretanto, logo no ano seguinte, foi promulgada a Lei nº 8.081/90, promovendo significativa alteração na Lei nº 7.716/89. Introduziu-se o art. 20, que criou um novo tipo penal, ampliando a prática do crime de racismo, de forma a englobar a conduta consistente em: "Praticar, induzir ou incitar, pelos meios de comunicação social ou por publicação de qualquer natureza, a discriminação ou preconceito de raça, por religião, etnia ou procedência nacional". Passou-se, então, a criminalizar a *manifestação discursiva* discriminatória ou preconceituosa, não mais apenas a *prática de ato concreto* de discriminação ou preconceito.

A Lei nº 7.716/89 ainda sofreu outras alterações. A Lei nº 8.882/94 modificou o art. 20 para estender as penas nele cominadas à conduta de "fabricar, comercializar, distribuir ou veicular símbolos, emblemas, ornamentos, distintivos ou propaganda que utilizem a cruz suástica ou gamada, para fins de divulgação do nazismo".

Pouco tempo depois, foi promulgada a Lei nº 9.459/97, que, além de alargar o âmbito dos demais tipos penais da Lei de Racismo, de forma a combater outras formas de preconceito (de etnia, religião e procedência nacional), deu ao art. 20 nova redação. A referida Lei também alterou o Código Penal, incluindo em seu texto a chamada injúria racial ou discriminatória, uma forma qualificada do crime de injúria, em razão da utilização de elementos referentes a raça, cor, etnia, religião ou procedência.[29]

Finalmente, foram trazidas alterações na Lei de Racismo pela Lei nº 12.288/2010, conhecida como "Estatuto da Igualdade Social". A referida Lei tipificou novas condutas discriminatórias, especificamente aplicáveis às relações de trabalho, como aquelas que, por motivos de raça, cor, etnia, religião ou procedência nacional, obstem a progressão funcional de empregado ou lhe proporcionam tratamento diferenciado, seja quanto ao salário, seja quanto ao acesso a equipamentos necessários à

29 Art. 140. Injuriar alguém, ofendendo-lhe a dignidade ou o decoro:
Pena – detenção, de um a seis meses, ou multa.
(...)
§ 3º Se a injúria consiste na utilização de elementos referentes a raça, cor, etnia, religião, origem ou a condição de pessoa idosa ou portadora de deficiência:
Pena: reclusão de um a três anos e multa

realização do trabalho. Além disso, incluiu um inciso ao § 3º do art. 20 da Lei nº 7.716/89.

Ao final de todas as alterações legislativas, o art. 20 da Lei nº 7.716/89, em sua redação final, passou a prever e punir as seguintes figuras típicas:

> Art. 20. Praticar, induzir ou incitar a discriminação ou preconceito de raça, cor, etnia, religião ou procedência nacional.
>
> Pena: reclusão de um a três anos e multa.
>
> § 1º Fabricar, comercializar, distribuir ou veicular símbolos, emblemas, ornamentos, distintivos ou propaganda que utilizem a cruz suástica ou gamada, para fins de divulgação do nazismo.
>
> Pena: reclusão de dois a cinco anos e multa.

O Supremo Tribunal Federal, no julgamento do Mandado de Injunção 4733/2019 e da Ação Direta de Inconstitucionalidade por Omissão 26/2019, ampliou o rol do art. 20, ao equiparar ao racismo a "discriminação por orientação sexual ou identidade de gênero".

Na esfera civil, a Lei nº 7.347/85 prevê, no art. 1º, VII, ação de responsabilidade por danos morais e patrimoniais causados "à honra e à dignidade de grupos raciais, étnicos ou religiosos".

6.5. A jurisprudência

Os julgados a respeito do discurso de ódio na jurisprudência brasileira ainda são relativamente escassos, de modo que ainda não se pode enxergar de forma nítida padrões ou *standards* decisórios consistentes ou coerentes que apontem para uma determinada direção na solução do problema.

De maior relevância são os debates e as decisões do Supremo Tribunal Federal em casos envolvendo a aplicação do art. 20 da Lei nº 7.716/89. Além desses precedentes da Suprema Corte, merecem atenção especial alguns casos que foram submetidos aos tribunais locais.

6.5.1. O caso *Ellwanger* (HC 82.424/RS). Publicação de livros antissemitas

O debate inaugural sobre o discurso de ódio no Supremo Tribunal Federal se deu no julgamento do *Habeas Corpus* nº 82.424/RS, que teve início no dia 12 de dezembro de 2002 e somente se encerrou no dia 17 de setembro de 2003.

No caso, o paciente, Siegfried Ellwanger, fora condenado pelo Tribunal de Justiça do Estado do Rio Grande do Sul pela prática do crime tipificado no artigo 20 da Lei nº 7.716/89, com a redação dada pela Lei nº 8.081/90, por ter publicado, na qualidade de autor e editor, obras apontadas pela denúncia como racistas e discriminatórias contra o povo judeu. Os livros eram: *Holocausto Judeu ou Alemão? – Nos bastidores da mentira do Século*, de autoria do paciente; *O Judeu Internacional*, de Henry Ford; *A História Secreta do Brasil* e *Brasil Colônia de Banqueiros*, de Gustavo Barroso, e *Os Protocolos dos Sábios de Sião*, obra anônima traduzida para o português por Gustavo Barroso; *Hitler – Culpado ou inocente?*, de Sérgio Oliveira; e *Os conquistadores do Mundo – os verdadeiros criminosos de guerra*, de Louis Marschalko.

O Relator originário, Ministro Moreira Alves, considerou que o debate principal a ser travado era relativo ao sentido e ao alcance da expressão "racismo" contido no artigo 5º, XLII, da Constituição Federal, para se definir acerca da aplicação ou não da regra da imprescritibilidade ao caso. Conferindo interpretação restritiva à norma constitucional supracitada, concluiu o Relator que, como o povo judeu não constitui uma raça, não haveria que falar em racismo, de modo que votou pela concessão do *habeas corpus*, declarando extinta a punibilidade do delito imputado ao paciente pela prescrição.

Entretanto, o julgamento só foi concluído após intensa discussão acerca dessa e de outras questões, como a da possibilidade de um livro veicular discurso de ódio e a dos limites da liberdade de expressão.

Apesar de concordar com o Relator quanto ao fato de que os judeus não constituem uma raça, o Ministro Maurício Corrêa dele discordou, por considerar que o termo racismo inscrito na Constituição não deveria ser interpretado apenas como referência a uma concepção objetiva de raça, mas como uma concepção subjetiva do emitente da mensagem discriminatória. O racismo, portanto, não dependeria da condição objetiva daquele que é alvo da discriminação, mas da concepção pessoal daquele que promove o preconceito. Afirmou-se, com isso, que, se alguém incita à segregação de um grupo, valorando-o negativamente como uma raça distinta, o seu atuar deve ser considerado racista.

Vale transcrever suas conclusões, que prevaleceram ao final do julgamento:

> Embora hoje não se reconheça mais, sob o prisma científico, qualquer subdivisão da raça humana, o racismo persiste enquanto fenômeno social, o que quer dizer que a existência das diversas raças é de mera concepção histórica, política e social e é ela que deve ser considerada na aplicação do direito. É essa circunstância de natu-

> reza estrita e eminentemente social e não biológica que inspira a imprescritibilidade do delito previsto no inciso XLII do artigo 5º da Carta Política.

Em seu voto, o Ministro Maurício Corrêa invocou diversas convenções internacionais das quais o Brasil é signatário,[30] e afirmou que, no direito comparado, o problema da segregação racial é enfrentado com a atribuição de conotação complexa ao termo raça, com o objetivo de garantir o respeito aos postulados universais da igualdade e da dignidade da pessoa humana.

Observou que uma interpretação das normas brasileiras em vigor leva à conclusão de que, no caso, foi praticado o delito de racismo. Afastou, assim, a ideia de que a condenação do autor tenha violado o princípio constitucional da liberdade de expressão e pensamento, ao fundamento de que essa garantia, como as demais garantias constitucionais, não é absoluta, notadamente quando a expressão é caracterizada como discurso de ódio.

Invocando a ideia de colisão de direitos fundamentais e de ponderação, considerou o Ministro que deveriam preponderar os direitos do grupo atingido: a dignidade, a cidadania, o tratamento igualitário, e até mesmo a própria vida. É o que se extrai do seguinte trecho do voto vencedor:

> Atos discriminatórios de qualquer natureza ficaram expressamente vedados, com alentado relevo para a questão racial, o que impõe certos temperamentos quando possível contrapor-se uma norma fundamental a outra (CF, artigo 220, *caput, in fine*). A aparente colisão de direitos essenciais encontra, nesse caso, solução no próprio texto constitucional. A previsão de liberdade de expressão não assegura o "direito à incitação do racismo", até porque um direito individual

30 Foram citados pelo Ministro Maurício Corrêa, em seu voto vencedor: a Declaração Universal de Direitos Humanos de 1948, que, em seus primeiros artigos, prevê liberdade, igualdade e fraternidade e repele todo tipo de discriminação; a Convenção Internacional para a Prevenção e a Repressão do crime de Genocídio, ratificada no Brasil pelo Decreto nº 30.822/52, que teve origem no próprio holocausto; e a Convenção Internacional sobre a Eliminação de todas as formas de Discriminação Racial de 1965, ratificada pelo Decreto nº 65.810/69 – salientando que essas normas internacionais inspiraram a atuação do Constituinte de 1988, merecendo "consideração irrestrita do intérprete da Carta Federal" (p.575) –, o Pacto Internacional sobre Direitos Civis e Políticos de 1966, ratificado pelo Brasil pelo Decreto nº 226/91; e o Pacto de San José da Costa Rica, incorporado ao direito brasileiro pelos Decretos nº 89/98, 678/92 e 4.463/02.

> não pode servir de salvaguarda de práticas ilícitas, tal como ocorre, por exemplo, com os delitos contra honra.

Logo em seguida, o Ministro Maurício Corrêa invoca a "ponderação" como forma de solucionar o que enxergou como uma colisão entre o princípio garantidor da liberdade de manifestação de pensamento e outros princípios que enumera. Considera que, no sopesamento entre esses princípios, devem prevalecer os interesses da coletividade:

> Em situações como a presente, acaso caracterizado o conflito, devem preponderar os direitos de toda a parcela da sociedade atingida com a publicação das obras sob a responsabilidade do paciente, sob pena de colocar-se em jogo a dignidade, a cidadania, o tratamento igualitário, e até mesmo a própria vida dos que se acham sob a mira desse eventual risco.

Destacou o fato de que os judeus já foram alvo de práticas discriminatórias no Brasil, assim como os índios e os negros, e que essa discriminação deu origem, inclusive, ao termo "judiação" da língua portuguesa, que possui sentido depreciativo. Por fim, observou que a Lei nº 8.081/90, ao incluir a vedação aos preconceitos de etnia, de religião e de procedência nacional na Lei nº 7.7.16/89, aproximou a norma ordinária aos preceitos conformadores da Constituição e às convenções internacionais que tratam do tema, prestigiando o princípio da igualdade e garantindo efetividade aos direitos humanos, à cidadania e à dignidade da pessoa humana.

Aberta a divergência, o Relator originário, reafirmando seu posicionamento anterior, teceu esclarecimentos acerca da sua posição restritiva quanto à interpretação do texto constitucional, salientando que, em seu artigo 5º, incisos XLI e XLII, a Constituição distingue discriminação, como gênero, e racismo, como "espécie agravada da discriminação", e que, à exceção do racismo e da ação de grupos armados, civis ou militares, contra a ordem constitucional e o Estado Democrático, não há previsão constitucional de imprescritibilidade, nem mesmo aos crimes hediondos como tais considerados por ela própria. Argumentou que, na exegese do texto constitucional, deve ser considerado o elemento histórico, em especial o momento da promulgação da Constituição, notadamente quando entre esta e o momento de sua aplicação não tiver ocorrido tempo suficientemente longo para permitir a denominada interpretação evolutiva.

Por tal razão, o racismo deveria abranger apenas os atos de discriminação contra as raças tradicionalmente tidas como tais. Acrescentou que nenhuma das mencionadas convenções internacionais que tratam do tema sob exame foi incorporada ao ordenamento jurídico brasileiro como texto ou emenda constitucional, de modo que possuem o *status* de lei ordinária, devendo ser tratadas como tal. Além disso, não foi citada lei de nenhum país que considerasse o racismo como crime imprescritível.

Na sequência, o Ministro Celso de Mello, prestigiando as conclusões do Ministro Maurício Corrêa, rejeitou a tese de que a incitação ao ódio público contra o povo judeu possa estar protegida pelo princípio constitucional da liberdade de expressão, ao fundamento de que esse princípio não compreenderia manifestações revestidas de ilicitude penal.

Segundo o Ministro, publicações como as que são objeto da denúncia contra o paciente "*extravasam* os limites da indagação científica e da pesquisa histórica, *degradando-se* ao nível primário do insulto, da ofensa e, sobretudo, *do estímulo à intolerância e ao ódio público* pelos judeus". Aduziu que, por mais abrangente que deva ser o campo de incidência do citado princípio, ele não pode legitimar a exteriorização de propósitos criminosos, especialmente quando as expressões veiculadas além dos limites da crítica política ou da opinião histórica ofendem valores tutelados pela própria ordem constitucional.

Em seu voto, também invocou as ideias de colisão e ponderação de direitos:

> Isso significa, em um contexto de liberdades aparentemente em conflito, que a colisão dele resultante há de ser equacionada, utilizando-se, esta Corte, do método – que é apropriado e racional – da ponderação de bens e valores, de tal forma que a existência de interesse público na revelação e no esclarecimento da verdade, em torno de supostas ilicitudes penais praticadas por qualquer pessoa basta, por si só, para atribuir, ao Estado, o dever de atuar na defesa de postulados essenciais, como o são aqueles que proclamam a dignidade da pessoa humana e a permanente hostilidade contra qualquer comportamento que possa gerar o desrespeito à alteridade, com inaceitável ofensa aos valores da igualdade e da tolerância, especialmente quando as condutas desviantes culminem por fazer instaurar tratamentos discriminatórios fundados em ódios raciais.

Após invocar a necessidade de utilização do método da ponderação de bens e valores para a solução da controvérsia, concluiu o Ministro que a concessão da ordem pleiteada equivaleria a uma redução da proteção que o ordenamento jurídico nacional e internacional dispensou aos grupos minoritários, especialmente àqueles de maior vulnerabilidade.

O Ministro Gilmar Mendes, em seu voto, invocou a doutrina dos três postulados do racismo, de Norberto Bobbio,[31] para decidir sobre a questão central do *habeas corpus*, considerando impossível, do ponto de vista histórico, negar o caráter racista do antissemitismo.

Defendeu o Ministro que os diversos instrumentos internacionais subscritos pelo Brasil explicitam o seu compromisso de combate ao racismo sob todas as suas formas e, apesar de ter reconhecido a liberdade de expressão como "pedra angular do [...] sistema democrático", identificou que a discriminação racial – uma das formas de *hate speech* – levada a efeito pelo exercício da liberdade de expressão compromete a ideia de igualdade, que é um dos pilares do mesmo sistema.

Considerando a possibilidade de o livro poder ser instrumento do crime de incitação ao racismo – conforme controvérsia inaugurada pelo Ministro Sepúlveda Pertence –, o Ministro Gilmar Mendes invocou o princípio da proporcionalidade para apurar a tipificação de manifestações discriminatórias, como o racismo, em razão do caráter aberto do tipo penal objeto de análise e do possível confronto com a liberdade de expressão.

Frisou que a liberdade de expressão não possui caráter absoluto no texto constitucional, que abriga outros valores expressos, como a igualdade e a dignidade humana, condenando especificamente o racismo, e determina que a lei estabeleça outras formas de repressão às manifestações discriminatórias.

Entendeu que a condenação do paciente por racismo atendia às três máximas da proporcionalidade. A condenação, segundo ele, era adequada à finalidade da Constituição, no que tange à salvaguarda de uma sociedade pluralista. Além disso, era necessária, em razão da ausência de outro meio menos gravoso e igualmente eficaz. Por fim, considerou que a medida atendia à proporcionalidade em sentido estrito, pois a intolerância racial e o estímulo à violência não estariam abrigados pela liberdade de expressão, na medida em que outros bens jurídicos de base constitucional não podem ser sacrificados para conferir a essa liberdade amplitude irrestrita.

O Ministro Carlos Velloso também denegou a ordem pleiteada pelo impetrante, por entender que as publicações consideradas criminosas possuem caráter panfletário, incitando à intolerância sem nada contribuir para o conhecimento humano Acrescentou que, diante do aparente conflito entre direitos fundamentais, a questão deve ser resolvida "pela

31 Ver, a respeito, o que se escreveu no Capítulo 4.

prevalência do direito que melhor realiza o sistema de proteção dos direitos e garantias previstos na Lei Maior". Em suas palavras:

> A liberdade de expressão não pode sobrepor-se à dignidade da pessoa humana, fundamento da República e do Estado Democrático de Direito que adotamos – CF, art. 1º, III – ainda mais quando essa liberdade de expressão apresenta-se distorcida e desvirtuada.

Acompanhando o voto divergente, o Ministro Nelson Jobim asseverou que as condutas narradas no acórdão evidenciam a prática do racismo, proibido pela Constituição, acrescentando que o texto constitucional impede que a legislação ordinária atribua a esse tipo de conduta as regras da prescritibilidade e da afiançabilidade existentes no Código Penal.

A *Ministra Ellen Gracie* denegou a ordem de *habeas corpus*, por entender que a existência de raças definidas é apenas um dos postulados da ideologia racista, e que o racismo se revela na "percepção do outro como diferente e inferior, revelada na atuação carregada de menosprezo e desrespeito ao direito fundamental de igualdade". Também fundada nos postulados do preconceito definidos por Norberto Bobbio, destacou que, como as afirmações do paciente contra os judeus não têm compromisso com a correção biológica ou antropológica, é evidente a irracionalidade de sua manifestação, que deve ser tipificada como racismo.

O Ministro Cezar Peluso também denegou a ordem pleiteada, por entender que a Constituição adotou conceito próprio, normativo, de racismo, o qual deve ser analisado com cautela, por tratar de hipótese sujeita à excepcional e grave situação de imprescritibilidade e inafiançabilidade, mas não de forma restrita, sob pena de torná-lo absolutamente inútil.

Defendeu o Ministro que interpretação mais adequada do texto constitucional deve buscar o "conteúdo nuclear do conceito jurídico-penal de racismo, no seu confronto com a gravidade da norma constitucional e os bens e valores jurídicos por ela tutelados", e a definição do termo deve se dar de forma pragmática, com a finalidade de atender ao "procedimento lógico-jurídico material de pesquisa da racionalidade da norma", a qual tende a resguardar a integridade biopsicológica dos grupos sociais diferenciáveis das manifestações concretas de discriminação e violência, sob pena de risco aos fundamentos de uma sociedade que se quer fraterna, plural e solidária.

Ressaltou que o seu posicionamento decorreu do "reprovável comportamento sistemático" do paciente. Disse o Ministro que a edição casual das mesmas obras o conduziria a um diferente julgamento, em razão do reconhecimento da "liberdade teórica de expressão de todo editor e autor, cujas atividades são de óbvia licitude".

O Ministro Carlos Ayres Britto, em introdução ao seu voto, assinalou sua linha de raciocínio no sentido da ponderação de princípios constitucionais:

> Todo o meu esforço operacional será o de demarcar o campo de lídima expressão de cada princípio em estado potencial de atrito, a fim de evitar o concreto sacrifício de um deles. Se não me for possível fazê-lo, também adianto que a minha preferência recairá sobre essa ou aquela norma princípio que melhor assegure a aplicabilidade de outras que também tenham tudo a ver com o preâmbulo da Constituição, os fundamentos (incisos I a V do art. 1º da CF) e os objetivos fundamentais da República Federativa do Brasil (incisos I a IV do art. 3º da CF).

Quanto ao mérito,[32] expôs que os textos constitucionais são os que mais se utilizam de uma estrutura popular de linguagem, de modo que a prática do racismo deve ser analisada considerando o sentido coloquial das palavras envolvidas. Assim, com a finalidade de melhor atender ao propósito constitucional de combate ao preconceito racial, considerou que a palavra "prática" (de racismo) deve ser interpretada de forma ampla, incluindo, portanto, ações e palavras, sob a forma escrita e/ou oral, com exceção apenas para o ato de pensar.

Observou que as liberdades de manifestação de pensamento e de expressão de atividade intelectual, artística, científica e de comunicação, não tornam imunes os indivíduos à resposta por eventual abuso, conforme previsão contida na própria Constituição, em seu artigo 5º, V e X. Definiu o abuso como transbordamento da primitiva liberdade, que, enquanto autonomia de vontade, viola uma outra e alheia autonomia de vontade, também juridicamente protegida.

Ressalvou, porém, três comportamentos que, segundo entende, devem ser considerados excludentes da abusividade, por se encontrarem

---

32 Antes do mérito, o Ministro Ayres Brito apresentara questão de ordem, pela concessão de *habeas corpus* de ofício, em razão de nulidade absoluta, decorrente da aplicação da lei penal a fato pretérito. Em sua exposição sobre o tema, ele destacou que a denúncia não indicou as datas de edição e reedição dos livros e que, sendo anteriores à norma penal incriminadora, ou havendo dúvida quanto ao tema, deve incidir o princípio constitucional *in dubio pro reo*. A proposição, no entanto, foi rejeitada pela maioria dos membros do Tribunal.

nas esferas mais íntimas da subjetividade humana: a crença religiosa, a convicção filosófica e a convicção política, protegidas de forma especial pelo art. 5º, VIII, da Constituição Federal.

Por considerar que as obras publicadas e editadas pelo paciente, a despeito de seu caráter revisionista e de crítica ao sionismo, estão situadas no campo constitucional especialmente protegido da *convicção política e ideológica*, votou pela concessão da ordem de *habeas corpus* ao paciente.

O Ministro Marco Aurélio também tratou do caso como referente a uma colisão de princípios constitucionais (os da liberdade de expressão e da proteção à dignidade humana) a ser solucionado com o emprego da técnica da ponderação. Ressaltou a importância da Constituição de 1988 no resgate da democracia e dos direitos fundamentais, que fazem parte da estrutura de sustento do princípio democrático, dando especial enfoque à liberdade de expressão, princípio ao qual atribuiu dimensão eminentemente social.

Defendeu que a limitação estatal a essa liberdade só deve ocorrer quando sustentada por claros indícios de que houve grave abuso no seu exercício. Observou que o livro, como uma das mais importantes e antigas formas de divulgação de informações e opiniões, pode servir de veículo para incitar, induzir ou praticar racismo ou discriminação.

Invocando a regra da proporcionalidade para a solução da questão, o Ministro chegou a conclusão diametralmente oposta à indicada no voto do Ministro Gilmar Mendes. Entendeu que a condenação do paciente e a sua proibição de publicar pensamentos, bem como a apreensão ou destruição das obras por ele publicadas, não seriam meios adequados para acabar com a discriminação contra o povo judeu.

Argumentou, ainda, que a medida aplicada ao paciente é excessivamente gravosa e não garantirá sequer a conservação da dignidade do povo judeu. Acrescentou que não é razoável restringir a manifestação de opinião, ainda que preconceituosa e despropositada, por meio de livro, porque não há qualquer indício de que ele incitará à prática de violência contra o grupo a que se refere.

O Ministro demonstrou preocupação com a relativização da liberdade de expressão no presente caso, observando que constituiria uma situação de *jurisprudência simbólica*, a implementar uma imagem politicamente correta perante a opinião pública. Observou que não estavam em julgamento os campos de extermínio, a doutrina nazista ou o pensamento de supremacia ariana, mas a possibilidade de o paciente manifestar ponto de vista próprio e alheio por meio de livro.

Acrescentou o Ministro que, ao restringir a liberdade de expressão no presente caso, a Suprema Corte estaria criando uma *jurisprudência-álibi*, na "tentativa de dar a aparência de solução aos problemas sociais vivenciados, ou, no mínimo, a pretensão de convencer o público das boas intenções do julgador".

Por fim, argumentou que não caberia a interpretação do racismo como compreensiva do preconceito contra o povo judeu. Isso porque a história dos trabalhos de elaboração da Constituição, com os debates havidos entre os constituintes, indica que a motivação e a finalidade do enunciado do art. 5º, XLII, da Constituição Federal, que estabeleceu que o racismo constitui crime imprescritível, era combater o preconceito e a discriminação contra os negros e condenar sistemas como o do *apartheid*. Observou que nos anais da constituinte não foi encontrada uma única menção ao povo judeu quando da discussão acerca do racismo no Brasil.

Ressalvou que não prega uma interpretação originalista da Constituição, mas entende que é importante considerar as discussões havidas durante o trabalho constituinte. Acrescentou que não cabe à Suprema Corte ou a outros hermeneutas da Constituição "interpretar de forma aberta ou ampliativa preceitos que impliquem a diminuição de direitos fundamentais". Por essa razão, entendeu que se deve dar uma interpretação contida, não ampliativa, para o conteúdo do enunciado do art. 5º, XLII, da Constituição. Votou, ao final, pela concessão da ordem de *habeas corpus*, reconhecendo não haver racismo no caso, razão pela qual incidira a prescrição da pretensão punitiva.

O Ministro Sepúlveda Pertence, ao final, alterando seu posicionamento inicial sobre a questão, alinhou-se à maioria no entendimento de que o antissemitismo é uma espécie de racismo e de que o livro pode ser instrumento da sua prática. Muito embora tenha afirmado compartilhar o entendimento minoritário que considera irracional a imprescritibilidade penal, votou pela denegação da ordem pleiteada. Vale destacar o seguinte trecho de seu voto:

> Pronunciou-se a manifestação do pensamento, exteriorizou-se o pensamento e a opinião, exerceu-se esse direito garantido pela Constituição, vedando a censura, mas isso nada tem a ver com uma imunidade da responsabilidade civil ou penal, pelo que foi expresso ou dito, salvo [...] as "excludentes de abusividade" no inciso VIII do art. 5º da Constituição.

O julgamento, como visto, foi encerrado após intensa discussão acerca dos temas acima destacados, e, apesar da invocação da mesma metodologia, alguns Ministros chegaram a conclusões antagônicas acerca da resposta constitucional que seria mais adequada para o suposto conflito entre os princípios da liberdade de expressão, de um lado, e os da dignidade da pessoa humana e da igualdade, de outro.

6.5.2. O caso *Jonas Abib* (STF, RHC 134.682/BA). Discriminação contra a doutrina espírita

Em julgamento mais recente, do Recurso Ordinário em *Habeas Corpus* nº 134.682/BA, o Supremo Tribunal Federal teve de enfrentar mais uma vez um caso envolvendo a aplicação do art. 5º, XLII, da Constituição Federal e do art. 20 da Lei nº 7.716/89.

O recorrente, Jonas Abib, era sacerdote da Igreja Católica Apostólica Romana e autor de livro intitulado "Sim, Sim! Não, Não! Reflexões de cura e libertação", cujo conteúdo foi considerado racista, em razão da discriminação contra a doutrina espírita pelo Ministério Público Estadual.

A Ação Penal foi proposta em razão da alegação de prática da conduta descrita no artigo 20 da Lei n 7.716/89, como ocorrera no caso Ellwanger. A tese defensiva estava fundada, basicamente, na prescritibilidade do delito, que não configuraria racismo, e na atipicidade da conduta, em razão da garantia da liberdade de expressão e de religião.

O STF acabou por dar provimento ao recurso do réu, por entender que, a despeito de discriminatória, a manifestação não tinha por objetivo a redução dos direitos fundamentais dos integrantes do grupo discriminado, estando, por conseguinte, protegida pelo direito de liberdade de expressão religiosa. Transcreva-se parte da ementa do acórdão:

> Hipótese concreta em que o paciente, por meio de publicação em livro, incita a comunidade católica a empreender resgate religioso direcionado à salvação de adeptos do espiritismo, em atitude que, a despeito de considerar inferiores os praticantes de fé distinta, o faz sem sinalização de violência, dominação, exploração, escravização, eliminação, supressão ou redução de direitos fundamentais. (...) Conduta que, embora intolerante, pedante e prepotente, se insere no cenário do embate entre religiões e decorrente da liberdade de proselitismo, essencial ao exercício, em sua inteireza, da liberdade de expressão religiosa.

Conforme se extrai do inteiro teor do acórdão, o Ministro Edson Fachin, relator do caso, rejeitou a preliminar de prescrição, com base em premissa definida no julgamento do HC 82.424/RS, admitindo que, se o legislador tipificou a conduta de "praticar, induzir ou incitar a discriminação ou preconceito de raça, cor, etnia, religião ou procedência nacional" em uma só estrutura, ele considerou que o aspecto religioso, enquanto característica político-social, é apto a atrair a regra da imprescritibilidade conferida pela Constituição ao crime de racismo.

Na apreciação do mérito do recurso, concernente à pretensão de trancamento da ação penal com base na alegada atipicidade da conduta, com base no direito à liberdade de expressão e religião, o Relator reconheceu a delicadeza da discussão:

> (...) se, por um lado, é incontroverso que alcançar uma sociedade simultaneamente livre e tolerante constitui um dos objetivos da República, de outro, é preciso reconhecer a dificuldade da consecução dessa finalidade em um cenário permeado por dogmas intocáveis, inconciliáveis e que têm fundamentos eminentemente emocionais e dissociados de verificações racionais. Esses entraves apenas se acentuam em uma sociedade cada vez mais formada por indivíduos vocacionados a olhares internos despidos de maior alteridade.

Considerou que descabe "ao Poder Judiciário (...) censurar, por razões estritamente metajurídicas, manifestações de pensamento".

Apesar do reconhecimento de que o repúdio ao racismo possui relevância constitucional, tendo sido elencado como um dos princípios que regem a República Federativa do Brasil em suas relações internacionais, e que o tipo penal sob exame consiste em desdobramento de mandado de criminalização expresso constitucionalmente, esse interesse foi colocado em confronto com a proteção constitucional conferida à liberdade religiosa e à liberdade de expressão, com especial classificação dessa última, como "condição de tutela efetiva da liberdade religiosa".

Argumentou que a solução dos interesses em conflito deveria se dar, portanto, de forma a conferir a máxima efetividade de ambos, e que as características da sociedade brasileira impõem que as posições divergentes sejam mutuamente respeitadas, reclamando-se tolerância, consideração recíproca, especialmente no que se refere ao discurso religioso.

Ponderou que muitas religiões ostentam caráter universalista e que o proselitismo religioso, próprio dessas doutrinas, não poderia ser tolhido, sem que ficasse configurado "o ataque ao núcleo essencial da liberdade de expressão religiosa".

Mais uma vez foi invocada a obra de Norberto Bobbio "Elogio da Serenidade", sobre as etapas que levam os discursos que evidenciam as diferenças a serem considerados discriminatórios, mas, aqui, prevaleceu o entendimento de que a afirmação de superioridade de uma religião direcionada à "salvação" ou ao "resgate" daqueles que não a integram, apesar de preconceituosa, prepotente e intolerante, encontra guarida na liberdade de expressão religiosa e, por isso, não preenche o âmbito proibitivo da norma penal incriminadora.

Divergindo do Relator, o Ministro Luiz Fux desproveu o recurso, ao fundamento de que "se a liberdade religiosa não encerra um valor absoluto, um dos consectários da liberdade de religião é respeitar a religião alheia".

O Ministro Luís Roberto Barroso acompanhou o Relator, por considerar que o chamado *hate speech* não estaria configurado na espécie. Segundo o Ministro, o *hate speech* se caracteriza como *manifestação de ódio dirigida a grupos vulneráveis*, e os espíritas não seriam um grupo historicamente vulnerável, de modo que não seria possível invocar esse tipo de proteção.

Os demais Ministros não fizeram declaração de voto.

6.5.3. O caso *Bolsonaro* (I). Manifestação homofóbica em programa de televisão

A discussão judicial acerca do discurso de ódio pode ser travada tanto no campo civil como no criminal.

Isso se verificou com relação ao conteúdo de uma entrevista concedida pelo então Deputado Federal Jair Messias Bolsonaro ao programa de televisão "Custe o Que Custar" (CQC), exibido em rede nacional, em março de 2011. Nessa entrevista, respondendo à indagação sobre o que faria se tivesse um filho homossexual, o parlamentar afirmou: "isso nem passa pela minha cabeça, porque tiveram uma boa educação, eu fui um pai presente, então não corro esse risco". Disse, também, que não iria a um desfile *gay*, para não "promover maus costumes." Diante da pergunta formulada pela cantora Preta Gil sobre o que faria se um de seus filhos se apaixonasse por uma mulher negra, revelou que não iria "*discutir promiscuidade com quem quer que seja*", concluindo com a seguinte assertiva: "*eu não corro esses riscos, e meus filhos foram muito bem educados, e não viveram em ambiente como lamentavelmente é o teu*".

Após a repercussão negativa dessas declarações, o Deputado Federal prestou esclarecimentos através do mesmo veículo de comunicação, em espaço cedido pela emissora de televisão. Nessa oportunidade, esclareceu que não havia entendido corretamente a pergunta formulada pela cantora Preta Gil, acreditando se tratar da indagação sobre o relacionamento dos seus filhos com uma pessoa homossexual, não com uma pessoa negra, e verbalizou também que: "*Eu não tenho a informação de que um filho meu tenha um comportamento homossexual com quem quer que seja, até porque tudo o que esses bichas têm para oferecer as mulheres têm, e é melhor".*

A Ação Civil Pública foi proposta por três associações civis constituídas para a defesa da liberdade de gênero, orientação e prática sexual e para o combate da discriminação contra o grupo LGBT. As associações sustentaram que as declarações do Deputado, além de incompatíveis com a convivência social em um Estado democrático de Direito, tiveram inúmeras repercussões negativas, como o acirramento da animosidade existente contra as minorias de diferente orientação sexual, além de violarem os princípios da dignidade da pessoa humana e do objetivo republicano de promoção do bem-estar de todos, sem discriminação. Pediram a condenação do parlamentar a declarar, em rede nacional, seu respeito às minorias sexuais, bem como o seu repúdio a quaisquer atos de violência, discriminação e intolerância, e a pagar indenização pelo dano moral coletivo.

Em primeiro grau de jurisdição, o pedido relativo à obrigação de fazer foi julgado improcedente, mas foi acolhido o outro pedido, vindo o réu a ser condenado ao pagamento de indenização no valor de R$150.000,00, a título de dano moral coletivo, ao fundamento de que o direito de liberdade de expressão não é absoluto e deve ser exercido com observância da dignidade da pessoa humana.

Entendeu a sentença que não deve ser admitida a agressão e humilhação de grupos, com desrespeito ao princípio da igualdade. Destacou-se que a imunidade parlamentar prevista no artigo 53 da Constituição Federal não se aplica ao caso, pois, em que pese o réu ter sido identificado no programa televisivo como deputado, suas declarações foram a respeito de seus sentimentos como cidadão, tiveram cunho pessoal – e não institucional – e, por isso, o fato de o réu ser um parlamentar, ao invés de lhe conferir imunidade, torna mais grave a ilicitude praticada.

Por fim, a sentença considerou configurado o dano moral coletivo, decorrente da humilhação ao grupo social de orientação sexual minoritária pelas declarações do réu, que implicam retrocesso na luta contra o preconceito e pelo reconhecimento da igualdade e isonomia entre cidadãos.

Em sede recursal, o Tribunal de Justiça do Estado do Rio de Janeiro confirmou a condenação, [33] rechaçando a alegação defensiva de violação da prerrogativa funcional de imunidade parlamentar, em seu aspecto

33 TJRJ, 6ª Câmara Cível, Processo nº 0115411-06.2011.8.19.0001.

material ou substantivo (*freedom of speech*), com base no entendimento do Supremo Tribunal Federal no sentido de que, para que sejam consideradas invioláveis, as manifestações, palavras e votos, devem ter sido emitidas no exercício do mandato (*in officcio*) ou em razão dele (*propter officium*), o que não ocorreu no caso sob análise, em que as palavras foram proferidas fora do recinto da Casa Legislativa, em programa veiculado em rede nacional, sem nenhuma correlação com o livre exercício de seu mandato parlamentar, provocando humilhação e sentimento de menos valia aos atingidos.

Concluiu a Corte que a conduta do réu contraria o objetivo republicano fundamental de promoção do bem de todos sem quaisquer formas de discriminação, insculpido no inciso IV do artigo 3º da Constituição Federal, e que não se cogita de ato de censura, uma vez que o réu, em pleno exercício do seu direito fundamental à liberdade de expressão, pôde se manifestar, abusando, todavia, de tal postulado, ao exprimir consideração de cunho, eminentemente, ofensivo.

Por fim, considerou configurado o dano moral pelas ofensas irrogadas pelo réu a todos os representados dos autores, cidadãos que continuam na busca da efetivação de direitos fundamentais e da erradicação das diversas formas de discriminação ainda presentes na sociedade.

Paralelamente, fora instaurado inquérito penal iniciado pelo Ministério Público Federal para a apuração da prática do crime previsto no artigo 20 da Lei nº 7.716/89. O referido inquérito foi arquivado em 2015 por decisão do Supremo Tribunal Federal, com base na atipicidade da conduta, ao entendimento de que as opiniões emitidas pelo parlamentar nos diversos meios de comunicação estavam cobertas pela imunidade material.[34]

6.5.4. O caso *Levy Fidélix*. Manifestação homofóbica em debate presidencial

Durante debate entre os candidatos à Presidência da República para as eleições de 2014, o candidato José Levy Fidélix da Cruz, do Partido Renovador Trabalhista Brasileiro (PRTB), em resposta a uma indagação da candidata Luciana Genro, do Partido Socialismo e Liberdade (PSOL), sobre a sua postura diante do reconhecimento da existência de entidade familiar nas uniões envolvendo homossexuais, afirmou que jamais esti-

34 Decisão disponível em: <http://portal.stf.jus.br/processos/detalhe.asp?incidente=4439522)>.

mularia a união homoafetiva, por considerar que *"dois iguais não fazem filho"* e que *"o aparelho excretor não reproduz"*.

O candidato exaltou, na mesma oportunidade, uma atitude recente do Papa, líder da Igreja Católica, de expurgar um pedófilo do Vaticano, e invocou a religiosidade como forma de encontrar *"um bom caminho familiar"*. Ao final da exposição sobre o tema, ele se dirigiu aos integrantes do grupo heterossexual, que considerou majoritário, dizendo *"vamos enfrentar essa minoria"* e declarou que, *"esses que têm esses problemas, realmente, sejam atendidos no plano psicológico e afetivo, mas bem longe da gente, mas bem longe mesmo, porque aqui não dá."*

Por essas declarações, ele e o seu Partido foram processados pela Defensoria Pública do Estado de São Paulo que, em ação civil pública, pediu a sua condenação ao pagamento de indenização a título de dano moral.

Segundo a parte autora, as ofensas consistiriam na comparação da homossexualidade à pedofilia, que é ato criminoso, e na afirmação de que o atendimento psicológico e afetivo ao público LGBT deveria se dar "bem longe da gente". O candidato à Presidência, portanto, teria ultrapassado os limites da liberdade de expressão e incorrido em discurso de ódio.

Em primeiro grau de jurisdição, os réus foram condenados ao pagamento de indenização no valor de R$1.000.000,00 (um milhão de reais), assim como ao cumprimento de obrigação de fazer, consistente na realização de programa televisivo, com a mesma duração dos discursos do candidato Levy Fidélix, promovendo os direitos da população LGBT, no prazo de trinta dias a partir da publicação da sentença, sob pena de multa no valor de R$500.000,00 por cada ato de descumprimento.

Contra essa sentença, os réus interpuseram recursos de apelação, que foram providos pela 4ª Câmara de Direito Privado do Tribunal de Justiça de São Paulo, para julgar totalmente improcedentes os pedidos formulados na Ação Civil Pública.

Entendeu o Tribunal que, apesar da manifestação grotesca do candidato com relação ao grupo LGBT, não teria havido afronta específica à dignidade da pessoa humana contra os integrantes desse grupo, diante do caráter superficial e genérico das declarações e das peculiaridades do debate político em que ela foi proclamada, no qual há um apelo em prol do sensacionalismo.

Destacou que, mesmo com esse atuar, o candidato réu não obteve sucesso junto aos eleitores, e que, sem que o seu discurso tenha gerado repercussão de violência, não há que falar em incitação ao ódio. Transcrevam-se trechos da ementa do acórdão:

> Manifestações do corréu, não obstante grosseiras e deseducadas, foram de caráter geral. Candidatos ali presentes se manifestavam livremente, expondo seus programas de governo, bem como
>
> (...) Apesar do procedimento inadequado do coapelante, não se identifica afronta à dignidade da pessoa humana de modo específico. A reprovação das manifestações do candidato se dera pelo resultado das urnas, já que obtivera menos de 0,5% dos votos válidos. Questões de homossexualidade devem ser respeitadas como autodeterminação, e nada além disso. Atitude deseducada do correquerido apenas comprova que se encontra alheio à reorganização social, porém, isso é insuficiente para dar respaldo à pretensão do polo ativo. (...) Cabe à sociedade, como um todo, levar em consideração a autodeterminação de cada um, inclusive repudiando observações que venham a denegrir ou desdenhar outrem, pois o verdadeiro direito humano é reconhecer o semelhante em seu todo e, especificamente, como ele é. Improcedência da ação se apresenta adequada.

6.5.5. O caso *Bolsonaro (II)*. Discurso contra os Quilombolas

Em palestra realizada no Clube Hebraica, no Rio de Janeiro, em abril de 2017, o então Deputado Federal Jair Bolsonaro narrou que visitou uma comunidade quilombola no Município de Eldorado, no Estado de São Paulo. Dentre outras declarações, o Deputado afirmou que "o afrodescendente mais leve lá pesava sete arrobas"; que os quilombolas "não fazem nada"; e que, na sua opinião, "nem para procriador eles servem mais".

Inicialmente, o Deputado foi processado pelo Ministério Público Federal, que, em Ação Civil Pública, pleiteou a sua condenação ao pagamento de indenização por dano moral coletivo. Em setembro de 2017, foi condenado, em primeiro grau de jurisdição, ao pagamento de indenização no valor de R$50.000,00 a tal título. Em sua fundamentação, a sentença rejeitou a tese defensiva relativa à imunidade parlamentar, por entender que ela atua apenas como condição e garantia de independência do Poder Legislativo em face de outros poderes do Estado, não devendo ser invocada para encobrir manifestações discriminatórias não relacionadas à função parlamentar.

Salientou que o direito constitucional à liberdade de expressão não é absoluto, encontrando limites éticos, morais e sociais de respeito ao próximo e à coletividade e que, muito embora o pensamento seja livre, a sua manifestação deve ser sopesada de acordo com regramentos básicos de respeito e convivência social.

Considerou-se que o parlamentar pode manifestar livremente sua opinião sobre a demarcação de terras à comunidade quilombola, sobre a problemática que envolve a questão de acordo com seu conhecimento e experiência, e sobre os métodos políticos que entenda razoáveis acerca do assunto, mas não pode, seja como político ou como cidadão comum, "ofender, constranger ou desrespeitar pessoas ou grupos". A conduta foi considerada especialmente reprovável pela sua condição de membro do Poder Legislativo e de pessoa pública, em âmbito nacional. Afirmou-se também que o réu tinha o dever de adotar uma postura mais respeitosa com relação aos cidadãos e grupos que representa, já que suas atitudes influenciam as pessoas e podem incitar a reações exageradas e prejudiciais à coletividade, e que, diante da sua conduta ofensiva aos quilombolas e à população negra em geral, ele deveria ser condenado ao pagamento de indenização pelo dano moral coletivo.

Em sede recursal, a III Turma Especializada do Tribunal Regional Federal do Rio de Janeiro deu provimento à apelação interposta pelo réu, para julgar improcedente o pedido formulado na inicial, ao fundamento de que as palavras proferidas pelo réu no evento mencionado na inicial estavam acobertadas pela imunidade prevista no artigo 53 da Constituição, com a redação dada pela Emenda Constitucional nº 35/2001, já que ele proferiu a palestra na condição de Deputado Federal, com o objetivo de expor suas ideias e propostas políticas sobre diversos assuntos.

Salientou-se que a inércia dos órgãos competentes para cercear condutas maculadas por uma possível falta de decoro parlamentar não deve ser substituída pela atuação judicial repressora de opiniões, palavras ou votos, já que a Constituição Federal de 1988 "expressamente assegurou aos parlamentares eleitos pelo voto popular o direito de se manifestarem livremente, no exercício do seu mandato, mediante a certeza de sua inviolabilidade".

O mesmo fato foi submetido ao Supremo Tribunal Federal, em denúncia oferecida pela Procuradoria Geral da República, sob a alegação da prática do crime tipificado no artigo 20 da Lei nº 7.716/89.[35] Segundo a Procuradoria, o denunciado se utilizou de expressões de cunho discriminatório, incitando ao ódio e atingindo diretamente diversos grupos sociais e que, ao empregar a palavra arroba para se referir a um membro dos quilombolas, ele os equiparou a animais, alinhando-se ao tratamento que era conferido aos negros no período da escravidão.

A defesa sustentou que o caso sob análise trata da crítica elaborada por um representante do povo às políticas públicas. Argumentou que, ainda que essa crítica tenha sido veiculada com vocabulário imper-

35 STF, Inquérito nº 4694/DF. Disponível em: <http://www.stf.jus.br/portal/cms/verNoticiaDetalhe.asp?idConteudo=389384>.

tinente e por pior que seja a opinião do denunciado, não lhe deve ser retirada a liberdade de expressão, sob pena de violação direta ao Estado de Direito, já que essa liberdade é direito individual fundamental para a ordem democrática.

A denúncia foi rejeitada pela maioria da Primeira Turma. O Relator, Ministro Marco Aurélio Mello, se manifestou contrariamente ao recebimento da denúncia, por entender que as declarações do denunciado, ainda que sujeitas à censura moral, estão cobertas pela imunidade parlamentar prevista no artigo 53, *caput*, da Constituição Federal, mesmo que exteriorizadas fora do Congresso Nacional, porque retratam o exercício do cargo eletivo e a sua atuação enquanto congressista.

Destacou que as falas consideradas discriminatórias estão vinculadas ao contexto de demarcação de terras e de seu proveito econômico e que não deve ser confundido o interesse do denunciado na extinção das reservas indígenas ou quilombolas com a supressão dessas minorias. Sustentou que a crítica está inserida na liberdade de manifestação de pensamento, que considera insuscetível de configurar crime.

Na sequência, o Ministro Luís Roberto Barroso votou pelo recebimento da peça acusatória, por considerar que o uso dos termos "arrobas" e "procriador", que o denunciado usou para equiparar os quilombolas a animais, torna plausível a prática do crime descrito na inicial.

A Ministra Rosa Weber acompanhou o voto divergente, no sentido do recebimento da denúncia, para que a acusação seja enfrentada de forma pormenorizada.

Para o Ministro Luiz Fux, entretanto, a denúncia deveria ser rejeitada, haja vista que o denunciado realizou, com a conduta descrita na inicial, uma crítica contundente às políticas públicas, e que, analisando-se o seu contexto, a manifestação deve ser considerada um discurso político, estando amparada pela imunidade parlamentar.

Após pedir vista do processo, o Ministro Alexandre de Moraes votou no sentido da rejeição da denúncia, salientando que, apesar de considerar que as afirmações de Bolsonaro resultavam de total desconhecimento da realidade, não vislumbrava a prática do crime de racismo, já que não caracterizavam incitação à violência física ou psicológica contra negros, refugiados ou estrangeiros. Entendeu o magistrado que as declarações sob exame não extrapolavam os limites da sua liberdade de expressão qualificada, que o autoriza a criticar políticas e instrumentos governamentais, não configurando discurso de ódio.

7

A Resposta Constitucionalmente Adequada ao Discurso de Ódio

Nos capítulos antecedentes busquei traçar um panorama geral do problema do discurso de ódio, relacionando-o com os princípios da liberdade de expressão, da proibição do racismo e de outras formas de discriminação, da dignidade humana e da igualdade. Procedi a um exame da doutrina e da jurisprudência, nacional e estrangeira, assim como do direito positivo de diferentes ordenamentos jurídicos e de tratados internacionais referentes ao tema.

Esse trajeto se fez necessário como preparação para o meu objetivo com este livro, que é o de sugerir uma *resposta constitucionalmente adequada* para o problema do discurso de ódio contra grupos no contexto brasileiro.

Antes, porém, de oferecer essa resposta, considero importante fazer algumas observações sobre as premissas metodológicas das quais se partiu para o exame do problema.

No estudo aqui empreendido, parto da noção de *direito como integridade*, que é incompatível com a ideia de *discricionariedade judicial* e, por conseguinte, não se compatibiliza com a *ideia de ponderação de princípios* e outros métodos interpretativos que fazem uso da discricionariedade.

7.1. O direito como integridade

Assumo aqui um compromisso com uma forma específica de enxergar o direito, visto como um conjunto normativo formado por regras e princípios,[1] interpretados com observância dos imperativos de *coerên-*

---

1 STRECK, Lenio. *Verdade e Consenso:* Constituição, hermenêutica e teorias discursivas. 5ª ed., rev., mod. e ampliada. São Paulo: Saraiva, 2014, p. 602.

cia e *integridade*, no sentido atribuído a essas expressões por Ronald Dworkin, para quem os juízes devem identificar direitos e deveres "a partir do pressuposto de que foram todos criados por um único autor – a comunidade personificada –, expressando uma concepção coerente de justiça e equidade".[2]

A *integridade*, assim considerada, impõe aos juízes que "construam seus argumentos de forma integrada ao conjunto do Direito", enquanto a *coerência* "liga-se à consistência lógica que o julgamento de casos semelhantes deve guardar entre si".[3]

O direito não é algo que dependa de preferências pessoais do juiz, nem a decisão constitui uma opção a ser feita entre uma ou mais teses jurídicas. Sentenças e acórdãos "são atos de decisão e não de escolha".[4] Por constituírem atos de decisão, devem estar fundados não em preferências pessoais, mas em argumentos, que haverão de ser argumentos de princípio (jurídico) e não de moralidade (sempre subjetiva) ou de política.[5]

Parte-se da ideia de que o Direito é um sistema composto não apenas por regras, aplicáveis através de um processo de simples subsunção do fato ao texto normativo, mas por regras e princípios.

É na Constituição e nos princípios nela inscritos que a sociedade encontra a garantia dos seus direitos. Os princípios são padrões normativos (portanto deontológicos), de estatura constitucional, que "instituem o mundo prático no direito".[6]

É importante observar que os princípios não constituem um "álibi teórico", a justificar uma espécie de "abertura interpretativa", que dá margem a todo tipo de voluntarismo, ativismo ou decisionismo. Os verdadeiros princípios devem ser vistos como um "fechamento interpretati-

---

2 DWORKIN, Ronald. O Império do Direito. São Paulo: Martins Fontes, 1999, p. 271.

3 STRECK, Lenio. *Dicionário de Hermenêutica:* quarenta temas fundamentais da teoria do direito à luz da crítica hermenêutica do Direito. Belo Horizonte: Letramento, 2017, p. 34.

4 Ibidem, p. 253

5 Dworkin identifica os *argumentos de política* como aqueles que: "justificam uma decisão política, mostrando que a decisão fomenta ou protege algum objetivo coletivo da comunidade como um todo". Já os *argumentos de princípio*: "justificam uma decisão política, mostrando que a decisão respeita ou garante um direito de um indivíduo ou de um grupo". (DWORKIN, Ronald. *Levando os direitos a sério.* Coleção Justiça e Direito. Tradução de Nelson Boeira. 2ª ed. São Paulo: Martins Fontes, 2007, p. 129).

6 STRECK, Lenio. *Verdade e Consenso:* Constituição, hermenêutica e teorias discursivas. 5ª ed., rev., mod. e ampliada. São Paulo: Saraiva, 2014, p. 67.

vo", criador de uma "blindagem hermenêutica" contra discricionarismos judiciais. Por isso, importante é denunciar e combater o fenômeno nomeado por Streck de "pamprincipiologismo", caracterizado pela criação *ad hoc* de princípios para justificar a solução de casos.[7] Os princípios não podem ser inventados ou criados pelo julgador; eles são encontrados explícita ou implicitamente no texto constitucional, como "manifestação histórico-cultural que se expressa em determinado contexto de uma experiência jurídica comum."[8]

Tomando como ponto de partida a tese dworkiana da existência de uma resposta certa para cada questão de direito, reconheço a existência de um *direito fundamental à obtenção de respostas adequadas à Constituição.* [9] E é com essa perspectiva que proponho, no contexto do direito brasileiro, a resposta adequada à Constituição para o problema do discurso de ódio.

7.2. Rejeição à discricionariedade judicial

A concepção de direito aqui adotada se contrapõe à ideia de discricionariedade judicial. Por isso, rejeita todas as correntes jusfilosóficas que incorporam essa ideia, como ocorre, por exemplo, com o positivismo jurídico, em especial o pós-exegético, que teve início com Kelsen, quando o elemento subjetivo passou a ser "considerado inexorável na realização concreta do Direito",[10] começando, a partir de então, a apostar na "escolha" feita pelo juiz dentre as possibilidades existentes dentro da "moldura da norma geral".[11] A ideia de discricionariedade, aqui repudiada, se encontra presente, também, em Hart, para quem o direito é formado por padrões de comportamento (seja o precedente, seja a legislação) que têm o que ele chama de "textura aberta".[12] Para Hart, nos "casos difíceis",

---

7 Sobre o problema do "pamprincipiologismo", veja-se: STRECK, Lenio. *Dicionário de Hermenêutica:* quarenta temas fundamentais da teoria do direito à luz da crítica hermenêutica do Direito. Belo Horizonte: Letramento, 2017.

8 Ibidem, p. 242.

9 Idem. *Verdade e Consenso:* Constituição, hermenêutica e teorias discursivas. 2014, p. 656.

10 Idem. *Dicionário de Hermenêutica:* quarenta temas fundamentais da teoria do direito à luz da crítica hermenêutica do Direito, p. 178.

11 KELSEN, Hans. *Teoria Pura do Direito.* Trad. João Baptista Machado. 4ª ed. Coimbra: Armênio Amado, 1976, p. 470.

12 HART, H. L. A. *O Conceito de Direito.* São Paulo: Martins Fontes, 2009, p. 166.

em que os padrões legislativos ou jurisprudenciais são vagos e imprecisos, o julgador "deve evidentemente exercer sua discricionariedade".[13]

Pelas mesmas razões, rejeito também toda a ideia de "pragmatismo jurídico", pelo qual os juízes tomam as "decisões que lhes pareçam melhores para o futuro da comunidade, ignorando qualquer forma de coerência com o passado como algo que tenha valor por si mesmo".[14] O juiz pragmatista, no exercício da busca da "melhor" regra para o futuro poderia recorrer à "interpretação de alguma coisa que extrapola a matéria jurídica".[15] É, na sua essência, uma concepção anti-hermenêutica e não democrática de direito, porque, sob a ideia de bem-estar comunitário, coloca as regras e princípios em segundo plano, causando um constante enfraquecimento da perspectiva interna do Direito.[16]

Por fim, cabe aqui uma breve nota crítica a uma referência teórica ou metódica específica que se tem invocado e empregado no Brasil para a solução de casos que envolvem a proteção de direitos fundamentais: a *ponderação de princípios constitucionais.*

A aplicação da ponderação no Brasil se deve, em grande medida, à obra de Robert Alexy.[17] Em apertada síntese, Alexy parte da ideia de que há uma diferença qualitativa entre regras e princípios. Essa diferença se reflete na forma de solucionar os casos em que há conflitos entre princípios. Enquanto o conflito entre regras é decidido no plano da validade,[18] as colisões entre princípios ocorrem na dimensão do peso, através de um processo de ponderação, que determina, em um caso concreto, qual princípio tem maior relevância e deve preponderar sobre o outro.

O grande problema do modelo principiológico alexyano consiste na falta de critérios ou argumentos objetivos que justifiquem a atribuição de maior peso a um princípio em relação ao outro, o que, ao final, tornaria a ponderação um juízo discricionário.

Sobre a discricionariedade, o próprio Alexy reconhece que os direitos fundamentais não são passíveis de serem divididos ou mensurados de uma forma tão refinada que exclua "impasses estruturais", ou seja, "impasses reais no sopesamento". Nesse caso, diz o autor alemão: "de

13 Ibidem, p. 171 e 176.

14 DWORKIN, Ronald. *O império do Direito*, p. 119.

15 Ibidem, p. 272.

16 STRECK, Lenio. *Dicionário de Hermenêutica: quarenta temas fundamentais da teoria do direito à luz da crítica hermenêutica do Direito*, p. 224.

17 Em especial, à sua "*Teoria dos Direitos fundamentais*" (São Paulo: Malheiros, 2008).

18 Ibidem, p. 94.

fato existe uma discricionariedade para sopesar, uma discricionariedade estrutural tanto do Legislativo quando do Judiciário."[19]

Habermas apresenta uma crítica contundente à metodologia alexyana, por "interpretar os princípios transformados em valores como mandamentos de otimização de maior ou menor intensidade". Argumenta o filósofo alemão que *princípios são normas*, e, como tal, possuem um sentido *deontológico*, obrigando os seus destinatários, enquanto os *valores* têm um sentido *teleológico*, expressando preferências tidas como dignas de serem desejadas em determinadas coletividades. Adverte que uma jurisprudência voltada para valores faz crescer o perigo dos juízos irracionais, porque os "argumentos funcionalistas" prevalecem sobre os "argumentos normativos". Além disso, levanta o problema da legitimidade, pois implica um tipo de concretização de normas que coloca o julgador constitucional na posição de "legislador concorrente". Em suas palavras: "Ao deixar-se conduzir pela ideia da realização de valores materiais, dados preliminarmente no direito constitucional, o tribunal constitucional transforma-se numa instância autoritária."[20]

O exame da jurisprudência, notadamente a do STF, tem demonstrado que o emprego da técnica da ponderação tem levado os julgadores, em um mesmo processo, a resultados opostos.

7.3. De volta ao caso Ellwanger

O caso Ellwanger, resumido no Capítulo anterior, constitui o *leading case* em relação ao problema do discurso de ódio no Brasil. A análise do referido caso e dos votos proferidos pelos ministros que participaram daquele julgamento é de grande valia para que se veja como a Suprema Corte interpreta o art. 20 da Lei de Racismo, à luz da Constituição Federal. Esse e outros casos citados ao longo deste trabalho fornecem um panorama importante acerca de como a jurisprudência tem examinado o problema do discurso de ódio no Brasil.

Pois bem, no paradigmático caso Ellwanger é interessante notar que tanto a maioria quanto a minoria dos julgadores da Suprema Corte fizeram uso do método da ponderação, chegando, contudo, a resultados diametralmente opostos. A ponderação foi invocada como forma de solução para uma suposta colisão entre princípios ou "valores" constitucionais, vistos como contrapostos ou colidentes: de um lado, o princípio

---

19 Ibidem, p. 611.

20 Ibidem, p. 317.

da liberdade de expressão; de outro, os princípios da igualdade e da dignidade.

Os Ministros Maurício Corrêa, Celso de Mello e Gilmar Mendes, que votaram com a maioria para considerar correta a condenação de Siegfried Ellwanger pela publicação de obras com conteúdo discriminatório contra o povo judeu, aludiram expressamente às ideias de ponderação e sopesamento de princípios. O Ministro Gilmar Mendes argumentou que tal condenação era adequada à finalidade da Constituição, no que tange à salvaguarda de uma sociedade pluralista, além de necessária, em razão da ausência de outro meio menos gravoso e igualmente eficaz. Acrescentou o Ministro que a condenação atendia à *proporcionalidade em sentido estrito*, pois as mensagens de intolerância racial e o estímulo à violência não estariam abrigados pela liberdade de expressão, na medida em que outros bens jurídicos de base constitucional não podem ser sacrificados para conferir a essa liberdade amplitude irrestrita.

Os Ministro Carlos Ayres Britto e Marco Aurélio Mello também trataram do caso como um problema de colisão de princípios constitucionais, a ser solucionado através do sopesamento. O Ministro Ayres Britto, em sua fundamentação disse: "Todo o meu esforço operacional será o de demarcar o campo de lídima expressão de cada princípio em estado potencial de atrito, a fim de evitar o concreto sacrifício de um deles." Em outro momento, disse: "(...) o meu crivo de seleção prestigiará este ou aquele princípio que, no caso vertente, menos sacrifício imponha aos demais." O Ministro Marco Aurélio, por sua vez, invocando a regra da proporcionalidade, argumentou que a condenação de Ellwanger constituía medida "inadequada" e "excessivamente gravosa", incapaz de proteger a dignidade do povo judeu.

Essa contradição percebida no julgamento do caso Ellwanger, longe de representar uma falha ou um equívoco dos Ministros no processo de sopesamento dos princípios em jogo, constitui uma demonstração da fragilidade ou inconsistência da própria ideia de ponderação, que não consegue se livrar do problema da discricionariedade judicial.

Na doutrina, o julgamento foi objeto de diversos estudos e comentários. Dentre os trabalhos doutrinários a respeito, merece destaque o de Marcelo Andrade Cattoni de Oliveira.[21] Cattoni dirigiu sua atenção para a fundamentação apresentada pelos ministros da Suprema Corte, tecendo críticas ao entendimento de que o caso envolvia uma colisão

21 OLIVEIRA, Marcelo Andrade Cattoni de. *Direito Política e Filosofia: Contribuições para uma teoria discursiva da constituição democrática no marco do patriotismo constitucional*. Rio de Janeiro: Lumen Juris. 2007.

entre valores, a ser solucionada através da ponderação. Observou que a ponderação parte da premissa de que a Constituição estabelece uma ordem concreta de valores, a justificar o entendimento de que cabe ao Judiciário definir o que pode ser discutido e reconhecido como digno desses valores, negando, com isso, o caráter obrigatório do Direito.[22] Argumentou o autor, com acuidade, que "a equiparação de princípios a valores, e de direitos a bens ou interesses ponderáveis, pressupõe, assim, premissas axiológicas, elas próprias não discutidas no curso do processo, a pré-orientar, de modo não problematizado, o julgamento, do que resulta a que sejam privilegiados pontos de vista normativos em face de outros."

Compartilho com Cattoni as críticas ao emprego do raciocínio da ponderação.[23] Com efeito, o caso Ellwanger não deveria ter sido analisado como se envolvesse uma colisão entre valores, de modo a decidir se a liberdade de expressão é melhor ou pior para a promoção da dignidade humana.[24] A ideia de ponderação, com efeito, cria "colisões" artificiais, identificando tensões inexistentes entre princípios. Além disso, a inexistência de critérios ou argumentos seguros, estáveis ou confiáveis para a atribuição de maior peso a um princípio em contraste com outro acaba por tornar a ponderação um juízo totalmente discricionário e subjetivo, disfarçado de metodologia racional e objetiva.

Discordo de Cattoni, no entanto, quando ele parece sugerir que o crime de racismo se consuma com a manifestação de uma mensagem discriminatória, independentemente do propósito do emissor da mensagem.[25] Longe de constituir um simples caso de subsunção de um fato (a publicação de várias obras de conteúdo antissemita) a um tipo penal (o art. 20 da Lei nº 7.716/89), o caso Ellwanger envolveu o importante tema da constitucionalidade (ou inconstitucionalidade) da criminalização do discurso racista, expresso sob a forma de livros, dirigido contra todo um grupo, sem individualização de seus integrantes.

---

22 Ibidem, p. 119.

23 Vejam-se as críticas à ponderação feitas anteriormente neste Capítulo.

24 Idem.

25 Com efeito, depois de criticar o uso da ponderação, Cattoni conclui que se tratava de um caso claro de crime de racismo, por se tratar da "atribuição intolerante, estigmatizada, a todo um povo, de uma pretensa natureza corrupta e má, portanto indigna, a ser denunciada e combatida". Ibidem, p. 120.

7.4. Harmonizar e não ponderar princípios constitucionais

Um grande equívoco no julgamento do caso Ellwanger e de outros casos que envolvem a questão do discurso de ódio é a ideia de que se deve ponderar entre dois ou mais princípios, considerados contrapostos ou colidentes: de um lado, a liberdade de expressão; de outro, a igualdade, a dignidade e a proibição da discriminação e do racismo. Não se trata, porém, de escolher ou decidir qual dentre os princípios tem maior peso, com o sacrifício ou o afastamento do outro. Trata-se de buscar a harmonização dos princípios constitucionais.

Se nos planos filosófico e político a liberdade e a igualdade são, muitas vezes, vistas como valores concorrentes ou adversariais, no plano deontológico ou jurídico devem ser consideradas como princípios complementares, que devem ser harmonizados. Valores eventualmente podem colidir, princípios não.

Não se cuida, pois, de fazer uma opção entre a liberdade de expressão e outros princípios constitucionais. As escolhas já foram feitas pelo Constituinte quando da elaboração do texto constitucional. Ao julgador e ao intérprete em geral cabe, no caso concreto, aplicar de forma harmônica e coerente todos os princípios jurídicos, com respeito à unidade da Constituição e atenção à história constitucional, sem margem para escolhas subjetivas ou decisionismos, com o sacrifício de algum princípio no altar da ponderação.

Já chamei a atenção para o quanto é frequente o uso meramente retórico e simbólico dos princípios da dignidade e da igualdade, trazidos a debate como uma espécie de "*conversation stopper*" ou "*knock-down argument*", um argumento final, que, pelo peso simbólico atribuído aos referidos princípios, não admitiria contestações ou refutações.[26] Afetar a dignidade e a igualdade seria, no imaginário de juristas, intérpretes e pensadores em geral, algo impensável, porque seria afetar valores da mais alta estirpe, que constituem princípios cardeais da Constituição, previstos como fundamentos da República.

Mas a invocação da dignidade humana e da igualdade sem a demonstração ou indicação de qual aspecto, atributo, ou direito da personalidade humana foi atingido ou violado constitui argumentação que pode ter grande apelo retórico, mas é vazia de conteúdo. Ao fim e ao cabo, é um argumento que muito promete, mas nada entrega, representando apenas uma tentativa de fugir à dificuldade de apresentar argumentos racionais, de ordem jurídica, para a defesa de um ponto de vista.

26 Veja-se o que se disse a respeito no Capítulo 4.

Como venho aqui sustentando, uma manifestação de pensamento racista ou discriminatória contra um grupo não configura, em si mesma, uma violação da dignidade humana ou da igualdade dos seus membros. Por mais abjeta e odiosa que seja uma manifestação racista ou de qualquer modo discriminatória, enquanto não for dirigida contra um indivíduo específico, nem tiver o propósito de violar direito fundamental ou incitar à prática de ato lesivo a pessoas do grupo discriminado, não constituirá, em si, uma violação do direito constitucional da igualdade. Constituirá apenas a socialmente lamentável e moralmente reprovável expressão do pensamento preconceituoso do emissor do discurso.

Ainda que se veja o discurso de ódio como um mal em si (*malun in se*), isso não é necessariamente indicativo de sua lesividade em relação à dignidade e à igualdade. Estaria a apontar, tão somente, para a sua reprovabilidade moral.

Liberdade e igualdade são princípios que se reforçam mutuamente. Por isso, o enfraquecimento do princípio da liberdade de expressão constitui um enfraquecimento do próprio direito de igualdade que todos os indivíduos devem ter de expressar suas opiniões, sejam elas quais forem, ainda que odiosas ou consideradas ofensivas pela maioria das pessoas.[27]

7.5. A ampla extensão dada à liberdade de expressão pela Constituição Federal

No julgamento do caso Ellwanger, não se levou em conta que a Constituição de 1988 consagrou a liberdade de manifestação de pensamento em termos amplos, enfáticos e até redundantes, criando um sistema reforçado de proteção a esse princípio, presente de forma expressa em mais de um dispositivo do texto constitucional: 5º, IV e IX, e 220 e seus parágrafos.

Os mencionados dispositivos apontam para um compromisso constitucional com uma liberdade robusta, que não se compadece com nenhum tipo de censura prévia e que exige razões jurídicas fortes e concretas para que se possa cogitar de algum tipo de restrição ao pleno exercício dessa liberdade. Restrição que somente pode ser feita quando, à luz do caso concreto, for estritamente necessário para impedir

27 STROSSEN, Nadine. Freedom of Speech and Equality: Do We Have To Choose? *Journal of Law and Policy*, 25, 2016. Disponível em: <https://brooklynworks.brooklaw.edu/jlp/vol25/iss1/7>.

a lesão a direitos personalíssimos e outros interesses protegidos pela Constituição.[28]

A robustez do princípio da liberdade de expressão é percebida não apenas pela leitura dos dispositivos que a consagram, mas também pela sua íntima relação com outras liberdades constitucionais, como as liberdades de consciência e crença, que são enfaticamente asseguradas contra violações ou restrições de qualquer espécie. De acordo com o art. 5º, VI e VIII, todas as pessoas são livres para formar as próprias convicções e professar suas crenças, e determinar-se de acordo com elas. A proteção constitucional abrange tanto a convicção íntima quanto a exteriorização dessa convicção, qualquer que seja a sua forma. Essa proteção se estende mesmo às convicções consideradas equivocadas ou baseadas em preconceitos.

7.6. O respeito à história constitucional

Tudo isso fica ainda mais evidente quando se compara o texto constitucional em vigor com o texto das Constituições anteriores, que, nos próprios dispositivos que estabeleciam a liberdade de manifestação de pensamento, traziam várias exceções ou restrições.

No Capítulo 6, observou-se que desde a Constituição Federal de 1946, passando pela Constituição de 1967 e pela Emenda Constitucional nº 69, os dispositivos que previam a liberdade de manifestação de pensamento traziam expressamente proibições à "propaganda de preconceitos de raça ou de classe".[29] Naqueles textos, a liberdade de expressão não compreendia o discurso racista ou discriminatório. Na Constituição de 1988 essas restrições foram eliminadas, excluídas do texto constitucional, deixaram de existir.

O mesmo ocorreu em relação às liberdades de consciência e de crença, que antes encontravam restrições naquilo que contrariasse a "ordem pública" e os "bons costumes", ressalvas não mais presentes no texto constitucional.

A interrupção dessa tradição constitucional, de estabelecer o direito à liberdade de expressão com a exclusão explícita das manifestações racistas ou de quaisquer outros preconceitos do âmbito de proteção do

28 Sobre os limites ao princípio da liberdade de expressão, veja-se o que foi escrito no Capítulo 3.

29 Às restrições referentes à propaganda de preconceitos de raça ou de classe a Emenda Constitucional nº 1 de 1969 acrescentou o preconceito de religião.

princípio, não é irrelevante ou desinfluente no processo hermenêutico. É indicativa de que a Constituição não mais faz tais restrições ao princípio.

Essa interpretação é reforçada pela constatação de que, nos trabalhos de elaboração do texto da atual Carta constitucional, foram apresentados vários anteprojetos e projetos que excluíam expressamente da proteção da liberdade de expressão as manifestações racistas ou discriminatórias.[30] Todos esses textos restritivos propostos foram descartados, vindo, ao final, a prevalecer o texto que assegurou a liberdade de expressão sem restrições ao seu conteúdo.

Com isso, as manifestações caracterizadoras de preconceito de raça, classe, religião ou de qualquer outro tipo, a despeito de moral e socialmente reprováveis, estariam, portanto, no âmbito de proteção da liberdade de expressão, não podendo ser censuradas, punidas ou sancionadas.

O resgate que faço dos trabalhos da constituinte que redundaram no texto constitucional vigente não tem o propósito de propor uma interpretação originalista, engessada, cristalizada em um dado momento histórico, desconsiderando que a interpretação do texto é, até certo ponto, dinâmica e deve adaptar-se às mudanças sociais e às circunstâncias presentes. Não tenho por objetivo perquirir uma espécie de *voluntas legislatoris*, como se o sentido do texto constitucional pertencesse aos políticos que o elaboraram e não fosse o produto de diferentes compreensões e intenções, muitas vezes não redutíveis a um pensamento comum.

Esse resgate é um reconhecimento de que a história é importante e não pode ser desprezada no processo hermenêutico. Em uma concepção de direito como integridade, o direito começa no presente, mas volta os olhos ao passado quando as circunstâncias assim o determinarem para auxiliar no labor interpretativo.

O conteúdo e o alcance dos princípios constitucionais não é definido previamente por lei e nem pode ser livremente interpretado pelos juristas e pelos tribunais, "porque eles são manifestação histórico-cultural que se expressa em determinado contexto de uma experiência comum."[31] Por isso, não há dúvida de que a história constitucional brasileira ajuda a compreender o sentido e o alcance que um princípio denso como o da liberdade de expressão tem no texto constitucional vigente.

---

30 Veja-se, a respeito, o Capítulo 6, item 6.2.2.

31 STRECK, Lenio Luiz. *Dicionário de Hermenêutica:* quarenta temas fundamentais da teoria do direito à luz da crítica hermenêutica do Direito. Belo Horizonte: Letramento, 2017, p. 242.

7.7. A liberdade de expressão como direito em "sentido forte"

A liberdade de expressão constitui um *direito no* "sentido forte", [32] garantido de forma explícita e enfática no texto constitucional, razão pela qual não se pode admitir seja ela afastada por razões ou considerações gerais extrajurídicas, fundadas na ideia de que isso atende a uma certa concepção de moralidade, ou de que é mais benéfico ou útil para a sociedade, ou que afasta o risco de que determinados grupos se sintam ofendidos, ou, ainda, porque está de acordo com os interesses da maior parte dos integrantes da comunidade.

Um direito no "sentido forte" é aquele que pode ser oposto contra o governo ou contra o interesse da maioria. Em outras palavras, "deve ser um direito de fazer algo mesmo quando a maioria considera errado fazer tal coisa, e ainda que a maioria fique prejudicada em razão disso".[33]

Daí porque a "afirmação de que os cidadãos têm direito à liberdade de expressão deve implicar que seria errado, por parte do governo, impedi-los de se expressarem, mesmo acreditando que o que vão dizer causará mais mal do que bem."[34] A proibição ou restrição do chamado discurso de ódio em geral não pode vir fundada na ideia de que isso seja importante "para o benefício geral" ou para "preservar qualquer tipo de ambiente no qual a maioria aspire viver".[35]

A liberdade de manifestação de pensamento não pode ser afastada por razões de ordem moral, por mais nobres ou bem-intencionadas que sejam essas razões. O direito não pode ser predado pela moral, que é sempre relativa, pessoal, subjetiva e contingente.

A censura às manifestações discriminatórias não pode vir fundada em uma espécie de *higienização do discurso público*, para expurgar o mercado de ideias das falas consideradas desagradáveis, ofensivas ou discriminatórias.

As justificativas que buscam o bem-estar coletivo ou perseguem um objetivo coletivo constituem o que Dworkin chama de *argumentos de política* (*policy*). Por se referirem a elementos extrajurídicos, não se prestam a fundamentar uma decisão judicial que leve a sério os direitos.

---

32 DWORKIN, Ronald. *Levando os direitos a sério*. Coleção Justiça e Direito. Tradução de Nelson Boeira. 2ª ed. São Paulo: Martins Fontes, 2007, p. 298.

33 Ibidem, p. 298.

34 Ibidem, p. 293.

35 Idem.

Os direitos fundamentais têm uma função contramajoritária, de servir como "escudo protetor" contra a vontade de maiorias eventuais,[36] só podendo ser afastados ou restringidos quando houver uma razão especial para tanto, que constitua um *argumento de princípio* (*principle*). À luz de uma interpretação do Direito como um conjunto integrado de regras e princípios, essa restrição somente poderá ocorrer como forma de preservar algum outro direito fundamental.[37]

7.8. O discurso discriminatório e o princípio do dano

O princípio do dano, já tratado neste livro,[38] traz um critério importante para a fixação das circunstâncias em que o discurso de ódio deve estar sujeito a restrição.

Na concepção de Stuart Mill, o Estado não tem legitimidade para interferir na liberdade dos indivíduos quando o exercício ou a manifestação dessa liberdade não viola o direito de outrem. Assim, de acordo com esse princípio, somente quando um direito ou interesse constitucionalmente protegido puder ser afetado *diretamente* pela manifestação discriminatória será legítimo restringir a liberdade de expressão e punir o seu autor.

Parte-se da premissa de que razões de ordem puramente *moral* ou *perfeccionista* não são suficientes para justificar a restrição da liberdade. O Governo somente está legitimado a interferir na autonomia individual quando o exercício dessa puder lesar ou afetar direitos de terceiros.

O entendimento contrário faria pouco caso das liberdades fundamentais, frustrando a própria razão de ser da proteção constitucional dessas. Bastaria a invocação de razões de ordem moral, eventualmente compartilhadas pela maioria da população, para limitar uma liberdade específica assegurada constitucionalmente.

A ideia de que uma manifestação caracterizada como discurso de ódio seja protegida pelo princípio garantidor da liberdade de expressão parte da premissa de que esse discurso somente pode ser restringido nos casos em que violar ou tiver o propósito de violar direitos de terceiros. Em outras palavras, a vedação legal só pode incidir nos casos de *discurso de ódio extremo*.

---

36 VINCI, Luciana Vieira Dallaqua; VINCI JÚNIOR, Wilson José. *A Função Contramajoritária dos Direitos Fundamentais*. Disponível em: <https://www.conjur.com.br/2015-abr-27/mp-debate-funcao-contramajoritaria-direitos-fundamentais>.

37 DWORKIN, Ronald. Op. cit., p. 141.

38 Sobre o princípio do dano, veja-se o que foi exposto no Capítulo 3.

Não é suficiente que a manifestação discriminatória seja simplesmente reputada ofensiva, desagradável, repugnante ou imoral pelas pessoas que integrem o grupo discriminado por uma mensagem ou um discurso. Razões de ordem puramente emocional não constituem justificativa suficiente para a interferência estatal sobre a liberdade de expressão. Mais do que desagradáveis, perversas, desprezíveis ou erradas, as condutas discursivas devem ser ao menos potencialmente *danosas* em relação a algum interesse juridicamente protegido dos integrantes do grupo discriminado para serem proibidas.[39]

Também não se afigura suficiente para criminalizar ou de qualquer forma restringir o discurso de ódio a simples afirmação abstrata e genérica, como a feita por doutrinadores como Richard Delgado, [40] de que o discurso tende a provocar efeitos psicológicos negativos nos membros do grupo discriminado, com reflexos inclusive em sua saúde física.[41] Esses supostos danos, além de puramente especulativos, seriam circunstanciais, não se seguindo necessariamente a toda e qualquer manifestação caracterizadora de discurso de ódio.

Seria irrealista pretender demonstrar a relação de causa e efeito entre a exposição ao discurso de ódio e complicações psicológicas ou fisiológicas de médio ou longo prazo em relação aos membros do grupo discriminado.[42] Nem haveria como saber se esses supostos problemas seriam decorrência de uma manifestação discriminatória específica ou de uma sucessão de manifestações; ou se seria consequência de atos concretos de preconceito sofridos por membros do grupo discriminado ao longo do tempo; ou, ainda, se teria outras causas.

Por isso, não é razoável restringir um princípio constitucional, como o da liberdade de expressão, com base em danos hipotéticos ou fictícios, e que, mesmo que comprováveis fossem, não poderiam ser generalizados para todos os casos de discurso discriminatório.

7.9. A questão da ofensividade do discurso de ódio

Como já se viu, é frequente o argumento de que o discurso de ódio deve ser restringido porque o seu conteúdo é ofensivo aos membros do

39 BARRETO, Gustavo Augusto Ferreira. *Dano e Coação:* Princípio do Dano e os Limites do Direito. Curitiba: Juruá, 2016, p. 45.

40 DELGADO, Richard. *Words That Wound: A Tort Action for Racial Insults, Epithets, and Name Calling*. 1993, p. 143.

41 Sobre esse argumento, veja-se o Capítulo 4, item 4.14.1.3.

42 BROWN, Alexander. *Hate Speech Law. A Philosophical Examination*. 2015, p. 57.

grupo discriminado. Esse argumento foi utilizado pelo Ministro Celso de Mello no julgamento do caso Ellwanger. O Ministro, em seu voto, disse que as publicações objeto da denúncia degradam-se ao "nível primário do insulto, da ofensa".

A ofensividade do discurso foi o principal argumento utilizado pelo Tribunal de Justiça do Estado do Rio de Janeiro no julgamento de ação civil pública ajuizada por várias associações de proteção à comunidade LGBT contra o então deputado Jair Bolsonaro por declarações depreciativas contra pessoas de orientação homossexual. O Tribunal confirmou sentença que condenara o réu ao pagamento de indenização por dano moral coletivo, ao fundamento de que o réu: "em pleno exercício do seu direito fundamental à liberdade de expressão, não só o exerceu, como abusou de tal postulado, ao exprimir consideração de cunho, eminentemente, ofensivo". Mais adiante, concluiu: "Sendo assim, restam caracterizados os danos morais coletivos pleiteados, em razão das ofensas irrogadas pelo réu aos representados dos autores".[43]

Esta foi, também, a argumentação usada por dois dos ministros do STF, em votos vencidos, quando do exame de denúncia apresentada contra o então Deputado Federal Jair Bolsonaro por ter proferido discurso discriminatório contra a comunidade quilombola. Na ocasião, referido parlamentar declarou que: "o afrodescendente mais leve lá pesava sete arrobas. Não fazem nada! Eu acho que nem para procriador eles servem mais". Os Ministros Luis Roberto Barroso e Rosa Weber entenderam que os termos empregados pelo Deputado, pelo fato de serem ofensivos aos membros do grupo discriminado, justificavam o recebimento da denúncia por crime de racismo.[44]

A ideia de que o discurso de ódio, quando dirigido genericamente contra um grupo, insulta ou ofende os seus membros não constitui fundamento suficiente para restringir e muito menos para criminalizar esse tipo de discurso. Como já foi observado por vários autores que se tem dedicado ao estudo da liberdade de expressão e seus limites, não existe um "direito de não ser ofendido".[45]

---

43 TJRJ, 6ª Câmara Cível, Processo nº 0115411-06.2011.8.19.0001.

44 STF, Inquérito nº 4694/DF. Disponível em: <http://www.stf.jus.br/portal/cms/verNoticiaDetalhe.asp?idConteudo=389384>.

45 Vejam-se, por todos: WALDRON, Jeremy. *The harm in hate speech*. Cambridge (MA): Harvard University Press, 2012, p. 126; e ASH, Timothy Garton. *Liberdade de Expressão:* Dez Princípios para um Mundo Interligado. Lisboa: Temas e Debates – Círculo de Leitores, 2017, p. 112.

Na vida de relações, nos deparamos constantemente com declarações, ideias, opiniões, comentários, ironias, piadas, termos e manifestações em geral que nos incomodam e ofendem. Nem por isso nos é conferido o direito de calar, interditar ou sancionar essas manifestações. É da própria essência da liberdade de expressão o direito de expressar opiniões e ideias que podem ser reputadas insultuosas por outrem. Como observado por Mick Hume: "Se não incluir o direito de ofender, a liberdade de expressão é um conceito vazio. Ninguém precisa de proteção legal para produzir declarações que não ofendam ninguém."[46]

A manifestação insultuosa só deixa de ser protegida pelo princípio da liberdade de expressão quando atingir a *honra*, bem jurídico imaterial protegido constitucionalmente, em qualquer de suas configurações: a honra subjetiva (decoro) ou a objetiva (reputação).

Observe-se que a legislação previu o *crime de injúria qualificada* pela utilização de elementos referentes à raça, cor e outros (art. 140, § 3º, do Código Penal) como tipo inteiramente distinto do *crime de racismo*, na modalidade de induzimento ou instigação a discriminação ou preconceito (art. 20 da Lei nº 7.716/89). Isso porque o objeto jurídico do crime de racismo, em qualquer de suas modalidades, é o *direito de igualdade*, que a referida Lei busca proteger. Já em relação ao crime de injúria qualificada o objeto jurídico é a *honra pessoal* ou *individual*, na sua modalidade subjetiva, de decoro.

Não é possível, portanto, sustentar que a Lei de Racismo, ao estabelecer o crime de instigação ou induzimento ao racismo, estaria a proteger a autoestima, o decoro ou a honra, em qualquer de suas modalidades, das pessoas integrantes do grupo discriminado. O bem ou objeto jurídico que a Lei se propôs a proteger é o *direito de igualdade* dessas pessoas, quando efetivamente violada ou ameaçada de violação. Com essa perspectiva deve ser interpretado o art. 20 da Lei de Racismo.

Quanto ao art. 1º, VII, da Lei de Ação Civil Pública, que ampliou a noção de honra individual para o plano da tutela coletiva, é necessário fazer uma interpretação conforme à Constituição, de modo a não violar o princípio da liberdade de expressão, que, como indicado anteriormente,[47] somente pode ser objeto de restrições que estejam previstas na própria Constituição Federal. Como se viu, a liberdade de expressão

46 HUME, Mick. Palestra proferida na Faculdade de Ciências e Tecnologia da Universidade Nova de Lisboa. Disponível em: <https://www.fct.unl.pt/sites/default/files/documentos/noticias/2018/Mick%20Hume_Ricardo%20Araújo%20Pereira.pdf>.

47 Ver Capítulo 3, item 3.6.

encontra limites na proteção dos direitos da personalidade, tais como a intimidade, a vida privada, a honra e a imagem das pessoas, direitos que se referem à pessoa humana, não a uma coletividade.

Assim, em se tratando de discurso discriminatório dirigido contra um grupo, somente caberá indenização quando se tratar de *discurso de ódio extremo*, em que o emissor da mensagem incita à violência ou à violação de direitos de membros do grupo. Somente em tais hipóteses será possível cogitar de um dano de natureza moral ou imaterial aos integrantes do grupo alvo do discurso. Essa é a interpretação que se coaduna com o texto constitucional.

O alargamento, no plano legal, do conceito de honra, para englobar não apenas o indivíduo, mas todo um grupo social, não pode se dar ao custo do enfraquecimento do princípio constitucional da liberdade de expressão, sob pena de se estar a operar uma espécie de interpretação da Constituição conforme a Lei, em uma espécie de interpretação de "mão trocada".

Como já tive a ocasião de sustentar em outro trabalho, "o legislador, como destinatário e concretizador da Constituição, não tem o poder de fixar a interpretação "correta" do texto constitucional."[48] Mesmo nos casos em que o texto constitucional comete à lei a regulação de alguma matéria não há uma espécie de "desconstitucionalização" ou delegação do poder constituinte ao poder legislativo. Por isso, a lei sempre deve ser interpretada em conformidade com a Constituição, nunca o inverso.

7.10. O argumento do efeito silenciador

O suposto efeito silenciador causado pelo discurso de ódio é um fenômeno circunstancial, ocorrendo apenas em contextos sociais muito específicos, que envolvam grupos particularmente vulneráveis, cujos membros possam ter o receio de sofrer represálias caso respondam às manifestações discriminatórias.

Pegando como exemplo o caso Ellwanger, não seria acertado dizer que a publicação dos livros antissemitas tenha causado ou pudesse causar um efeito resfriador ou silenciador nos membros da comunidade judaica. Ao contrário, no contexto brasileiro contemporâneo, os membros dessa comunidade não se afiguram vulneráveis a ponto de não ter condições de responder a manifestações discriminatórias contra eles assacadas.

48 ANDRADE, André Gustavo Corrêa de. *A Constitucionalização do Direito: a Constituição como locus da hermenêutica jurídica*. Rio de Janeiro: Lumen Juris, 2003, p. 107.

Séculos de discriminação fizeram dos judeus um grupo forte, caracterizado pela união de seus membros na defesa contra toda forma de antissemitismo. Várias associações, como a Anti-defamation League,[49] foram criadas justamente para dar voz aos membros da comunidade judaica, na defesa de seus direitos contra todas as formas de discriminação. Trata-se, pois, de um grupo perfeitamente capaz de combater as manifestações discriminatórias contra eles assacadas com o contradiscurso.

Daí porque a suposta necessidade de afastar um efeito silenciador em relação aos membros de grupos discriminados não constituiria justificativa jurídica legítima para restringir o *hate speech*.

Uma forma certamente mais eficaz de neutralizar um suposto efeito silenciador causado pelo discurso de ódio é a implementação, por parte do Governo e da sociedade civil, de campanhas educativas contra o preconceito e a discriminação e a abertura de canais de comunicação que deem voz aos integrantes do grupo discriminado, estimulando o contradiscurso.

Observe-se que a legislação brasileira não inclui como critério para a punição do discurso de ódio a vulnerabilidade do grupo alvo, condição que poderia levar os respectivos membros a sofrerem com esse efeito resfriador ou silenciador. O art. 20 da Lei de Racismo faz apenas alusão a determinadas características identificadoras de grupos sociais, quais sejam, raça, cor, etnia, religião ou procedência nacional. O referido dispositivo legal não sugere que seja possível fazer distinção entre grupos sociais mais ou menos vulneráveis, dentre aqueles identificados pelas características mencionadas.

Apesar disso, o Supremo Tribunal Federal, que no caso Ellwanger reconhecera a existência de discurso de ódio punível contra judeus, mostrou-se incoerente ao deixar de reconhecer a punibilidade do discurso de ódio contra os espíritas no julgamento do caso Jonas Abib (RHC 134.682/BA),[50] por entender, de forma questionável, que os espíritas não constituíam grupo religioso historicamente vulnerável que devesse ser especialmente protegido. Daí se vê o quão frouxa, subjetiva e arbitrária pode ser a interpretação acerca de quais discursos discriminatórios devem ser sujeitos a sanção. O recurso a critérios não jurídicos para definir o que é e o que não é discurso de ódio restringível traz enorme insegurança jurídica.

---

49 Sobre a Anti-defamation League e seu objeto social, ver o *site* <https://www.adl.org/>.

50 Examinado no Capítulo 6.

7.11. Proibir o racismo e a discriminação, não a fala

Um grande equívoco conceitual tem sido frequentemente cometido em relação à aplicabilidade dos incisos XLI e XLII do art. 5º, que trazem proibições, respectivamente, à discriminação em geral e à prática do racismo. Esse equívoco se deve a uma interpretação errônea dos referidos enunciados constitucionais.

Da leitura do inciso XLI do art. 5º, não é evidente que a proibição constitucional de "qualquer *discriminação atentatória* dos direitos e liberdades fundamentais" seja compreensiva de toda e qualquer *fala* discriminatória. Com efeito, um *discurso* discriminatório dirigido contra um grupo, a despeito de seu conteúdo moralmente reprovável e socialmente desprezível, não constitui, necessariamente, um *atentado*[51] contra algum direito ou liberdade fundamental.

A alusão à discriminação *atentatória* a um direito, no sentido do preceito constitucional, remete à ideia de violação, lesão ou infração, consumada ou tentada, de um direito. Isso não decorre, ao menos não necessariamente, de um discurso discriminatório, que pode ser não mais que a exteriorização de uma ideia ou de um pensamento preconceituoso ou intolerante, sem nenhuma repercussão negativa concreta em relação a algum direito alheio.

Uma manifestação ou expressão, pela só circunstância de ser carregada de preconceito, não constitui, em si mesma considerada, um *atentado* a algum direito ou liberdade fundamental. Uma fala preconceituosa, pelo fato de ser preconceituosa, não constitui uma agressão contra o direito de alguém. Pelo menos não do ponto de vista jurídico, que é o que está sendo aqui examinado. Sustentar o contrário seria se apropriar da linguagem para atribuir ao texto constitucional um significado particular, que não decorre naturalmente do uso comum ou convencional dos signos linguísticos.

No sentido do texto constitucional, uma discriminação atentatória de um direito ou liberdade fundamental há de ser um ato ou uma ação que constitua *violação* ou *ameaça de violação* desse direito ou dessa liberdade. Assim, por exemplo, um ato de violência física ou de ameaça

---

51 Veja-se o verbete "atentado" no dicionário Aurélio Buarque de Holanda Ferreira, Novo Aurélio Século XXI: o Dicionário da Língua Portuguesa. Rio de Janeiro: Nova Fronteira, 1999. O vocábulo remete à ideia de: "Ato criminoso de violência que busca prejudicar algo ou alguém, normalmente, pautando-se numa causa política ou religiosa"; Em uma acepção mais geral, faz referência aos atos de: "Violação; ação ofensiva contra regras preestabelecidas, convenções ou normas sociais: atentado ao pudor; desrespeito às leis."

de violência contra uma pessoa em razão de sua orientação sexual ou de sua condição de transexual. Ou um ato de discriminação concreta contra uma pessoa nesta condição. Seja como for, não é suficiente que se trate de uma discriminação abstrata ou referida a um grupo abstrato. No sentido do dispositivo constitucional, deve ser uma discriminação "atentatória de direitos e liberdades fundamentais".

Do mesmo modo, não é sustentável, seja do ponto de vista semântico, seja do ponto de vista sistêmico, a interpretação de que a criminalização da *prática* do racismo a que se refere o artigo 5º, inciso XLII, se refira à mera *fala* ou *manifestação de pensamento* racista contra um grupo abstrato.

Pelo ângulo estritamente semântico, o texto do inciso XLII poderia ser lido como compreensivo apenas de *práticas ou ações concretas* de racismo, dirigidas contra uma ou mais pessoas, não se estendendo a *falas* ou *discursos* racistas abstratos, quando estes não constituam instigação ou incitação de violência ou de prática de atos lesivos contra membros do grupo discriminado.

Em sua primeira e mais utilizada acepção, o verbo "praticar" (constante do dispositivo: "*prática* do racismo") tem o significado de "levar a efeito; fazer, realizar, cometer, executar", ou seja, em sua acepção mais comum, *prática* é vocábulo indicativo de *ação*, não de uma mera manifestação de pensamento.[52]

É verdade que, em uma outra acepção, mais remota e menos frequente, o verbo "praticar" ou o substantivo "prática" pode ser associado às ações de "expor ou exprimir por palavras; dizer, proferir".[53] Mas o problema com essa acepção não está no fato de ela ser utilizada de forma menos frequente na linguagem ordinária. Isso não constituiria um critério definidor da interpretação do dispositivo constitucional, que poderia estar associado a um sentido menos frequente ou comum.

O problema, já saindo do campo semântico, é sistêmico, porque interpretar o art. 5º, XLII, de modo a considerar que a expressão "prática do racismo" engloba não apenas a conduta violadora do direito de igualdade de alguém com base na raça, mas também a *fala racista* compromete e afeta os dispositivos constitucionais que protegem a liberdade de expressão.

52 Veja-se o verbete "praticar" no dicionário de Aurélio Buarque de Holanda Ferreira, *Novo Aurélio Século XXXI:* o Dicionário da Língua Portuguesa. Rio de Janeiro: Nova Fronteira, 1999.

53 Cf. FERREIRA, Aurélio Buarque de Holanda. *Novo Aurélio Século XXXI:* o Dicionário da Língua Portuguesa, 1999, p. 1.622, verbete "praticar".

Do ponto de vista da harmonização dos dispositivos constitucionais, não é razoável atribuir a um dispositivo constitucional um sentido que comprometa ou restrinja outro princípio, quando seja possível atribuir-lhe sentido que não acarrete esse comprometimento ou restrição. A não ser, é claro, que haja boas razões jurídicas, ou seja, razões de princípio, não de política, para justificar essa interpretação.

É importante repisar este ponto. Para restringir um princípio constitucional, é necessário que sejam apresentadas razões jurídicas que demonstrem a necessidade dessa restrição. Não é suficiente a apresentação de uma razão de ordem moral ou de conveniência política. Princípios não podem ser afastados por razões que não sejam estritamente jurídicas.

Não se veem, contudo, razões jurídicas que justifiquem atribuir ao enunciado que proíbe a "prática" do racismo uma interpretação que equipare, desnecessariamente, essa prática à "fala" ou "manifestação de pensamento" racista, na medida em que, ao assim fazer, compromete o princípio da liberdade de expressão.

Por isso, praticar o crime de racismo, no sentido do art. 5º, XLII, da Constituição, significa "levar a efeito; fazer, realizar, cometer, executar"[54] um ato de discriminação racial. Ou seja, a *prática* a que se refere dispositivo constitucional é indicativa de uma *ação*, não de uma mera *expressão* racista.

Essa é a interpretação que respeita não apenas o sentido semântico do texto constitucional, mas, também, preserva a harmonia entre o princípio constitucional garantidor da liberdade de expressão (art. 5º, IV e IX, da Constituição Federal) e os princípios que proíbem a discriminação atentatória dos direitos e liberdade fundamentais e a prática do racismo (art. 5º, XLI e XLII, da Constituição).

Já chamei a atenção para uma distinção fundamental para a compreensão do princípio da liberdade de expressão, e que não pode ser ignorada no exame do problema do discurso de ódio contra grupos: a diferença que deve ser feita entre *expressão* e *ação*.[55]

Como se viu, no sentido do princípio assegurador da liberdade de expressão, o vocábulo *expressão* (conduta expressiva) refere-se ao ato de comunicar ou transmitir uma mensagem ou uma ideia, seja qual for a sua natureza ou o seu conteúdo. De outro lado, *ação* (conduta não ex-

---

54 Vide nota 679.

55 Para a diferença fundamental entre expressão e ação, veja-se o que foi escrito no Capítulo 2.

pressiva), em contraposição ao vocábulo *expressão*, se refere à conduta que busca provocar um determinado resultado, eventualmente ilegal ou lesivo.

A distinção entre expressão e ação é fundamental porque aparta manifestações discriminatórias ou preconceituosas que, pela finalidade do emissor da mensagem, são, na sua essência, muito diferentes entre si, e que, em razão dessa diferença, não devem receber o mesmo tratamento jurídico.

Sobre essa diferença, o jornalista e escritor britânico Mick Hume fornece um exemplo ilustrativo: "Se eu dissesse que odeio ruivos e que estaríamos melhor sem eles, seria uma opinião ofensiva. Mas seria apenas uma opinião. Se eu disse isso e depois dissesse para virem comigo atirar aquele ruivo de um penhasco, já estaria a ir além da opinião. Seria uma ação."[56]

Por isso, necessário distinguir a mera manifestação *locucionária*, que expressa uma ideia preconceituosa, sem buscar ou objetivar um resultado lesivo, da manifestação *ilocucionária*, que não se limita a revelar um preconceito, mas busca, também, alcançar um resultado lesivo a um bem jurídico dos integrantes do grupo discriminado.[57]

7.12. A questão da incitação ao preconceito e à discriminação

É equivocado o argumento, frequentemente invocado, de que o discurso de ódio deva ser restringido e punido porque dissemina o preconceito e a discriminação. A disseminação do preconceito e da discriminação não constitui justificativa jurídica para a interdição da fala.

Primeiramente, deve ser observado que é incorreto assumir que todas as formas de discurso de ódio sejam aptas a disseminar o preconceito. Como já se viu, o conceito abrange um sem número de manifestações, muitas das quais são nada mais do que inócuas, tolas ou, mesmo ridículas, não tendo aptidão de gerar mais preconceito. A possibilidade de uma manifestação ou declaração racista de disseminar o racismo depende de uma série de circunstâncias, que podem ou não reforçar juízos pré-concebidos relacionados a raça.

56 HUME, Mick. Palestra proferida na Faculdade de Ciências e Tecnologia da Universidade Nova de Lisboa. Disponível em: <https://www.fct.unl.pt/sites/default/files/documentos/noticias/2018/Mick%20Hume_Ricardo%20Araújo%20Pereira.pdf>.

57 Sobre a diferença entre os atos (meramente) locucionários e os ilocucionários, veja-se: AUSTIN, John Langshaw. *Quando Dizer é Fazer*. Porto Alegre: Artes Médicas, 1990, p. 89.

De todo modo, mesmo nos casos em que uma determinada manifestação seja capaz de estimular o preconceito, o argumento não pode ser aceito como justificativa para a restrição do discurso de ódio porque parte da falsa premissa de que a *disseminação do preconceito* seja em si um *dano* no sentido jurídico.

Não se questiona que o preconceito, tomado o vocábulo em seu sentido negativo,[58] seja algo indesejável na sociedade, ou moralmente um mal. Mas daí não se segue que constitua, em si, um *dano* do ponto de vista jurídico. Pode o preconceito, eventualmente, motivar uma ação que leve a um dano ou a um resultado lesivo, mas o preconceito não é, *em si*, esse dano ou resultado.

Mas isso é o que parece sugerir o art. 20 da Lei nº 7.716/89, interpretado de forma estritamente literal ou gramatical. Com efeito, o dispositivo legal considera punível o autor do discurso, escrito ou qualquer forma de manifestação que tenha por objetivo inspirar, impelir, encorajar a discriminação ou o preconceito. Suficiente, na dicção da Lei, que a mensagem busque *disseminar a discriminação ou o preconceito*, sem que, com isso, esteja a incentivar alguma *ação ou prática* discriminatória.

Dito de outro modo, o que o dispositivo legal, interpretado de forma literal, estaria a criminalizar é a disseminação do pensamento discriminatório e preconceituoso em si, independentemente de qualquer outro resultado. Ainda em outras palavras, o ato antijurídico seria a própria propagação da discriminação e do preconceito.

Foi com esse sentido literal que alguns dos ministros do STF aplicaram o art. 20 no julgamento do caso Ellwanger. O Ministro Celso de Mello, votando com a maioria, considerou que as publicações objeto da denúncia: "*extravasam* os limites da indagação científica e da pesquisa histórica, *degradando-se* ao nível primário do insulto, da ofensa e, sobretudo, *do estímulo à intolerância e ao ódio público* pelos judeus".

O Min. Carlos Velloso, também com a maioria, entendeu configurado o delito do art. 20 da Lei de Racismo porque as publicações possuem "caráter panfletário, estimulando a intolerância", nada contribuindo para o conhecimento humano. Na mesma linha, o Ministro Nelson Jobim votou pela denegação do *habeas corpus* por considerar que as publicações incriminadas constituíram instrumentos para "produzir o antissemitismo".[59]

58 Sobre a distinção entre o preconceito negativo (ilegítimo ou inautêntico) e o positivo, veja-se o que escrevemos no Capítulo 4.

59 STF, HC 82424/RS. Disponível em: <http://redir.stf.jus.br/paginadorpub/paginador.jsp?docTP=AC&docID=79052>.

Embora aqui e ali se tenha feito menção a um suposto risco de que as publicações objeto da denúncia pudessem constituir um estímulo à violência contra os judeus,[60] a ideia central que permeou os votos dos Ministros da Suprema Corte foi a de que os livros constituíram um *incentivo ou estímulo ao racismo*, o que justificaria, por essa só circunstância, a condenação às penas do art. 20 da Lei nº 7.716/89.

Como se viu, contudo, para afastar a incidência do princípio garantidor da liberdade de expressão, não é suficiente sustentar que uma publicação, mensagem ou manifestação é punível porque dissemina o preconceito e a intolerância. Em razão do *princípio do dano*, o discurso preconceituoso e discriminatório, a despeito de sua censurabilidade moral, somente será juridicamente relevante quando tiver por objetivo *causar prejuízo* ou *estimular a violação de direito* de outrem. O dano, repitase, não se confunde com o preconceito ou com sua disseminação.

Não é suficiente que a manifestação racista ou discriminatória busque influenciar terceiros ou incutir ideias preconceituosas em sua mente, é necessário, para que de crime se possa cogitar, que essa manifestação instigue ou induza à *prática* de racismo ou de alguma *ação* ou *prática* discriminatória contra integrantes do grupo discriminado.

O mesmo raciocínio vale para o tipo do art. 20, § 1º, da Lei de racismo, que prevê como crime, ainda mais grave, o ato de fabricar, comercializar, distribuir ou veicular símbolos, emblemas, ornamentos, distintivos ou propaganda que utilizem a cruz suástica ou gamada, para fins de divulgação do nazismo. Embora tais símbolos estejam associados aos horrores e às atrocidades cometidas pelos nazistas na Segunda Guerra Mundial, o fabrico, a comercialização ou o seu uso somente podem gerar uma condenação criminal se ficar demonstrado, no caso concreto, que constituem uma incitação ou instigação à violência ou à prática de ato discriminatório contra os judeus ou integrantes de outros grupos.

E não se afigura correto dizer que aquele que incita a discriminação estará sempre incitando a violência. Uma tal afirmação constituiria uma inaceitável generalização, que não encontra correspondência na realidade. A violência não é consequência inarredável ou comum da discriminação ou do preconceito. Longe disso. Todas as pessoas têm algum tipo de preconceito, sem que isso necessariamente venha acompanhado de um propósito agressivo. Presumir o contrário seria um

60 Em seu voto, o Ministro Gilmar Mendes considerou "que não se cuida, nos escritos em discussão, de simples discriminação, mas de textos que, de maneira reiterada, estimulam o ódio e a violência contra os judeus."

preconceito contra o preconceituoso, porque não fundado em evidências ou argumentos racionais.

7.13. Violação da proibição de excesso.

O art. 20 da Lei nº 7.716/89, ao criminalizar a instigação e a incitação à *discriminação e ao preconceito*, não a incitação à ação ou prática discriminatória, viola o princípio da proporcionalidade, em sua dimensão de proibição de excesso, indo além do que determina o art. 5º, XLII, da Constituição Federal, interpretado em conjunto com o princípio assegurador da liberdade de expressão, expresso nos artigos 5º, IV e IX, e 220 do texto constitucional.

O princípio da proibição de excesso, derivação do princípio da proporcionalidade,[61] aponta para a inconstitucionalidade da lei que limite ou restrinja um direito fundamental além do estritamente necessário. Constitui um limite ao poder de conformação do legislador, que não pode ir além daquilo que o texto constitucional prescreve. Atua, pois, no dizer de Ingo Sarlet, como verdadeiro "critério de controle de constitucionalidade das medidas restritivas de direitos fundamentais que, nesta perspectiva, atuam como direitos de defesa, no sentido de proibições de intervenção (portanto, de direitos subjetivos em sentido negativo, se assim preferirmos)."[62]

Nesse sentido, a Constituição impõe limites ao poder punitivo do Estado. Esses limites se referem não apenas à aplicação de penas proporcionais ao delito, mas também à própria possibilidade de intervenção penal, em atenção à ideia de bem jurídico. Assim, não pode o Estado intervir penalmente, restringindo a liberdade individual, a não ser na

61 O princípio da proporcionalidade é aqui referido não com o significado que lhe atribui a Teoria da Argumentação, que trabalha com a ideia de sopesamento de valores ou ponderação de princípios, mas, a partir da hermenêutica filosófica, como: "(...) um modo de explicar que cada interpretação – que nunca pode ser solipsista – deve ser razoável, isto é, deve obedecer uma reconstrução integrativa do direito (e da legislação), para evitar interpretações discricionárias/arbitrárias sustentadas em uma espécie de 'grau zero de sentido', que, sob o manto do caso concreto, venha a estabelecer sentidos para aquém ou para além da Constituição". STRECK, Lenio Luiz. O sentido hermenêutico-constitucional da ação penal nos crimes sexuais: os influxos da Lei dos crimes hediondos e da Lei Maria da Penha. *In*: *Direitos Fundamentais e Novos Direitos*. KLEVENHUSEN, Renata Braga (Coord.). Rio de Janeiro: Lumen Juris, 2006, p. 11.

62 SARLET, Ingo Wolfgang. Constituição e Proporcionalidade: o direito penal e os direitos fundamentais entre a proibição de excesso e de insuficiência. *Revista da Ajuris*, nº 98, Porto Alegre: Ajuris, p. 131.

medida em que isso se faça necessário para proteger a liberdade dos demais cidadãos.[63]

O enunciado do art. 20 da Lei de Racismo, ao indicar que deve ser punido aquele que induz ou incita à discriminação ou ao preconceito, não aludindo à lesão a direito de algum dos integrantes do grupo, estaria apenando conduta que não afeta nenhum bem jurídico protegido constitucionalmente. Estaria, assim, criando uma restrição indevida ao direito fundamental da liberdade de expressão.

Aí se chega, conforme Maria Luiza Schafer Streck, ao ponto de intercessão com a ideia de *bem jurídico*. Impõe-se: "extrair da lei toda cominação penal que não diga respeito a colocar em perigo um bem jurídico".[64] Nesse ponto se encontram tanto a justificação da ação penal quanto os limites da intervenção do Estado: "o valor de um bem jurídico contribuirá diretamente para a determinação dos limites de legitimação da intervenção Estatal na liberdade de atuação da sociedade."[65]

A criminalização de um discurso que não tenha o propósito de ferir direito de integrantes de um grupo viola o princípio da proibição de excesso, por não proteger nenhum bem juridicamente tutelado.

7.14. A resposta constitucionalmente adequada para o discurso de ódio

A Constituição Federal de 1988 assumiu o compromisso de construir uma sociedade livre, justa e solidária, sem preconceitos de origem, raça, sexo, cor, idade e quaisquer formas de discriminação. Liberdade e igualdade são princípios complementares que constituem fundamento da República e se encontram na base da democracia.

No plano jusfilosófico, os valores representados pelos princípios da liberdade e da igualdade são, com frequência, vistos como adversários ou concorrentes, a criar tensões variadas. No plano do Direito, contudo, esses princípios, dada sua natureza deontológica, não devem se submeter a processos de sopesamento ou ponderação. Integrantes que são de um conjunto que se propõe íntegro e coerente, devem ser interpretados harmonicamente.

---

63 MATEU, Juan Carlos Carbonell. *Derecho Penal: Concepto y Principios Constiticionales*. 3. ed, Valencia: Tirant lo Blanch, 1999, p. 33.

64 STRECK, Maria Luiza Schafer. *O Direito Penal e o Princípio da Proibição de Proteção Deficiente:* a Face Oculta da Proteção dos Direitos Fundamentais. Disponível em: <http://dominiopublico.mec.gov.br/download/teste/arqs/cp082713.pdf>.

65 Idem.

É com essa perspectiva que tratei do problema do discurso de ódio no direito brasileiro, em especial do discurso que tem como alvo não um indivíduo, mas um grupo, discriminado e inferiorizado arbitrariamente com base em características identitárias.

O texto constitucional vigente, como se pôde ver, conferiu à liberdade de manifestação de pensamento uma extensão nunca antes reconhecida na história constitucional do Brasil. As restrições à liberdade de expressão referentes às manifestações racistas e discriminatórias em geral, previstas nas constituições brasileiras anteriores, deixaram de existir no texto atual.

Após mais de vinte anos de ditadura militar, período durante o qual as liberdades foram severamente restringidas, o constituinte assumiu a clara opção por uma liberdade de expressão amplíssima, sem restrições quanto ao conteúdo da mensagem. Mesmo a mensagem de conteúdo racista passou a não mais ser indicada como exceção à liberdade de manifestação de pensamento.

Essa opção do constituinte está a indicar que a só manifestação ou expressão de um pensamento preconceituoso ou intolerante, *desde que não dirigida a um indivíduo*, não *constitui crime racial*, diferentemente da *prática* de racismo, que o texto constitucional, acertadamente, proíbe e criminaliza.

A partir do novo texto constitucional, as manifestações de pensamento racistas ou de outro modo discriminatórias somente são passíveis de sanção quando direcionadas contra uma pessoa individualmente considerada ou quando, dirigidas contra um grupo, tenham a finalidade de violar ou incitar à violação de direitos de seus membros.

A ideia de que o discurso de ódio deva ser punido ou restringido independentemente das consequências que possa produzir significa afastar uma liberdade fundamental para o indivíduo e que constitui condição de possibilidade para a democracia: a liberdade de expressão.

Punir o *hater*, que expressa uma opinião ou um pensamento racista ou discriminatório, pode parecer uma boa ideia. Afinal, por que defender um racista, um preconceituoso? É tentador entender que ele não merece ter sua manifestação protegida ou garantida. A questão, no entanto, é outra, bem diferente. Não se trata de defender o *hater*, o racista, o preconceituoso. Muito menos, suas opiniões ou pensamentos desprezíveis.

Trata-se de defender um princípio, que corre o risco de se enfraquecer, mais e mais, a ponto de se tornar um mero ornamento contido em uma "folha de papel" (a Constituição), se não forem estabelecidos limites claros e precisos, que sirvam de balizas seguras para todas as pessoas. Limites esses que não devem ser demasiado estreitos a ponto de tornar-se inútil o princípio, por assegurar quase que apenas as ideias consensuais, ou aquelas para as quais não haja a necessidade de proteção constitucional. Para as ideias e opiniões simpáticas, construtivas, edificantes, politicamente corretas, não é necessário invocar o princípio da liberdade de expressão. É para as opiniões e manifestações polêmicas, desagradáveis e, para alguns, consideradas ofensivas que o princípio se torna importante. Como escreveu George Orwell: "Se liberdade significa alguma coisa, significa o direito de dizer às pessoas o que elas não querem ouvir."

Garantir a liberdade de expressão de ideias odiosas, como a de uma pessoa racista, não significa tolerar o racismo, muito menos com ele concordar. O racismo e a discriminação em geral são problemas sérios, que devem ser firmemente enfrentados e combatidos. Mas equiparar juridicamente a fala preconceituosa à ação ou prática discriminatória, além de relativizar e enfraquecer desnecessária e perigosamente o princípio da liberdade de expressão, não é a melhor estratégia de combate.

Reconhecer a liberdade de expressão em relação a manifestações vistas como discurso de ódio, quando não extremo, permite identificar o *hater*, trazendo à luz do dia o seu preconceito. Possibilita, com isso, seja ele confrontado e tenha suas ideias preconceituosas submetidas a debate e a argumentos racionais.

Pluralismo é isso: saber conviver com quem pensa diferente de nós, mesmo que esse pensamento seja preconceituoso e intolerante. O ideal de tolerância impõe que aceitemos que outras pessoas vivam de acordo com suas crenças e opiniões, mesmo aquelas que constituam uma verdadeira antítese de tudo o que acreditamos.

Há que ter tolerância até mesmo com o intolerante, até o ponto em que o intolerante não esteja violando direitos ou incitando à violação de direitos de terceiros.[66] O *marketplace of ideas* tem de conviver com todos os tipos de ideias, incluídas aquelas que desprezamos ou odiamos.

A ideia de que a censura constitui um meio eficaz de combater o discurso de ódio é equivocada. A censura, ao invés de enfraquecer, fortalece o *hater*, transformando-o em um mártir improvável e indesejável da liberdade de expressão. E o leva a encontrar outras formas de manifestar o seu preconceito, formas que tendem a ser mais violentas e destrutivas. Por isso, o mau discurso deve ser preferencialmente combatido com o bom discurso, não só por parte dos integrantes dos grupos discriminados, mas também de outros setores da sociedade e do Governo,

66 Veja-se o que escrevi a respeito do chamado "paradoxo da intolerância" no Capítulo 4.

este último através de ações e campanhas educativas que desnudem o preconceito. Ou seja, mais discurso, não menos, é o meio de enfrentar o discurso de ódio.

O rigor da lei deve ficar reservado para o *discurso de ódio extremo*, que é aquele que tem o propósito de lesar direitos dos integrantes do grupo discriminado, ou que busque incitar à violência ou à lesão desses direitos. Não havendo esse propósito, o discurso, a despeito de sua reprovabilidade moral ou social, estará protegido pelo princípio garantidor da liberdade de expressão, de modo que o autor da mensagem não poderá ser submetido a sanção de natureza civil ou penal.

Os limites da liberdade de expressão e, consequentemente, a forma de lidar com o problema do discurso de ódio, difere de país para país, de acordo com o seu sistema jurídico-constitucional, informado por sua história e por sua tradição. É compreensível que esses limites sejam distintos em Países como os Estados Unidos da América, cuja história aponta para uma liberdade de expressão reforçada, e a Alemanha e outros países europeus, que viveram os efeitos nefastos do nazismo, e, por isso, são menos tolerantes com discursos discriminatórios.

No Brasil, os limites da liberdade de expressão e a forma de lidar com o discurso de ódio devem ser encontrados na Constituição Federal, iluminada pela nossa história e nossa tradição constitucional.

A interpretação que se coaduna com os princípios encartados na nossa Constituição e com a nossa tradição, como procurei demonstrar aqui, aponta firmemente para uma liberdade de expressão robusta e ampla, que compreende até manifestações preconceituosas, quando essas não ultrapassem a linha divisória que separa a mera locução ou expressão preconceituosa do estímulo à violência ou da violação de direitos individuais.

Em tempos de polarização e acirramento de ânimos, em que há tantas demonstrações de intolerância entre integrantes de diferentes grupos, essa interpretação pode não agradar a muitas pessoas, o que é compreensível. Afinal de contas, o discurso de ódio, em qualquer de suas formas, é, por várias razões, lamentável e moralmente repreensível.

Mas aplicar o direito com integridade e coerência significa decidir por princípio, não com base nas preferências pessoais, morais ou ideológicas. Decidir por princípio é incompatível com o consequencialismo ou a discricionariedade.

Decidir por princípios com frequência impõe a tomada de posições que podem ser impopulares, mas é a melhor (se não a única) garantia contra o subjetivismo, o relativismo e o arbítrio.

Se os princípios realmente valem de alguma coisa, devem valer não apenas quando nos interessam, mas também quando nos desagradam. Por isso, deve-se estar atento à advertência de Dworkin: "Tome cuidado com princípios em que você só pode confiar se forem aplicados por aqueles que pensam como você."[67]

67 DWORKIN, Ronald. *O direito da liberdade*: a leitura moral da Constituição Norte-Americana. Coleção Justiça e Direito. Tradução de Marcelo Brandão Cipolla. São Paulo: Martins Fontes, 2006, p. 361.

Referências Bibliográficas

ABBAGNANO, Nicola. *Dicionário de Filosofia*. 4ª ed. Tradução de 1ª ed. brasileira coordenada e revista por Alfredo Bosi; revisão da tradução dos novos textos Ivone Castilho Benedetti. São Paulo: Martins Fontes, 2000.

ABRAMS, Floyd. *The soul of the First Amendment*. E-book. New Haven and London: Yale University Press, 2017.

ADDISON, Neil. *Religious discrimination and hatred law*. E-book. London and New York: Routledge, 2007.

AGUIAR, Lucia Frota Pestana de; HOGEMANN, Edna Raquel. Sacrifício de Animais e Liberdade Religiosa: o Equívoco do Exercício Livre Diante da Laicidade do Estado Brasileiro. *Escritos sobre Direito, Cidadania e Processo: Discursos e Práticas*. v. 1. Niterói: PPGSD, 2018.

ALMEIDA, Aires; MURCHO, Desidério. *Janelas para a Filosofia*. Lisboa: Gradiva, 2014.

ALDERMAN, Ellen; KENNEDY, Caroline. *The right to privacy*. E-book. New York: Vintage Books, 2010.

ALEXANDER, Larry. *Is there a right of freedom of expression?* New York: Cambridge University Press, 2005.

ALEXY, Robert. Direitos fundamentais no estado constitucional democrático: para a relação entre direitos do homem, direitos fundamentais, democracia e jurisdição constitucional. *Revista de Direito Administrativo*, n. 217, 1999.

_____. *Teoria dos Direitos fundamentais*. São Paulo: Malheiros, 2008.

ALMEIDA, Silvio Luiz de. *Racismo Estrutural*. São Paulo: Pólen, 2019.

ALPORT, Gordon W. *The Nature of Prejudice*. New York: Basic Groups, 1979.

ÁLVAREZ, Tomás Prieto. *Libertad religiosa y espacios públicos*: laicidad, pluralismo, símbolos. Cizur Menor (España): Civitas, 2010.

AMAR, Vikram David (Ed.). *The First Amendment*: Freedom of speech: Its Constitutional History and the contemporary debate. Bill of Rights Series. Amherst (NY): Prometheus Books, 2009.

ANDRADE, André Gustavo Corrêa de. *A Constitucionalização do Direito*: a Constituição como *locus* da hermenêutica jurídica. Rio de Janeiro: Lumen Juris, 2003.

_____. *Dano Moral e Indenização Punitiva*. Os *punitive damages* na Experiência do *Common Law* e na Perspectiva do Direito brasileiro. 2ª ed. Rio de Janeiro: Lumen Juris. 2009.

ANDRADE, José Carlos Vieira de. *Os Direitos Fundamentais na Constituição Portuguesa de 1976*. Coimbra: Almedina, 2016.

ANGÓN, Óscar Celador. *Libertad de conciencia y Europa*: un estudo sobre las tradiciones constitucionales comunes y el Convenio Europeo de Derechos Humanos. Madrid: Dykinson, 2011.

APPLEWHITE, Ashton. *A Manifesto Against Ageism*. New York: Networked Books. 2017.

ARAUJO, Nadia de. *Direito Internacional Privado*. 7.ª ed. rev. atual. e ampl. São Paulo: Revista dos Tribunais, 2018.

ARAUJO, Natália Ramos Nabuco de. *Liberdade de Expressão e Discurso do Ódio*. Curitiba: Juruá, 2018.

ARISTÓTELES. *Ética a Nicômacos*. Brasília: Universidade de Brasília. 4ª ed. 2001.

ARBEX JR., José. *O Jornalismo Canalha*. São Paulo: Editora Casa Amarela, 2003.

ASH, Timothy Garton. *Liberdade de Expressão*: Dez Princípios para um Mundo Interligado. Lisboa: Temas e Debates – Círculo de Leitores, 2017.

ASIM, Jabari. *The N word*: Who can say it, who shouldn't, and why. E-book. New York: Mariner Books, 2008.

AUSTIN, John Langshaw. *Quando Dizer é Fazer*. Porto Alegre: Artes Médicas, 1990.

BAKER, C. Edwin. Autonomy and Hate Speech. *Extreme Speech and Democracy*. New York: Oxford University Press, 2010.

BANAJI, Mahzarin R.; GREENWALD, Anthony. *Blind Spot*. New York: Bantam Books, 2016.

BARBA, Rafael Giorgio Dalla. *Nas fronteiras da argumentação*: a discricionariedade judicial na teoria discursiva de Robert Alexy. Coleção Hermenêutica, teoria do direito e argumentação, v. 4. Salvador: JusPodivm, 2017.

BARENDT, Eric. *Freedom of speech*. 2ª ed. New York: Oxford University Press, 2009.

BARRETO, Gustavo Augusto Ferreira. *Dano e Coação*: Princípio do Dano e os Limites do Direito. Curitiba: Juruá, 2016.

BARRETO, Vicente (Coordenador); CULLETON, Alfredo (Coordenador Adjunto). *Dicionário de Filosofia Política*. São Leopoldo: Unisinos, 2010.

BARROSO, Luís Roberto. Legitimidade da Recusa de Transfusão de Sangue por Testemunhas de Jeová. Dignidade Humana, Liberdade Religiosa e Escolhas Existenciais. *Revista de Direito da Procuradoria Geral do Estado*, v. 65, 2011.

_____. *Temas de Direito Constitucional*. 2ª ed. Rio de Janeiro: Renovar, 2002.

_____. *Temas de Direito Constitucional. Tomo IV*. Rio de Janeiro: Renovar, 2009.

BAUM, Daniel J. *Freedom of Expression*: understanding Canadian law. Toronto (Canada): Dundurn, 2014.

BEIGNIER, Bernard; LAMY, Bertrand de; DREYER, Emmanuel (Dir.). *Traité de droit de la presse et des médias*. Paris: LexisNexis, 2009.

BELAVUSAU, Uladzislau. *Freedom of speech*: Importing European and US Constitutional models in transitional democracies. Routledge Research in Constitutional Law. E-book. London and New York: Routledge, 2013.

BELLESCIZE, Diane de; FRANCESCHINI, Laurence. *Droit de la communication*. 2ª ed. Paris: Presses Universitaires de France, 2011.

BELMAS, Genelle; OVERBECK, Wayne. *Major principles of Media Law*. Boston (USA): Wadsworth, 2012.

BENHABIB, Djemila. *Aprés Charlie: Laïques de tous les pays, mobilisez-vous!* St-Martin de Londres: H & O, 2016.

BERLIN, Isaiah. *A Força das Ideias*. Organização: Henry Hardy. Tradução de Rosaura Eichenberg. São Paulo: Companhia das Letras, 2005.

____. *Estudos sobre a humanidade*: uma antologia de ensaios. Tradução de Rosaura Eichenberg. São Paulo. Companhia das Letras, 2002.

BEZANSON, Randall P. *Art and freedom of speech.* Champain (IL): University of Illinois Press, 2009.

____. *Too much free speech?* Champain (IL): University of Illinois Press, 2012.

BIANCO, Jean-Louis; BOUZAR, Lylia; GRZYBOWSKI, Samuel. L'Aprés Charlie: *Vingt questions pour en débattre sans tabou.* Ivry-sur-Seine: Les Éditions de l'Atelier, 2015.

BIOY, Xavier. *Droit fondamentaux et libertés publiques.* Paris: Montchrestien/ Lextenso Éditions, 2011.

BIRNBACHER, Dieter. Ambiguities in the concept of Menschenwürde. In: BAYERTZ, K. (org.). *Sanctity of Life and Human Dignity.* Dordrecht: Springer, 1996.

BLEICH, Erik. *The freedom to be racist?* How the United States and Europe struggle to preserve freedom and combat racism. New York: Oxford University Press, 2011.

BOBBIO, Norberto. *A Era dos Direitos.* Rio de Janeiro: Campus, 1992.

____; *Elogio da serenidade*: e outros escritos morais. Tradução de Marco Aurélio Nogueira. São Paulo: Editora Unesp, 2002.

____. *Teoria Geral da Política.* A Filosofia Política e as Lições dos Clássicos. Rio de Janeiro: Campus, 2000.

BOLLINGER, Lee C. *The tolerant society.* E-book. Oxford: Claredon Press, 1986.

____. *Uninhibited, robust, and wide-open*: a free press for a new century. New York: Oxford University Press, 2010.

____; STONE, Geoffrey R. (Ed.). *Eternally Vigilant*: free speech in the modern era. Chicago and London: The University of Chi7cago Press, 2002.

BONAVIDES, Paulo. *Curso de Direito Constitucional.* São Paulo: Malheiros. 6ª ed., 1996.

BOROWSKI, Martín. La restricción de los Derechos Fundamentales. *Revista Española de Derecho Costitucional*, nº 59. 2000.

BRANCO, Sérgio. *Memória e esquecimento na internet.* Série Pautas em Direito. Porto Alegre: Arquipélago Editorial, 2017.

BRANDEIS, Louis D. *Other People's Money, and How de Bankers Use it.* Amazon Digital Services LLC. 2017.

BRITO, Iolanda A. S. Rodrigues de. *Liberdade de expressão e honra das figuras públicas.* Coimbra: Coimbra Editora, 2010.

BROWN, Alexander. *Hate speech law*: a philosophical examination. New York: Routledge, 2015.

BUCCI, Eugênio. *A imprensa e o dever da liberdade*: a independência editorial e suas fronteiras com a indústria do entretenimento, as fontes, os governos, os corporativismos, o poder econômico e as ONGs. São Paulo: Contexto, 2009.

____. *Sobre ética e imprensa*. 2ª ed. São Paulo: Companhia das Letras, 2008.

BUJANDA, J.M. de (Dir.). *Index librorum prohibitorum*: 1600-1966. Montréal (Canada): Médiaspaul; Genéve (Suisse): Librairie Droz, 2002.

BUTLER, Judith. *Excitable Speech. A Politics os the Performative*. New York: Routledge. 1997.

CABRILLAC, Rémy; FRISON-ROCHE, Marie-Anne; REVET, Thierry (Dir). *Libertés et droits fondamentaux*. 17ª ed. Paris: Dalloz, 2011.

CANOTILHO, José Joaquim Gomes. *Direito Constitucional e teoria da Constituição*. Coimbra: Almedina. 1999.

____; SARLET, Ingo Wolfgang; MENDES, Gilmar Ferreira; STRECK, Lenio Luiz (coordenadores). *Comentários à Constituição do Brasil*. 2ª ed. São Paulo: Saraiva Educação, 2018.

____; MACHADO, Jónatas E. M. *"Reality Shows" e Liberdade de Programação*. Coimbra: Coimbra Editora, 2003.

CAPALDI, Nicholas. *Da liberdade de expressão: uma antologia de Stuart Mill a Marcuse*. Tradução de Gastão Jacinto Gomes. Rio de Janeiro. Fundação Getúlio Vargas, 1974.

CARTER, T. Barton; DEE, Juliet Lushbough; ZUCKMAN, Harvey L. Mass *Communication Law: in a nutshell*. 6ª ed. St. Paul (MN): Thompson West, 1994.

CARVALHO, Luis Gustavo Grandinetti Castanho de. *Direito de informação e liberdade de expressão*. Biblioteca de Teses. Rio de Janeiro: Renovar, 1999.

____; GALVÃO, Mônica Cristina Mendes. *O STF e o Direito de Imprensa: análise e consequências do julgamento da ADPF 130/2008*. Rio de Janeiro: Lumen Juris, 2011.

CAVALCANTE FILHO, João Trindade. *O Discurso do Ódio na Jurisprudência Alemã, Americana e Brasileira*: como a ideologia política influencia os limites da liberdade de expressão. São Paulo: Saraiva Educação, 2018.

CAVALIERI FILHO, Sérgio. *Programa de Responsabilidade Civil*. 5ª ed. São Paulo: Malheiros, 2003.

CHARBONNIER, Stéphane. *Carta aos escroques da islamofobia que fazem o jogo dos racistas*: um manifesto póstumo do diretor do Charlie Hebdo. Tradução de Sara Spain. Rio de Janeiro: Casa da Palavra, 2015.

CHARLTON, Bruce G. *Thought prison*: the fundamental nature of political correctness. E-book. Buckingham (UK): University of Buckingham Press, 2011.

CHEQUER, Claudio. *Liberdade de Expressão como Direito Fundamental Preferencial Prima Facie*. Rio de Janeiro: Lumen Juris, 2011.

CHOMSKY, Noam. *Mídia*: propaganda política e manipulação. Tradução de Fernando Santos. São Paulo: WMF Martins Fontes, 2013.

CITTADINO, Gisele. *Pluralismo, Direito e Justiça Distributiva*: Elementos da Filosofia Constitucional Contemporânea. 2ª ed., Rio de Janeiro: Lumen Juris, 2000.

CNEF, *La Laïcité Française*. Marpent: CNEF, 2013.

COHEN, Nick. *You can't read this book*: Censorship in an Age of Freedom. E-book. London: Fourth State, 2012.

COHEN-ALMAGOR, Raphael. *The scope of tolerance*: Studies on the costs of free expression and freedom of the press. E-book. London and New York: Routledge, 2006.

COLEMAN, Paul. *Censored: How European "hate speech" laws are threatening freedom of speech*. 2ª ed. E-book. Wien (Austria): Kairos Publications, 2016.

COLLINS, Ronald K. L.; CHALTAIN, Sam. *We must not be afraid to be free*: stories of free expression in America. New York: Oxford University Press, 2011.

COLOMA, Aurelia María Romero. *Las libertades de expresión e información y sus limites*. Coléccion Rara Avis. España: Editiones Irreverentes, 2010.

COMTE-SPONVILLE, André. *Dicionário Filosófico*. São Paulo: Martins Fontes, 2003.

CONSTANT, Benjamin. *De La Liberté des Anciens Comparée à Celle des Modernes*. Paris: Mille et Une Nuits, 2010.

COSTA, Caio Túlio. *Ética, jornalismo e nova mídia*: uma moral provisória. Rio de Janeiro: Jorge Zahar, 2009.

CZEPEK, Andrea; HELLWIG, Melanie; NOWAK, Eva (Ed.). *Press freedom and pluralism in Europe*: concepts and conditions. Bristol (UK) and Chicago (USA): Intellect, 2009.

DANTO, Arthur. O mundo da arte. *Artefilosofia*: Antologia de textos estéticos. Rio de Janeiro: Civilização Brasileira, 2015.

DARNTON, Robert. *Censores em ação*: como os Estados influenciaram a literatura. Tradução de Rubens Figueiredo. São Paulo: Companhia das Letras, 2016.

DELGADO, Lucrecio Rebollo. *Límites a la liberdad de comunicación pública*. Madrid: Dykinson, 2008.

DELMAS-MARTY, Mireille. *Por um direito comum*. Tradução de Maria Ermantina de Almeida Prado Galvão. Coleção Justiça e Direito. São Paulo: Martins Fontes, 2004.

DICKIE, George. *Art Circle*: a Theory of Art. Chicago: Chicago Spectrum Press, 1997.

DIFONZO, Nicholas. *O poder dos boatos*: como os rumores se espalham, ditam comportamentos, podem ser administrados e por que acreditamos neles. Tradução de Alessandra Mussi. Rio de Janeiro: Elsevier, 2009.

DIMOULIS, Dimitri. *Positivismo jurídico*: introdução a uma teoria do direito e defesa do pragmatismo jurídico-político. Coleção Professor Gilmar Mendes, v. 2. São Paulo: Método, 2006.

DONNINI, Oduvaldo; DONNINI, Rogério Ferraz. *Imprensa livre, dano moral, dano à imagem, e sua quantificação à luz do novo Código Civil*. São Paulo: Método, 2002.

DOVIDIO, John F. et all. *The SAGE Handbook of Prejudice, Stereotyping and Discrimination*. London: Sage, 2013.

DOWNS, Donald Alexander. *Nazis in Skokie*. Freedom, Community, and the First Amendment. Notre Dame: Indiana. 1985.

DURKHEIM, Émile. *Da Divisão do Trabalho Social*. Tradução: Eduardo Brandão. São Paulo: Martins Fontes, 1999.

DUTHEL, Heinz. *Freedom of the press report*: Censorship - Internet Censorship. [s.l.]: Heinz Duthel, 2011.

DUVERGER, Emmanuelle; MÉNARD, Robert. *La Censure des bien-pensants*. Paris: Albin Michel, 2003.

DWORKIN, Ronald. *A Raposa e o Porco-Espinho*. Justiça e Valor. São Paulo: Martins Fontes. 2014.

____. *A virtude soberana*: a teoria e a prática da igualdade. Coleção Justiça e Direito. Tradução de Jussara Simões. São Paulo: Martins Fontes, 2005.

____. *Levando os direitos a sério*. Coleção Justiça e Direito. Tradução de Nelson Boeira. 2ª ed. São Paulo: Martins Fontes, 2007.

____. *O direito da liberdade*: a leitura moral da Constituição Norte-Americana. Coleção Justiça e Direito. Tradução de Marcelo Brandão Cipolla. São Paulo: Martins Fontes, 2006.

____. *O Império do Direito*. São Paulo: Martins Fontes, 1999.

____. *Uma Questão de Princípio*. São Paulo: Martins Fontes, 2000.

EBERLE, Edward J. *Dignity and liberty*: Constitutional visions in Germany and the United States. Westport: Praeger, 2002.

EMERSON, Thomas I. *The system of freedom of expression*. New York: Vintage Books, 1971.

EPPS, Garret (Ed.). *The First Amendment:* Freedom of the press: Its Constitutional History and the contemporary debate. Bill of Rights Series. Amherst (NY): Prometheus Books, 2008.

ESPINOZA, Benedictus de. Ética. Belo Horizonte: Autêntica. 2008.

FARIAS, Edilsom. *Liberdade de expressão e comunicação*: teoria e proteção constitucional. São Paulo: Revista dos Tribunais, 2004.

FAVOREU, Louis et al. *Droit des libertés fondamentales*. 5ª ed. Paris: Dalloz, 2009.

FERNANDES, Dionísio Llamazares (Dir.). *Liberdad de consciência y laicidade en las instituciones y servicios públicos*. Madrid: Dykinson, 2005.

____; SÁNCHEZ, Raquel Téjón; ANGÓN, Óscar Celador. *Educación e ideologia*. Colección Conciencia y Derecho. Madrid: Dykinson, 2010.

FERNANDES, José Manuel. *Liberdade e informação*. Lisboa: Fundação Francisco Manuel dos Santos, 2011.

FERREIRA, Aurélio Buarque de Holanda. *Novo Aurélio Século XXXI*: o Dicionário da Língua Portuguesa. Rio de Janeiro: Nova Fronteira, 1999.

FISS, Owen M. *A ironia da liberdade de expressão*: Estado, regulação e diversidade na esfera pública. Tradução de Gustavo Binenbojm e Caio Mário da Silva Pereira Neto. Rio de Janeiro: Renovar, 2005.

FLETCHER, Adam. *Facing Adultism*. Washington: CommonAction, 2015.

FOX, Claire. *I find that offensive!* Provocations Series. E-book. London: Biteback Publishing, 2016.

FRALEIGH, Douglas M.; TUMAN, Joseph S. *Freedom of expression in the marketplace of ideas*. E-book. Los Angeles: Sage, 2011.

FREUD, Sigmund. *Obras Psicológicas Completas de Sigmund Freud*. V. III. Rio de Janeiro: Imago. 1996.

____. *Obras completas, volume 7*: o chiste e sua relação com o Inconsciente. São Paulo: Companhia das Letras, 2017.

GADAMER, Hans-Georg. *Verdade e Método*. Traços Fundamentais de uma Hermenêutica Filosófica. 3ª ed. Petrópolis: Vozes, 1999.

____. *Verdade e Método*. 2ª ed. Rio de Janeiro: Vozes, v. 2, 2004.

GARNER, Bryan A. *Black's Law Dictionary*. 7ª ed. St. Paul, Minnesota: West Group, 1999.

GLASSER JR., Charles J. (Ed.). *International Libel and Privacy Handbook*: a global reference for journalists, publishers, webmasters, and lawyers. 2ª ed. New York: Bloomberg Press, 2009.

GOLASH, Deirdre (Ed.). *Freedom of expression in a diverse world*. Amintaphill Series: The philosophical foundations of Law and Justice. New York: Springer, 2010.

GOLDBERG, Bernard. *Parcialidade*: como a imprensa distorce as notícias. Tradução de Daniel Peluci Carrara. São Paulo: Peixoto Neto, 2009.

GOMES JUNIOR, Luiz Manoel; CHUEIRI, Miriam Fecchio. *Direito de imprensa e liberdade de expressão*: soluções teóricas e práticas após a revogação da Lei nº 5.250, de 09.02.1967. São Paulo: Revista dos Tribunais, 2011.

GOMPERTZ, Will. *Isso é arte?*: 150 anos de arte moderna do impressionismo até hoje. Tradução de Maria Luiza X. de A. Borges. Rio de Janeiro: Jorge Zahar, 2013.

GRECCO, Rogério. *Curso de Direito Penal*: Parte Especial. V. II. 6ª ed. Niterói: Impetus, 2009.

GUERRA, Sidney Cesar Silva. *A liberdade de imprensa e o direito à imagem*. Biblioteca de Teses. Rio de Janeiro: Renovar, 1999.

GULLETTE, Margaret Morganroth. *Ending Ageism, or How Not to Shoot Old People*. New Brunswick: Rutgers University Press. 2017.

HABERMAS, Jürgen. *Direito e Democracia*: entre facticidade e validade. Rio de Janeiro: Tempo Brasileiro, v. 1., 1997.

HAN, Byung-Chul. *No Enxame*. Reflexões sobre o Digital. Lisboa: Relógio D'Água, 2016.

HARE, Ivan; WEINSTEIN, James (Ed.). *Extreme Speech and democracy*. New York: Oxford University Press, 2010.

HAROCHE, Claudine; MONTOIA, Ana. "Political Correctness", ou de como Garantir o Respeito e Alcançar a Felicidade. *Revista Brasileira de História*, São Paulo, v. 15, nº 30, 1995.

HART, H. L. A. *O Conceito de Direito*. São Paulo: Martins Fontes, 2009.

HAWORTH, Alan. *Free Speech*: all that matters. London: John Murray Learning, 2015.

HEIDEGGER, Martin. *Ser e Tempo*. Parte I. 10ª ed. Petrópolis: Vozes, 2001.

HEINZE, Eric. *Hate Speech and democratic citizenship*. New York and Oxford: Oxford University Press, 2016.

HENTOFF, Nat. *Free speech for me - but not for thee*: how the American left and right relentlessly censor each other. New York: Harper Collins, 1992.

HESSE, Konrad. *Elementos de Direito Constitucional da República Federal da Alemanha*. Porto Alegre: Sergio Fabris, 1998.

HERZ, Michael; MOLNAR, Peter (Ed.). *The content and context of hate speech*: rethinking regulation and responses. New York: Cambridge University Press, 2012.

HEYMAN, Steven J. *Free speech & Human Dignity*. New Haven and London: Yale University Press, 2008.

HICKS, Donna. *Dignity*: its essential role in resolving conflict. New Haven and London: Yale University Press, 2011.

HICKS, Stephen R. C. *Free speech & Postmodernism*. E-book. Roscoe (IL): Ockham's Razor, 2010.

HILTON, James L. e HIPPEL, William von. Stereotypes. *Annual Review of Psychology*, 1996.

HOBBES, Thomas. *Leviatã*. São Paulo: Martins Fontes, 2003.

HOEBEKE, Stéphane; MOUFFE, Bernard. *Le droit de la presse*: presse écrite, presse audiovisuelle, presse électronique. 2ª ed. Louvain-la-Neuve (Belgique): Academia Bruylant, 2005.

HOWITT, Dennis; OWUSU-BEMPAH, Kwame. Race and Ethnicity in Popular Humour. *In*: *Beyond a Joke: The Limits of Humour*. New York: Pallgrave Macmillan, 2009.

HUDSON JR, David L. *Let the students speak!*: a history of the fight for free expression in american schools. Boston (MA): Beacon Press, 2011.

HUFF, Mickey; PROJECT CENSORED. *Censored 2012: Sourcebook for the media revolution*: the top censored stories and media analysis of 2010-11. E-book. New York: Seven Stories Press, 2011.

____; ROTH, Andy Lee, PROJECT CENSORED. *Censored 2013: Dispatches from the media revolution*: the top censored stories and media analysis of 2011-12. E-book. New York: Seven Stories Press, 2012.

HUGHES, Geoffrey. *Political correctness*: a history of semantics and culture. E-book. Chichester (UK): Wiley-Blackwell, 2011.

HUGUES, Graham. Prohibiting incitement to racial discrimination. *The University of Toronto Law Journal*. v. 16, nº 2. 1966, p. 361/368.

HULL, Gary. Muhammad: *The "banned" images*. E-book. [s.l.]: Voltaire Press, 2009.

HUME, Mick. *Trigger Warning*: is the fear of being offensive killing free speech. Concise and abridged edition. E-book. London: William Collins, 2016.

IACUB, Marcela. *De la pornographie em Amérique*: la liberte d'expression à l'âge de la démocratie délibérative. Paris: Fayard, 2010.

INGELHART, Louis Edward. *Press freedoms*: a descriptive calendar of concepts, interpretations, events, and Court Actions from 4000 B.C. to the present. Westport: Greenwood, 1987.

JASMIN, Marcelo Gantus. *Alexis de Tocqueville*: a Historiografia como Ciência da Política. Belo Horizonte: UFMG. 2005.

JORGE, Fernando. *Cale a boca, jornalista!: o ódio e a fúria dos mandões contra a imprensa brasileira*. 5ª ed. rev. e aum. Osasco: Novo Século, 2008.

JOSENDE, Lauriane. *Liberté d'expression et démocratie*: Réflexion sur un paradoxe. Bruxelles: Bruylant, 2010.

KALVEN JR., Harry. *A worthy tradition*: Freedom of speech in America. New York: Harper & Row, 1988.

KANT, Immanuel. *A Paz Perpétua e outros Opúsculos*. Lisboa: Edições 70, 2018.

____; *Crítica da Razão Prática*. Lisboa: Edições 70, 9ª ed., 2014.

____; *Crítica da Razão Pura*. Lisboa: Calouste Gulbenkian. 5ª ed. 2001

____; *Fundamentação da Metafísica dos Costumes*. Lisboa: Edições 70. 2014.

____; *Sobre um Suposto Direito de Mentir*. Trad. Artur Morão. Lisboa: Edições 70, 1995.

KAROLIDES, Nicholas J. *Literature Suppressed on Political Grounds*. 3ª ed. New York: Facts on File, 2011.

____; BALD, Margaret; SOVA, Dawn B. *120 Banned books*: Censorship histories of world literature. 2ª ed. New York: Checkmark Books, 2011.

KATEB, George. *Human Dignity*. Cambridge (MA) and London: The Belknap Press of Harvard University Press, 2011.

KELLNER, Douglas. *A cultura da mídia: Estudos culturais*: identidade e política entre o moderno e o pós-moderno. Tradução de Ivone Castilho Benedetti. Bauru: Editora da Universidade do Sagrado Coração (EDUSC), 2001.

KELSEN, Hans. *Teoria Pura do Direito*. Trad. João Baptista Machado. 4ª ed. Coimbra: Armênio Amado, 1976.

KENNEDY, Randall. *Nigger*: the strange career of a troublesome word. E-book. New York: Vintage Books, 2008.

KHALED JR., Salah H. *Videogame e Violência*. Cruzadas Morais contra os jogos eletrônicos no Brasil e no Mundo. Rio de Janeiro: Civilização Brasileira, 2018.

KLAUSEN, Jytte. *The cartoons that shook the world*. E-book. New Haven and London: Yale University Press, 2009.

KOATZ, Rafael Lorenzo-Fernandez. *Discursos ofensivos e de incitação ao ódio*: limites à liberdade de expressão? Dissertação inédita (Mestrado em Direito Público). Universidade do Estado do Rio de Janeiro, 2007.

KROTOSZYNSKI JR., Ronald. *The First Amendment in cross-cultural perspective*: a comparative legal analisys of the freedom of speech. New York and London: New York University Press, 2006.

LANCTO, Craig. *Banned books. How schools restrict the Reading of young people*. E-book. New York: The World and I Online, 2012.

LANGER, Lorenz. *Religious offence and human rights*: the implications of defamation of religions. Cambridge Studies in International and Comparative Law Series. E-book. Cambridge: Cambridge University Press, 2014.

LAWRENCE III, Charles R. If he hollers let him go: regulating racist speech on campus. *Duke Law Journal*, nº 484. 1990.

LEPAGE, Henri (Dir.). *Libéralisme et liberté d'expression*. Bruxelles: Texquis, 2015.

LEPRETTE, Jacques; HENRI, Pigeat (Dir.). *Liberté de la presse*: le paradoxe français. Paris: Presses Universitaires de France, 2003.

LEWIS, Anthony. *Liberdade para as ideias que odiamos*: uma biografia da Primeira Emenda à Constituição americana. Tradução Rosana Nucci. São Paulo: Aracati, 2011.

LIPPMAN, Walter. *Public Opinion*. New York: Dover Publications, 2004.

LOCKE, John. *Dois Tratados sobre o Governo*. São Paulo: Martins Fontes, 1998.

LYNSKEY, Dorian. *33 Revolutions per minute*. New York: Harper Collins. 2011.

LUKIANOFF, Greg. *Freedom from speech*. Encounter Broadside Series n. 39. E-book. New York and London: Encounter Books, 2014.

____; CREELEY, William. *FIRE's guide to free speech on campus*. E-book. Philadelphia: Foundation for Individual Rights in Education (FIRE), 2012.

____. *Unlearning liberty*: Campus censorship and the end of american debate. E-book. New York and London: Encounter Books, 2014.

MACHADO, Jonatas E. M. *Liberdade de expressão*: Dimensões constitucionais da esfera pública no sistema social. Coimbra: Coimbra Editora, 2002.

MACKINNON, Rebecca. *Consent of the networked*: the worldwide struggle for internet freedom. E-book. New York: Basic Books, 2012.

MAGEE, James J. *Freedom of expression*. Westport (CT): Greenwood Press, 2002.

MATEU, Juan Carlos Carbonell. *Derecho Penal*: Concepto y Principios Constitucionales. 3ª ed., Valencia: Tirant lo Blanch, 1999.

MAITRA, Ishani; MCGOWAN, Mary Kate (Ed.). *Speech and Harm*: Controversies over free speech. Oxford: Oxford University Press, 2013.

MARTIN, Dannie M.; SUSSMAN, Peter Y. *Committing Journalism*: the prison writings of red hog. New York and London: Norton, 1993.

MARTINEZ, Gregorio Peces Barba. Los Derechos Económicos, Sociales y Culturales: su génesis y su concepto. *Derechos y Libertades: Revista del Instituto Bartolomé las Casas*, Ano III, nº 6, 1998.

MATSUDA, Mari J.; LAWRENCE III, Charles R.; DELGADO, Richard; CRENSHAW, Kimberlè Williams. Words That Wound: Critical Race Theory, Assaultive Speech, and the First Amendment. Boulder: Westview, 1993.

MCLEOD, Kembrew. *Freedom of expression*: Resistance and repression in the age of intelectual property. Minneapolis (MN): University of Minnesota Press, 2007.

MEIKLEJOHN, Alexander. *Free speech and its relation to self-government*. Clark (NJ): The Lawbook Exchange, 2012.

MENAND, Louis (Ed.). *The future of academic freedom*. Chicago (USA) and London (UK): The University of Chicago Press, 1996.

MENDES, Gilmar. *Estado de Direito e Jurisdição Constitucional*: 2002-2010. São Paulo: Saraiva, 2011.

____; BRANCO, Paulo. *Curso de Direito Constitucional*. 6ª ed. São Paulo: Saraiva, 2011.

METZGER, Walter P. *Academic freedom: In the age of the University*. New York (USA) and London (UK): Columbia University Press, 1969.

MEYER-PFLUG, Samantha Ribeiro. *Liberdade de expressão e discurso do ódio*. São Paulo: Revista dos Tribunais, 2009.

MILL, John Stuart. *Sobre a liberdade*. Tradução de Pedro Madeira. Lisboa: Edições 70, 2016.

MILTON, John. *Areopagítica*: Discurso pela liberdade de imprensa ao Parlamento da Inglaterra. Tradução de Raul de Sá Barbosa. Rio de Janeiro: Topbooks, 1999.

MIRANDA, Jorge. *Direitos Fundamentais*. Coimbra: Almedina. 2ª ed. 2017.

____. *Manual de Direito Constitucional*. Coimbra: Coimbra Editora. Tomo IV. 2000.

MOCK, William B. T.; DEMURO, Gianmario (Ed.). *Human rights in Europe*: Commentary on the charter of fundamental rights of the European Union. Durham: Carolina Academic Press, 2010.

MONTENEGRO, Jacqueline Lima. *Direito ao esquecimento na sociedade de informação*: uma abordagem sobre seus aspectos conceituais à luz da doutrina e da jurisprudência. Dissertação inédita (Mestrado em Direito). Universidade Estácio de Sá, 2017.

MOORE, Roy L.; MURRAY, Michael D. *Media law and ethics*. 4ª ed. New York: Routledge, 2012.

MORAES, Dênis de (org.); RAMONET, Ignacio; SERRANO, Pascual. *Mídia, poder e contrapoder*: da concentração monopólica à democratização da informação. Tradução de Karina Patrício. São Paulo: Boitempo; Rio de Janeiro: FAPERJ, 2013.

MORANGE, Jean. *Manuel des droits de l'homme et libertés publiques*. Collection Droit Fondamental. Paris: Presses Universitaires de France, 2007.

____. *La liberte d'expression*. Bruxelles: Bruylant, 2009.

MOREIRA, Adilson. *Racismo recretativo*. São Paulo: Pólen, 2019.

MOREIRA NETO, Diogo de Figueiredo. A ordem econômica na Constituição de 1988. *Revista de Direito da Procuradoria Geral do Estado do Rio de Janeiro*. Rio de Janeiro, nº 42, 1990.

MOTA, Francisco Teixeira da. *A liberdade de expressão em Tribunal*. Lisboa: Fundação Francisco Manoel dos Santos, 2013.

MOTTA, Francisco José Borges. *Ronald Dworkin e a Decisão Jurídica*. Coleção Hermenêutica, Teoria do Direito e Argumentação. 2ª ed. rev., ampl. e atual. Salvador: JusPodivm, 2018.

MOYNIHAN, Daniel Patrick. *Daniel Patrick Moynihan*: a Portrait in Letters of an American Visionary. New York: PublicAffairs. 2010.

MUHLMANN, Géraldine; DECAUX, Emmanuel; ZOLLER, Élisabeth. *La liberte d'expression*. E-book. Paris: Dalloz, 2016.

MÜLLER, Friedrich. *Métodos de Trabalho do Direito Constitucional*. 2ª ed. São Paulo: Max Limonad, 2000.

NASON, Publio Ovidio. *Metamorfosis*. Tradução de Ana Péres Vega. Barcelona: Bruguera. 1983.

NELSON, Todd D. *Ageism. Stereotyping and Prejudice Against Older Persons*. Cambridge, MA: MIT Press. 2017.

NOVAIS, Jorge Reis. *As Restrições aos Direitos Fundamentais não Expressamente Autorizadas pela Constituição*. Coimbra: Coimbra Editora, 2003.

____. *A Dignidade da Pessoa Humana. Dignidade e direitos fundamentais*. Coimbra: Almedina. v. 1. 2016

NUZUM, Eric. *Parental advisory*: music censorship in America. New York: Harper Collins, 2001.

NYE, Valerie; BARCO, Kathy (Ed.). *True stories of censorship battles in America's libraries*. E-book. Chicago: American Library Association, 2012.

OBERDORFF, Henri. *Droits de l'homme et libertés fondamentales*. 3ª ed. Paris: L.G.D.J./ Lextenso Éditions, 2011.

OGIEN, Ruwen. *La liberté d'offenser*: Le sexe, l'art et la morale. Paris: La Musardine, 2007.

____. *Penser la pornographie*. Paris: Presses Universitaires de France, 2008.

OHLWEILER, Leonel. *Direito Administrativo em perspectiva*. Os termos indeterminados à luz da hermenêutica. Porto Alegre: Livraria do Advogado. 2000.

OLIVEIRA, Manfredo A. de. *Reviravolta linguístico-pragmática na Filosofia contemporânea*. Coleção Filosofia. 4ª ed. São Paulo: Loyola, 2015.

OLIVEIRA, Marcelo Andrade Cattoni de. *Direito Política e Filosofia*: contribuições para uma teoria discursiva da constituição democrática no marco do patriotismo constitucional. Rio de Janeiro: Lumen Juris. 2007.

ONORIO, Joël-Benoît d' (Dir.). *Liberté d'expression liberté de religion*: actes des XXIVᵉ et XXVᵉ colloques nationaux de la Confédération des Juristes catholiques de France (Paris, 4-5 novembre 2010, 1er-2 décembre 2012). Paris: Pierre Téqui Éditeur, 2013.

ORWELL, George. *1984*. Tradução de Wilson Velloso. 29ª ed. São Paulo: Companhia Editora Nacional, 2004.

OUTHWAITE, William; BOTTOMORE, Tom (Ed.). *Dicionário do pensamento social do século XX*. Editoria brasileira por Renato Lessa e Wanderley Guilherme dos Santos. Rio de Janeiro: Jorge Zahar, 1996.

OVIDIO. *A Arte de Amar*. Tradução: Carlos Ascenso André. São Paulo: Martin Claret, 2005.

PARISIER, Eli. *O Filtro Invisível*: o que a internet está escondendo de você. Rio de Janeiro: Zahar. 2011.

PASKIN NETO, Max. *O direito de ser rude*: liberdade de expressão e imprensa. Curitiba: Bonijuris, 2015.

PAULA, Felipe de. *A (de)limitação dos Direitos Fundamentais*. Porto Alegre: Livraria do Advogado, 2010.

PECH, Laurent. *La Liberté d'expression et sa limitation*: Les enseignements de l'expérience américaine au regard d'expériences européennes (Allemagne, France et

Convention européenne des droits de l'homme). Clermont-Ferrand: Fondation Varenne, 2003.

PEREIRA, Jane Reis Gonçalves. *Interpretação e Direitos Fundamentais*. 2ª ed. São Paulo: Saraiva, 2018.

PETLEY, Julian. *Censorship: a beginner's Guide. Oneworld Beginner's Guide.* E-book. Oxford: Oneworld, 2012.

PIERRAT, Emmanuel. *La Liberté sans expression?*: jusqu'oú peut-on tout dire, écrire, dessiner. Paris: Flammarion, 2015.

PINCOFFS, Edmund L. (Ed.). *The concept of academic freedom*. Austin: University of Texas Press, 1976.

PINHO, J. B. *Jornalismo na Internet*: planejamento e produção da informação on-line. 3ª ed. São Paulo: Summus, 2003.

PIOVESAN, Flávia. *Direitos Humanos e o Direito Constitucional Internacional*. 11ª ed. rev. e atual. São Paulo: Saraiva, 2010.

____. *Temas de Direitos Humanos*. 7ª ed. São Paulo: Saraiva, 2014

PLATÃO. *A República*. São Paulo: Edipro. 2001.

POPPER, Karl. *A Lógica da Pesquisa Científica*. São Paulo: Cultrix. 1972.

____. *A Sociedade Aberta e seus Inimigos*. Belo Horizonte: Itatiaia. Tomo 1. 1987

POST, Robert C. Racist speech, democracy, and the First Amendment. Em: GATES JR., Henry Louis et. al. *Speaking of Race, Speaking of Sex*: hate speech, civil rights, and civil liberties. New York: New York University Press. 1994.

PREUSS-LAUSSINOTTE, Sylvia. *La liberté d'expression*. Paris: Ellipses, 2014.

RAUCH, Jonathan. *Kindly inquisitors*: the new attacks on free thought. Expanded edition. E-book. Chicago: The University of Chicago Press, 2013.

RAWLS, John. *Conferências sobre a história da filosofia política*. Organização Samuel Freeman. Tradução Fabio M. Said. São Paulo: WMF Martins Fontes, 2012.

____. *O Liberalismo Político*. São Paulo: Martins Fontes, 2011.

RAZ, Joseph. *A Moralidade da Liberdade*. Rio de Janeiro: Elsevier, 2011.

REDISH, Martin H. *The adversary first amendment*: free expression and the foundations of American democracy. Stanford (CA): Stanford University Press, 2013.

ROBERT, Jacques; DUFFAR, Jean. *Droits de l'homme et libertés fondamentales*. 8ª ed. Paris: Montchrestien/ Lextenso Éditions, 2009.

ROSE, Flemming. *The tiranny of silence*: How one cartoon ignited a global debate on the future of free speech. E-book. Washington: Cato Institute, 2016.

ROSEN, Michael. *Dignity*: its history and meaning. Cambridge (MA) and London: Harvard University Press, 2012.

SAMPAIO, José Adércio Leite (coordenador). *Liberdade de Expressão no século XXI*. Belo Horizonte: Del Rey, 2016.

SARLET, Ingo Wolfgang. *A Eficácia dos Direitos Fundamentais*. Porto Alegre: Livraria do Advogado, 2001.

____. Constituição e Proporcionalidade: o direito penal e os direitos fundamentais entre a proibição de excesso e de insuficiência. *Revista da Ajuris*, nº 98, Porto Alegre: Ajuris.

____. *Dignidade da pessoa humana e direitos fundamentais na Constituição Federal de 1988*. Porto Alegre: Livraria do Advogado, 2012.

SARMENTO, Daniel. *Livres e iguais*: Estudos de Direito Constitucional. Rio de Janeiro: Lumen Juris, 2006.

SARTRE, Jean-Paul. *O Ser e o Nada*. 12ª ed. Petrópolis: Editora Vozes, 1997.

SCHAUER, Frederick. *Free speech*: a philosophical enquiry. New York: Cambridge University Press, 1982.

SCHNEIDERMANN, Daniel; LÉCROART, Étienne. *Liberté d'expression: a-t-on le droit de tout dire?* Montreuil: La Ville Brûle, 2015.

SCHWARTZ, Joel. Freud and Freedom of Speech. In: *The American Political Science Review*. v. 80, nº 4 (dezembro de 1986).

SEN, Amartya. *Desenvolvimento como Liberdade*. São Paulo: Cia. das Letras, 2010.

____. *Identidade e violência*: a ilusão do destino. Tradução de José Antônio Arantes. São Paulo: Iluminuras: Itaú Cultural, 2015.

SHIFFRIN, Steven H. *What's wrong with the First Amendment?* E-book. Cambridge: Cambridge University Press, 2016.

SHRECKER, Ellen. *The Lost Soul of Higher Education*: Corporization, the Assault on Academic Freedom, and the End of the American University. New York: The New Press. 2010.

SIEGEL, Paul. *Communication Law in America*. 3ª ed. Lanham (MD): Rowman & Littlefield, 2011.

SIELICKI, Stanislaw. *The double-edged sword of freedom of speech. Sielicki's Singles Series.* E-book. [s.l.]: Stanislaw Sielicki, 2012.

SILVA, Alberto Moby Ribeiro da. *Sinal fechado*: a música popular brasileira sob censura (1937-45 / 1969-78). 2ª ed. Rio de Janeiro: Apicuri, 2008.

SILVA, Deonísio da. *Nos bastidores da censura*: sexualidade, literatura e repressão pós-64. 2ª ed. Barueri: Manole, 2010.

SILVA, José Afonso da. *Curso de Direito Constitucional Positivo*. 28ª ed. São Paulo: Malheiros, 2007.

SILVA, Virgílio Afonso da. *Direitos Fundamentais*. Conteúdo essencial, restrições e eficácia. 2ª ed. São Paulo: Malheiros, 2010.

SILVERMAN, David S. *You can't air that*: Four cases of controversy and censorship in American television programming. E-book. New York: Syracuse University Press, 2007.

SIMPSON, Steve (Ed.). *Defending free speech*. E-book. Irvine (CA): Ayn Rand Institute, 2016.

SINGER, Peter. *Libertação Animal*. São Paulo: Lugano, 2004.

SMOLLA, Rodney A. *Free speech in an open society*. E-book. New York: Vintage Books, 2011.

SOLOVE, Daniel J. *The future of reputation*: Gossip, rumor, and privacy on the internet. Haven and London: Yale University Press, 2007.

____. *Understanding Privacy*. Cambridge (MA) and London: Harvard University Press, 2008.

SOUZA, Rabindranath V. A. Capelo de. *O Direito Geral de Personalidade*. Coimbra: Coimbra Editora, 1995.

STRECK, Lenio Luiz. *Compreender Direito*: desvelando as obviedades do discurso jurídico, v. 1. 2ª ed. revista. São Paulo: Revista dos Tribunais, 2014.

____. *Compreender Direito*: como o senso comum pode nos enganar, v. 2. São Paulo: Revista dos Tribunais, 2014.

____. *Compreender Direito*: nas brechas da lei, v. 3. São Paulo: Revista dos Tribunais, 2015.

____. *Crítica hermenêutica do direito*. Porto Alegre: Livraria do Advogado. 2014.

____. *Dicionário de Hermenêutica*: quarenta temas fundamentais da teoria do direito à luz da crítica hermenêutica do Direito. Belo Horizonte: Letramento, 2017.

____. *Hermenêutica*. Coleção Livro-Carta, 1. São Leopoldo: Lenio Streck, 2017.

____. *Hermenêutica e jurisdição*: diálogos com Lenio Streck. Porto Alegre: Livraria do Advogado, 2017.

____. *Hermenêutica jurídica e(m) crise*: uma exploração hermenêutica da construção do Direito. 11ª ed. Porto Alegre: Livraria do Advogado, 2014.

____. *Jurisdição Constitucional e Hermenêutica*: uma nova crítica do direito. 2ª ed. Rio de Janeiro: Forense, 2004.

____. *O que é isto – o senso incomum?* Coleção O que é isto, v. 4. Porto Alegre: Livraria do Advogado, 2017.

____. O sentido hermenêutico-constitucional da ação penal nos crimes sexuais: os influxos da Lei dos crimes hediondos e da Lei Maria da Penha. In: *Direitos Fundamentais e Novos Direitos*. KLEVENHUSEN, Renata Braga (Coord.). Rio de Janeiro: Lumen Juris, 2006.

____. *Verdade e Consenso*: Constituição, hermenêutica e teorias discursivas. 5ª ed., rev., mod. e ampliada. São Paulo: Saraiva, 2014.

STROSSEN, Nadine. *Hate*: Why We Should Resist with Free Speech, not Censorship. New York: Oxford University Press. 2018.

STRUM, Philippa. *When the Nazis Came to Skokie. Freedom for Speech we Hate*. Lawrence: Kansas. 1999.

SUNSTEIN, Cass R. *Democracy and the problem of free speech*. New York: The free press, 1995.

TEMPERMAN, Jeroen. *Religious hatred and international law*: the prohibition of incitement to violence or discrimination. Cambridge Studies in International and Comparative Law Series. E-book. Cambridge: Cambridge University Press, 2016.

THOMPSON, John B. *O escândalo político*: poder e visibilidade na era da mídia. Tradução de Pedrinho A. Guareschi. Petrópolis: Vozes, 2002.

TOCQUEVILLE, Alexys. *A Democracia na América*. v. 1. São Paulo: Martins Fontes. 1998.

TODOROV, Tzevan. *Os Inimigos Íntimos da Democracia*. São Paulo: Companhia das Letras, 2012.

TRAGER, Robert; DICKERSON, Donna L. *Freedom of expression in the 21st Century*. Thousand Oaks: Pine Forge Press, 1999.

____; RUSSOMANO, Joseph; ROSS, Susan Dente. *The law of journalism and mass communication*. 3ª ed. Washington: Sage CQ Press, 2012.

TRIEPEL, Heinrich. *Droit International et Droit Interne*. Paris: A. Pédone, 1920.

TROPIANO, Stephen. *Obscene, indecent, immoral, and offensive*: 100+ years of censored, banned, and controversial films. Milwaukee: Limelights Editions, 2009.

TURNER, William Bennett. *Figures of speech*: first amendment heroes and villains. Salsalito (CA): PoliPointPress, 2011.

TUSHNET, Mark V.; CHEN, Alan K.; BLOCHER, Joseph. *Free speech beyond words*: the surprising reach of the First Amendment. E-book. New York: New York University Press, 2017.

VANEIGEM, Raoul. *Rien n'est sacré, tout peut se dire*: Réflexions sur la liberte d'expression. Paris: La Découverte, 2003.

VIALLARD, Romain. *La liberté d'expression en France*: Pour une libéralisation citoyenne de l'expression démocratique. [s.l.]: Lulu editions, 2013.

WACKS, Raymond. *Privacy: A very short introduction. Very short introductions*. New York: Oxford University Press, 2010.

WALDRON, Jeremy. *The harm in hate speech*. Cambridge (MA): Harvard University Press, 2012.

WALKER, Samuel. *Hate Speech*: the History of an American Controversy. San Bernardino (CA): University of Nebraska Press, 1994.

WALTON, Charles. *La liberté d'expression en Révolution: Les moeurs, l'honneur, la calomnie*. Collection Histoire. Traduction de Jacqueline Odin. Rennes: Presses Universitaires de Rennes, 2014.

WARBURTON, Nigel. *Free speech: A very short introduction*. Very short introductions. New York: Oxford University Press, 2009.

WEAVER, Russell L.; LIVELY, Donald E. *Understanding the First Amendment*. 4ª ed. New Providence (NJ) and San Francisco (CA): LexisNexis, 2012.

WEINGARTNER NETO, Jayme. *Honra, privacidade e liberdade de imprensa:* uma pauta de justificação penal. Porto Alegre: Livraria do Advogado, 2002.

WHITLEY JR., Bernard E; KITE, Mary E. *The Psychology of Prejudice and Discrimination*. Belmont: Thomson Wadsworth, 2006.

WILLERMAN, Flávio de Araújo. *Temas de Direito Público (Estudos de Direito Constitucional e Administrativo)*. Rio de Janeiro: Lumen Juris, 2017.

WITTGENSTEIN, Ludwig. *Investigações filosóficas*. 2ª ed. Coleção Pensamento Humano. Tradução de Marcos G. Montagnoli. Revisão da tradução: Emmanuel Carneiro Leão. Petrópolis: Vozes, 1996.

____. *Tratado Lógico-Filosófico: Investigações filosóficas*. 3ª ed. Lisboa: Fundação Calouste Gulbenkian, 2002.

ZELENZY, John. D. *Communications Law:* Liberties, restraints and the modern media. 3ª ed. Belmont (CA): Wadsworth/Thomson Learning, 2001.

ZENO-ZENCOVICH, Vincenzo. *Freedom of Expression:* a critical and comparative analysis. New York: Routledge-Cavendish, 2008.

Fontes eletrônicas on-line

ARTICLE 19. *'Hate Speech' Explained – A Toolkit*, 2015 Edition. Disponível em: <https://www.article19.org/resources/hate-speech-explained-a-toolkit/>.

AUSTRALIAN HUMAN RIGHTS COMISSION. Disponível em: <http:www.humanrights.gov.au/newrs/stories/what-casual-racism>.

V. BAISLEY, Elizabeth. *Genocide and Constructions of Hutu and Tutsi in Radio Propaganda*. Disponivel em: <http://citeseerx.ist.psu.edu/viewdoc/download?doi=10.1.1.852.9035&rep=rep1&type=pdf.>.

BERTONI, Eduardo. Hate speech under the American Convention on Human Rights. *ILSA Journal of International & Comparative Law*, v. 12, Issue n. 2, p. 569-574, 2006. Disponível em: <http://nsuworks.nova.edu/cgi/viewcontent.cgi?article=1556&context=ilsajournal>.

____. *The Inter-American Court of Human Rights and the European Court of Human Rights*: A dialogue on freedom of expression standards. London: Sweet & Maxwell, Reprinted from European Human Law Review, Issue n. 3, 2009. Disponível em: <https://www.palermo.edu/derecho/pdf/publicaciones/Paper-Bertoni.pdf>.

BINENBOJM, Gustavo. *Direito ao esquecimento*: a censura no retrovisor. 2014. Disponível em: <https://www.jota.info/opiniao-e-analise/artigos/direito-ao-esquecimento-censura-retrovisor-16102014>.

____. Parecer 9/2009. *Revista de Direito da Procuradoria Geral do Estado*, v. 65, 2011. Disponível em: <https://www.pge.rj.gov.br/comum/code/MostrarArquivo.php?C=MTE1Ng%2C%2C>.

BRONTSEMA, Robin. A Queer Revolution: Reconceptualizing the Debate Over Linguistic Reclamation. *Colorado Research in Linguistics*, V. 17. Disponível em: <https://scholar.colorado.edu/cril/vol17/iss1/9>.

BROWN, Alexander. "What is hate speech? Part 1: The myth of hate". *Norwich: Law & Philosophy*, v. 36, Issue n. 4, p. 419-468, Springer Netherlands, 2017. Disponível em <https://doi.org/10.1007/s10982-017-9297-1>.

____. What is hate speech? Part 2: Family resemblances. *Norwich: Law & Philosophy*, v. 36, Issue n. 5, p. 561-613, Springer Netherlands, 2017. Disponível em <https://doi.org/10.1007/s10982-017-9300-x>.

BRUGGER, Winfried. *The Treatment of Hate Speech in German Constitutional Law (Part I)*. Disponível em: <http://www.germanlawjournal.com/index.php?pageID=11&artID=212>. German Law Journal, 2002.

DELGADO, Richard. Words that wound: A tort action for racial insults, epithets, and name-calling. *Harvard Civil Rights-Civil Liberties Law Review*, v. 17, p. 133-181, 1982. Disponível em: <http://ssrn.com/abstract=2000918>. Harvard Civil Rights-Civil Liberties Law Review, v. 17, p. 133-181, 1982.

FISS, Owen M. Groups and the equal protection clause. *Philosophy & Public Affairs*, V. 5, n. 2, p. 107-177, 1976. Disponível em: <https://law.yale.edu/system/files/documents/faculty/papers/Fiss_groups.pdf>.

GALUPPO, Marcelo Campos. *Silêncio e discurso*: porque não devemos silenciar o discurso de ódio. Disponível em: <https://www.conpedi.org.br/wp-content/uploads/2017/08/Marcelo-Campos-Galuppo-Brasil.pdf>.

JENSEN, Steven L. B. *Putting to rest the Three Generations Theory of human rights*. Disponível em: <https://www.openglobalrights.org/putting-to-rest-the-three-generations-theory-of-human-rights/>.

KITROSSER, Heidi. Free Speech and National Security Bootstraps. *Fordhland Law Review*, n. 86, 2017. Disponível em: < https://ir.lawnet.fordham.edu/flr/vol86/iss2/7>.

LEITE, Fábio Carvalho. A Liberdade de Crença e o Sacrifício de Animais em Cultos Religiosos. *Veredas do Direito*, Belo Horizonte, v. 10, nº 20, Julho/Dezembro de 2013, p. 163. Disponível em: <liberdade_de_crenca_e_o_sacrificio_de_animais_em_cultos_religiosos.pdf>.

MENDES, Gilmar Ferreira. Colisão de direitos fundamentais: liberdade de expressão e de comunicação e direito à honra e à imagem. *Revista de Informação Legislativa*, v. 31, n. 122, p. 297-301, 1994. Disponível em: <http://www2.senado.leg.br/bdsf/handle/id/176193>.

OBAMA, Barack. Entrevista disponível em: <https://www.thefire.org/obamas-abc-news-interview-transcript-on-missouri-protesters/>.

PAMPLONA, Daniele Anne. Discurso de ódio: a extensão de proteção à liberdade de expressão em sistemas de defesa de direitos humanos e no Brasil. *Revista Jurídica da Presidência*, v. 19, n. 117, p. 190-216, 2017. Disponível em: <https://revistajuridica.presidencia.gov.br/index.php/saj/article/viewFile/1299/1203>.

ROCHA, João Carlos de Carvalho. Liberalismo político e comunitarismo na Constituição de 1988. *Revista de Informação Legislativa*, v. 46, n. 181, p. 297-311, jan./mar. 2009. Disponível em: <https://www2.senado.leg.br/bdsf/bitstream/handle/id/194908/000861775.pdf?sequence=3>.

ROLLMANN, Hans. When Do Misogynistic Lyrics Become Hate Speech? In: *Pop Matters*, 20.07.2015. Disponível em: <http://www.popmatters.com/column/195509-when-do-misogynistic-lyrics-become-hate-speech/>.

RUY, Mateus Cazelato. *O conceito de jogos de linguagem nas Investigações Filosóficas de Wittgenstein*. Disponível em: <http://www.uel.br/eventos/sepech/sepech08/arqtxt/resumos-anais/MateusCRuy.pdf>. Londrina: EDUEL, 2008.

SALGADO, Giselle Mascarelli. *Músicas na Justiça*: a letra no banco dos réus. Disponível em: <http://www.ambito-juridico.com.br/site/?n_link=revista_artigos_leitura&artigo_id=11714.>.

SARLET, Ingo. *O entendimento do Supremo sobre a liberdade de reunião e manifestação.* <https://www.conjur.com.br/2019-jan-11/direitos-fundamentais-entendimento-stf-liberdade-reuniao-manifestacao>.

SARMENTO, Daniel. *Liberdades comunicativas e "direito ao esquecimento" na ordem constitucional brasileira – Parecer.* 2015. Disponível em: <https://www.migalhas.com.br/arquivos/2015/2/art20150213-09.pdf>.

____. O Crucifixo nos Tribunais e a Laicidade do Estado. *Revista Eletrônica PRPE.* Maio de 2007. Disponível em: <www.prpe.mpf.mp.br/internet/.../RE_%20DanielSarmento2.pdf>.

SELLARS, Andrew F. *Defining hate speech.* Disponível em: <https://papers.ssrn.com/sol3/papers.cfm?abstract_id=2882244>. Cambridge (MA): Berkman Klein Center for Internet & Society at Harvard University, 2016. (The Berkman Klein Center for Internet & Society Research Publication Series, n. 20: The Social Science Research Network Electronic Paper Collection: <https://ssrn.com/abstract=2882244>.)

SCHACHTER, Oscar. "Human Dignity as a Normative Concept". *American Journal of International Law.* V. 77, nº 4. 1983. Disponível em: <https://www.cambridge.org/core/services/aop-cambridge-core/content/view/F5C2D6F4C7A31D7DE2F6AD55670C24D4/S0002930000071074a.pdf/human_dignity_as_a_normative_concept.pdf>.

SCHAUER, Frederick. *Free Speech, the Search for Truth, and the Problem of Collective Knowledge.* 70 SMU L. Rev. 231 (2017). Disponível em: <https://ssrn.com/abstract=3080453>.

____. *The exceptional First Amendment.* John F. Kennedy School of Government / Harvard University, 2005. Disponível em: <http://ksgnotes1.harvard.edu/Research/wpaper.nsf/rwp/RWP05-021> e <http://ssrn.com/abstract=668543>.

SILVA, Daniela Romanelli da. *Os Direitos Políticos no Estado Democrático de Direito.* Disponível em: <https://www.anpocs.com/index.php/papers-28-encontro/st-5/st24-2/4083-dsilva-os-direitos/file>.

SONNAD, Nikhil. *Alt-right trolls are using these code words for racial slurs online.* Disponível em: <https://qz.com/798305/alt-right-trolls-are-using-googles-yahoos-skittles--and-skypes-as-code-words-for-racial-slurs-on-twitter/>. Quartz, 2016.

STRECK, Maria Luiza Schafer. *O Direito Penal e o Princípio da Proibição de Proteção Deficiente: A Face Oculta da Proteção dos Direitos Fundamentais.* Disponível em: <http://dominiopublico.mec.gov.br/download/teste/arqs/cp082713.pdf>.

STROSSEN, Nadine. Freedom of Speech and Equality: Do We Have to Choose? *In: Journal of Law and Policy*, 25, 2016. Disponível em: <https://brooklynworks.brooklaw.edu/jlp/vol25/iss1/7>.

____. *Incitement to hatred: Should there be a limit.* Disponível em: <http://digitalcommons.nyls.edu/fac_articles_chapters/186>. New York Law School, 2000.

____. Regulating racist speech on campus: A modest proposal?. *Duke Law Journal*, p. 484-573, 1990. Disponível em <http://scholarship.law.duke.edu/dlj/vol39/iss3/3>.

WEITZ, Morris. *The Role of Theory in Aesthetics.* Disponível em: <http://www2.hawaii.edu/~freeman/courses/phil330/24.%20The%20Role%20of%20Theory%20in%20Aesthetics.pdf>.

WRIGHT, George R. Content-Neutral and Content-Based Regulations of Speech: A Distinction That is No Longer Worth the Fuss. *Florida Law Review*, nº 67, 6 (2016). Disponível em: <http://scholarship.law.ufl.edu/flr/vol67/iss6/5>.